歷史的覆轍

歷史的覆轍

中俄革命之比較

La récidive, Révolution russe, Révolution chinoise

〔法〕畢仰高（Lucien Bianco）著

夏沛然 譯

香港中文大學出版社

《歷史的覆轍：中俄革命之比較》

　　畢仰高（Lucien Bianco）　著
　　夏沛然　譯

© 香港中文大學 2020

本書根據香港中文大學出版社2018年出版之
*Stalin and Mao: A Comparison of the Russian and Chinese Revolutions*翻譯而來，
由法文原版權持有人Editions GALLIMARD授權出版。

國際統一書號 (ISBN)：978-988-237-068-5

出版：香港中文大學出版社
　　　香港 新界 沙田 · 香港中文大學
　　　傳真：+852 2603 7355
　　　電郵：cup@cuhk.edu.hk
　　　網址：cup.cuhk.edu.hk

La récidive, Révolution russe, Révolution chinoise (in Chinese)
　　By Lucien Bianco
　　Translated by Hsia Peijan

Traditional Chinese edition © The Chinese University of Hong Kong 2020
All Rights Reserved.

La récidive, Révolution russe, Révolution chinoise by Lucien Bianco
published in French by Editions GALLIMARD.
© Editions GALLIMARD, Paris, 2014

This translation is published by arrangement with Editions GALLIMARD,
and is based on the English edition *Stalin and Mao: A Comparison of the Russian and Chinese
Revolutions* published in 2018 by The Chinese University of Hong Kong Press.

ISBN: 978-988-237-068-5

Published by　The Chinese University of Hong Kong Press
　　　　　　　The Chinese University of Hong Kong
　　　　　　　Sha Tin, N.T., Hong Kong
　　　　　　　Fax: +852 2603 7355
　　　　　　　Email: cup@cuhk.edu.hk
　　　　　　　Website: cup.cuhk.edu.hk

Printed in Hong Kong

為了紀念

雷蒙・阿隆（Raymond Aron，1905–1983），

克洛德・勒弗（Claude Lefort，1924–2010），

和科斯塔斯・帕帕約阿努（Kostas Papaïoannou，1925–1981）。

「黑格爾在某個地方說過，

一切偉大的世界歷史事變和人物，

可以說都出現兩次。

他忘記補充一點：第一次是作為悲劇出現，

第二次是作為鬧劇出現。」

—— 馬克思，《路易·波拿巴的霧月十八日》

這一次馬克思可能偏離黑格爾太遠了些。

中國的革命雖然有時候蛻化成為鬧劇，

但並沒有因此就避免成為像蘇聯革命那樣的悲劇。

目錄

導讀

毛澤東和他的社會主義烏托邦

陳永發

　　畢仰高 (Lucien Bianco) 是研究中國最負盛名的法國歷史學家，其成名作為《中國革命的起源，1915–1949》(*Les origines de la révolution chinoise, 1915–1949*)，又以耄耋之年，完成這本比較毛澤東和斯大林的新作。畢仰高以四十多年孜孜矻矻研究中國問題的功力，加上對俄國革命二手著作的廣泛閱讀，比較毛澤東和斯大林，主要是毛澤東統治中國的三十年 (1949–1976) 與斯大林統治蘇聯的三十年 (1924–1953)，尤其是 1958 至 1976 年毛澤東追英趕美、超越蘇聯與 1924 至 1938 年斯大林追趕英、美、法、德等資本主義國家歷史的異同。畢仰高認為兩人都相信馬克思的唯物史觀，斯大林創造了社會主義革命和社會主義建設的道路，而毛澤東亦步亦趨，也認為自己掌握了歷史必然鐵律，兩人都牢牢控制其建立的黨國體制，而為了達到目的，不擇手段。雖然信念迥異於希特勒，卻同樣是二十世紀難分軒輊的大獨裁者。毛澤東不僅重覆斯大林的錯誤，更重覆斯大林的殘暴不仁。在追求快速現代化方面，兩人都有顯著成績。但在兩人的治理之下，無論工人、農民或是知識分子都沒有得到資本主義國家人民擁有的幸福，毛澤東時代的中國工人和農民尤其窮困，知識分子更遭到思想箝制和迫害，想到他們當初響應毛澤東的號召，為建設毛澤東許諾的社會主義烏托邦，其犧牲之巨大，令人不得不備感沉痛。

　　本書法文版主標題 *La récidive*，意為再犯錯誤、重蹈覆轍，遣詞用字強烈，很難想像他年輕時是毛澤東的崇拜者，相信毛澤東革命，熱愛毛澤東的中國。其實，十幾年前接受中國人訪問，畢仰高就不諱言，在二十歲前後，他相信毛澤東是一個「理想的、偉大的領袖」，毛澤東

建立的社會主義中國是「最美好的社會」,「充滿民主、自由」,「十全十美」。[1] 當時,畢仰高甫從阿爾卑斯山鄉下到法國訓練菁英人才的高等師範學院 (École normale supérieure) 讀書,這所學院重視人文和歷史教育。深受法國大革命前後啟蒙時代思想家的影響,畢仰高閱讀馬克思的著作,同情左翼和社會主義運動,有強烈的反體制傾向。他沒有在殖民地生活的經驗,但在維琪法國看過耀武揚威的納粹駐軍,所以特別同情越南和阿爾及利亞等地的反法國殖民政府統治運動,尤其反對法國在二戰後重返越南,抗拒法國為鎮壓阿爾及利亞獨立運動的徵兵。當時的法國知識分子對斯大林已經失望,看到毛澤東領導社會底層農民改天換地,打倒腐敗無能的國民政府,領導農民推翻封建地主階級的統治,對美國帝國主義採取針鋒相對的抗爭,尤其對北越反法國殖民地抗爭的大力支持,特別景仰。

一、本書何以作:正確認識毛澤東的社會主義革命

　　1954年夏北越奠邊府戰役前後,畢仰高以大學中的積極分子身分參加一個法國左派訪華團,謁見過周恩來,也曾和毛澤東握手。[2] 他回國後,非常興奮,撰文盛讚中國的進步,還不斷跟同學兼摯友哲學家雅克・德里達 (Jacques Derrida) 談論此行心得。德里達說他完全不懂中國,關於中國的知識全部來自畢仰高,而當時畢仰高百分之兩百認同毛澤東革命,比德里達還左。愛屋及烏,德里達也相信摯友對中國的一切看法。[3] 畢仰高在1960年開始學習中文,同時師事高等師範學校惟一研究近代中國的歷史學家讓・謝諾 (Jean Chesneaux)。謝諾以研究中國勞工運動為歐美學界所推重,但他看不到非中共領導的勞工運動。在這個不滿斯大林革命而深切同情中國共產革命的法國共產黨學者的指導下,畢仰高開始研究近代中國革命。像所有歐美學者一樣,他不可能進入中國大陸研究,遂仰賴海外蒐集的有關文獻,研究清末民初的中國知識分子,十餘年後終於總結研究心得,撰寫《中國革命的起源》一書。

該書出版後深受法國知識界歡迎，並迅速譯為英文和德文等多國文字。當時正值反越戰運動末期，美國和西歐的知識分子對本國的政治和經濟體制多半懷抱不滿，批評其政府在資本家的操縱下，以武力維護其帝國主義體系的殖民地。我在1970年前後，正負笈美國史丹福大學，發現研究中國的同學多半是所謂反體制的左派，幾乎人手都有其英譯本。

　　撰寫《中國革命的起源》這本書時，畢仰高想為毛澤東的革命尋找歷史根源。他認為研究中國的革命或現代化，不能視其為對西方挑戰的回應，而必須回到社會史和思想史的脈絡中。中國是一個農業國家，在十九世紀中葉的太平天國革命前夕，農民處於在水深火熱中，天災人禍不斷，照理中國革命的根源應該是社會苦難。但畢仰高在研究過程中發現，客觀存在的苦難並不曾導致農民起來革命。尋找革命的起源，還是應該從讀書人身上下功夫，因為農民是在他們的引導下才走上革命道路的。他發現，中國的知識分子，雖然早在1842年的中英鴉片戰爭已初嚐戰敗的恥辱，但一直到1895年中日甲午戰爭戰敗，才終於認識到中國原來是落後國家，而且不是尋常意義下的落後，是比起歐美日等國全方位地遠為落後。中國共產黨基本上是知識分子的政黨，接受馬克思列寧主義，就是因為十月革命的成功顯示，即便落後如俄國，也可以建立比歐美先進國家更進步的社會主義國家。中國大陸固然比落後的俄國更加落後，但在1919年五四運動前後，已出現現代工人無產階級，所以也可以成立共產黨，領導工人參加社會主義革命。毛澤東從中國工人階級革命失敗的經驗中理解到，農民縱使相當落後，若加以動員和組織，也可以成為革命動力，奪取政權，領導中國人民向社會主義發展。因此，畢仰高對1949年以前的毛澤東有很高的評價。

　　在出版《中國革命的起源》後約一年，巴黎發生紅色五月風暴，大學生和知識分子開始反權威、反官僚、反體制，畢仰高的老師、法共黨員謝諾等學者掀起一股崇拜毛澤東、歌頌毛澤東中國的颶風。此時的畢仰高卻反潮流逆向行走，撰文批評文化大革命。1971年6月，他的老師路易・阿圖塞（Louis Althusser）的意共朋友瑪麗亞–安東尼塔・馬切齊奇（Maria-Antonietta Macciocchi）到中國大陸訪問，並於翌年出版《革

命中國的日常生活》(*Daily Life in Revolutionary China*)，高聲謳歌文化大革命。畢仰高看到此書後大為憤怒，私下告訴老朋友德里達，這是低級的拙劣宣傳，其實文化大革命帶來的批鬥場面過於殘暴也過於血腥。[4] 他撰文駁斥，卻遭到左翼操控的媒體不斷杯葛。兩年後法國的左派知識分子圈子更稱呼他是法國中國學界的四人幫。這些法國左派顯然還不曉得毛澤東講四人幫，表面上是批評江青、張春橋、姚文元和王洪文，實則是依重他們作為衝鋒陷陣的政治打手。

畢仰高回憶說，他獲悉1972年9月的林彪事件後，更加相信毛澤東和毛澤東的中國不可能是過去想像的那麼美好。他覺得中國的知識分子並未講真話，大多數都是為黨國體制服務的宣傳員，而許多歐美知識分子閉着眼睛支持所謂革命運動，尤其是各種左派的烏托邦主義運動。因此，他在法國知識界發起簽署一份新知識分子宣言，在西方知識分子奉為必讀的《紐約書評》雜誌發表。當時，我雖然在美國，卻沒有《紐約書評》每期必讀的習慣，錯過了他這篇擲地有聲的重要宣言。這篇宣言批評神格化毛澤東以及對不聽毛澤東話者的不停詛咒(deification of Mao Tse-tung and the execration of recalcitrants)，畢仰高並沒有說明這幾個不常用字的確切意思，但只要看到，就知道他對毛澤東的觀感和歷史評價已大幅度地改變了。[5]

1974年，畢仰高有機會到中國再度訪問，並着手研究中國的人口問題。官方處處設限，沒收其相機底片，搜查其隨身行李，又不讓他接觸一般中國人。到農村訪問農民，更有一大堆莫名其妙的刁難。有一段時期，他還因為這次訪問中國的不愉快而想改行研究印度。然而，對中國農村人口的研究，使他大為驚訝，1970年代後的中國人口中竟然有60%以上在30歲以下，而30歲以下的青少年不是正在、就是馬上要陸續進入旺盛的生育期。他不敢想像，當時中國大陸溫和的節育政策能否來得及預防災難性的人口爆炸。1980年代後，中國開始採取嚴格的一胎化政策，有時甚至採取違反人道的辦法來貫徹執行，譬如強制懷胎七月的孕婦墮胎。但在他看來，這還有幾分道理，至少不會像民主印度那樣，終究有一天因為人口增長失控而爆發巨大災難。

　　1976年毛澤東逝世後，鄧小平對資本主義採取大幅開放的政策，告別毛澤東革命。這件大事對畢仰高的影響，既深且重。此時關於文化大革命暴力和殘酷的報導大量出現，他對文化大革命原來懷抱的憧憬，可謂徹底破滅。畢仰高發現，毛澤東為了追求在世界馬克思主義運動的領袖地位，倒行逆施，早在1957年發表〈論十大關係〉後不久，他便已經從一個真正的革命家蛻變為難以捉摸的專制獨裁者：毛完全不恤下情，堅持其不斷革命的主張，為中國帶來更大的動亂和全國均貧；尤其是關閉大學，要學生上山下鄉，簡直是反智主義。

　　由於對大躍進和文化大革命的歷史理解加深，畢仰高決定徹底修訂法文版的《中國革命的起源》，並於1987年再版。此時他對毛澤東及其革命的評價，可以說是從九天之上跌到九地之下，他自己也前後判若兩人。他的學生魯林 (Alain Roux) 回憶道，畢仰高在撰寫法文版《中國工人運動傳記辭典》(*Le dictionnaire biographique du mouvement ouvrier chinois*) 時，就已經低度評論毛澤東了。上課時還說，如果毛澤東像列寧一樣，在實行斯大林一樣的農業集體化和快速工業化政策以前就死，不更好嗎？假如在1949年打倒國民黨政府時立即撒手西歸，不就可以保持一世令名嗎？這個評語其實就是1987年《中國革命的起源》新結語的主要基調。[6]當時的畢仰高至少還肯定1949年中共建國以前的毛澤東。他原來就不滿意斯大林的俄國，隨着蘇共解體和俄國檔案的開放，他對斯大林的評價只有更加滑落，而不可能有任何提升。其實，他也不再信斯大林背叛列寧理想的說法，認為斯大林的獨裁和控制，根本就來自列寧的組織原則。畢仰高原來還保有幾分對列寧的正面評價，此時可以說也消融不見了。

　　因為鄧小平告別毛澤東革命，畢仰高得到前往中國大陸作歷史研究的真正機會。他素來同情人數龐大、苦難深重的中國農民，以前曾歌頌毛澤東為農民的救星，所以想從中國農民的最近歷史着手研究。很幸運的，在這一次造訪中，他竟然蒐集到預想不到的一大套書籍，那就是中國大陸學者耗時費時，從各種文獻蒐集的關於農民自發性反抗活動的大量零碎材料，時限為1900年到1949年，前後共四十九年，案例高達

3,500多件，偏及全中國。經過二十幾年的仔細研究，他發表了不少文章，在2001年結集成《沒有政黨的農民：二十世紀中國的草根運動》(*Peasants without the Party: Grass-Roots Movements in Twentieth-Century China*) 一書。這本書的結論是，中國農民保守、看不出有馬克思所說的階級意識，眼光短淺，追求生活中的確幸。他認為，毛澤東革命的成功雖然建立在廣大農民的支持和擁護上，但它並不是自發性的農民革命。若不是毛及共產黨動員和組織農民，灌輸階級鬥爭的道理，並把他們納入其黨、政、軍組織，則中國農民參加的革命，不可能呈現打倒封建地主階級的貌相。對毛澤東而言，農民只是工人無產階級無意也無力幫助他奪取政權後的替代階級。他以打土豪、分田地或比較溫和的農村改革動員他們，說不上是完全為農民階級代言，在完成其打倒國民黨的新民主主義革命後，還要把農民革命化，將其改造成類似公營工礦業的工人，實現社會主義革命。所以1949年毛澤東在打倒蔣中正的國民黨政權後，一方面再度透過激烈的土地革命，徹底推翻原有的農村秩序，消滅所謂封建地主階級，另一方面則根據馬克思列寧主義的原則和斯大林的方法，改造他此時公開宣稱帶有小資產階級性格的農民，將其悉數納入集體合作社體系。根據斯大林的經驗，毛澤東不僅模仿資本主義國家工業化時的原始積累辦法，經由農業稅收和價格剪刀差取得原始資本積累，以大力推動和加速工業化，而且想透過比斯大林集體農莊規模更大、更徹底公有化的人民公社，將農民納入計劃經濟，自力更生，追求共富共榮，把農村改造得像城市一樣先進，人人有生活保障。只是他的大躍進和人民公社一樣，不僅沒有辦法把農村改造成比斯大林的蘇聯更進步的農業天堂，反而因為一心想要超英趕美和超越蘇聯，製造出全國性的饑荒，令至少三千萬以上農民死亡。其後，毛澤東不得不承認農民的改善生活的「自私自利性」，對其作出種種讓步和調整，但人民公社這個體制因為無法證明其解放生產力的優越性，在毛澤東逝世後被徹底取消。毛澤東時代的農民不僅始終佔中國人口的80%左右，生產農具也都是幾千年來祖宗留下來的老東西，更重要的是農民的生活遠遠比不上鄰近的所謂資本主義國家，尤其是亞洲四小龍的台灣，而且比革命前更加貧苦。

　　畢仰高出版了這本探究中國農民階級意的著作後，每一念及自己年輕時代是充滿理想主義的法國左派，缺乏資訊和知識，總以為中國是世界最大最窮的農業國家，飽受歐美日資本主義國家的侵略，毛澤東拯救和領導中國農民掙脫各種束縛，打倒壓迫和剝削，敢於橫眉怒斥帝國主義，所以犯下歌頌毛澤東革命、狂熱崇拜毛澤東的嚴重錯誤，總有上當受騙的悔恨感，總想有以彌補。文革結束前便不斷撰文批評，文革結束後揭露的關於毛澤東革命暴力和殘暴的事實，更讓他感覺到自己有端正法國文化界對毛澤東革命認識的責任。他隨後發現，鄧小平雖然告別毛澤東革命，但仍然有四個堅持——堅持馬克思主義和毛澤東思想，堅持社會主義的道路，堅持無產階級專政，堅持中國共產黨的領導。而且為了維護毛澤東的完美形象和政治權威，拒絕面對歷史真相提出批判，對毛澤東時代種種問題諱莫如深，致使不明毛澤東時代歷史真相的法國讀者仍然對毛澤東崇信如故。所以，儘管已年登高壽，畢仰高仍奮其餘生撰寫了這本《歷史的覆轍：中俄革命之比較》，批評毛澤東最後三十年的統治。他更效法古典羅馬史大家普魯塔克（Lucius Plutarchus），選擇法國人對其暴行耳熟能詳的斯大林，與對法國知識界仍然陌生的毛澤東進行比較研究。

　　二十世紀五六十年代畢仰高在高等師範讀書時，法國史學界是年鑑學派引領風騷的時代，他的師長幾乎全是這個學派中的頂尖人物。所謂年鑑學派，強調長時間的歷史，重視環境史、經濟史和社會史，認為政治史是研究歷史巨流上泡沫的政治人物和事件，不值得浪費學者生命。但法國高等師範也極端重視古典的人文教育。受其深刻影響，畢仰高認為長時間的歷史固然重要，也絕對不可以否定傳統帝王將相等政治名人的歷史，他們對推動和形塑歷史多少起過作用。所以畢仰高要寫政治史，並以普魯塔克的《希臘羅馬名人傳》為典範，撰寫這本比較毛澤東和斯大林的大書。普魯塔克的《名人傳》，又名《對比的歷史》（*Parallel Lives*），由四十幾篇傳記組成，每篇寫一個羅馬名人，同時也寫一個古希臘名人，兩相對比。他寫摧毀羅馬共和國的凱撒大帝，同時也寫崛起馬其頓的亞歷山大大帝。他強調傳主的倫理評價，重視他們

的性格特點，好壞都寫，描寫他們的一生功業，再評價他們對當代和後世的貢獻。普魯塔克重視歷史資料，但更重視人物刻劃，文字尤其生動活潑，所以他的《名人傳》帶有濃厚的文學趣味。畢仰高這本新書，就是從這個角度來比較毛澤東和斯大林這兩個二十世紀的大獨裁者。二千年多年後仿效普魯塔克，畢仰高不可能亦步亦趨，一成不變，他只比較兩個人，因此可以有更大的篇幅討論兩個傳主的歷史、社會和思想背景，可以詳細討論他們統治的方方面面。

　　畢仰高模仿普魯塔克的作法，讓我想到數年前與他的一次閒談，他告訴我，當年在高等師範上課，曾與阿爾及利亞猶太家庭出身的同學德里達一起學習拉丁文，兩人輪流朗誦拉丁文古典著作，彼此糾正發音，很像中國傳統讀書人讀古書。普魯塔克主要以希臘文寫作，他的《名人傳》有拉丁文譯本。當時雖然聽過普魯塔克的名字，卻不知道他到底有甚麼史學成就，當然更不知道普魯塔克對他的影響竟然如此巨大，尤其不知道普魯塔克的著作是否有拉丁文翻譯，所以並未追問他和德里達朗誦的是否就是拉丁文版的普魯塔克作品。

　　畢仰高這本新書，設想的讀者主要是法國知識界。法國知識界普遍認為斯大林是一個惡魔獨裁者，繼承列寧，卻背叛了列寧的革命理想，而毛澤東走了一條不同於斯大林的革命道路，堅持了列寧當年的革命初衷。雖然他不是工人無產階級的領袖，卻是佔中國人口八成的農民的救星，率領階級社會中的農民，推翻壓迫自己的政權和制度，進行社會主義革命，建立一個比資本主義社會進步的新社會。毛澤東以俄為師，雖然學習列寧和斯大林的組織和革命策略，使中國共產黨更加布爾什維克化，組織更加嚴密，但在領導中國共產黨贏得內戰勝利，取得全國政權，建立一個龐大的幹部和官僚階層以後，卻不同於斯大林，絕不容許這個階層脫離民眾，異化成為新的統治集團甚至新階級，因此不斷反官僚主義和反特權主義。野蠻殘酷的斯大林高度仰賴惡名昭彰的特務機構，屠殺異己，馴服人民群眾，而毛澤東對知識分子和異見分子強調思想鬥爭和思想改造。毛澤東領導人民進行社會主義建設，懲前毖後，批評斯大林主義中殘暴和兇殘的部分，建立了真正的社會主義國

家。因此，左派當道的法國知識界對毛澤東瘋狂膜拜，奉為解放階級社會被壓迫和剝削人群的社會主義聖人。

畢仰高認為上述對毛澤東的認識，都是建立在對真實的毛澤東及其革命不了解的基礎上，必須一一加以批駁。《歷史的覆轍》全書的宗旨，可以總括如下：毛澤東雖然是十九世紀以來的中國民族主義者，但是所以擁抱馬克思主義，其動機與斯大林並無軒輊，都是痛感國家落後，想要追趕、甚至超越先進的歐美資本主義國家，並在各自的國家建設社會主義。毛澤東以俄為師，尤其是受斯大林的影響深遠，亦步亦趨。而且，毛澤東關於農民、幹部和知識分子的政策帶來的破壞和禍害，有時比斯大林有過之而無不及。

畢仰高特別強調《聯共（布）黨史簡明教程》對毛澤東的影響。這本書是斯大林親自改寫的，其中第四章第二節辯證唯物主義和歷史唯物主義更是他的嘔心瀝血之作，在這一節的第二部分他提出人類歷史五階段進化觀，雖說是根據馬克思主義，其實是斯大林化或俄國化的馬克思主義。斯大林繼承馬克思，認為人類歷史在階級鬥爭的推動下前進，由原始公社階段經奴隸社會、封建社會、資本主義到社會主義，蘇聯共產黨的目標是成立一個有工人無產階級覺悟的黨派，為實行社會主義和共產主義理想奮鬥。而《聯共（布）黨史簡明教程》便是敘說蘇共如何以工人無產階級先鋒隊、以工人階級名義實行專政，以及接管國家機器以及其暴力機構，成立一元化黨領導的黨國體制，消滅各種所謂剝削的地主階級、資產階級和小資產階級，實行社會主義理想的結果。在 1940 年代的延安，毛澤東認為這是中國革命的《葵花寶典》，不僅自己讀了至少十遍，還要所有黨員仔細學習。他曾經說，馬克思沒有革命實踐的經驗，巴黎公社只有四十幾天，但列寧和斯大林卻有參與和領導俄國一百多年共產運動的經驗，更有十月革命後奪取國家政權，建立社會主義國家的經驗，[7] 所以不僅要好好學習這一本斯大林的經典，而且要全心全意地認真學習。

毛澤東相信列寧和斯大林的道路，因此在 1940 年代把共產黨建設成更加中央集權的組織，同時也進一步動員和組織工農，納入一元化黨

領導的組織中，奪取政權，再把這一個組織擴大到全國各地和各個部門，以便完成他所構想的新民主主義革命，消滅所謂封建地主階級，再進一步實行社會主義革命，消滅殘餘的所謂資產階級，超英趕美，甚至建立比蘇聯更進步的共產主義社會。當然在這個過程中，不僅改變了生產關係，更可以全面解放生產力，使中國在工業化、教育普及化和醫療普及化各方面，快速地超趕業已現代化的歐美資本主義國家。畢仰高想證明，正因為毛澤東接受了斯大林的唯物史觀和暴力鬥爭手法，不管在領導中國追趕西方國家方面作了甚麼改進，他還是重蹈斯大林的覆轍，未能真正改轍易軌，僅在覆轍中作車輛零件的換修和改進，車輛繼續在覆轍中前行，原先發生的嚴重災難勢必再次發生。俄國為社會主義革命和建設付出極大的代價後，國家工業化和城市化了，中國則還是農民為主的農業社會，仍然有剝削和壓迫，生活並未顯著改善。知識分子也同樣窮困，沒有享受更好的生活和更大的自由。毛澤東不但不比斯大林高明，他犯下的錯誤和罪惡，比起斯大林來有時反而有過之而無不及。

　　這可說是畢仰高對自己年輕時代對毛澤東看法的徹底顛覆和批判。當時，他認為毛澤東是付諸實踐的馬克思主義理論家，是替天行道的農民英雄和革命家，是革命策略和戰略的理論家。現在了解毛澤東統治的真相後，畢仰高進一步了解了這個統治者，發現他和斯大林兩人有不同的歷史背景和文化傳統，性格上也有很大的差別，卻在專制獨裁方面有驚人的相似，都是曠世暴君。歷史上常見的獨裁者都是封建帝王，自以為是宇宙最高主宰者之子女，可以為所欲為，專制恣肆；而毛澤東和斯大林這兩位現代獨裁者，相信朕即國家、朕即革命、朕即無產階級、朕即共產黨。兩人在實行社會主義革命以後，整個國家不存在資產階級和小資產階級，由馬克思看來是最先進和革命的工人階級以及半工人階級化的農民當家作主，實際上則由工人無產階級先鋒隊的共產黨代他們當家作主，而所謂共產黨基本上是由理論上具有無產階級覺悟的職業革命家組成。至於國家，強調的是國家治理人民的權力，共產黨專政則是擁有這項權力，以之為工具和武器，

建設一個比最先進的資本主義國家更加先前和優越的社會主義國家。
這種獨裁者比傳統帝王更厲害，有更大的自我，因為他自認為掌握歷
史真理，幾乎無所不知、無所不能。然而學習俄國化馬克思主義的結
果，不僅無法真正實現社會主義理想，反而因為實行社會主義革命而
帶來欺騙、恐懼和災難。

　　畢仰高根據這個理路結構本書，選擇九個課題，亦即落後、追趕、
政治、農民、饑荒、官僚、文化、勞改營和傳記，一方面重新回顧斯大
林的問題，另一方面看毛澤東的改正和批判是否是真的使他免於斯大林
的覆轍，或走出一條社會主義建設的新道路。第一章〈落後者〉討論毛
澤東和斯大林如何看待十九世紀的中俄兩國，兩人都痛感國家在產業政
治軍事各方面的落後。第二章〈迎頭趕上〉論述毛澤東在工業化等實務
層面如何追趕，有何成績。第三章〈政治〉討論毛澤東的政治，接受甚
麼意識形態和發展模式。到第四章，儘管毛澤東同情農民，卻因為擺
脫不了斯大林歧視農民基礎上發展出來的追趕模式，造成饑荒，死人百
萬千萬計，且禍害之深重不遑多讓。因此又有第五章〈饑荒〉，討論二
十世紀只有他們兩人統治之下帶來的災難，及其因應之道。第六章討
論毛澤東如何以反官僚主義和反特權主義防止幹部官僚化和特權化，甚
至世襲化，卻仍然避免不了前述三化的趨勢。第七和第八兩章，儘管
毛澤東強調教化、治病救人、思想改造，但是仍然免不了斯大林對知識
分子的凌辱、殺害和籠絡，以及勞改和勞教的折磨。最後一章討論毛
澤東的統治手法。

　　從這個章節安排來看，《歷史的覆轍》要做的中俄兩國革命比較，
不是尋常的社會或政治科學的比較，而是人文歷史學的比較，目的在突
顯一個重要論點：即毛澤東以斯大林為師，不論他做了何種改變和改
善，因為沒有真正跳脫斯大林的框框，都未能避免覆轍重蹈，何況開出
新路。因此之故，畢仰高的比較聚焦於斯大林統治俄國的三十五年和
毛澤東統治中國的三十年，尤其重視毛澤東和斯大林兩人超英趕美最厲
害、也就是以所謂社會主義優越性最突出的兩段時間──亦即毛澤東
的 1958 年到 1976 年，也就是大躍進到文化大革命，和斯大林的 1928 年

到1937年，亦即其政策大轉向時期。大躍進和文化大革命追求更高程度的農業集體化，以便實行快速度工業化，把中國建設成一個社會主義天堂。毛澤東選擇社會主義革命及其方法，結果革命不僅不能解放農民反而加上桎梏，不僅不能帶來幸福，反而帶來痛苦；不僅不能帶來美好生活，反而帶來悲慘境遇。因此，畢仰高的毛澤東是新時代的獨裁者。上面九個課題是大致範圍，觸及的課題隨章節而決定，畢仰高重視歷史背景和時代脈絡，採用故事和歷史對照的寫法，重視求真。正文意猶未盡，則開闢天窗，插入短文，有別人的作品，也有個人綜合。雖然枝蔓，但文章短小，常有神來之筆，殊值咀嚼回味。

　　這本比較毛澤東和斯大林革命的大書，涵蓋兩個大農業帝國一二百年的歷史，需要工夫之深，可以想像。雖然畢仰高已經限縮比較的範圍，但是所面臨的浩瀚文獻資料挑戰，仍然萬分艱難。他不可能像以前那樣到各國檔案館和圖書館尋找原始文獻，必須仰賴學術界的專家學者這幾十年來的法文和英文著作，並以之為基礎，綜合在全書架構裏。他認為毛澤東革命和斯大林革命，雖然有不同源起，也有不同表現，但因為透過革命建立的黨國體制大體相同，且採用的政治方法經常類似，所以產生的禍患也一模一樣。毛澤東不滿於斯大林的革命範式，創造大躍進和文化大革命的新範式，所帶來的災難不亞於1930年代斯大林的農業集體化和大整肅，是更可怕的獨裁者，不值得景仰崇拜，應該重視中共宣傳掩蓋下的真實歷史。

二、內容介紹：紅太陽裏的大黑子

　　畢仰高很清楚，毛澤東和斯大林出身工農家庭，長大後喜歡閱讀，學識淵博。不過，兩人都說不上是很有獨創思想的大知識分子，知識範圍也有嚴重缺陷。兩人分別出身晚期沙俄和滿清兩大帝國，痛感社會、政治、經濟、工業、科技和文化各方面的落後，亟盼國家迎頭趕上先進的歐美各國。他們先後擁抱馬克思主義，都力圖把國家改造成最

進步的社會主義國家，一舉終結貧窮、剝削和壓迫。斯大林奮鬥的經過，形諸於其編輯的《聯共(布)黨史簡明教程》。毛澤東以斯大林為師，追求同樣目標，奉斯大林這本書為馬列主義的《聖經》。建國後，中國一度喊出「蘇聯的今天是我們的明天，蘇聯的昨天是我們的今天」，治國方向亦步亦趨。雖然兩人在工業化、普及教育和醫藥衛生諸方面，都卓有建樹，但建立了一個政治、經濟都充滿問題的體制。毛澤東對斯大林的經驗，後來雖然有所針砭和改進，但實際改變的只是方法和策略：在建設一元化黨領導體制方面，就是斯大林指示的俄國道路；在追求建立社會主義的黨國體制方面，可以說毛走得更極端，因此覆轍重蹈，得到同樣結果。他們在治術上都是比傳統暴君更殘暴的獨裁者，分別為中俄兩國的農民和知識分子帶來一個高高在上的官僚階層，不免都有階級化和世襲化傾向，更帶來同樣的暴力、災難和死亡，得不償失。下面分章節梳理，介紹其主要內容，並略加補充，也附帶一些評論。

　　第一章〈落後者〉：何謂落後？十九世紀，不論在中國還是俄國，知識分子都開始有國家落後的驚覺。有說器物落後，有說制度落後，有說思想落後，也有說政治落後、經濟落後、文化落後。畢仰高則說，不論是甚麼落後，說現代化落後，就大體表達意思了。毛澤東認為十月革命炮聲一響，列寧送來馬克思主義的真理，中國的工人無產階級也已壯大成熟，進入政治舞台，所以中國出現了共產黨，開始進行馬克思主義革命，以便改造中國的落後局面。畢仰高本書首先指出，無論中國還是俄國，在共產黨革命開始時都是農業為主的國家，農民佔總人口八成，性格保守，傳統意識深厚，說不上有階級意識。至於工人無產階級，只佔中國人口的0.1%，階級意識還不如反帝國主義或民族主義強烈。俄國工人數量較多，是中國的十倍以上，有馬克思所說的工人階級意識，也集中於幾個大城市，所以力量比中國稍強。但從階級意識發展落後這一點來看，無論是中國還是俄國都不應該發生社會主義革命。但在俄國和中國，卻都發生了社會主義革命，這要歸功於兩國都有大批有國家落後感的知識分子和兩國已經或仍然被認為擁有嚴重落後

的國家體制 —— 在俄國是帝俄政權，在中國是推翻滿清的國民黨政權。

畢仰高認為，無論列寧、斯大林或是毛澤東的革命，都不是工人或農民自發性的表現，而是源自知識分子自認為國家落後而倡導出來的。其實，面對所謂落後問題，中國和俄國的知識分子有種種不同的追趕方案和想法，毛澤東、列寧和斯大林只是其中的一個反應而已。俄國的知識分子與傳統農業社會幾乎完全隔離，在中國則聯繫較密切。十九世紀俄國的知識分子和貴族都以講法文為榮，自認為俄國文化是西歐文化的一部分，相對於歐美的資本主義國家，雖然有強烈的落後感，但不像中國的知識分子有強烈的國族主義關懷，處處以國家民族的集體利益為念。列寧和斯大林擁抱馬克思主義，是因為他們認為先進的歐美國家即將爆發社會主義革命，把人類歷史帶向新紀元，有國際主義的胸懷。而毛澤東則認為馬克思主義是改造中國和世界的科學真理，尤其是改造中國的工具，能使得中國不再落後。在俄國爆發所有知識分子支持的二月革命推翻帝俄政府後，列寧以搞政變的方式取得國家機器並控制政權，在隨後爆發的內戰中逐漸鞏固俄國共產黨的一黨專政，成為後來斯大林強調社會主義建設的憑藉。不論列寧曾否對斯大林有所批評，斯大林是作為他的繼承人出現的。

中國更沒有資格談社會主義革命，無論共產黨如何努力於工人運動，均以失敗而告終。毛澤東想繼續進行其嚮往的社會主義革命，只能把動員和組織工作的重心從工人轉移到佔總人口八成的農民。這個革命其實已經不是馬克思主義的工人無產階級革命，而是以動員和組織農民的方式、透過內戰奪取政權，進而實踐共產革命的理想。在這個過程中，毛澤東成為中國的列寧和斯大林，毛澤東思想成為歷史不可抗拒的真理。畢仰高強調二月革命推翻的帝國主義和毛澤東透過軍事鬥爭推翻的國民黨政權，所以瓦崩土解，最大的原因是其體制落後，加上國外戰爭嚴重耗損其統治能力。所謂十月革命並非是風起雲湧前赴後繼的群眾革命，只是列寧利用工人階級控制的蘇維埃會議對二月革命的社會主義政權的不滿，所進行的一場幾乎沒有流血的政變，輕易取得全國政權後，還必須面對國內外各種對社會主義力量的反撲。毛澤東在

1949年能夠獲勝，主要是因為中共成功利用國民黨在抗日戰爭中的弱化，動員和組織遭受戰爭荼毒的農民，擴大武裝和政權，並在隨後的內戰中打敗蔣中正，取得政權。

第二章〈迎頭趕上〉：趕超甚麼？毛澤東在1940年寫了〈新民主主義論〉一文，為新民主主義革命提出美麗願景，即建立一個「政治上自由」、「經濟上繁榮」和文化上「文明先進」的中國。[8] 1976年逝世前，他不但完成了所謂新民主主義革命，更完成了比新民主主義進步和高級的社會主義革命，要建立馬克思鼓吹的徹底消滅階級的公平、平等、博愛的社會。所謂新民主主義革命，毛澤東定義為由工人無產階級領導農民階級、小資產階級和民族資產階級，完成中國進入資產階級民主革命階段未能完成的歷史任務，徹底消滅封建地主階級、買辦資產階級和官僚資產階級。而所謂社會主義革命則是改造和消滅所有殘餘的資產階級，並把農民和手工業工人改造成半工人無產階級。這幾個階級到底是不是中國本土的產物？共產黨認定的階級成員是不是客觀的社會認知，恐怕也有爭議。但有一點很難否定，就是在這個過程中，共產黨嚴重縮小並逐步消滅了私有經濟，並在新民主主義和社會主義擴展和建設的國有和公有經濟基礎上，學習俄國式計劃經濟，試圖超英趕美，把中國推向比歐美資本主義國家更進步的發展階段。但是應該沒有一個既熟悉資本主義也熟悉社會主義國家情況的學者，在毛澤東到地下去見馬克思的時候，敢說中國已經趕超歐美資本主義國家，人民享有更多的「政治上自由」、「經濟上繁榮」和文化上的「文明先進」。

畢仰高討論趕超運動，當然注意到毛澤東關心公平正義、道德高尚和平等互助等政治理想的追求，但是更強調毛澤東像鎖入一國社會主義建設的斯大林一樣，最關切的是在工業化方面追上英美法德等資本主義國家。蘇俄早在1919年就已完成社會主義革命，消滅了資產階級，但因為伴隨歐戰而來的內戰，直到1928年斯大林才擊敗其黨內競爭敵手，得以全力完成英美法德需要百年時間完成的工業化。斯大林以兩個五年計劃，建設鋼鐵廠、大水壩、鐵路交通等大型工程。一方面以農業集體化，提高農業稅收和操縱工農業產品之間的比價，取得所需大

量資金。另一方面，以精神和政治動員、勞動比賽和嚴格紀律動員工人，輕視專家。作者以世界最大的馬格尼沃托爾斯克鋼鐵城說明，趕超型計劃經濟的展開，雖然取得了不起的工業化成就，卻因為急於求成，造成產品粗糙、大量浪費和工傷事故，工人以超體力投入建設後，得到的物資回饋不比資本主義國家工人高，反而長期生活於匱乏經濟之中。斯大林的第二個五年計劃針對第一個五年計劃的經驗，做了修改，無效勞動和浪費成本的情形明顯減少，對工人的驅使也不如前遠甚，更稍微改善了工人生活。連續的兩個五年計劃確實製造了驚人的工業化成績，後來對德戰爭，若無這些工業化成就，斯大林不可能抵抗希特勒的全面進攻，並贏得勝利，到戰後俄國更成為唯一可以與美國對抗的軍事強權。斯大林追求高速度工業化的兩個五年計劃，最能代表其趕超思想，是列寧十月革命後的第二次革命。

　　毛澤東在建國後的1954年提出向社會主義過渡的口號，到1956年完成所謂社會主義革命。畢仰高指出，儘管毛澤東在次年完成了第一個五年計劃，並重新檢討斯大林的工業化模式，提出兩條腿走路的新方向——工農業並舉，工業這一條腿，像斯大林一樣向前邁進，農業另一條腿不能佇立不前，也要配合着向前躍進。但在落實的過程，兩條腿同時前進的大躍進路線仍然是偏頗的，同樣是將資源集中於工業大躍進，以鋼為綱。另一方面，農業部門自力更生，以糧為綱，把全國農村鎖入比俄國集體農莊組織更加龐大卻全無農業機械的生產體制中。不論工業還是農業都出現斯大林在第一個五年計劃發生的問題，都是政治掛帥，命令成風，瞎指揮，輕視專家以及生產管理，造成大量無效勞動，農業產量迅速下跌，國家徵購糧超過農業部門能力，連帶工業部門也出現生產倒退，甚至在全國農村發生饑荒死人的嚴重局面，難關渡過後則是整個國家處於長期均貧的局面。到毛澤東死後三十年，鄧小平把國家帶回類似社會主義革命前的小農經濟，允許農民有一定的橫向地理流動的自由，也讓他們有一些市場貿易的自由，農民的生活才得到大幅改善。儘管中共後三十年也有貧富差距擴大和生態環境破壞的嚴重問題，卻不能否認農民生活水準顯著提高的事實。

　　畢仰高認為，在追求高速工業化外，無論毛澤東和斯大林都特別重視三方面的超趕：即城市化、衛生改良和教育改善。蘇聯的工業化，吸引大量農民來到城市，1930 年代城市人口已佔全國人口的一半左右。而中國的工業化程度低，連帶城市化程度也低。城市人口不斷增加，但沒有足夠的就業機會容納多餘人口。同時，因為嬰兒和老人的死亡率快速降低，終毛澤東之世，農村人口始終佔全國人口八成左右，而且數量有增無減。城市反養不活多餘人口，大躍進時便有二千萬農民臨時工被送回農村，在文化大革命年代又有一千多萬知識青年以向工農學習為名，被迫上山下鄉，實際是由農村負擔其生活。中共為控制農村人口向城市移動，在大躍進時期實行嚴格的戶口制度。後三十年放鬆管制，城市化才開始加速度展開。畢仰高強調，斯大林時代不注意城市住房問題和基礎設施，所以城市生活並無明顯進步。中國有同樣問題。毛澤東和斯大林在追趕歐美方面，都重視男女平等和婚姻自由，最有成績的應該是醫療普及率提高和人口死亡率降低，以及中低教育人口的增加。

　　第三章談政治。政治一詞的含義很廣，可以是政治思想、政治制度和政治文化。畢仰高關心的是政治體制和意識形態。他說在 1956 年赫魯曉夫鞭斯大林之屍後，毛澤東確實重新估價斯大林，也針對斯大林的一些錯誤作出了改變，但他強調無論有甚麼改變，毛澤東還是迷信斯大林的歷史唯物史觀，尤其相信中國社會應該沿着五階段進化史觀，首先經由半封建半殖民地變成仍處於資本主義階段的新民主主義革命，隨後進行社會主義革命，消滅「殘餘」的資產階級。雖然毛澤東開始批評斯大林的五年計劃模式和一些政策，但他仍在 1958 年號召大躍進，只是根據斯大林的思路，在缺乏工業回饋的中國，建立比俄國集體農莊更高階段的人民公社。同樣重要的是，毛澤東除了相信應該根據斯大林的社會主義建設道路前進以外，實際上相信斯大林的共產黨專政，不論這個專政是新民主主義社會的多階級專政，還是只有工農階級的專政（不論是否包括民族資產階級和小資產階級）——除了建設一個高度中央集權的黨組織以外，更建立斯大林主張的一元化黨領導組織。畢仰

高體認到《聯共（布）黨史簡明教程》對毛澤東的深遠影響。這一本書表面上是集體創作，實際是斯大林親自撰寫，是總結一百多年俄國共產黨運動的歷史教科書，用以訓練全世界共產黨員和幹部，概括列寧和斯大林如何領導俄共成功地把落後的俄國改造成許多先進國家知識分子羨慕的社會主義天堂。

由於斯大林的影響，毛澤東統治下的中國跟斯大林的蘇俄極為相像。其犖犖大者，譬如意識形態掛帥、黨國互相滲透的體制，對經濟、暴力和教化部門的壟斷。用共產黨的話來說，就是馬列主義至上、無產階級專政（實際上是共產黨專政）和一元化黨領導的組織，該組織壟斷的範圍越來越廣、部門越來越多。從建黨以來，中共便建立金字塔式的高度集權的黨組織，下級服從上級，少數服從多數，局部服從全部，上級可以假多數和全部之名，要求下級絕對服從。到1940年代，明文規定，這個黨組織的最高領袖是中央委員會、政治局和書記處的主席，不但在思想、軍事、政治、政策和組織五方面有領導權，關於重大事務有最後決定權，而且逐步建立單獨的軍隊政權和群眾團體系統，黨員遍布各系統，設立黨組織，厲行以黨領政、以黨領軍、以黨領群。隨着國家私有部門的消滅，更以黨領學，以黨領工，以黨領商，以黨領議會，以黨管經濟。到1956年社會主義革命後，毛澤東專政的範圍包括所有產業經濟、法政、道德和國家暴力機器。毛澤東可以透過黨管人事，並利用黨組織中的刑賞兩柄。或用施堅雅教授（G. William Skinner）的話說，用思想和道德激勵法令和制度規範、物資和特權激勵來駕馭全體黨員。

畢仰高撰寫這一章時，對斯大林政治的理解，已遠超冷戰時代的集權主義典範。冷戰時代，斯大林在集權主義典範下，除暴力無所不在以外，更被誇大成為權力無遠弗屆，而被統治者簡化成為服從皮鞭指揮的奴隸，讓人忽略了斯大林其實是讀書勤快、廣博強記，而且懂得以願景和理路說服和動員幹部和工農群眾的領袖。他不僅令人害怕，也令人崇敬。在推動社會主義建設時，經常高懸理想，不懼使用暴力，不顧過度役使民力，更不顧客觀環境制約，抱持人定勝天的浩氣。然而

達到一定目的時，也知道放鬆，措意民眾需要的休息娛樂和物資生活，停止無止盡的鞭策。畢仰高把毛澤東放在這個視野上觀察，認為毛澤東大力鼓吹的群眾路線，也不出斯大林的治理範圍，因為毛澤東治下的群眾運動，可以說沒有群眾真正自發性的運動，所謂群眾意見其實是引導出來的，經過提煉加工後，經常離工農群眾的期望更加遙遠。用毛澤東的話說，進行群眾運動時，不可以任群眾自流（自流主義），尤其不可以做群眾的尾巴（尾巴主義），必須使工農群眾革命化，為推動社會沿斯大林唯物史觀所規定的道路前進。表面上努力的方向是建立一個共產主義成分越來越大的社會主義烏托邦，實際上卻是建立和延續一個高度中央集權的共產黨專政體制。

畢仰高警告，從此角度出發，不要低估毛澤東對教化說服的重視。在暴力以外，斯大林也同樣重視這兩個方面，不能把他簡化成一個單純的殺人機器，只會用肅反殺人來震懾和馴服俄國人民。斯大林強調思想工作和思想改造，批判官僚主義和命令主義，毛澤東也一樣，或許從延安整風以後，特別避免血腥肅反，強調治病救人、懲前毖後的思想鬥爭，但是在貫徹新民主主義和社會主義兩場革命並進行社會主義建設方面，為了達到目的，絕不避諱暴力，更不懼以群眾為芻狗。因為在他看來，天地本來不仁，人類的歷史必定是往共產主義的方向發展。

畢仰高比較毛澤東和斯大林的政治時，當然會注意到兩人不同的地方。譬如斯大林事必躬親，毛澤東不耐繁劇，所以斯大林不會想到把黨的最高領導分成二線，毛澤東則辭去國家主席一職，站在二線，由一線領導政權和軍隊，待其不符期望時，再親自回到一線。譬如毛澤東不像斯大林，他強調平等主義，反對物質和特權獎勵，又特別強調政治動員。又譬如斯大林的工業化造成農民大量入城，而毛澤東則對城市懷有反感，要城市的幹部回到鄉下，接受工農兵再教育。畢仰高承認這些差別，但強調這些差別不能被過分誇大為毛澤東走出社會主義革命和共產黨專政的大方向。

第四章〈農民〉：畢仰高在剖析毛澤東和斯大林的政治後，第一個詳細討論的課題就是農民。理由很簡單：太多人認為毛澤東領導的中國

革命是農民革命。畢仰高不懷疑毛澤東是靠動員和組織農民取得政權的，但他認為農民的階級革命其實是毛澤東及中共製造出來的：對毛澤東而言，農民只是取得政權的工具，而不是黨國體制服務的階級；毛澤東念茲在茲的，絕非農民的主觀願望和客觀福祉。畢仰高得出這個結論，與其長期研究中國農民的反抗行動有關。他研究這個課題最重要的結論就是中國農民基本上是保守的，沒有階級性，中共要透過農村改革和土地革命才能將其動員和組織起來。如果沒有共產黨，中國農村不可能自動發生新民主主義和社會主義兩場革命。

討論中國之前，畢仰高首先敍述俄國革命知識分子眼中的農民和農村，以及列寧和斯大林的農民政策。他的基本論點很簡單，俄國知識分子根本看不起農民，認為他們愚蠢無知、保守落後，是俄國的恥辱，所以談論共產主義革命時，注意力全部集中在不到總人口 5% 的所謂工人無產階級身上。1917 年 10 月列寧率領布爾什維克黨，在工人無產階級和士兵組成的工兵蘇維埃支持下，對不到一年前推翻沙皇政府的民主議會政府發動政變奪權，根本說不上是一場工人自動自發的無產階級革命。當時列寧並不沒想到需要農民積極支持，他只是接受其他政黨的政綱，讓農民自動起來沒收貴族和地主的土地，平均分配，因此農民並不反對十月革命奪權而已。在這一次土地革命後，農村變成中間大兩頭小的農村社會，以中農為主，富農和貧農的人數都不多，恢復先前村社 (Mir) 時期土地分配和經營的傳統，內部並無明顯的階級分化。後來，列寧進行國內和國外戰爭，以武力從農村徵取大量糧食和人力，激起他們對共產黨的不滿和憤怒，甚至武裝反抗，逼迫列寧不得不採取新經濟政策，停止強迫徵糧，改採固定稅率，並允許農民在自由市場販售餘糧。他們對城市外人的惡感，遠超過內部的階級仇恨。

斯大林和列寧一樣，也不認為農民有階級性和革命性，他從未在農村廣泛植根，建立黨支部及其他基層結構。1929 年斯大林成為列寧的實際繼承人後，為了在工業化方面短時間追趕英美，需要大量資金和糧食，於是實行社會主義革命性質的農業集體化。因不能以動員大多數貧農鬥爭極少數富農的方式達到目標，所以片面依賴外來的工人和城市

知識分子，尤其是特務部門，默認其以血腥暴力和強制威脅的方式達到目的。這些外來幹部和積極分子，以富農為芻狗，沒收其土地財產和牲畜農具，甚至將其流放、殺害或貶為賤民。富農實際人數不多，就擴大富農的定義，因此不可避免地殃及大批中農。因城市無法提供大量農業機械和便宜的日常生活必需品回饋農村，農村集體化雖然擴大了生產規模，卻始終未能帶來農業增產，反而因為強取豪奪所謂餘糧、公有化農具和家畜，激起農民各種方式的反抗，造成生產力的大破壞，並導致農業嚴重減產，造成嚴重饑荒，死人無數。其後，斯大林把農村出現迫害和饑荒歸罪於幹部，並在政策上對農民做了一些讓步，如允許農民長期有自留地。但直到蘇共垮台之時，集體農莊雖然擁有為數不少的農業機械，但農民的平均生產力連革命前夕的高峰都不如，農業部門的生產只能勉強應付政權的需要而已。

如前指出，畢仰高對清末以來的中國農民的集體行動有深入研究，認為中國農民雖然不同於俄國農民，但同樣貧窮保守，迷信無知，懷疑生人，缺乏階級性，如果起來抗議和暴亂，主要都是防禦性的，沒有改天換地的想法。中國的知識分子先是學習蘇共，動員和組織工人階級進行社會主義革命。失敗後他們把注意力轉移到農民身上，認為農民可以成為革命的基礎。畢仰高認為這種農民運動其實都是運動農民，連農民階級的劃分都是從俄國輸入的，農民最初並不知道自己是富農、中農或貧農。農民被納入各種縣以下的黨部、政權、軍事和群眾組織後，不斷被革命化，接受階級意識，參加中共的革命。毛澤東甚至把他們看成革命的動力，越貧窮越革命。抗戰爆發後，毛澤東利用日本侵略對國民黨統治造成的衝擊和破壞，在日偽和國民黨鞭長莫及的北方廣大鄉村地帶，經由軍隊支持和各種重新分配財富的農業改革，動員和組織農民，取得農民人力、物力和資力的支持，並在農民的全力支持下，贏得國共內戰，取得政權。隨後毛澤東更宣布全國徹底完成新民主主義革命中土地革命的任務，完全剷除了地主階級，但是保留其中大部分成員的生命，使之成為政治賤民。土地革命時，毛澤東對富農網開一面，僅沒收其出租土地。但是在重新分配土地、完成耕者有其田

的目標後，很快便根據斯大林的經驗，實行社會主義革命，進行農業集體化，徹底消滅富農階級。不過毛澤東允許富農在合作社鞏固後加入，並未像斯大林一樣，用外來工人幹部和特務組織，以殺害流放和鎮壓富農的方式，驅使農民成立集體農莊。

　　但在企圖以農業部門提供工業化所需大量資金方面，毛澤東與斯大林並無二致，只是先用統購統銷糧食和其他重要農產品為集體化鋪路。1956年後，毛澤東檢討反省斯大林的計劃經濟經驗，指出斯大林模式只有工業這一條腿，他主張農工業並重，兩條腿走路，於是提出大躍進的號召，強調農業部門自力更生，在不增加農業投資的前提下，以政治動員促成農業生產大躍進，同時也促成小型工業在農村的普遍發展，再以預期的農業大躍進，支援城市工業部門，尤其是鋼鐵工業的大躍進。結果毛澤東在農村成立比俄國集體農莊更高度集體化的人民公社，實行公共食堂制度。可是人民公社的社會主義優越性始終顯現不出來。非但未能帶來農業生產奇蹟，反而因為中共大量役使農民，搞百廢俱興——鼓勵無節制的深耕密植之外，大煉鋼鐵、大興水利、大建養豬場、大辦學校——造成農業生產力大倒退，農民非但沒有改善生活，反而喪失積極生產的動力，甚至帶來史無前例的全國性大饑荒，死亡人數高達三千萬。大躍進失敗後，毛澤東也允許習慣於個體經濟和追求個人利益的農民擁有自留地、允許農村初級交易市場，只是農業生產力一旦恢復，毛澤東又想要加以消滅和禁絕。至於包產到戶，被認為是恢復小農經濟、私有經濟或資本主義經濟，故而嚴加禁止。

　　畢仰高很想知道，毛澤東比斯大林了解農民，以土地革命得到農民的支持，並在農村扎根，1953年到1955年實行農業集體化時，也沒有發現屠殺富農這種情事，農民還擁護集體化，農業也沒有出現明顯減產，仍能繼續提供工業化和現代化所需要的資金，但是為何1958年大躍進，成立進一步集體化的人民公社時，卻製造了比斯大林更嚴重的饑荒和災難？畢仰高認為毛澤東的問題有三：第一，中國的經濟底子太弱，人地不成比率，工業也不可能大量生產農業機械回饋農村；其次毛澤東個人反覆無常，雖然承認向共產社會大躍進的政治路線有問題，卻

因為國防部部長彭德懷的一些批評，不能繼續冷卻頭腦，反而更加鼓勵大躍進。畢仰高認為這還不是最大的問題，毛澤東最大的問題仍然是擺脫不了斯大林的意識形態和發展模式。他繼續迷信社會主義經濟比資本主義有優越性，歷史不可以倒退。人民公社可以向注意個人利益的農民讓步，微調其組織架構，但不可以全盤撤消。所以他把人民公社變小，並降低財務核算單位，甚至開放自留地和農村自由市場。經過大躍進的嚴重折騰後，中國農業先恢復後發展，但發展始終緩慢，趕不上人口發展的需要。農民的生活比起1949年以前未必有多少提高，反而普遍出現倒退。倒是在毛澤東死後，廢除人民公社，大幅提高糧食售價，給予農民更多的經濟活動自由，農民生活才得到顯著改善。

　　第五章談中蘇兩國的饑荒。現代社會很難看到饑荒，只有在土壤貧瘠、經濟落後的地區，才可能發生，即便出現水旱蝗各種自然災害，便利的交通和對外貿易也可以舒緩災情，把死亡人數減到最低。斯大林和毛澤東都宣稱要為農民建立人間天堂，但1930年前後蘇聯的農業集體化時期和1960年初中國的大躍進，先後都帶來嚴重的全國性饑荒。兩國到處赤地千里，哀鴻遍野，甚至發生人吃人的事件。畢仰高認為俄國死了600到700萬人，中國的死亡人數更可能高達4,000萬人，相當於總人口的千分之六七。哪怕這些數字必須打個大約對折，有幾百萬和幾千萬人在沒有戰爭的太平歲月餓死，總是令人匪夷所思的世界大事。有人強調天災是主因，畢仰高卻認為根本都是人禍。無論斯大林還是毛澤東都負有難以推卸的重大責任。畢仰高生怕高估了兩人的責任，還討論了從來沒有學者注意到的人口轉型問題：他認為生育率的升高和死亡率的降低增加了消費糧食的人口，但斯大林和毛澤東都沒有注意到，輕率做出有關政策決定使問題真正變得嚴重。

　　畢仰高指出，在糧荒發生後，斯大林政府不僅不減少糧食的徵收，提供救濟，反而以各種方式阻止農民自救。當時，集體農莊出現大量盜糧事件，政府頒布法令，允許逮捕、懲罰和死刑。農民到城市逃荒，也遭全力阻攔。畢仰高以當時死人比率最高的哈薩克斯坦和死亡絕對人數最高的烏克蘭為例說明：哈薩克斯坦的農業集體化要求把流動的牧民固

定在集體農莊裏，因此受到的衝擊和破壞更大，饑荒也益加嚴重；而烏克蘭少數民族的農耕地區，迷信集體化一定會增加農業生產，即便在出現饑荒後，仍不顧饑民陳情，更不聽地方幹部諫言，堅持農村必須提供所徵求的糧食，若不達指標，則怪罪富農分子破壞，或指責農民瞞產。饑荒在這種強制鎮壓下擴大和蔓延，以致餓殍遍國，屍骨遍野。

中國的集體化歷史最初不一樣。1953年毛澤東開始農業集體化，把土地改革耕者有其田後的個體戶農民依序變成初、高級合作社的社員，並沒有造成嚴重饑荒。但是1958年發動大躍進，就發生史無例的大饑荒了。當時，毛澤東説，從斯大林的兩個五年計劃學到教訓，工農業兩方面並重，但大躍進號召農業部門像工業部門一樣鼓足幹勁、追求多快好省的發展，實際上是在沒有國家更多投資的前提下，用競賽方式鼓勵和壓迫幹部自力更生，靠動員農民的勞動力，創造生產突破，只要達不成規定的高指標，便加以羞辱和懲罰。在這個程中出現規模更大、集體化程度更高的人民公社，幹部以一平二調的方法，徹底消滅私有的自留地、牲畜和農具，組織農村的勞動力，甚至成立公共食堂、育兒院和老人院，解放家庭裏的婦女勞動力，大量推廣深耕密植等勞力密集方法，還以為農民行有餘力而百廢同舉。其實農業根本沒有創造生產奇蹟，卻根據各地虛報的豐收進行徵購，結果徵購有時高出產量的四五成。人民公社的社員比小農經濟時的佃農的收入更是大大不如。大躍進初期，毛澤東還對赫魯曉夫吹牛，中國的糧食多到數不勝數，不但硬要下級加速糧食還債，並且提高對外援助，終於造成更嚴重的饑荒。毛澤東在1958年年底還承認工農業指標過高，想要加以抑制，但面對次年夏天彭德懷的批評，死不認錯，堅持大躍進路線正確，不肯大肆更張。在更嚴重的饑荒出現後，為確保北京上海等大城市有足夠糧食不死人，堅持農村提供一切需索，犧牲農民，尤其是邊遠地區省分的農民，任由他們大量死亡。

畢仰高比較兩國的饑荒指出，同樣是追求高速發展，要從農業取得資金和糧食，毛澤東大躍進中的人民公社比斯大林的集體農莊更進一步，所以造成的饑荒更加嚴重。政府高估產、於是高徵購，一旦達不

成徵糧目標，便指責農民、尤其是富農瞞產，硬逼他們繳出僅餘的保命糧食。地方幹部為了掩蓋饑荒，不容許農民到城市逃荒，一旦出現餓殍和死亡，也不敢據實上報，把死亡原因歸於老病和營養不良。畢仰高相當訝異，蘇聯和中國在大饑荒中都沒有出現激烈反抗。中國的農民尤其溫馴異常，饑民普遍偷盜糧食和公家財務，毛澤東沒有像斯大林一樣要求立刻處死犯人，但地方幹部在高徵購的壓力下，仍然嚴懲不貸。畢仰高懷疑，斯大林在1932年秋冬，可能因為懷疑烏克蘭農民有分離主義的傾向而故意讓饑荒惡化，但指出毛澤東面對其國防部長彭德懷的私下批評，不僅不虛懷若谷，反而把彭德懷升高到敵我矛盾的層次上來批評，原本有意抑制左傾機會主義，霎時變成全面打擊右傾機會主義，也就是繼續大躍進。結果1959年冬的饑荒比1958年更加嚴重，三分之二的大饑荒死亡人數便發生在毛澤東對彭德懷的反批評之後。

　　在第六章〈官僚體系〉，畢仰高深受前南斯拉夫共產黨高幹吉拉斯的影響，認為共產主義集權國家的「官僚」都有淪落成為新階級的宿命。他清楚指出，共產黨就是金字塔的組織，個人必須服從全體，下級黨員必須服從上級。列寧和毛澤東率領共產黨取得政權後，需要幹部來管理和指揮，任命黨員擔任各級職務。隨着社會主義革命的實行和擴大，消滅私有財產制度和各種私營工商業，也需要有官僚來接管管理權力和職能，所以整個官僚集團越來越大。畢仰高知道並非所有黨員都是官僚，也並非所有官僚都是黨員，但隨着革命的加深，所有擁有職位的官僚幾乎都由黨員出任。他也很清楚，在列寧和斯大林的視野裏，幹部和黨員有脫產、半脫產和不脫產之分，後兩者應該不可以列入官僚集團。但要釐清其範圍，尤其是計算其人數規模，非常不易，重要的是，斯大林和毛澤東的國家中，這個官僚集團的規模越來越大，人數越來越多，他們在公有制的名義下實際控制國家的資產和資源，成員擁有權力和特權，理論上他們是服務於工農群眾的一群人，實際上則因為享受資源和特權，越來越像吉拉斯所說的新階級，成員個個高高在上，脫離工農群眾。斯大林的蘇聯固然如此，毛澤東的中國也未能避免此一傾向。

　　畢仰高先回顧俄國經驗，指出列寧和斯大林需要官僚集團為他們管理和治理國家，他們通過共產黨加以控制，不斷擴大權力和各種社會資源的壟斷範圍。列寧的共產黨奪取政權後，最初官僚集團不大，人員不多，後來不斷擴大職能，同時排除非黨員，從工人階級拔擢大量幹部。高級幹部主要是知識分子出身的職業革命家，黨和政府的中下層則充斥着工農無產階級的新人。列寧最初堅持馬克思主義的理想，要求工農群眾選舉和監督官僚集團的成員，官僚待遇不得超過工人最高工資，工作一段時間後隨即回歸平民身分，參加生產活動。然而，十月革命後，這些主張並未付諸實踐。即使實踐了一部分，也很快碰壁放棄。斯大林掌權後，推行社會主義建設，認為幹部決定一切，各方面都需要大批管理人才和技術專家。因為對留用的舊體制培養的人才無法信賴，遂逐步加以清理，另外培養和訓練工農家庭的子女。但階級出身良好，防止不了新階級形成的傾向。他們照樣免除不了對生活享受和各種特權的追求，不能避免高高在上、官僚主義、濫用權力等各種問題，所以整個官僚集團很快出現游離於工農群眾之上行成新階級的傾向。儘管他們絕大多數都是共產黨員，黨組織也通過人事管理部門加以控制，卻始終無法阻止他們成為特權階層。何況斯大林為鞏固官僚集團的忠誠以便加以驅策，大量使用名位、權力和特權等工具。所以在其生前，俄國便可以說出現了浮在工農群眾之上的新階級。

　　關於中國，畢仰高注意到，中共建國初期也提攜過農民幹部，但他們主要在軍隊和縣以下的基層，同時中共仍然留用許多舊統治和管理菁英，他也注意到官僚集團的迅速擴大。但畢仰高關心的問題，是毛澤東的官僚集團是否能免於斯大林官僚集團異化為新階級的傾向？不同於斯大林，毛澤東特別重視馬克思的平等理想，在1956年完成社會主義革命後，毛澤東認為中國人民只剩下工人、集體化後的農民、被剝奪私有財產的民族資本家，以及不得不完全依附共產黨的小資產階級知識分子，因此他認為新國度不再存在對抗性的敵我階級矛盾，如果仍有所謂矛盾，則只有非對抗性的人民內部矛盾。共產黨是工人階級先鋒隊，為人民服務，所以如果人民和幹部集團之間存有矛盾，也一定是非對抗

性的，可以訴諸批評和自我批評的利器來加以矯正。然而在動員人民、批評幹部時，原初構想是幫忙其端正工作作風，收斂物資享受、生活特權和權力濫用，不料批評匯為潮流，一時竟然有動搖中共黨國根本之虞，毛澤東遂指責這些批評是沒有改造成功的小資產階級和民族資產階級的反撲，並硬說在徹底的無產階級專政下還有工人無產階級和資產階級之間、屬於敵我矛盾範疇的鬥爭。1957年夏，中國展開反右運動，嚴厲鎮壓對官僚和幹部集團有不滿或表達意見者。

　　畢仰高承認在毛澤東的中國，官僚集團享受的薪俸、待遇、福利和特權，上下差距不如俄國巨大，但不如俄國，並不表示完全沒有。其實，這個差距比台灣的國民政府要大。畢仰高刻意描繪中共官僚集團的各種享受，指出關於他們生活食衣住行以及福利醫療各方面，都有繁複而嚴格的等級制度，所以類似斯大林的俄國，相對於底層的工農群眾，中共官僚都出現炫耀、享樂、濫用、驕奢的惡形惡狀。權力缺乏制衡，行為粗魯橫暴，故凌轢、霸虐和脅制的行徑，隨時可見。小官怕大官，奉迎拍馬，不敢負責。毛澤東針對以上各種亂象，不時發動反享樂主義、反官僚主義和反貪污浪費等運動，但由於針對的都是行為作風，而不是設計出一套真正平等的制度，所以問題有如離離原上草，春風吹又生。此外，因為毛澤東採取群眾運動的方法打擊官僚主義、貪污浪費和享樂主義，容許指控混淆於權力鬥爭或政治歧見之中，反而經常造成莫名其妙的迫害。無論如何，畢仰高強調，因為壟斷權力和資源，所以在官僚集團蛻化成新階級這一點上，毛澤東也無法超越斯大林，有效加以扼止。

　　斯大林在培養工農階級的專業幹部方面有相當成績。他無法阻擋他們走上新階級之路，所以在動員他們時，強調待遇、特權和物資勵，但不表示不批評官僚主義。毛澤東因為無法培養工農階級的專業幹部，強調政治掛帥，並批鬥他無法徹底清除的非工農出身的幹部。大肅反終止後的蘇聯和文化大革命結束後的中國，同樣免不了需要官僚集團，但這個集團得到優遇和特權更多，也不再有可能被整肅，成為更加難以撼動的新階級。

　　第七章談文化。所謂文化有不同定義，可指一個國家或社會在文學、音樂、電影、戲劇、繪畫、建築、知識、學術、科學諸方面的特殊表現，也可指生活方式，包括生活習慣和宗教信仰等等，所以有菁英文化和庶民文化之分。畢仰高的討論集中於菁英文化，尤其是文藝創作和學術研究。他不認為文革時代的樣板戲是文化成就，所以點到為止。本章主要指出，毛澤東建國後，學習斯大林的作品審查制度，並要求以革命寫實主義典範創作，文革更嚴格要求遵循革命浪漫主義的創作路線，人物高大全，建立在神話的基礎上，描寫幻想的美好未來。

　　毛澤東跟斯大林一樣，意識形態掛帥，以政治權力介入文藝人和知識人的管理和控制，所以帶來文藝界和學術界的扭曲，扼殺真正的文學、學術和科學的發展。在管理和控制機制和方法方面，毛澤東和斯大林都按照專業把文化人組織成社團，社團有黨團或黨部控制，也都接受高級黨官，尤其是文藝和宣傳官僚的控制。黨官心目中的好作品是符合意識形態、有利於實現社會主義新世界的的新文化作品，將取舊文化而代之。若發現不符合意識形態的作品，或發動所謂群眾批評，或指示報章雜誌圍剿，或直接進行思想鬥爭，要求公開自我批評。黨官可以決定以甚麼方式進行獎懲，創作者也生怕觸犯禁令，經常自我檢查。在斯大林執政前十二年，列寧已掌握大部分文化部門，只是受原始馬克思主義影響，控制並不嚴格。毛澤東則在建國後八年才深入出版業、新聞業、文化業和教育業。斯大林執政初期，已有發動所謂文化革命的說法，以創建符合社會主義國家新文化為努力目標，批鬥和控制違反這一路線的作家。德蘇戰爭爆發前後，放鬆許多，允許歌頌帝俄的民族英雄，也肯定傳統的家庭和宗教價值。中國的情形不一樣，在宣布社會主義完成之後，只讓文化人享受了一小段寬鬆的日子，隨後就回到斯大林的老路，箝制和打壓作家。

　　畢仰高以具體的例子說明斯大林的意識形態控制，特別以奧斯特洛夫斯基的小說《鋼鐵是怎樣煉成的》為例說明。斯大林以這一部小說來陶鑄他心目中的社會主義或共產主義新人。奧斯拉夫斯基是青年傷殘軍人，這一部小說可以說是自傳。經過官方多次幫忙改寫後，男主角

被純化成人人難以企及的蘇維埃新人，也就是社會主義新人，相信共產黨及其鼓吹的意識形態，全心全意為實現社會主義理想而奮鬥，對黨絕對忠誠，變成意志如鋼鐵般的聖人，毫無私情私心或個人利己主義，甚至不為愛情所俘虜，不怕做一個螺絲釘，以殘廢之軀，為實現共產黨的理想社會而鞠躬盡瘁。毛澤東在建國以後，便以這本號稱自傳、實際上早已典型化的人物描寫來教育和培養青年學生。

畢仰高接着詳述知識分子在中俄兩國所受到的文網、壓制和迫害，證明毛澤東的中國跟斯大林的俄國大體相同。俄國知識分子然雖然大多逆來順受，但仍有一些作家對斯大林建立的社會主義樂土有深刻的揭露、批判和反省。中國知識分子雖然也有揭露和批判，但缺乏深刻反省，尤其對毛澤東在文化決策中扮演的角色和責任，始終沒有清楚認識。在斯大林的俄國可以看到葉夫·扎米亞京和索爾仁尼琴那樣不畏強禦的大作家，而毛澤東的中國只有錢鍾書和沈從文那樣放棄寫作、埋首故字堆或專治無用之學的小說家。毛澤東逝世後，這一套黨國控制機制繼續存在，儘管知識分子有更多的創作自由以及對外資訊管道，意識形態也不再像毛澤東時代那麼強烈，對毛澤東時代具有深刻批判性的中文作品依舊罕見。

第八章題為〈古拉格與勞改營〉。毛澤東治下居然也有像斯大林的俄國一樣的古拉格制度，對歐洲知識分子來說，很難想像。斯大林的古拉格指其勞改制度，對象包括一般刑事犯罪分子，也有沙皇政府的貴族、官員、軍官，反對共產黨的社會主義黨人，人數最多的是大量黨內異議分子。到農業合作化時，到處都是被指控為破壞政策的富農，其實就是普通農民。無論規模和犯人人數，都遠超過希特勒的集中營。毛澤東的勞改營也絕不遜色，同樣主要設置在邊壤不毛之地，也被當作墾荒採礦勞動力來用，雖然規模更小，但囚禁的人數也以數百萬計。畢仰高誤以為建國初期公安部長羅瑞卿在1930年代曾到蘇聯學了兩年，但毫無疑問，毛澤東的勞改營制度主要學自俄國：具體執行方式固然有所增益，但管理勞改犯的制度大體相同，囚禁的主要是所謂階級異己分子、反革命分子、人民公敵，以及右派分子。兩國勞改營的生

活、衛生和人道條件，都表現出令人震驚的野蠻、暴力和殘酷，幹部普遍多疑、任性、專斷，而勞改營的骯髒、擁擠、飢餓、痛苦、慘忍、冷酷、無情也都一樣。總體而言，即便毛澤東的勞改營不如俄國殘酷，卻存在着同樣的煉獄似的情景。

畢仰高指出，「勞改」的意思是勞動改造，所以斯大林初建勞改營時，曾經強調通過勞動來改造犯人，對犯人是教育重於懲罰。但很快地，因為勞改營犯人成為開發北極圈資源的主要勞力來源，便將教育改造犯人和壞人的構想束諸高閣。毛澤東則在勞改營中發揚這個教育改造層面，有所謂思想改造的作法。透過學習和思想鬥爭，要犯人或壞人承認自己的錯誤和罪狀，徹底悔改。畢仰高認為，在建國初期這種思想改造比較容易成功，但是經過大躍進和文化大革命以後，以毛澤東思想改造立基的意識形態和各種道理已為痛苦經驗徹底動搖，所以他寧願相信，對不少人而言，思想改造只是喋喋不休、折磨身心的說教，不可能具備足夠的感動和說服力量。

第九章〈獨裁者〉比較毛澤東和斯大林兩人。畢仰高剛從斯大林的古拉格和毛澤東的勞改農場出來，難怪特別憤怒，直斥兩人為人魔。英文版以獨裁者為名，獨裁者看起來比較中性，沒那麼壞。法文版此章標題用人魔一詞，似乎又多了畸形、醜陋、殘忍和邪惡的負面聯想。本章從兩人身體長相、工作時間、休閒愛好、知識偏愛、外國學問開始談起。他認為兩人都熱愛讀書，但都是知識分子的邊緣人 (Lumpen Intellectuals)，崇信馬克思主義，自認為對理論的解讀逾超所有眾人和專家學者，對理論有宗教般的狂信和偏執，特別是斯大林介紹的馬克思辯證唯物論和歷史唯物論，相信人類的意志可以推動歷史。兩人為人治事，意志力過人，而貫徹力尤其逾於尋常。他們後來都是個人崇拜的受益者，自認為領導革命，永遠正確。斯大林喜歡恐怖伊凡和彼得大帝，毛澤東喜歡秦始皇帝，偏愛不同，個性有異，卻因為採取無產階級專政的政治體制，同樣成為暴君。如此泛泛比較之後，畢仰高把精力集中在兩個畸型人魔，他認為斯大林野蠻兇惡，毛澤東巧言善變。學界長期有一種說法，毛澤東天縱英明，以俄為師，避免斯大林的殘忍

無道，為實現社會主義理想提供了正確道路。畢仰高特別指出，毛澤東基本上並未跳出斯大林的老路，同樣建立一元化黨領導的國家體制，繼續實現沒有私有財產的社會主義理想，難怪擁有無法超越斯大林樊籠的宿命。他們領導的幹部階層都蛻化成為新統治階級，原來被踩在腳下的工農階級好像從階級社會中解放出來了，實際的日常處境卻比革命之前每下愈況。

畢仰高又說，斯大林像冷血屠夫，肅反和迫害常涉入細節，死刑名單都有簽名批可。毛澤東則罕見其直接介入死刑決定，死亡主要發生於故意讓政治運動失控之時。斯大林直接殺害親信，毛澤東則間接迫害。斯大林從未為肅反道歉，毛澤東雖為整風名義下的審幹搶救道歉，強調思想鬥爭和治病救人，但手下亡魂冤魂，也都以幾百數千萬人計。斯大林會用饑荒解決有政治懷疑的烏克蘭民族，在殘酷無情方面，他無人可及。至於翻雲覆雨，斯大林略輸數籌：斯大林是透過特務機關，屠殺異己，重視法律形式；毛澤東則是群眾運動，挑起思想鬥爭，動員大多數人，鬥爭少數人，動員一群人迫害另一群人。這裏畢仰高強調毛澤東比斯大林重視對平均主義（又譯平等主義）的追求。這點或許正確，但似乎也應該重視毛澤東詞彙中兩對字眼的曖昧性──他肯定平均主義的同時，也嚴厲批評絕對平均主義；肯定民主作風的同時，也嚴厲批評極端民主作風。延安整風運動時，便以絕對平均主義批評雜文家王實味，為高級幹部享受特殊生活待遇和特權辯護。當時似乎無人能準確說出毛澤東是如何在絕對和不絕對之間以及極端與不極端之間劃線。

畢仰高認為毛澤東在建國以前，表現明智，動員農民，槍桿子出政權，建立根據地，但是建國以後，他不按牌理出牌，變幻無常，強調主觀能動性，總是強調紅勝於專，政治掛帥，以群眾動員模式掀起狂熱的經濟建設的目的。這裏讓我想到，毛澤東在抗戰時期全力宣傳軍民大生產運動，認為它是延安渡過財政和經濟難關的唯一憑藉，認為只要鼓足幹勁，力爭上游，一定可以帶來工農生產的大躍進。到大躍進時，毛澤東認為中國已經建設了比任何舊社會優越的社會主義體制，他完全

忘記延安時期能夠渡過財政和經濟，主要是靠自己暗中支持的鴉片種植和對國民黨和日偽地區的貿易走私。[9]1965年主管經濟的李先念說，中國還進口糧食，甚麼時候不進口就好了。毛澤東的反應是中國還不夠馬克思主義化，顯然他迷信高度的社會主義集體化。所以文化大革命時，儘管大寨的農業發展模式的成績有灌水浮報問題，他還是要求全國農村學大寨，因為大寨表面上是自力更生，靠更加集體化，徹底改變了農村的落後風。畢仰高以大躍進失敗後「四大左狂」之一安徽省委書記曾希聖掀起的包產到戶為例，指責毛澤東壓制包產到戶。但對毛澤東而言，有兩點最重要：第一，他的政治路線不可能錯，承認錯了就要下台；第二，實行全國包產到戶，不走大寨道路，不發揮社會主義體制的優越性是歷史大倒退，好不容易才建成的人民公社的社會主義體制，尚未發揮其優越性，就全部撤除，是可忍孰不可忍？豈能承認帶有資本主義甚或封建主義色彩的傳統小農經濟尚有其優越性？

　　畢仰高不研究延安的審幹和搶救運動，因此不曾見識毛澤東如何利用國民黨敵對力量的威脅，煽起群眾運動。他也不知道毛澤東在延安幹部中竟然找到大批特務和奸細，或用毛澤東話講是兩條心（還在為敵對力量工作）或半條心（尚未充分無產階級化），並以上下夾攻的方式，一方面由單位領導幹部從上而下，另一方面由大批積極分子從下而上，逼迫他們承認是自己是特務和奸細，表示願意坦白自新。結果「逼供信」製造的冤枉太多，不僅嚴重打擊士氣，而且有許多機關、學校、軍隊和單位癱瘓。雖然透過事後的甄別平反，解消了許多不滿，但是黨組織也終於搞清楚了每一個人的政治歷史和忠誠度，並加以處置。毛澤東以最高領導的局外人身分道歉賠禮，不僅使運動順利從懷疑一切走向甄別平反，而且因為勇於承擔責任而增加了個人威望。關於這一段歷史到現在還沒有多少學者弄清楚，所以畢仰高有點驚訝，毛澤東發動文化大革命摧毀自己一手建設的黨，為何竟然得到百千萬群眾的狂熱支持？其實毛澤東縱使癱瘓了許多文人黨的組織，但並未將之徹底摧毀，尤其是軍隊黨組織，所以後來在軍隊的大力支持下，可以繼續清理黨內的兩條心和和半條心，包括蛻化分子、階級異己分

子和歷史反革命分子，並恢復黨組織。毛澤東清理階級隊伍的方法確實異於斯大林，斯大林採取特務肅反和官僚政治形式，加以屠殺、囚禁和流放，毛澤東則動員群眾中的積極分子，逼迫所謂異己分子自動輸誠。在動員過程中，可以藉口群眾失控，允許他們打破常規，群眾也確實對很多可能歸類為兩條心和半條心的高級黨官進行批鬥，因此可以動員廣大群眾參與。

畢仰高此章再次強調《聯共(布)黨史簡明教程》對毛澤東的影響。因為不研究延安的整風運動，他不知道經過1920年代到1935年的社會主義革命，毛澤東已明白中國不可能像蘇聯一樣，直接搞社會主義革命，必須分階段走，至少分兩個大階段進行：第一個階段是資本主義民主革命，這場革命的內容基本上就是打倒半封建的地主階級；第二個階段才是更重要的社會主義革命，消滅民族資產階級。毛澤東當時並未提出時間表，只是強調凡為黨員不可以忘掉這兩場由共產黨代表工人無產階級領導大多數人民遂行的歷史任務。何時完成，端視國內外情勢而定。毛澤東相信遵循這兩場革命的道路，一定能夠把把中國從一個落後的農業國家改變為道德上、理論上和實際上都優越於歐美資本主義的現代國家，在這個現代國家沒有剝削和壓迫人的階級，完全由底層的工農當家作主。像斯大林一樣，毛澤東不能光談理想，必須進入現實政治的範疇。為解決現實問題，譬如怎麼建立共產黨，怎麼領導工農、奪取政權，怎麼在奪取政權後建設富強國家，他採取斯大林的老路，亦步亦趨，結果事與願違，帶來悲劇和災難。

全書最後總結指出：作者以前曾經對毛澤東有很高評價，認為他是卓越的軍事家和政治家，為中國農民謀福利。但經過對中共建國以來歷史的深入理解以後，他終於理解了真正的毛澤東及其他的嚴重錯誤，而此前犯錯的根本原因，是不理解列寧和斯大林對毛澤東的影響：第一是毛澤東擁抱俄國化後的馬克思主義，首先是接受列寧無產階級專政的理論，其次是接受斯大林的社會主義建設經驗。畢仰高強調，馬克思只認為工人無產階級覺醒後會推翻資產階級控制的政權，並沒有共產黨這個工人無產階級先鋒隊的觀念，列寧更否認工人無產階級是天然的革

命家，堅持共產黨應由具備階級覺悟的職業革命家組成，尤其是允許有工人無產階級覺悟的知識分子參加，且實際上任由這些知識分子代表工人無產階級決定黨內一切事務。這個黨高度集權，下級服從上級。十月革命後，列寧率領俄共奪取政權，組織國家軍隊和特務組織，更逐步擴大其在經濟和文化上的大權。馬克思認為在工人無階產階級革命成功後國家會消失，實際在列寧領導下，國家不僅越來越強大，而且會長期存在。在其生前，列寧的統治權力確實不是那麼絕對，無法事事稱心快意，但他建立的這個共產黨黨國體制，卻為斯大林和毛澤東先後繼承。其實，從延安開始，毛澤東便致力於一個比斯大林更強調一元化黨領導的黨國體制，準備未來隨着地主和資產階級的消滅，把黨中央的權力從思想、政治、政策、軍事、組織等五大領域擴向經濟和文化等其他方方面面。

畢仰高承認馬克思階級鬥爭史觀對毛澤東的影響，但是特別強調毛澤東相信的唯物史觀是斯大林的發明，這套唯物史觀相信人類歷史是經由階級鬥爭從原始公社，經奴隸社會、封建社會、資本主義，向社會主義逐步前進的。今天的歷史顯示，俄國進步的社會主義社會已經崩解，根據馬恩列斯毛的理論應該步入墳墓的資本主義國家都還好好存在着，而他們預言的階級鬥爭在這些國家也從來沒有發展到兩個階級殊死搏鬥的地步。畢仰高沒有特別指出，毛澤東相信斯大林領導俄國進行的社會主義建設，因為它成功地改造了俄國，把俄國建設成高度工業化可以打敗希特勒的進步國家，所以中國應該亦步亦趨，根據斯大林撰寫的《聯共(布)黨史簡明教程》的經驗建設社會主義中國。

不同於俄共和中共史學者，畢仰高認為無論毛澤東和斯大林都相信馬克思主義的一些核心思想，而毛澤東更是列寧主義和斯大林主義的信奉者。儘管中蘇兩國傳統文化和宗教歷史不同，在信仰馬克思主義這一點上，毛澤東和斯大林沒有重大差別。斯大林在追求烏托邦理想時，向現實低頭，譬如願意以更好的待遇和特權對待服從的官僚階層，毛澤東則堅持建立平等主義的社會。但無論是妥協還是堅持，為實現馬克思主義的理想而建立的有獨裁基因的黨國體制，使他們兩位一旦成

為黨的最高領導者，即便不想成為獨裁者，也很難不走上獨裁者之路。
這一條獨裁者之路不同於傳統獨裁者，傳統的獨裁者是君權神授，而這
兩個現代獨裁者不僅成為最理解歷史發展規律的人，代表最進步的工人
無產階級，擁有絕對的權力，也永遠不會犯錯誤。毛澤東和斯大林的
獨裁，有那麼多的精神和心理支撐，不變成新式獨裁者非常之難，何況
他們的性格中本就有大權獨攬、專斷獨裁、剛愎自用、拒諫飾非和政治
上疑神疑鬼的嚴重傾向。1959年大躍進期間，毛澤東數度反擊民主
人士張奚若對他的批評。他說他確實好大喜功、急功好利，但他好的
是革命、無產階級和社會主義之功，急的是革命、無產階級和社會主義
之利！

　　畢仰高承認，毛澤東和斯大林在世俗的現代化，尤其是普及教育和
醫療衛生方面都有值得稱道之處，男女平等和婚姻自由方面也有成績。
但他認為不走斯大林和毛澤東式道路的社會主義國家也有可能有相同表
現，甚至更好。毛澤東比斯大林更堅持馬克思平等理想的追尋，然而
總是事與願違，不僅達不到理想，反而人民群眾在付出沉重代價之後，
依舊生活於貧困、封閉和制度的壓迫裏。為了建立社會主義的烏托
邦，無論毛澤東和斯大林都拒絕承認他們領導革命的真相，向民眾灌輸
充滿謊言的宣傳，譬如誇張工人無產階級的革命性和戰鬥性。工人罷
工或農民反抗，就說內部有各種奸細或富農煽動。其實，列寧根本不
相信，所以要特務機關調查真實情況。但謊言四處散播，真話消失，
在權力的壓迫之下，更不得不成為說謊者。中國的情況不遑多讓。大
躍進中，毛澤東要追趕英美，造成浮誇風，弄虛作假，自欺欺人。信
陽大饑荒，小小幾個縣，便死了一百萬人，毛澤東卻硬說是地主和反革
命分子所造成。

　　從以上介紹，畢仰高對中俄兩場社會主義革命評價之負面可知。
〈結論〉後的〈附錄〉，充分表達了他寫作本書時的沉重心情，他覺得自
己是在去除對共產革命的幻想。其實共產革命只是世間不公，以及對
當權者狠毒政治權謀的自然反應。不過，認識到俄國和中國革命的過
程後，不得不說，如果可能，還是不革命較好。總而言之，毛澤東的

共產革命，初衷只是建立社會主義的先進社會，超英趕美，但因以斯大林為師，接受其唯物史觀和集權主義黨國體制，結果亦重蹈其覆轍。雖然為中國的現代化作出了一些貢獻，但失遠大於得，所以千萬不要以為毛澤東走出了一條社會主義建設的康莊大道，不要以毛為師，在毛澤東重蹈斯大林的覆轍之後，再次重蹈毛澤東的覆轍。

三、謊言和恐懼決不可以成為社會主義革命的必由道路

　　毛澤東時代之後的三十年重新向資本主義補課，大部分人民的生活得到改善，經濟突飛猛進，使得中國在經濟、軍事和外交方面比毛時代更有資格稱為大國。但畢仰高並沒有全部肯定後三十年，反而認為後三十年延續毛澤東的政治體制，也沒有解決毛時代留下的老問題。其中最值得注意的是，人口、黨組織和幹部集團過分龐大，而且官本位文化控制思想和言論。因為對共產主義意識形態信仰的急遽減退，官僚集團的貪腐情況愈發嚴重，集體貪瀆的案件層出不窮。

　　《歷史的覆轍》比較中俄兩國知識分子，從一開始便指出，俄國知識分子雖然痛感國家落後，但畢竟認為自己是歐洲文化的一部分，迎頭趕上，是想在俄國的土地上建立一個比歐洲資本主義國家更進步的社會。中國則自認為是異文化，迎頭趕上，反映出的國族主義和反帝國主義關懷和熱情，有時趨於極端，缺乏國際主義胸懷作為內在制衡。畢仰高很清楚，國族主義和反帝國主義是十九世紀以來中國知識分子的共同特色，但他們服膺的救國之道則有不同。毛澤東作為一個中國近代知識分子，選擇馬克思主義道路，精確地講，選擇了列寧和斯大林的道路。1921年成立的中國共產黨，人數不滿百，毛澤東只是這極少數人之一，而從他最初的革命生涯來看，也不是信道甚篤的共產黨員，曾經試圖走其他道路。理論上所有共產黨員都對馬列主義有起碼認識，但是毛澤東很清楚，大多數黨員都不符合這個入黨條件。抗戰後期，中共分析其黨員構成，指出1927年以前入黨的黨員，頂多

只有兩千人，其他成千上萬的黨員，可分為兩類：一類是1927年到1937年加入的黨員，大部分是農民，衝着可以打土豪分田地而入黨。另一類是1937年以後入黨的黨員，主要是不滿於蔣中正政府不抗日的年輕知識分子，很多人連共產黨的終極目標是社會主義革命都不知道，更不知道將來有責任在這一場革命中竭盡黨員的忠誠。毛澤東從革命的實踐過程中瞭解到，中國不可能在工人無產階級的擁護下成功地奪取政權，遂將其革命轉移到廣大農村地區。從1940年開始，毛澤東提出中國革命分兩步走的主張。第一場革命是他認為仍然屬於資產階級革命階段的新民主主義革命，由共產黨領導工農、小資產和資產階級落實，目標是打倒封建地主階級以及理論上他們擁載的蔣中正國民政府。第二場是社會主義革命，同樣由共產黨領導，消滅資產階級，更徹底地打倒舊秩序，建立新秩序，徹底推翻舊世界，建立新世界。他們在毛澤東的領導和啟發下才知道中國將來一定從第一次革命轉入第二次革命，但最初知道的只是口號，對於如何由新民主主義革命進入社會主義革命，只有模模糊糊的概念。總之，大部分黨員是在對馬克思列寧主義，尤其是後來形成的毛澤東思想有深入理解以前參加共產黨的。入黨之後，他們才受到教育，接受馬列主義，尤其是毛澤東思想。毛澤東思想強調兩點：參加中國共產黨是為了最終實踐社會主義革命，而毛澤東的主張和領導永遠是不會錯的；相信毛澤東及其思想要相信到迷信的程度，服從毛澤東及其思想也要服從到盲從的地步。

中共組織擴大後，毛澤東進一步以壟斷的意識形態、物質獎勵和強制手段加以驅使。經過延安的整風和審幹，毛澤東確立了其思想的領導地位，又建立和實現了一元化黨領導的體制，此後便很難再跳出毛澤東的如來佛掌心。即便後來不同意或不贊成上級尤其是頂峰的指示和決定，黨員很難離開共產黨組織，甚至違拗本心也得捨命相隨。我們只要看二十世紀黨內質疑和批評毛澤東最力的李銳、何方和黎澍三人的歷史，便不難發現，他們加入中共以後，尤其是經過延安整風和審幹，即便有了嚴重懷疑，卻對毛澤東代表的黨組織絕對忠心，鞠躬盡瘁；即

便他們在文革期間遭受毛澤東體制的荼毒後有了更深刻的懷疑，也敢於批評毛澤東及其思想，卻也始終未能全面擺脫和挑戰毛思想。

畢仰高清楚指出，毛澤東繼承的馬克思主義，不是原始馬克思主義，而是列寧主義加上斯大林主義。建立共產黨專政，尤其是一元化黨領導的專政，始終不脫離這兩個主義的基本架構，所以像列寧和斯大林一樣，因為壟斷至高無上的權力，毛澤東也成為中國前所未見的大獨裁者。畢仰高注意到斯大林的俄國在社會主義革命過程中擴大官僚集團和組織，但對列寧主義的黨組織如何建立一元化黨領導的討論似乎仍不夠充分，對毛澤東在延安時期如何確定真正高度中央集權的共產黨並建立一元化黨領導的體制也缺乏適度説明，且並未説明毛澤東如何透過上述兩場革命在中國建立一個全國性的一元化黨領導：以黨領政、以黨領軍、以黨領群。這裏的政指政權，軍指軍隊，群指各種民間團體，譬如工人、農民、婦女、文藝和學會，其特色是黨可以發蹤指使和動員控制。黨最初聲稱擁有思想、政治、政策、軍事和組織五大領導，後來隨着對物質和精神資源的控制加強，領導的範圍也擴大到包括文化、經濟和社會各個方面，而這個黨牢牢控制各系統幹部的人事安排和升遷。中共建國以後，把這個一元黨領導和體制擴大到全國，從中央到地方，再到農村和城市基層，並逐步馴服和肅清所有非黨組織，同時隨着地主和資本家被打倒，擴大到文教、工商業和農業各方面。毛澤東透過刑賞黜陟管理全國人事。這樣的體制，有官本位新階級化的傾向。畢仰高在書中不斷指出，毛澤東崇信他所理解的馬克思主義，不幸的是馬克思主義本來是烏托邦主義，硬要實行的話似乎只有採取列寧主義和斯大林主義的方法，但結果註定不可能實現這個烏托邦，且人民會付出極大的犧牲和代價。

畢仰高指斥毛澤東的統治充滿謊言和暴力，甚至指斥其統治幾乎全靠謊言和暴力，有明顯的道德主義傾向。對他而言，統治者不可以也不應該使用謊言和暴力。很不幸的，謊言和暴力經常有助於奪權和統治，只是謊言和暴力一旦變成習慣，遲早必定帶來惡果和災難。首先談謊言。畢仰高談謊言，其實包括兩種意思：一種是有色眼鏡染色後

的虛幻真實，來自毛澤東的意識形態信仰和各種誤讀，提供不可實現的
未來願景；另一種則是為了團體或個人的政治利益造假，有意欺騙。
前者譬如認定馬克思主義是放諸四海而皆準的歷史真理，社會主義比資
本主義優越、資本主義比封建主義優越，人民創造歷史，是歷史的主人
翁，相信中國社會在階級鬥爭的推動下一定向前進化，而且可以躐等而
進。所以毛澤東領導中國共產黨，動員和組織農民，聯合反帝的資產
階級和地主階級，反抗日本侵略、打倒國民黨政府，再完成土地革命、
消滅地主階級，然後完成社會主義革命，消滅資產階級，把帶有小資產
階級的農民半無產階級化，納入以共產黨專政為主體的社會主義社會，
再發揮社會主義的優越性，超英趕美，甚至超越蘇聯，搶先建立共產主
義的人間天堂。毛澤東這一條馬克思主義道路，最後證明因為採取列
寧和斯大林的一黨專政的黨國體制，是一條無法兌現的死路。

　　畢仰高所說的第二種謊言，是現實權力鬥爭的產物。毛澤東認
為，革命不是書齋裏空談，而是要在各種權力脈絡中展開。鬥爭的對
象，也就是敵人，有黨內敵人和黨外敵人，有國內敵人和國外敵人，有
階級敵人和政黨敵人，以及其他形形色色的各種異己勢力。如果謊話
有助於所謂革命，毛澤東並不會禁止。甚至因為謊言可能有利於爭取
擁護者和打擊競爭者，而不懼後果地加以利用。1944年3月21日，日
軍發動豫湘桂作戰前夕，毛澤東以軍委會主席名義下令，嚴禁虛報謊報
對日作戰的戰績。抗戰爆發之初，他知道虛報謊報不好，要求同時報
告真實戰績，後來因為這種虛報謊報，有助於共產黨的抗日宣傳，所以
乾脆長時期不再要求報告真實戰績，積非成是。然而，1944年3月日軍
停止對中共敵後根據地的大舉進攻，有可能把軍事注意力轉移到國民黨
軍後，他發現繼續虛報謊報只能養成軍隊弄虛作假積重難返的不良風
氣，未來轉守為攻會造成自己對軍隊實力的錯誤估計。此外這一種不
良風氣已經造成日軍鄙視共軍，而國民黨區的聽眾也未必相信，不可能
有任何宣傳效果，不如宣傳國民黨抗日不力和失利。[10]

　　毛澤東在1944年的指示中雖然承認，抗戰期間中共八路軍公布戰
績使用加倍數已成為軍隊積習，卻從來不曾公開批評過1937年年底平

型關戰鬥戰績造假一事，反而以虛報謊報的戰績宣傳八路軍的游擊戰是最有效的抗日戰略。不僅向國民黨中央政府謊報戰績，更對全國民眾廣為宣傳，八路軍以一個師殲滅向稱精銳的日本板垣師團一個旅。蔣中正因此發電致賀。1938年5月，平型關戰鬥發生後八個月，八路軍總政治部主任任弼時更對共產國際總部作內部報告，繼續吹噓八路軍擊潰日本板垣師團，擊殲一個旅，繳獲和摧毀1,000輛汽車和21架飛機，截擊了日軍在山西北部的交通線。[11]其實，真實的戰鬥是一場小規模伏擊戰，八路軍以一個精銳師伏擊板垣師團一個沒有太多武裝的輜重大隊，根本沒有看到一架飛機。彭德懷在軍隊秘而不宣的內部檢討中，強調這次戰鬥得不償失，傷亡重大，卻未俘虜一個日本士兵，未俘獲一隻完整的三八步槍。林彪事後，不得不同意毛澤東的批評，這種形態的「游擊戰」，以後千萬避免。但平型關戰鬥為中共塑造了有效的抗日形象，不僅改變了其在國民黨地區的觀感，更爭取許多年輕學生間關萬里前往投效。毛澤東完全知道延安發布的平型關戰役的戰果，是誇大不實，但有很大的政治宣傳利益，所以任由八路軍對外大肆報導。基於同樣的理由，後來長時間允許前線軍隊謊報戰績。到1944年3月，戰場的形勢改變，國共內戰隨時可能發生，為了準確瞭解軍隊戰力，才要軍隊說老實話，不准繼續謊報戰果。

　　毛澤東從來沒有承認中國在1958年大躍進後三年，曾經發生死亡人數至少高達三千萬的三年饑荒。饑荒就是浮誇風，各級幹部說謊，謊報農業大躍進的結果。畢仰高應該沒有看到過當時實際負責落實毛澤東總路線的總書記鄧小平的一張照片，時間是1958年10月8日，地點在河北霸縣勝芳鎮。相片上的鄧小平站在即將秋收的稻田上，旁邊是河北省委書記林鐵、北方局書記劉瀾濤和中央辦公廳主任楊尚昆三人。[12]大家神情愉悅，見證農業大躍進的生產奇蹟。據《人民日報》總編輯吳冷西說，毛澤東在這一年5月的報紙看到類似的照片，主角不是鄧小平等人，而是一個尚未成年的小女孩。毛澤東對吳冷西說，站得越高，跌得越慘。不知他看到鄧小平的照片會不會有同樣意見。奇怪的是，吳冷西參加弄虛作假，毛澤東並未責怪，反而容許《人民日報》

刊出史多假消息，全國到處放糧食衛星，報導豐收，鼓勵各地人民公社看齊，鼓足幹勁，進行多快好省的社會主義建設。吳冷西在回憶錄中，再三強調毛澤東批評浮誇風，但他沒想到所以有浮誇風正是上級要求製造農業生產奇蹟激發出來的，連總書記鄧小平在《人民日報》開風氣的四五個月後，還東施效顰，用這張照片去鼓勵放糧食衛星，怎能責怪中下級虛報產量製造生產衛星的作法？即便毛澤東沒要大家說謊，提出不實際的超高指標，並以彼此競賽的方法締報佳績，難道不應負責？

　　畢仰高在本書不斷指出，在社會主義的中國，幹部迫於上級命令、指示、期望，不斷說謊的情況，尤其嚴重。各級幹部在上級壓力下弄虛作假，結果連毛澤東都上當受騙，以為中國農業確實出現了預想的生產奇蹟，甚至在素來看不起的國賓赫魯曉夫面前誇下海口，中國豐產，有太多的糧食，所以準備把農地三分，只一分種植，另外一分綠化，一分休耕。因為誇下海口，大饑荒發生後，為了掩飾問題，非但不減少向蘇俄和東歐國家的糧食輸出和援助，反而欺騙國人說是赫魯曉夫逼債，害得國人不得不拉緊褲帶。毛澤東確實在1959年上半年批評大躍進中五風盛行；共產風、命令風、浮誇風、瞎指揮風、特權風，但是他從未承認，這五風都是他多快好省的社會主義建設路線及其隨之而來的高指標、高估產和高徵購逼出來的。吳冷西強調毛澤東對製造高產衛星的宣傳手法有疑慮，但承認毛澤東為了不洩狂熱幹部的氣，並沒有採取實際行動批評和糾正說謊風氣。1958年底，大躍進最瘋狂的日子剛過去，在離鄧小平等的河北霸縣糧食衛星秀結束不到兩個月就謊報糧食大豐收的幹部，90%只得到了說服教育的處置，只有少數人遭到處罰，其實到底有誰受到處罰和斥責都很不清楚。毛澤東最大的關懷還是保護所謂廣大幹部的勞動熱情，以免大躍進陷入「冷冷清清淒淒慘慘」、既洩氣而又悲觀的境地。[13]

　　1958年，中國大陸基本上風調雨順，所以糧食增產不假，只是毛澤東相信大躍進總路線的號召導致全國糧食巨幅成長，卻是自欺欺人。有些中國史家強調毛澤東並不是那麼自欺欺人，他知道糧食的衛星數不可信，所以中共主管農業部門的譚震林報來的數字他已經打了對折。

只是因為數學不好，計算糧食產量時，少算了城市新增兩千萬人口而農村相對損失二千萬人口。所以他對1958年糧食增產信心十足，縱然知道廣西等地已經有人餓死，以為不過是歷史上春荒的重演，是地方性而不是全國性的，勿需誇大擔心。因在1959年鬥爭挑戰其政策的彭德懷，毛澤東堅持繼續大躍進，結果又多死了二千萬以上的人，加上1958年到1959年夏的人數，總共死了至少三千萬。

畢仰高認為毛澤東在1958年年底頭腦清醒，所以在黨內認錯、批評冒險主義，只是彭德懷在個人書信中批評毛澤東有小資產階級狂熱性，所以頭腦又發瘋了。他沒有注意到，1958年毛澤東所說的冒險主義是指立即向共產主義過渡，把鋼產量趕超英國的預定期限縮短。他下放財經大權，掀起中央二線領導劉少奇、周恩來、鄧小平和彭真，以及地方各級大員柯慶施、曾希聖和吳芝圃等人向共產義窮過渡的盲動主義後，深刻體認到共產主義絕不可能一步登天，強調按需分配不能取代按勞分配成為主要原則。而鋼和糧的高指標固然要降低，但毛澤東仍然堅持多快好省、鼓足幹勁的社會主義建設大躍進路線；人民公社的規模固然要縮小，禁止一平二調，必須注意農民的小我利益，但是毛澤東並未允許人民公社順着施行包產到戶而暗自解體。重要的是，他可以利用對大躍進的狂熱支持的一線領導，譬如劉少奇和鄧小平等政策實際執行人，批鬥敢於用小資產階級狂熱批判總路線、大躍進和人民公社等三面紅旗的彭德懷，讓全國人民繼續為指標稍微減低的工農業大增產而奮鬥。毛澤東並不是一時清醒，一時發瘋；他知道如果承認三面紅旗是舉錯了、舉早了，他就應該自動鞠躬下台了。

在繼續大躍進再次帶來糧食供應困難，可能在北京和上海等大城市出現餓死人的情況下，毛澤東指示，為免影響國際視聽，必須堅持在錯誤的高估產和高指標的基礎上規定的糧食徵集量。鄧小平逼迫幾個省委書記徵糧供應，其中最有名的是四川省委書記李井泉。四川本來糧食已經大量減產，現在還要綁緊褲帶，結果這個沒有外國訪客的富裕省分多死了幾百萬人，成就了來自四川的鄧小平在北京沒有餓死人的功勞。毛澤東原以為自己可以看穿謊言，掌握正確的糧食生產數字，結

果不知道1958年秋收以來人量役使農村勞力，並沒有足夠的勞動力收穫田中作物，加上大辦公共食堂，要從來不敢吃十分飽的中國農民開懷大吃，一下子已經吃掉所有的留糧，到1959年大舉批判彭德懷的右傾機會主義，終於釀成比1958年冬荒和1959年春荒嚴重至少兩倍的全國性兩年饑饉。[14]

其次是暴力。毛澤東要進行社會主義革命，消滅資產階級，必須先完成土地革命，消滅地主士紳階級，顛倒原有的社會秩序。在這個過程中，不管是共產黨還是反共產黨，兩者之間必然發生鬥爭和戰爭，既不能期望毛澤東規避和利用暴力，也不能期望反共力量不使用暴力。中共在1927年國民黨清黨中遭到大量捕殺，以白色恐怖指涉國民黨濫用暴力，其後以牙還牙，更為了動員和組織農民，試圖以紅色恐怖取得政權，對豪紳地主、政府官員和一切反動派殺無赦。這裏不擬就這一類共產黨對階級敵人的暴力表現，作進一步討論。只想指出，在1949年建國前後，官方承認在鎮壓反革命運動中，殺了七十幾萬人，監獄關了一百多萬，原單位由群眾專政管了一百多萬，大躍進中有兩千多萬人非正常死亡，文革中又有四十幾萬人非正常死亡。但民間和國外學者的估計數字要高許多，鎮壓反革命分子運動殺了一百萬到兩百萬人，大躍進死亡數字更高達三四千萬，而文化大革命有三百萬到一千萬人死亡。不過，無論大躍進和文化大革命都是政策錯誤的死亡，不是有意運用國家機器殺人。毛澤東藉用朝鮮戰爭的爆發，有意掀起紅色恐怖。被殺的名義上都是罪惡昭彰的土豪、特務、流氓、惡霸和會道門分子，實際上有不少人名實不副，被殺害的根本原因只是具有地主身分、曾經和可能為國民黨政權工作。毛澤東用鎮壓反革命來推動暴力土地革命。土地革命應該消滅了將近兩百萬地主，不論有其中有多少是假土豪、惡霸、土匪、特務，又有多少地主及其家屬淪為政治賤民，他們都可以說是暴力政策下的犧牲品。1956年，毛澤東完成消滅所謂資產階級的社會主義革命，雖然基本上沒有殺人，是資產階級逼於形勢，自動接受公私合營或「自動」捐獻財產，但在更早的三反等政治運動，有相當數量的人破產和自殺。

　　我在這裏想就中共黨內或治下的暴力提一點補充意見。毛澤東的個人歷史出現幾個暴力場景。在1927年8月以後，中共發動暴亂，提出紅色恐怖的號召，殺盡土豪劣紳和反革命分子，重點在階級敵人，原因很複雜，但是地下黨認為，紅色恐怖可以動員貧苦農民，並滿足貧苦農民對地主士紳的恨意。在井岡山，毛澤東曾在上級的指令下對地主士紳採取這個政策，但是很快發現，紅色恐怖具有傳染性，對士紳地主殺戮無限擴大化和簡單化，不僅激起更強烈的報復和反抗，甚至造成貧苦農民的疏離，所以很快就放棄執行紅色恐怖政策。[15]毛澤東在江西建立根據地並進行反國民黨圍剿時，遇到黨內的異己力量，從1930年年底到1932年，曾單獨和配合中共中央嚴令，以殺AB團為名，清除大量地方上的反毛澤東派和嫌疑分子。後來有人估計，死亡人數高達七萬人，其中有多少是毛澤東及追隨者所殺，並不清楚，因為被害者包括後來被周恩來以清理AB團案名義請毛澤東主持公審槍斃的李文林，也包括此前以同樣罪名被殺害的大批地方幹部。[16]無論如何，毛澤東承認以AB團罪名大殺黨內異己分子是不對的，產生嚴重後遺症。後來在延安整風審幹時，他強調不可重蹈覆轍，儘管發現所謂叛徒漢奸，總是禁止立即逮捕殺害，另要保衛和審幹機關核實處理。江西時期後期，中共在農村擴大紅軍和徵收公糧，一邊肆意抓丁，一邊羅掘俱窮，曾派大量突擊隊到農村動員農民。當時中共中央對沒未能達到擴軍和徵糧目標者均給以極嚴厲的懲罰，突擊隊長為了達成目標，經常不得不使用暴力和殺人方法。毛澤東擔任突擊隊長時，雖不像當時某些極左分子那樣任意殺人，但是奉到上級分配的指標，為貫徹命令，也不怕殺戮，毫無溫情主義顯露。[17]

　　後來在延安時期毛澤東以懲罰主義之病，動員高級幹部批判江西時期的中共中央，但他自己1943年在整風、審幹和肅反（即整頓不良黨風、學風、文風，審查幹部和肅清反革命）時也是採取類似高指標的作法，凡不能發掘反革命分子的兩條心或全面認同無產階級革命的半條心者，都加以嚴厲批評和給予撤職，以致逼供信盛行，被冤枉為國民黨和日偽特務的幹部極多。所幸毛澤東吸取了江西時期的教訓，基本上奉

行一個不殺、人部不抓的政策，幾乎不曾殺人，但是被冤枉錯怪者即便後來大多得到不同程度的甄別平反，仍有發生不少不堪折磨而自殺或精神崩潰的情事。他們在檔案中留下的整風審幹過程中的個人記錄，後來竟然成為建國後淪為政治運動敵人的根據。在此，我也重覆畢仰高的論點：毛澤東以國家機器所殺之人雖遠比斯大林為少，但死於政治運動有意失控以及下放殺人權的人數，卻是斯大林所難比擬。

總之，謊話和暴力可能有助於達到某種政治目的，但難免產生後遺症，後來可能造成嚴重的自誣或自噬後果。畢仰高撥開隱沒在毛澤東宣傳迷霧中的歷史謊言，顯示真相。他既沒有刻意用中共建國後的前三十年否認後三十年，也沒有刻意以後三十年否認前三十年，只是以毛澤東社會主義革命的真相否認了關於毛澤東時代一片光明美好的宣傳。他更說明了毛澤東雖然敢於反對和批評斯大林，其實深受斯大林影響，根據斯大林主義搞共產革命，結果在中國複製和重演了斯大林的各種錯誤和罪行。

前言

白吉爾（Marie-Claire Bergère）

　　本書全面比較蘇聯和中國的革命。對這兩個革命的某些方面進行比較或加以批判的研究早已數不勝數，但畢仰高（Lucien Bianco）的這本書脫穎而出，提供了全面的透視和總結。畢仰高分析了兩個革命的性質、它們不同的根源和最初的目標、革命軌跡的匯合以及革命的後果。這裏需要解決的問題不是兩個革命中哪一個最好地體現（或者扭曲和背棄）了共產主義的教條，而是要比較發動革命的原因和革命發展的階段，評估革命的後果。廣而言之，研究的目的是思考兩個革命在二十世紀歷史中的作用以及它們對人類社會進步作出的正面和反面的貢獻。英語讀者可能不太習慣這種歷史的和人文的研究取向，因為他們比較習慣於專題研究和理論研究；也可能懷疑這是一本法國式的聲稱具有普遍意義的著作，難免都是泛泛而談的膚淺結論。他們可能過慮了！這本書比任何其他著作更基於事實，更接近真實情況。作者的卓識遠見把讀者從深刻的分析帶入宏觀的視野。

　　畢仰高畢業於巴黎高等師範學院，這是法國幾十年來專門培養知識分子精英的高等學府。他在那裏接受了嚴格的古典教育，但有一段時間不能決定是選擇歷史還是哲學作為他的專業。他最後選擇了歷史，但對哲學始終沒有忘情，終於把深入專題研究與真正從哲學觀點了解歷史成功地結合在一起。

　　當然，本書的內容並不是完全根據作者自己的基本研究。不過，畢仰高浸淫於中國近代史60年，已經由孜孜不倦的讀者成為一個博覽群書的學者，能夠把現代中國問題的研究成果內化為自己論證的基礎。

中國自1978年改革以來，開放了部分檔案，歷史學研究在中國和西方取得了巨大成就，再加上個人的敍述比比皆是，都成為畢仰高吸收的豐富營養。

畢仰高不懂俄文，因此對俄羅斯並不熟悉，但是他花了多年時間閱讀莫斯科出版的翻譯文檔以及西方學者關於俄國革命的研究。矛盾的是，由於關於俄國革命的歷史文檔遠多於關於中國的文檔，他在一些章節中關於俄國的知識也多於關於中國的知識（例如關於古拉格和勞改營的比較）。畢仰高關於中國的新歷史領域進行基本研究，就此取得的專門知識獲得蘇聯問題專家們的公認。因此，他在進行比較時並不需要尋求蘇聯問題專家的協助，從而避免了集體合作的通病，把平行的情況不適當地連接在一起。這本書前後一貫，採取了動態比較兩個革命的架構。畢仰高本着獨立公正的精神，以他自己的研究成果為根據，不追隨意識形態的風尚，不受政治壓力的影響。他是少數幾位首先譴責毛澤東騙術的學者，也首先抨擊一些人在六十和七十年代對蘇聯的幻想破滅之後又轉而寄希望於中國。本書是一位廣博明智、學養深厚的歷史學家的反思結晶，促使讀者對許多公認的真理提出質疑。

《歷史的覆轍》呈現出兩個革命不同時期的全景繪圖：布爾什維克主義和斯大林主義的勝利（1917–1953），比毛主義的勝利（1949–1976）早了30年。全書的主要論點就是印在書的前面兩頁、馬克思所引述的黑格爾警句，講述一個悲劇的歷史覆轍。誠然，作者認為中國革命在很大程度上受到俄國革命的啟發，也就是說重複了其過錯和罪行。中國革命並非自己獨創，它複製了俄國在經濟現代化和社會公正方面的錯誤和失敗。作者用前面九章來闡述這個論點。

第一章〈落後者〉開門見山，比較兩個國家的革命前狀態，它們與西方國家相比在經濟上和其他方面都遠為落後（中國落後得更多），差別在於中國的民族主義情緒高漲，而俄國更多關注社會問題，懷着對理想世界和新人類的憧憬。最後，對外戰爭對取得政權扮演了關鍵作用（俄國是第一次世界大戰，中國是1937年日本入侵）。這項比較按不同題目進行，既很深刻，也有精彩的總結。

第二章〈迎頭趕上〉主要討論兩個政權都優先關注的經濟，第三章〈政治〉指出兩國的共同淵源是列寧。第四章〈農民〉和第五章〈饑荒〉則是全書最有獨創性的精彩部分。畢仰高花了50多年時間，主要研究農村問題。農民對兩國革命來說，都是一個無法解決的挑戰，這方面的失敗嚴重影響到革命的結果。對俄國革命黨人來說，農民永遠是個無法解決的難題。強迫集體化政策和去富農化帶來1932至1933年的大饑荒，造成農業生產停滯，農民成為工業化和城市化祭壇上的犧牲品。

中國的領導人雖然與農村較為接近，他們的農業政策給農民造成的禍害絕不比蘇聯的革命前輩少。1949年以後，中共沒收了富農的土地，予以重新分配，但兩、三年之後開始了強迫集體化。中國同蘇聯一樣，依靠農村剩餘資金來優先發展工業，犧牲農民，使他們成為名副其實的「資本原始積累的奴隸」。畢仰高接着打破了毛澤東的革命是農民革命的神話。中國農民是在抗日戰爭中被動員起來的，對中共的奪取權力作出了貢獻，但他們在革命鬥爭中從來沒有發揮過領導、甚至獨立的作用。新中國成立後，也沒有優先改善農民的生活。1958年毛澤東發起的大躍進體現了「中國道路」和共產主義烏托邦，實際上不過是發揮到極致的激進集體化，隨即直接造成大饑荒。

蘇聯1931至1933年的饑荒造成600萬至700萬人死亡，大躍進帶來的饑荒造成2,000萬至4,000萬人死亡。畢仰高並沒有忽略造成饑荒的結構因素，例如兩國都受氣候變化或人口轉型的影響，但是他明白指出，兩個當權的革命政府實施的農業政策才是產生饑荒的主要原因。他還指出斯大林必須承擔的個人責任，因為他利用對農民的鬥爭消除了所有的反對派系；毛澤東的責任則是他被自己的烏托邦願景和自以為是沖昏了頭腦。

第六章告訴我們，兩個政權出現的官僚體系和「新階級」具有相似的社會學基礎和行為模式。他們同樣享有特權，腐化墮落。但兩個獨裁者對他們的態度稍有不同：斯大林願意接受他們，因為對他們的俯首聽命和社會保守主義感到滿意；毛澤東一再攻擊新的資產階級及其「工作作風」，但在文化大革命結束後又很快把權力交給了這些人。

第七章談文化問題，蘇聯和毛澤東時代的中國都在社會主義現實主義的控制之下，動輒受到批判和壓制。不過，蘇聯知識分子的反抗比較激烈，中國知識分子的反應是鴉雀無聲。

最後，第八章比較了蘇聯的古拉格和中國的勞改，前者是後者的範本。中國特別強調犯人的精神轉換和思想改造，使得勞改不僅與古拉格一樣殘酷，而且更叫人毛骨悚然。

第九章比較斯大林和毛澤東兩個「魔王」，發人深省。這兩個人是同樣的制度塑造出來的獨裁者，但由於性格不同，導致不同的統治方法。斯大林講求實際，冷酷無情又有條不紊地消滅了他所有真正的和可能的對手。毛澤東是不動感情地殘酷，他也比較不那麼關注當初參加革命的初衷是要發展中國的經濟。

本書不僅是學術著作，而且讀起來津津有味。讀過畢仰高著作的人都會記得他那活潑典雅的文筆。令人尤其印象深刻的是他對人性的深刻關注。他用生動有趣的講述方式來闡明他的主要論點。他真心關懷個人的命運和受害者的未來。他沒有感情用事，但對於冰冷統計數字背後的個人遭遇感同身受。

這本書必將成為二十一世紀歷史學的新紀元。畢仰高拒絕讓意識形態扭曲歷史，但也不贊成當代歷史常見的那種零散瑣碎的研究方式。他敢於回顧前幾個世代面對的廣闊視野和主要問題，思想開放，知識豐富。他實事求是，但與科學家不一樣。畢仰高是一個有政治原則的歷史學家，毫無顧忌地說出自己的價值判斷，不怕他的結論會得罪甚麼人。不！他認為所謂的中國道路不是毛澤東獨創的，儘管有些人因為對共產主義失望，轉而寄希望於毛主義。他認為毛澤東建立的政權像是蘇聯政權的「兄弟」，但不是孿生兄弟。中國革命只是歷史的覆轍，重複犯下蘇聯革命的錯誤和罪行。兩個革命都沒有實現其宣稱的社會公正。至於經濟現代化，斯大林「在相當程度上」做到了，蘇聯比中國做得更成功，但兩國的全面經濟增長仍然落後於西方。這些負面的評價會使少數一些眷戀往事的人大失所望，讓他們只能從懷念偉大舵手和小紅書那裏尋找慰藉。

　　另一方面，一些歷史學家會感到驚訝，因為作者處理意識形態的態度太過謹慎，似乎過度低估了意識形態的作用。確實如此，全書沒有為意識形態專列一章，儘管意識形態在兩個共產政權的建立和統治中佔據着重要地位。這種謹慎的態度在最後一章和畢仰高關於毛澤東的描述中尤為明顯。作者認為，斯大林的大清洗是一個「社會工程」操作，暴露了獨裁者的動機，而毛澤東不同，他發動的文化大革命是基於意識形態考量，有些人可能會堅信不疑。毛澤東不像斯大林，掌握大權不是他唯一的目的，他還堅持要繼續革命。可是，全面比較兩個革命並列出其相似處之後，往往會沖淡毛澤東夢想中的烏托邦色彩。毛澤東主要呈現的形象是一個師心自用、玩弄權術的魔王。有些人一方面承認毛澤東的烏托邦狂熱不能成為暴政的藉口，卻又給他披上人道和理想主義的斗篷；畢仰高顯然與他們是不相為謀的。

　　這本書從頭到尾譴責宣傳製造的幻想，拒絕用教條取代事實，用信仰代替理性。不僅如此，他還總結二十世紀兩大革命失敗的教訓，認為革命與暴政之間存在着難以避免的關係，強調任何企圖解救人類苦難的革命都面臨意想不到的困難，幾乎無法克服。這種懷疑應該使我們更加努力，而不是讓我們沮喪氣餒。在我們這個「後真相」社會，我們以務實、有效的名義，而不是以光明未來的名義，相信最荒誕不經的謊言。這本書提醒我們，「如果我們不在乎甚麼是事實，不在乎甚麼是真、甚麼是假，如果我們不能分辨甚麼是真相、甚麼是宣傳，我們的麻煩就大了」（奧巴馬〔Barack Obama〕，美國前總統）。真理雖然很難確定，但是只有真理才能讓我們不再重蹈上個世紀極權主義的覆轍。

致 謝

　　以下幾位俄國專家學者最親切、最慷慨地歡迎我登門求教：首先是史丹福大學的魏納（Amir Weiner），他向我介紹了相關的最新出版物，包括我幾乎每一期都仔細梳理過的評論刊物《批判》（*Kritika*）。在巴黎，弗拉基米爾·貝洛洛維奇（Wladimir Berelowitch）在我拜訪他在 CERCEC（社會科學高等研究所的俄國、高加索和中歐研究中心）研究室之前，對我提出的 50 本書名單作了清晰明白的介紹。瓦萊麗·梅里克安（Valérie Mélikian）的研究室就在隔壁，她向我介紹了《蘇俄世界手冊》（*Cahiers du Monde Russe*）收集的文章。克里斯蒂娜·弗蘭克（Krystyna Frank）和德米特里·古澤維奇（Dmitri Gouzevitch）多年來一直幫助我使用 CERCEC 圖書館，阿蘭·布魯姆（Alain Blum）如果擔心在圖書館見面會打擾我的研究，總是歡迎我去他的研究室一談。巴黎的俄國中心和中國中心都使我感到賓至如歸。

　　自巴黎的中國中心（China Center at the Maison de l'Asie）成立以來，我就經常造訪，那裏的莫妮克·阿布（Monique Abud）和王菊一直上天下地、鉅細靡遺地幫我搜查資料。專門研究中國勞改問題的杜明（Jean-Luc Domenach）仔細閱讀了第八章和第九章大部分，提出了許多寶貴和直率的評論和建議。白吉爾（Marie-Claire Bergère）閱讀了本書的每一章，並提出批判和明智的意見。史蒂芬·史密斯（Stephen A. Smith）實事求是和建設性的評論（*Cahiers du Monde Russe*，55/3–4，2014 年 7 月至 12 月，頁 400–406）以及本書法文版出版那年（Wemheuer 2014, Kinkley 2014, Filtzer 2014）和次年春季（Walder 2015）的一些啟迪性批評，使本書的英

文版得以改善或修正。我也要感謝克里斯蒂娜‧霍爾科 (Krystyna Horko)
出色的英文翻譯,和夏沛然先生精彩的中文翻譯。

導言

　　本書一開始就重申馬克思的著名警句：「黑格爾在某個地方説過，一切偉大的世界歷史事變和人物，可以説都出現兩次。他忘記補充一點：第一次是作為悲劇出現，第二次是作為鬧劇出現。」這似乎會引起一些爭議。中國的革命原來是以蘇聯為榜樣，後來反目成仇，説蘇聯是墮落的「修正主義」模式，要以「中國道路」取而代之，並自詡是唯一的革命道路和典範。

　　且不説作為魔法師徒弟的毛澤東的自我期許是否成立，兩個革命事業之間的對比以及中俄兩國在革命孕育時期條件的差別其實更為重要。沙皇政權是落後而且過時的嗎？的確，這就像奧地利小説家羅伯特·穆齊爾（Robert Musil）那部未完成的小説《沒有個性的人》（Kakania）所説的那樣。可是，俄國本來就是歐洲的一部分。俄國的革命黨人跟馬克思和恩格斯一樣，關心的是全人類的命運。他們要創造一個公平、友好的世界，並且一開始就認為這個宏偉的事業不會局限於他們那落後的國家，一定會四面傳播。中國革命黨人的基本動機不同，他們關心的不是全人類，而是只想到中華民族。在這方面，他們的革命比較像希特勒，而不是像馬克思或列寧。中國革命黨人一開始的目標不是想改造世界，只想救亡圖存，以免民族沉淪。他們抗爭的對象不是本國的資本主義，而是帝國主義及其移植在中國「半殖民地」上的外來資本主義。列寧創造了一個理論（「帝國主義是資本主義的最高階段」），讓民族主義者能夠加入他的革命行列。這些民族主義者一旦轉換信仰（不是信仰馬克思主義，而是採取列寧的奪取權力和改造落後國家的處

方），就吸收了馬克思主義—列寧主義的靈丹，成為他們的社會信仰。他們這才把民眾幸福列為第二個目標，首要目標仍然是民族復興。

說中國革命黨人的目標非全人類而僅中華民族是一回事，但把他們比擬為法國的民族主義者德魯萊德（Paul Déroulède）也並不公平。與中國受到的帝國主義侵略相比，法國割讓阿爾薩斯—洛林給德國只是個傷疤，頂多是截肢。中國知識分子並不關心歐洲國家之間的紛爭吵鬧，只想擺脫歐洲的影響。向歐洲學習，才能更有效地與歐洲抗爭。中國知識分子並不在意十九世紀俄國知識分子的關懷和理想，他們只想把明治維新的模式移植到中國大陸。

革命的原始條件和目標如此不同，革命的軌跡和結果卻又如此相似，這個自相矛盾的現象該如何解釋？除此之外，還有一個特別令人遺憾的偶然因素，就是毛澤東不像列寧，沒有在革命成功幾年後就去世。莎士比亞如果能夠把1922至1923年的那一幕寫成悲劇，作為李爾王的列寧一定會竭盡全力阻止一個最壞的候選人（斯大林）繼承他的權力。俄國這場革命顯然一開始就注定要失敗，負最大責任的當然是列寧；不是因為他在死前幾個月把這個候選人提升為總書記，而是因為他設想、執行和領導了這場革命。後來在中國重複發生的革命則完全相反，那裏並不需要一個魔鬼來帶領革命走入歧途或發揮最壞的作用，因為革命的創始人自己把革命帶上了歧途。從革命成功之後沒有幾年，一直到他最後去世，毛澤東自己就是問題所在。毛把革命帶進死胡同，而且堵住所有的出口。毛的戰友們小心翼翼地一再想把國家和革命拉回正軌，卻遭到他固執的攔阻和打壓。歷史不是科學，但不妨從這兩個歷史經驗歸納出一些結論。二十世紀的兩大革命出現兩種不同的情景：一個是繼承人帶來的災難，另一個是缺乏繼承人帶來的災難，是不是這樣就足以宣判革命有罪呢？

當然不是！考慮到正反兩方面的所有證據加以比較，對十八世紀法國革命的評價要比對二十世紀兩大「社會主義」革命好一些，儘管前者有1792年9月的大屠殺和恐怖統治（但沒有像1937至1938年俄國肅反運動那樣牽連羅織，也沒有1967至1968年中國文化大革命那樣死相枕

藉，更比不上 1931 至 1933 以及 1958 至 1962 年由國家造成的大饑荒）。法國革命的短期效果是產生拿破崙那樣的威權體制，但是長期來說，它帶來的自由效應使法國以外的許多國家受益，儘管法國過去 200 年來自詡為普世理想的源泉未免過於自吹自擂。

　　至於兩個「社會主義」大國的革命何以一開始就注定會失敗，除了偶然因素（一個領導人死得太早，另一個死得太晚），還有許多其他原因可以解釋。本書的其餘部分就是要探討這些原因。因此，本書不討論中國當前的快速增長，這個增長是因為摒棄了革命理想，是在毛澤東還沒有去見馬克思之前絕對無法想像的。由於中國要排除有毒的遺產需要一段時間，本書先討論頭 30 年（1949–1978），並與俄國革命的 1917 至 1953 年比較。不過，並不是甚麼問題都討論。例如，對於神聖的無產階級，不但沒有專章討論，連一段都沒有。[1] 這不是因為工人階級的命運不重要，也不是因為他們被革命領袖捧上崇高地位而沒有吃到苦頭，實情是因為他們在 1917 或 1949 年時人數太少，雖然在 1930 年代初期和 1958 年大幅增加，但 1960 年又因為魔法師徒弟（毛澤東）製造的大饑荒把 2,000 萬剛進城市的工人遣回農村。除了無產階級，我在比較兩個革命時一般也不談社會和城市生活。這是不是表示我同革命領袖們一樣看法，因為他們一再表示擔心，農民是革命首階段最大的問題？馬克思認為，列寧和斯大林也跟着表示，這個人口最多的階級對革命改變最有牴觸，對城市文明最不熟悉，天生的粗野性格使他們很難接受文明。毛澤東可能有不同看法，但他給農民的待遇幾乎一樣壞。我們必須了解箇中原因。

　　本書沒有討論的另一個大題目是兩個年輕革命國家的對外關係，因此也沒有討論第三國際、納粹入侵、歐洲人民民主的基礎和鐵托（一個才露頭角的毛澤東）帶來的問題、以及第二個超級大國（後來證明是虛有其表）等等。我認為「偉大的愛國戰爭」是可怕的考驗，給蘇聯共產主義造成重大傷害，是其他共產主義不曾經歷過的。不論毛澤東害怕或要求甚麼，帝國主義讓他孱弱的子孫後代存活下來。當在朝鮮受到挑戰時，美國老虎做的事只是阻擋了中國大陸與已經分離 50 年（1895–1945）的台

灣統一。1941到1945年期間，每七個蘇聯公民就有一個死亡（還要加上自然死亡的人），中國的情況很可能更為嚴峻，卻要到1958至1962年河南省信陽專區因為發生和平時期的最大人為災害才死了那麼多人。[2]更貼切的比較是兩次世界大戰對兩個政權的影響。「打不贏戰爭的政權就會加速垮台。」[3]第一次世界大戰加速沙皇崩潰，第二次世界大戰使中國的國民政府垮台。除了戰爭，俄國的革命先行者等不及在比較先進的國家爆發革命，只好「先在一個國家爆發革命」，這種情況與後來的中國小老弟不同，他們先是以俄為師（「蘇聯的今天就是中國的明天」），後來又予以否定。一個世代之後，「世界社會主義祖國」的「普遍自給自足」或者整個社會主義陣營的自給自足已經不存在了，中國革命只好「一邊倒」（毛澤東在1949年）以尋求保護或現代化。[4]同樣地，隱藏在蘇聯1924年憲法所述的「法律地位平等的主權國家聯合」後面的「聯邦主義外牆」很適合中國共產黨使用，但少數民族對中國共產黨來說是個次要問題（少數民族在1949年佔中國人口的6%），卻是在蘇聯一再發生的主要問題，比較兩個革命的少數民族政策有甚麼意義？

　　本書也沒有專門用一章來談意識形態，儘管意識形態在討論政策的第三章無所不在，在其他各章、尤其是在最後一章也一再出現。那麼，本書到底要說些甚麼？第一和第二章（落後和追趕）專門討論革命開始的道路。這是革命的背景，因為正如意大利馬克思主義理論家葛蘭西（Antonio Gramsci）所說，十月革命是「針對馬克思《資本論》的革命」。葛蘭西去世之後發生在中國的1949年10月的革命更是如此。我在關於政治的第三章試圖拆穿毛澤東自以為是的原創性。接着（我批評馬克思主義，但仍然受到馬克思信念系統的影響）談到社會階級：農民、有權有勢者（官僚體系）和知識分子。第四章談受苦受難的農民。第五章自然要談饑荒，因為兩個政權的農業政策正是造成大饑荒的主要原因。第六章談統治階級（吉拉斯的「新階級」）。第七章的主題是文化，包括作家、藝術家和學者。第八章比較古拉格（Gulag）和勞改營，第九章和結論比較斯大林和毛澤東。

第一章

落後者

本章旨在驗證全書中反復闡述的一個論點：由於沙皇俄國和中華帝國的落後狀態，革命黨人一開始不得不用全副精力來清除障礙。他們必須徹底鏟除落後狀態和極端貧困，才能夠開展真正的重大任務，即在全世界伸張正義。我們常看到的豪言壯語是「使人類脫離史前時期」，但這句話也恰恰表明，俄國和中國後來走上歧路和偏離正軌，並非只是落後這個因素單獨造成的。馬克思、列寧和托洛茨基認為，史前時期不僅普遍存在於無可救藥的專制國家，也存在於所有人類社會，包括「先進的」西歐國家。這些革命黨人雖然崇尚西歐的技術和文化，但他們認為這些技術和文化仍然脫胎自同樣的史前時期，不管它是資本主義時期，還是最高階段的帝國主義時期，所以都迫切需要把受剝削的窮苦大眾從史前時期解放出來。

俄國和中國除了同樣幅員遼闊之外，相同之處極少，其中一個共同點就是落後。兩個國家雖然大不相同，它們的現代化過程卻都是起步較遲，而且都只取得部分成功，這導致在兩國出現一系列相似的進程、做法和問題。尤其重要的是，儘管革命的起點非常不同，但革命一旦爆發，都會產生相似的效應。

俄國在地理上與「比較先進的」歐洲靠近，部分由於這個原因，俄國人對他們國家的落後狀態體會比較早，了解也比較深刻，儘管他們落後的程度不像中國那麼怵目驚心。這種了解使得彼得大帝以降的俄國人寢食難安，促使他們首先從軍事入手，致力現代化，並一直持續到下一個世紀。在克里米亞戰爭期間（1854–1855），俄羅斯軍隊是由驛馬車隊經由

泥濘的道路運送給養。半個世紀之後（1904–1905），交通運輸的規模不一樣了，但情況仍然同樣落後，使得俄國的陸軍和海軍再次一敗塗地，只不過這次沒有敗在英國人或法國人手裏，而是輸在日本人手裏（小日本人打敗了白種人！）。克里米亞戰爭的教訓，至少讓亞歷山大二世開始進行重大改革並鼓勵建設第一個工業項目。另一方面，第一次鴉片戰爭期間（1839–1842），英國派出一小支遠征軍就輕易取得勝利，中國卻沒有引以為戒。半個世紀之後（1895），中國再次慘敗，遭受的羞辱只有俄羅斯海軍於1904年在對馬海峽的慘敗可以比擬，而戰勝者同樣是那個被中國人視為缺乏教化的日本「倭奴」。這次慘敗終於使少數開明的中國愛國志士認識到自己國家落後的程度，覺得發奮圖強已經是刻不容緩了。

經濟發展遲緩造成的社會影響

中國由於在1895年戰敗後向日本割地賠款（也因此向其他幾個國家賠款），於是步履蹣跚地在少數幾個對外通商口岸開始工業化。隨着第一次世界大戰爆發，民族工業由於少了外國競爭而突飛猛進，開始了第二階段的工業化，一直延續到1920年代，甚至或多或少延伸到1930年代。不過，儘管中國的革命黨人在1949年繼承的工業基礎規模不算小，但與俄國工業在1861到1914年期間、尤其是在1890年之後的驚人進展相比，仍然相形見絀。

俄國的工業生產在半個世紀期間（1860–1910）增加了十倍以上，這個增長率是維多利亞英國的四倍，也稍稍優於日本的增長率——日本與俄國的比較更值得注意，因為兩國都處於發展的早期階段，俄國剛剛廢除了農奴制度（1861），明治維新也方才起步（1868）。俄國的迅速增長造成社會深度動盪，破壞了老大農業帝國的穩定，卻沒有縮小它與其他「先進」國家之間的差距。1913年，俄國生產的煤只有美國的十分之一。俄國的人均國民生產總值在半個世紀期間也增長得比較慢，在1860年約為美國人均國產總值的40%，但到1913年只佔24%。[1]

　　雖然俄國的工業化遠比中國後來（1895–1937）開始的工業化亮眼，但這對難兄難弟卻都是「後來者」，具備了一些共同特徵：工業分布集中，大部分都在聖彼得堡和和上海；手工業者和作坊竭力抗拒，它們與集中的現代工業不同，零星分散在各地；工業設備陳舊，大多是從外國進口（俄國是從德國進口，因此在第一次世界大戰時損失慘重）；資本短缺，因此俄國不得不從國外（主要是從法國）借款，而中國的企業因此無力與外國企業平等競爭。最後，工業增長由於國內需求疲弱而欲振乏力，因為農民非常貧窮；俄國和中國的農民在革命爆發前夕都佔全國人口的80%以上。

　　中俄兩國都是農業國，勞動人口大半仍是農民，但農業生產停滯不前。農業工具原始，技術老舊，肥料的使用量有限，使得農業生產乏善可陳，遠遠落後於同時期的歐洲農業。中國的產量低，是因為長期以來人口眾多，農家的耕地窄小。中國的老話是「人多田少」。俄國的人均耕地雖然大得多，但氣候惡劣，耕作期短；這些耕地不久就集中於中央黑土區，那裏的人口密度相當於法國農村，但產量只有法國的一半。1863至1897年，歐陸俄羅斯的農村人口從5,500萬增加至8,200萬，到1914年超過了一億。

　　雖然農村外移人口年年增加，但這在農村每年增加的人口中僅佔一小部分，而農民渴望土地，不耐煩等待地主土地的「黑色重新分配」（black repartition）。孫中山提出的「耕者有其田」口號是從蘇聯顧問那裏聽來的，源自俄國農民根深蒂固的信念。中國與1917年俄國中部的情況不同，不存在那樣的階級仇恨，但中國共產黨聲稱農民苦大仇深，一心嚮往革命；階級仇恨對中國農民來說其實相當陌生。

　　中國農民從來沒有想過要覬覦富人的土地，因為他們相信自己天生窮命，或至少是由其祖先甚至他們的前世就已經注定。不過，他們與俄國農民一樣，感覺與國家、「外來者」、寄生的城市和任何特權人士毫不相干，認為這些人到農村是要威脅或掠奪他們。中國與俄國一樣，廣大農民與社會脫節，生活在自己的世界裏。在沙皇專制政府和中國皇帝統治下，政府的權力沒有滲透到農村（這種情況在1928到1949年

民國時期的最後20年稍有改善）。因此，中國的鄉和俄羅斯的村社
(Mir)²都享有相當多的自治權。不過，這種自治並不是民主，因為鄉
和村社的一切都掌握在少數幾個「長老」手中。這些人由比較富裕家庭
的男性家長組成，毫無例外地生性保守，遵循陳規舊俗。這種家庭在
中國長城以南稱為家，從白俄羅斯到烏拉爾山脈等地稱為 dvor，都是父
權至上的宗法體制，掌握着家族的共同財產，雖然已婚的男孩也有發言
權。

父權所反映的是沙皇或皇帝的權力，也反映了東正教或民間流行的
道教的權力。兩種宗教儘管不同，但都不會挑戰主流教條、傳統價值
或既有秩序。除了學者和貴族，整個社會相當整齊劃一。由於生活艱
難，人民彼此之間的關係密切，很少離開家鄉，一旦背井離鄉外流到了
城市，對自己的家園仍然念念不忘。從外表看去，這種社會似乎單純
而停滯不動，但實際上並非如此——只是演變的步伐很慢，與現代社會
相比顯得僵化不變。它具有傳統社會的特點，強調整體、綜合的價
值，就是把個人置於無所不包的全體之下，個人只能作為全體的一分子
或作為棋盤上的卒子發揮作用。³

可是，這樣的社會逐漸崩潰，現代化速度比較快的俄國尤其如此。
貨幣經濟一步步滲透到農村，農民開始使用新的技術，鐵路、公路、郵
政和電報把全世界向農村開放。尤其重要的是，教育取得了進展——
中國仍然在蝸行牛步，但俄國的步伐相當快速，它在1897年每五人中
只有一人識字(21%)，到1913年每五人中已有二人識字。1878到1914
年，小學數目增加了六倍(從25,000所增加到150,000所)，農家的學齡
兒童超過半數入學讀書。⁴

年輕人受教育之後開始擺脫父權的束縛，有些人離家去城裏謀生。
家庭解體，1860年時，家庭的平均成員數目是九人，到1900年減少到
五人。

中國遠比俄國「落後」，⁵中國農民比俄國農民窮得多，但兩個帝國
朝着現代化急起直追的努力有驚人的相似之處。中華帝國在最後十年
雄心勃勃地開始改革，包括建立現代軍隊，支持工業發展，派遣數千名

學生到日本留學，以及廢除科舉制度。那次的改革幾乎與幾十年後鄧小平推動的改革一樣激進大膽。在二十世紀的開頭和結尾的那幾年，都想徹底擺脫停滯落後和僵硬教條的沉重束縛。

不幸的是，走向現代化的努力，就如斯托雷平（Pyotr Stolypin）在當時進行的改革一樣，姍姍來遲。斯托雷平那時要求給他20年時間來實現改革，但他在1911年遇刺身亡，改革因此無疾而終。更重要的原因，改革因為戰爭而無法實施，因為革命而結束。可以比較的地方還不止這些。沙皇朝廷讓斯托雷平改革（卻又沒有完全放手），是因為日俄戰爭的慘敗和1905年的革命，而且1907年選出了比較聽話的議會（duma）。中國的情形類似，滿清朝廷開始改革，是因為北京的外交使團被圍，外國聯軍前往解圍，造成清軍大敗（慈禧太后以為可以依靠義和團，毫無勝算之下逕自於1900年6月21日向各國宣戰）。滿清朝廷迫不得已宣布的改革其實與三年前半途而廢的改革十分相似，但那次改革由於皇帝被迫下台而告終。百日維新（1898年6月到9月）的失敗，以及李鴻章等開明官員先前對工業發展的支持，與維特（Sergei Witte）總理的改革類似，都因為朝廷1900至1901年、1904至1905年在戰場上的慘敗而結束，但維特的改革規模更大，成績也比較突出。

工業在1890年代迅速增長，並在1908到1914年期間繼續發展，從而產生了無產階級；這些無產階級與僱用他們的工業一樣，集中在幾個城市。這些新出現的工人剛剛離開農村，還沒有切斷與故鄉的聯繫，常常回家幫忙收割。不過，他們不久就在城市的貧民窟或郊區定居下來，熟悉了曾使他們迷惘或震驚的環境，最終在城市裏與家人團聚或結婚成家。這些工人的第二代對農村生活已經毫無所知，但第一代的移徙工人別無選擇，不得不徹底改變自己的信仰、觀念和精神狀態。許多人從此拋棄了與農村的封閉和停滯有關的任何事物。四分之一個世紀之後，中國農民也經歷了同樣的背井離鄉痛苦，但也有人因為在上海或天津找到了工作，感到獲得了自由解放。他們在重複聖彼得堡或莫斯科的先行者的經驗，儘管他們對先行者毫無所知。史密斯（Stephen A. Smith）寫道：「在地球上西方世界以外的兩個地區出現和發展出工人階

級」，產生了「令人驚訝的相似之處」，儘管「工人階級形成的過程因社會、政治和文化環境不同而異」。[6]

據我所知，除史密斯以外，還沒有任何學者根據第一手資料對中國和俄國的無產階級和工人運動進行研究，[7]因此我要在這裏簡單介紹一下他的看法和結論。兩個無產階級的形成地點都集中在幾個城市，單單這一點就足以表明兩者之間的內在聯繫，儘管它們之間存在重大區別。聖彼得堡和上海在本國都不是典型的城市，代表了資本主義現代化未來的發展，也預示了整個國家的未來走向。有鑑於此，也因為兩國仍然保留着不久前才脫離的許多過去的面貌，並不是所有人都贊成這樣的發展。果戈理 (Nikolai Gogol) 和陀思妥耶夫斯基 (Fyodor Dostoyevsky) 譴責在首都裏發生的罪惡，許多中國的知識分子認為上海的存在是公然違反儒家倫理。上海甚至比聖彼得堡更惡劣，象徵着消費者社會、金錢誘惑、你死我活的競爭、以及年輕人無視傳統的活力和暴力。不僅如此，這種外來的現代化破壞了居民的生活方式，帶來「國際化的」生活習慣。在上個世紀初，上海尤其體現了這種矛盾現象，令期盼着現代化的中國知識分子感到痛苦：中國要怎樣現代化才能保存它的民族性？文化的「西化」是否不可避免？

農民背井離鄉成為工人的地域不同，由此產生的兩個工人運動也很不一樣。史密斯認為，「具有階級意識的、反對帝國主義的民族主義」在 1925 年席捲中國，意味着把工人運動置於全民族的反帝鬥爭之下。俄國的情況不同，真正的階級意識早在一個世代之前就已經產生。當然，俄國工人們有時候也會像在中國的那樣，參加共同的鬥爭，但只從鬥爭的對象 (沙皇專制／內部敵人) 就可以看出，兩國工人運動的鬥爭方針是不一樣的。這種差別並非當事人的主觀選擇，而是反映了根本不同性質的客觀環境：中國是「半殖民地」，不斷遭到帝國主義的侵略，而俄國則側身歐洲列強的合縱連橫之中。除了殖民主義，還有黃禍論的種族主義，中國的近鄰日本最終成為更危險的帝國主義。俄國人的反西方情緒也屬於不同性質，因為俄羅斯人雖然與西方人一樣是白種人，但斯拉夫派及其追隨者對西方人非常批判和懼怕。

聖彼得堡的工人一開始比中國「無產階級國家」的工人更具有無產階級性質，[8]他們因此更容易接受社會主義的思想。俄國人對於發軔於歐洲的社會主義思想相當熟悉（《資本論》第一卷在1872年用俄文出版，早於英文譯本），而中國的社會主義思想卻是進口貨。1905至1906年、1912至1914年以及1917年，俄國無產階級不一定是馬克思主義者或革命黨人，卻領導着工人運動（特別是在聖彼得堡及其鄰近地區），令歐洲其餘地區望塵莫及。俄國第一次革命的思想和方法經過一段時間才傳到中國，1925至1926年，中國共產黨掌握了上海（和中國）工人運動的領導權。這個運動只是曇花一現，原因通常都歸咎於國民黨（蔣介石）的背叛，以及莫斯科制訂了錯誤策略，讓廣州工人短命的人民公社成為犧牲品。這兩個解釋都沒有考慮到另一個重要因素，就是中國的無產階級雖然集中，卻人數太少（只佔人口的0.5%）。俄國工人的人數也不多，在革命前夕只佔總人口的2%，其中包括工廠工人和礦工（350萬），但如果把手工業和傳統作坊的工人包括在內，人數就多得多（接近2,000萬）。

不同程度的文化多樣性

中共雖然控制了中國工人運動的大部分，並不表示1925年的中國工人像1905年的俄國工人那樣，普遍接受了社會主義思想。知識分子是社會主義意識形態的源頭和傳播者，俄國知識分子對社會主義思想的接受程度普遍比中國知識分子大得多。但是，在這個和別的一些問題上，相似的處境產生了類似的經驗，儘管文化環境天差地別。這裏毋須詳細說明，因為即使可以無休止地分析俄國文化與歐洲其他文化的差別，但只要拿中國來比較，那些差別就微不足道了。不論是甚麼情況（俄國處於歐洲中心文化的邊緣，而中國完全置身於外），兩者的反應都是一樣，有人反對，有人崇拜，還有人主張「第三條路」，借用外國的某些長處來為本國文化辯護，以保留自己的文化特性。

　　為甚麼既有俄國的落後狀態，又有「俄羅斯的偉大世紀」[9]——就是說出現了黃金和白銀時代，湧現出普希金(Pushkin)、陀思妥耶夫斯基、托爾斯泰(Tolstoy)等等許多列入人類共同遺產的人物，可以與蘇格拉底、莎士比亞、甚至馬克思相提並論。落後的原因在於，自十八世紀以來從西歐引進的思想只觸及社會中極稀薄的一層受過教育的人，知識分子階層要到1860年代才出現。由於意識到自己的落後，所以對任何事物都迅速吸收，尤其注意吸收最新輸入的、往往也是最激進的事物，包括社會主義在內。這個稀薄的社會階層既與不識字的民眾隔離，也與精英分子脫節，更與西歐相距甚遠，他們成為文化辯論的核心分子，導致極端主義傾向。在俄國和中國，由於意識到自己國家的落後，一方面進行自我批判，又渴望向西歐學習，另一方面則是譴責並拒絕西方模式，崇尚本國的民族特性——俄國「西化派」與斯拉夫派之間的爭吵就是例證。

　　這種爭吵在中國的五四運動(1919)時又重現一次。陳獨秀認為中國的思想落後於西方思想一千年，他很同意恰達耶夫(Chaadayev)的批判：「我們對提高人類的精神文明毫無貢獻，我們祖國貧瘠的土地上沒有產生過一件有用的思想，也沒有創造出任何崇高的真理」。[10]陳獨秀在選擇馬克思主義之前，或者在採用列寧關於奪取政權和使落後的國家現代化的處方之前，曾經崇拜法國的第三共和。當時他大致算得上是中國的赫爾岑(Herzen)，鼓吹西方文明及其代表的理想，例如民主、理性、科學和進步。哲學家梁漱溟(1893–1988)出版了《東西文化及其哲學》(1921)，主張中國人要仿效斯拉夫派的做法。[11]他認為中國並不是比西方落後，只是選擇了不同的路向，而且西方將來也會走到這條路來。西方文化目前居於優勢地位，是因為它致力於解決人類的基本需要；使用理智進行分析和解剖因而產生科學，尋求人的個性的伸展因而導致民主。西方一旦生活富裕之後，就會開始尋求實證主義和功利主義無法提供的精神生活。這就是柏格森發現的直覺的價值，而這是中國人早已知道的。梁漱溟認為，全世界可以向儒學學習許多美德，包括：無所求的直覺、不忮不求、宇宙生生不息、天人合一、調和、持

中、隨遇而安、享受生活等等。第一層的問題（生存、基本物質需要）
得到解決之後，西方將會發現中國人早就在獨自探討第二層問題。梁
漱溟甚至預言，人類的精神文明不久就會中國化。[12]

有這種想法的不只是梁漱溟一個人。中國現代化的著名先行者梁
啟超（1873–1929）早在1919年就認為，西方的精神文明將由中國來拯
救。[13]這表明即使這位最勇敢的「西化派」，心理也是矛盾重重。第一次
世界大戰造成的浩劫使梁啟超震驚，就如歐洲1848年革命的失敗使赫
爾岑感到失望一樣；赫爾岑與陀思妥耶夫斯基和許多「第三世界」知識
分子一樣，變成了西歐的嚴厲批判者，認為西歐遭到重商主義和資產階
級精神的污染腐化。由此受害的不只是俄國和中國，全世界都因此遭
殃，只有歐洲和美國例外。

以上說的是俄國與中國在歷史上的相同之處，下面要強調的是兩者
之間的顯著差別；先從最重要的差別說起。中國知識分子與西歐的隔離
程度比俄國知識分子大得多。例如，恰達耶夫的著作《哲學書簡》（1836）
是以法文寫成，書中敦促他的祖國向西方學習，他的朋友普希金也用法
文回答：「世界上沒有任何東西能使我變更我的祖國」。[14]林紓（1852–
1924）完全不懂外文，卻向中國讀者介紹西方文學，「翻譯」了以下西方
名家的著作：孟德斯鳩（Montesquieu）、雨果（Hugo）、大仲馬（Dumas）、
莎士比亞（Shakespeare）、斯維夫特（Swift）、狄更斯（Dickens）、托爾斯泰、
易卜生（Ibsen）、賽凡提斯（Cervantes）、荷馬（Homer）和伊索寓言。他的
同僚為他選擇原著，用白話講給他聽，然後由他按照他的理解（或想像）
寫成典雅的文言文。林紓把托爾斯泰列為西方作者介紹到中國，這並不
奇怪，因為當時的中國知識分子和現在一樣，都認為這是理所當然。同
文學一樣，中國的「西化派」和中國文化派在比較西方思想時，自然會把
俄國列入。他們會列入巴枯寧（Bakunin）和克魯泡特金（Kropotkin），也會
列入馬克思和達爾文，但往往因為過於簡化或粗略而引述或解釋錯誤，
不符合俄國作者的原意。梁漱溟把克魯泡特金比擬為孟子，因為克魯泡
特金主張人性本善。克魯泡特金的思想甚至比柏格森更進一步，認為西
方很快就會接受中國的思想。中國的作者不僅嚴重扭曲原意，而且由於

不熟悉西方文化，會任意穿鑿附會。不過，我也不能過於簡單化。有許多中國作者的知識比他們引述的西方作者好得多，梁漱溟的一些批評者就是如此，他們指出的錯誤都頗有道理。

中國人認識到與歐洲文化的差異，時間上比俄國人晚了許多。這是勢所必然，因為他們要到十九世紀末才發現「另一個」西方的存在，所以遭受的影響也比較小。俄國人感到痛惜，因為自己的國家如此腐敗落後、一無是處、不知改進，而中國人卻在抵抗外敵入侵，想知道夷人的武器、工商業、政府和思想意識為甚麼所向無敵。只要提到歐洲模式，就不能不想到反殖民主義和白人種族主義。中國知識分子在社會中發揮的作用比俄國知識分子大得多。士人在地方上往往負責調解糾紛和組織民眾，參與鄉民的生活。俄國的貴族雖然不是完全擺脫俗務，但地方事務一般交給村社處理；知識分子更是如此。在國家一級，俄國知識分子與文職和軍事官吏的差別更是明顯，後者往往缺乏教育。另一方面，中國士人與朝廷的官方思想意識是一致的，所有官吏都是從士人中選拔。這種情況一直維持到二十世紀初，到1905年朝廷廢除科舉才改變。在短暫的民國時期 (1912–1949)，開始出現知識分子階層的雛形，但他們要到軍閥割據時期才真正覺得與政治權力疏離。即使在那個時候，由於知識分子的喜歡尋根問底和中庸之道，他們大多數也不會走向激進的道路。涅恰耶夫 (Nechayev) 這樣的人物在中國難以想像——但對於看過聲嘶力竭的紅衛兵的人來說，這恐怕難以說服他們。其實，這正是我想說的，只要一個政權能夠從任何心理元素中製造出狂熱分子，俄國與中國 (或韓國) 典型傳統知識分子之間的對比差異就不值一提了。

分歧道路和殊途同歸

從一開始，不同的文化傳統和可以比較的歷史背景導致走向兩條不同的道路，但最終兩條路又殊途同歸。在俄國，革命知識分子往往

會流為教條主義，頑固執着，宗派主義、以及自以為掌握了絕對真理（這些批評不適用於契訶夫〔Chekov〕那樣的細緻而複雜的頭腦，他是看不起知識分子的）。俄國知識分子絕不是鐵板一塊，任何想法的兩端都有着同樣堅決的擁護者，例如強國論者與無政府主義者、馬克思主義者與民粹主義者等等。不過，俄國知識分子中有許多人都期盼着國家救世主，西化派和斯拉夫派有時候更因此團結在一起（有些人同時屬於兩派）。於是，兩派主張應該可能相互調和，既接受「歐洲」的理性和科學，又拒絕西方的資產階級道路。俄國因此將走上自創的第三條路，甚至秉承天命帶着全人類走向它自創的新路。從1861到1914年的半個世紀中，我們可以看到這種期望的展現，從民粹主義者的希望阻擋資本主義的發展，到社會革命黨人希望繞過資本主義階段實現社會主義。

我們甚至可以在列寧身上看到這樣的一些期望，儘管列寧既反對社會革命黨人，又認為民粹主義者幼稚無知。列寧在當時是「西化派」，既嘲諷「俄羅斯白癡」，又大肆抨擊「亞洲專制主義」。他後來雖然回過頭來主張第三條路（即使國家救世主派也不會嗤之以鼻），但對民族主義沒有絲毫同情，因為他認為行動至上，理論是否一致並不重要。注重理論一致性的是普列漢諾夫（Plekhanov）、帕維爾‧阿克塞爾羅德（Axelrod）等孟什維克黨人，他們與列寧一樣，不贊成民粹主義派的看法，認為資本主義產業的發展是不可避免的，也是必要的，但又立刻強調，資本主義的成熟需要時間，將會首先帶來資產階級革命，而這是無產階級革命的先決條件。不過，列寧無視所有證據，主張「俄國的資本主義發展」（這是列寧第一本書的書名）早已成熟，使得大部分農民無產階級化。列寧於是宣稱，由於俄國的資產階級十分脆弱（這其實意味着資本主義並不發達），因此俄國可以直接進入無產階級革命階段。這就是預期俄國將會走一條特別的道路，一條有別於馬克思主義傳統的路。如果不能期待出現國家救世主，至少要相信落後具有優勢。托洛茨基對這一點作了更有系統的發揮，但特卡喬夫（Tkachev）比他們兩人更早提出這一點，看出資產階級不發達反而具有革命的優勢。的確，在許

多方面，列寧的引路人不是馬克思或恩格斯，而是特卡喬夫。[15]在這方面，就列寧與前一世代的革命黨人和革命前人物的關係來說，他就是民族傳統的一部分 (他的重要著作《怎麼辦？》，書名抄自車爾尼雪夫斯基 (Chernyshevsky) 的小說，是他放在床頭不時翻閱的書；這本書連同涅恰耶夫的《革命問答》，成為布爾什維克黨的革命聖經)。還有人把列寧視為布朗基分子 (Blanquist)，但他成功地把馬克思主義俄國化，就像毛澤東後來用不同的方法把馬克思主義中國化了。毛澤東不同於列寧，用農民取代了工人，但又與列寧一樣，目的都是要把本國的落後轉變為革命的優勢。

俄國知識分子對農民的態度，前後並不一致。民粹主義者把農民理想化，而且有罪惡感，因為他們就是依賴農民的勞動成果，才能夠享受特權生活和受教育。由此，他們既表示對俄羅斯人民有信心，又表示厭惡資產階級，並打算阻止任何資本家進入俄國。不過，民粹主義者的幻想經受1873至1874年的衝擊後徹底破滅，因為俄國的年輕人「走到人民中去」，發現現實生活中的農民與想像中的高貴野蠻人完全是兩回事，農民天生不是集體主義者，也不是無政府主義者。社會主義革命黨人接着也有相同的經驗。民粹主義退潮，使得恐怖主義和馬克思主義興起。這兩派雖然同樣敵視民粹主義，但彼此之間相持不下。由於馬克思主義逐漸普及，使得革命知識分子把希望和理想寄託在初生的無產階級身上。另一個比較符合實際的農民形象，則由契訶夫的小說《農民》傳承到高爾基 (Gorky) 和蒲寧 (Bunin)。

我或許過分強調了十九世紀一些俄國知識分子的救世主想法，但知識分子主要關心的仍然是社會問題，而不是政治問題，甚至不是國家問題。中國的情況卻完全不一樣，儘管因為共產主義革命最後贏得勝利會使人另有想法。我仍然認為，幾乎所有激進分子關於革命的使命感，都是帝國主義的刺激和反帝國主義的要求所引起的。他們可能哀嘆中國的落後，希望進行改造，但很少人會同意車爾尼雪夫斯基那充滿諷刺意味的名言：「生而為俄羅斯人，不如一死了之。」[16]中國人無論怎樣勇敢和打倒一切，也不會像俄國人那樣詆毀自己的國家。

　　這些先行者寫作和展開行動的時間是十九世紀末，與丹尼爾‧莫爾內（Daniel Mornet）在《法國革命的文化根源》一書裏所描述的時代差可比擬。我在這裏舉出中國的四位先行者，拿來與法國的孟德斯鳩（Montesquieu）、伏爾泰（Voltaire）、盧梭（Rousseau）和狄德羅（Diderot）比較。四位中國先行者的共同動機都是救亡圖存，要求改變落後狀態。四人中唯一的例外是譚嗣同（1864–1898），他對中國封建專制體制的腐朽無能深惡痛絕，甚至認為帝國主義者是上天派來懲罰中國的「仁義之師」。百日維新失敗後，他拒絕與維新變法的首腦人物康有為（1858–1927）等一起逃走，從容被捕後英勇就義。

　　梁啟超是康有為的弟子，後來成為康的左右臂，但他的成就很快超越了老師以及同時代的許多人。1902年，他出版了《新民說》，該書成為中國留日學生必讀的聖經。梁啟超受盧梭的影響，他所說的新民，是要建立一個民主政體，但他要用民主、自由來改造中國傳統的專制統治和這一代人的「奴性」。換句話說，民主、自由是手段，目的是要建立富強的國家。新民是對國家而不是對民主的頌歌，因為必須盡快建立國家來抵抗帝國主義的侵略。第四位先行者是嚴復（1853–1921），他受到斯賓塞（Herbert Spencer）社會達爾文主義的影響，致力於使中國能夠通過物競天擇的考驗。為了喚起中國民眾，他把孟德斯鳩、亞當‧史密斯（Adam Smith）和穆勒（John Stuart Mill）的學說介紹到中國。1895至1908年期間，各種各樣的著作在中國出版，全都是追尋以下這個問題的答案：西方有哪些東西是我們沒有的，我們怎樣才能學會？

　　孫中山（1866–1925）是我要提到的第五位先行者，他是一位政治領袖，並非思想家。1905年，孫中山與嚴復在倫敦見面。兩個人都是中國傳統文明的批判者，都急於把中國推上現代化的正軌，他們之間有一段別具啟發性的對話：「時孫中山博士文適在英，聞先生之至，特來訪。談次，先生以中國民品之劣，民智之卑，即有改革，害之除於甲者，將見於乙，泯於丙者，將發之於丁。為今之計，惟急從教育上着手，庶幾逐漸更新乎。博士曰：俟河之清，人壽幾何，君為思想家，鄙人乃執行家也。」[17] 嚴復認為，清廷終於開始進行一些改革，現在要

推翻它是不負責的行動。他從英國老師的進化論學到的是，人類的進步要經過長期、緩慢和艱難的過程。

那次革命最終建立了一個共和政體，但共和國在抵抗帝國主義侵略方面甚至還不如滿清王朝；這證明嚴復的擔心是有道理的，即孫中山的造反的確太過魯莽。不過，對我們來說，改革派與革命派的分歧不是那麼重要，更值得注意的是他們共同具備的民族主義狂熱。嚴復早在1904年就說過：「夫其眾如此，其地勢如此，其民材又如此，使一旦幡然，悟舊法陳義之不足殉，而知成見積習之實為吾害，盡去腐穢，惟強之求，真五洲無此國也，何貧弱奴隸之足憂哉。」[18]20年後，孫中山說：「如果中國學到日本，就要變成十個列強。……中國便可以恢復到頭一個地位。」

辛亥革命後發生的五四運動也同樣強調這一點。一方面，這個運動質疑中國的文化遺產，要用西方的價值體系來取代。這種價值體系則是由翻譯英國、法國、德國和俄國的著作帶進中國，偉大的作家魯迅（1881–1936）也在做這樣的工作。另一方面，又產生了民族主義的反作用，既崇拜西方，又要反抗、甚至超越它。這個運動發端於1919年5月4日，北京的學生大舉遊行，抗議巴黎和會決定把德國在山東的權益轉讓給日本。

五四運動很快就取得勝利，但運動隨即分裂。自由派只想繼續推動文學和文化革命，而激進分子則贊成政治和社會革命。分裂後兩派的代表人物分別是陳獨秀和胡適。陳獨秀是中國共產黨的創始人（1920–1921）；胡適後來擔任過國民政府的駐美大使，1962年在台灣去世。馬克思主義在1920至1930年代在中國日益盛行，主要不是關心社會問題，而是出於民族主義的訴求。當時的想法是這樣的：既然所有主張在中國都徒勞無功，相比軍閥割據時期更四分五裂、癱瘓無助，為甚麼不學一下另一個落後國家最近的成功經驗？西方因為資本主義的剝削和殘酷的戰禍而聲名狼藉，與其一頭鑽進死胡同裏，不如追隨列寧的榜樣。「半殖民地中國」面前的敵人是帝國主義，而列寧認為帝國主義是「資本主義的最高階段」。原來的目標沒有變，但是找到

了一條新路：經由反資本主義的社會主義來實現現代化。俄國在前面領路。

我現在暫時不談將來發生的分歧。第二次革命動員的對象是農民，不是馬克思推崇的工人。背離正統理論的原因不是思想，而是迫於實際形勢。中國工業化的程度遠遠趕不上1914或1917年的俄國。當中國知識分子在1930年代認真關注農民時，比較激進的知識分子開始把他們的革命激情寄託在農民群眾身上。

大多數的知識分子，不管是共產黨或國民黨，並不同意激進分子的看法。1927年國民黨清共之後，國民黨成為執政黨，要革命的都是共產黨人。可是，雖然大多數知識分子對政府失望甚至痛恨，卻沒有轉變為共產黨。他們只有在面臨兩個政權和兩支軍隊的最後抉擇時才會做出選擇。其後在1949年儘管他們有逃亡的機會，不少人選擇留在大陸。影響抉擇的因素，除了家庭、職業或習慣之外，仍然是愛國主義；國共內戰的勝利一方似乎更有能力使國家富強起來。

沙皇統治：比國民黨更令人絕望的統治

1917年，大多數俄國知識分子在2月時毫不猶豫地支持革命，10月時又毫不猶豫地反對布爾什維克政變。他們最擔心的是二月革命會失敗，季娜依達‧吉皮烏斯 (Zinaida Gippius) 的擔心到10月成為事實。不過，在權力中心以外的知識分子，沒有一個為舊政權抱屈，這裏必須指出，舊政權的所作所為證明激進知識分子的看法是對的，那就是：要改變任何事，就必須改變一切。在受過教育的俄國人看來，舊政權陳舊腐朽，不可能管理一個擁有1.7億人口的龐大帝國。在祖傳世襲體制下，軍隊是沙皇的私產，軍官是他的臣屬，官吏是他的私人侍從。官僚體系的上層只能由貴族充任，晉升全憑年資，因此庸碌、投機、腐敗之徒充斥，眼中只看到地位和官階。對沙皇來說，政治就是管理。尼古拉斯二世不像他的父親亞歷山大三世，缺乏作為英明獨裁者所需的智

慧和人格，卻又固執地堅持獨裁制度，認為是他天賦的職責。他的皇后也對他縱容鼓勵，兩人同樣蔑視民意，認為人民是敬愛皇室的，但被輿論誤導。

俄國在上一個世紀的最後50年（1861–1914）的經濟發展，使得沙皇及其官僚體系的形象每況愈下。具有諷刺意義的是，沙皇本人是希望發展經濟的（儘管朝廷中的保守分子和官僚表示反對），因為少數幾位開明的大臣（例如維特）告訴他，只有這樣才能增強軍力和平衡預算。在工業化之前，俄國的資源主要來自向農村徵稅，財源有限。這些明確原則與擁有世界第五大經濟體的政府的經常需求之間存在着無法解決的矛盾。矛盾日益深化，直到被戰爭徹底解決。

中國皇帝的獨裁統治大致可以與俄國的專制政體相比。兩者都一樣古老陳舊、無所不管、祈禱上天降福和糾纏於日常事務。除了古老陳舊，在其他幾項特質上兩個政府的程度各不相同，由於缺乏效率，它們所謂的絕對權力其實虛有其表。儒教與東正教的差別很大，儘管天子君臨天下的正當性是由儒教認可，正如沙皇的權力要由俄羅斯教廷維護。兩個帝國還有一個最重要的相同處，就是統治能力不足。由於通訊系統落後和財政資源有限，中國皇帝和沙皇都沒有委派最基層的官員，也沒有能力有效推行政策。其他的相同處還有很多，首先就是官吏的貪贓枉法和殘酷無情，這都是吳敬梓的《儒林外史》[19]和果戈理的《死魂靈》嘲弄的對象。

中國的皇帝被第一次革命（1911–1912）推翻了，現在暫時不討論。國民政府（1949年被共產黨推翻）從許多方面說都比1914年的沙皇專制政府進步一些。國民政府部分統一了一個幅員廣大的國家，正是這片飽經內戰和軍閥蹂躪的土地所需要的。這個政府雖然缺點很多，卻是中國迄今為止最現代的政府，行政機構深入到基層，雖然腐敗，卻是迄今最有效率的。儘管沙皇俄國的工業化成果優於國民政府，但後者留給共產黨勝利者的遺產也相當可觀。另一方面，農業生產停滯，國民黨人很快放棄了他們原來承諾要實施的土地改革。由於沒有土地改革，使得共產黨人能夠佔據廣大農村，把農民群眾動員起來。由於害

怕這些共產黨，國民政府變得更保守、獨裁。蔣介石跟尼古拉斯二世一樣，任人唯親，不知聘用人才。不過，總的來說，雖然兩個政府還有其他一些共同缺點，1937年的國民政府比1914年的沙皇專制的禍害要少一些，推動發展的能力也多一些。

可是，中國面對的困難更大，也更急迫，所以比起俄國來說更有失敗的「藉口」。然而，中國有一個優勢是俄國欠缺的。俄羅斯人在帝國中是少數民族，而漢族佔中國人口的94%。最後兩位沙皇的俄羅斯化政策引起人民的反感，儘管人民原來是願意在文化和語言上讓步的。華沙大學的波蘭學生學習波蘭本土的文學，卻要使用俄文的譯本。後來的秘密警察組織創始人捷爾任斯基（Felix Dzerzhinsky），讀高中時因為在宿舍裏說波蘭話而被開除。基輔省的衛生署長不准張貼用烏克蘭文寫的霍亂傳染病布告，造成許多農民因為看不懂俄文而喝下受污染的水而死亡。[20]

兩次世界大戰和內戰的影響

中國與俄國最主要的差別來自兩次世界大戰的影響以及引起戰爭的根源。歐洲各國合縱連橫，俄國也參與其中，把奧地利與俄國巴爾幹半島上的衝突演變成世界大戰。中國無法置身事外，再度成為帝國主義侵略的犧牲品。蔣介石想拖延開戰時間，但不明就裏的民眾不能接受他對日本的妥協政策。第二次世界大戰也不是因為日本侵略而爆發；中國抗戰長達八年，其中從1937年7月到1941年12月是獨自作戰，比整個第一次世界大戰的時間還長。

戰爭對沙皇統治的影響是災難性的，對國民政府的影響是毀滅性的。如果沒有戰爭，中國共產黨不可能奪得政權。毛澤東自己在1971年承認，如果沒有日本帝國主義，他不可能取得勝利。日本和中國的軍事實力相差太遠，中國人毫無取勝的可能。他們能夠苦苦支撐八年，沒有崩潰，也沒有屈膝求饒，真是奇蹟。但是中國艱苦抵抗的代

價太大了。蔣介石在抗戰的頭幾個月就把他的精銳部隊全部投入淞滬戰役，之後為了重整軍備，引發了可與德國威瑪共和國時期比擬的通貨膨脹。如果戰爭只是徹底暴露了國民政府的弱點和缺失，國民政府也許還不至於垮台，可是戰爭也讓共產黨控制下的軍隊、土地和人口大幅度擴張。

相比之下，俄國在布魯西洛夫 (Aleksei Brusilov) 領導下兩次 (1914、1916) 擊敗奧匈帝國的軍隊，戰績彪炳得多。德國的實力比俄國強大得多，但它為了對付英國和法國，不得不把大部分部隊集中在西線。儘管沙皇面對的挑戰比中國小，但遭到的失敗一樣悲慘。1914年8月底俄國在東普魯士的慘敗，與中國1937年夏季在上海的英勇抵抗形成尖銳對比，但幾個月後日軍在南京的大屠殺說明，戰場上的一時勝負不是那麼重要。沙皇政府的無能，最嚴重的一條是運輸混亂，造成城市糧食短缺。[21] 俄國在戰爭前夕，是全世界小麥出口的大國。30個月後，麵包供應不繼成為二月革命的導火線。

專制統治成為大眾譴責攻擊的目標，不僅是各個派別的社會主義者和革命黨人，也包括自由派和愛國派，甚至保皇派，他們都竭力想避免在戰亂局面中出現災難性後果。可是，面對緊急情況，自由派和保皇派都不得不通過準政府組織與沙皇政府合作。[22] 各派別害怕政府的作為會導致他們不願意看到的革命；這種害怕是有根據的，因為它們隨即被革命的浪潮吞噬。自由派律師馬克拉柯夫 (Maklakov) 有一個很有名的比喻：俄國的局勢就像一個瘋狂司機開着汽車在懸崖旁的陡坡上高速行駛，不管駕駛盤是不是操控在司機手裏，車禍都在所難免。馬克拉柯夫在1915年9月仍然相信，為了減少良心譴責，必須給司機警告，儘管司機會相應不理。看到事後的發展，馬克拉柯夫或許會改變主意。[23]

中俄兩國的最後對比在於：二月革命的得益人是布爾什維克，他們通過政變取得政權，而中國共產黨則是內戰的勝利者。兩個結果都是革命始料未及的。布爾什維克後來不得不進行內戰，從而嚴重影響到政權未來的走向。中共卻沒有這樣的問題，因為他們的合法統治地位已經被中國人接受。

第二章

迎頭趕上

經　濟

　　俄國和中國的共產黨人一旦取得權力，既沒有忘記他們的烏托邦理想（創建一個公正、平等和友愛的社會），也沒有忘記他們比較平凡的目標（使落後的國家現代化）。事實上，這是他們竭盡所能首先要實現的目標。他們繼承了一個落後的國家，必須面對多年戰爭和內戰後瘡痍滿目的經濟局面。1921年，列寧開始實施新經濟政策時，俄國的工業生產只佔1913年生產總值的31%，[1]而俄國在1913年時已是領先全世界的小麥輸出國。此時，俄國卻需要尋求外援來應付饑荒。新經濟政策很有效地解決了第一輪的糧食短缺問題，到1926年時，工業重建幾乎完成，需要進一步投資才能繼續維持同樣的發展步伐。光靠修復和重建已經不夠，必須建造新的工廠和替換工業設備。農業在1921至1922年饑荒之後很快恢復，但在很多地區仍然原始落後。1928年，550萬戶農家仍然用「埃及法老時代」的木犁犁地，有一半的收割使用鐮刀，五分之二的收成使用古老連枷打麥。在1917年，絕大多數人口還沒有進入工業時代，[2]但十月革命後十年，新經濟政策就成功地達到這個水平。換句話說，重建工作完成後，一切建設才剛剛站上起跑線。安東·西里加（Anton Ciliga，克羅地亞的政治家、作家和出版人，也是南斯拉夫共產黨的創始人之一）1926年到俄國訪問時的印象是：「最初幾天，所見一片蕭條，俄國與歐洲相比落後太多。我跟所有外國人一樣，對這樣巨大的落後狀態卻是一無所知。」[3]

中國可能比俄國更落後，但它最初的重建工作卻比較容易，完成的速度也比較快，主要原因在於它是在打完內戰後取得政權。不僅如此，由於中國在1945年接收了日本在滿洲和華北地區建設的採礦和金屬工業，這些設施的生產在內戰正酣時已經恢復到巔峰狀態。[4]早在1952年，工業生產超過巔峰時期，穀物收成回到戰前水平，促使國民黨政權崩潰的災難性通貨膨脹也得到控制。因此，中國在三年內恢復到正常狀態，開始面臨俄國在1928年（以及許多發展中國家後來）遇到的同樣大問題：一個國家如果大多數人口是從事傳統農業工作的農民，如何才能轉變成現代工業國家？

回顧這段歷史只是作個引子，這裏不妨一筆帶過。本章要說的不是新經濟政策或中國的快速重建，而是1929年斯大林政策「大轉彎」之後的「第二次革命」、五年計劃和中國的大躍進。但是也不能忘了列寧。列寧指引了道路（「蘇維埃加電氣化」），加上他的理論（馬克思主義適用於落後國家，從而與唯意志論合為一體），使得這項任務在共產黨人取得政權後更為艱巨，因為列寧不同意普列漢諾夫、馬爾托夫（Martov）和考茨基（Kautsky）等人要等待經濟社會條件成熟的主張，而是想加快發展速度。他原來以為可以依靠第一次世界大戰引發世界革命，然而他的期待落空，世界革命沒有發生，使得困難的現代化工作成為不可能任務。甚至在列寧之前，沙皇時代的維特總理就遇到類似的、但困難程度比較低的問題，因為維特可以依賴外國資本，而列寧不能。沒有外國資本，工業化只能從農民那裏籌資；農民在1920年代的俄國和1950年代的中國都是人數最多的生產者。

問題在於工業化的速度要多快？布哈林（Bukharin）在1925年提出要用蝸牛般的速度，這樣才能維持列寧逕自建立、極不穩定的「工農聯盟」。布哈林認為，不對農民剝削太多，共產黨政權就可以逐漸改善農民的生活，對製成品的需求將會同步增加。這是打市場經濟牌，用農民可以接受的速度來建設社會主義。他甚至認為應該讓農民「富起來」。不過，這是道地的法國資產階級政治家基佐（François Pierre Guillaume Guizot）的原話，只能引起布哈林的布爾什維克同志的憤怒。

斯大林當時還與布哈林結盟，但認為自己最好不要與這樣離經叛道的口號沾上邊。[5] 多數革命領導人不願意接受工業化要等這麼久的主張。布哈林認為需要一個世代，這還是樂觀的看法。斯大林在大轉彎之後表態，反對慢速度發展，理由是：「我們比先進國家落後了50年或100年。我們必須在十年內迎頭趕上。我們如果做不到，就只能滅亡」。[6] 他說這話的時間是1931年，在德軍入侵前十年。

在斯大林說出這話的時候，已經沒有人敢跟他唱反調了，但在1925年時這個問題還在激烈辯論中，對布哈林的批評沸沸揚揚。反布哈林的左派首席理論家普列奧布拉任斯基（Preobrazhensky）主張實行「原始的社會主義積累」，就是按照馬克思的理論，像英國資產階級那樣，通過剝削農民、工人或殖民來進行原始（初始）資本積累。由於俄國沒有殖民地，積累只能來自私營部門，基本上就是來自農民。因此，必須對富農課以沉重的收入稅，尤其是人為地壓低農產品價格，抬高工業產品價格，搜刮農民的資源。能夠做到這一點是因為國家既是工業產品的主要生產者，又壟斷了對外貿易。[7] 這是唯意志論的殘酷做法，但與維特總理的做法沒有太大分別。

說到殘酷的程度，誰也比不上斯大林。他的做法連最主張原始社會主義積累的人也不敢想像。當時的共產黨右派由斯大林主導（1920年代中葉時以布哈林為代表），持反對立場的是由托洛茨基主導的左派（以普列奧布拉任斯基為代表）；[8] 與左派立場相比，斯大林在1929年政策大轉彎後實施的政策只能被歸類為官方術語所說的「極左」。他在1928年政策大掉頭時沒有預先告訴他的盟友布哈林，原來由兩人主導的政治局面終致破局。布哈林這時成了「右傾分子」。最後出手終結新經濟政策（由於政府高層違反市場規律早已名不副實）和工農聯盟的是斯大林。1929年開始的第一個五年計劃著重大規模投資，無視消費和生活水平，投資重點是生產性資本貨物、能源和原材料，忽視非生產性的消費和服務業。第一個五年計劃完成後，建立在荒蕪的烏拉爾草原上的馬格尼托哥爾斯克（Magnitogorsk）鋼鐵廠生產的鋼鐵等於俄國1913年或蘇聯1927年時的總產量。[9]

　　第一個五年計劃迅速向上調整，儘管它本來就已經是不切實際地樂觀。從1929年5月蘇維埃第五次代表大會到1930年1月的八個月期間，五年終了時的生產目標一再調高。煤炭目標從7,500萬噸調高到1.2億噸，再調到1.5億噸；石油從2,200萬噸調高到4,500萬噸；鑄鐵從1,000萬噸調高到1,700萬噸，再調到2,000萬噸。這只是一個階段，接踵而至的是其他無法實現的數字或百分比。即使五年計劃在1933年3月宣布完成，只花了四年三個月的時間，這些指標也沒有實現。國家意志凌駕於現實之上，於是緊接着向自然或時間宣戰。「我們必須在十年內彌補幾百年來的落後狀態。」甚至説要「根據目標制訂計劃」。為達目的，不擇手段。布爾什維克不知道甚麼叫困難，世上無難事：「布爾什維克沒有不能攻克的堡壘。」[10]

　　剛開始時，國家計劃委員會的專家和其他經濟學家表示反對，或建議應該在不同經濟部門之間保持平衡，或指出光靠革命熱情無法創造奇跡。他們這些説法很快被拋諸腦後。舉例來説，一個石油業專家批評生產目標「任意妄為」。他提出的理由包括：「三分之一以上的石油必須產自尚未勘探地區……現有的三個裂化工廠到五年計劃結束時要增加到120個。」一個年輕的女積極分子立刻回答：「我們不懷疑這位教授的學問或善意……但我們不贊成一味崇拜數字，成為數字的奴隸。」在第一個五年計劃期間，「宣稱的政治或經濟成績不需要實際驗證，科學模式不再公開討論。」當斯大林接到報告，其中指出模範工人斯塔赫維奇（Stakhanovites）能破紀錄地完成任務是由於工長做了特別安排，找了其他工人幫忙（而且往往可能損害機器），他拒絕相信。他覺得是工人的熱情創造了奇跡，事情就是這麼簡單。我低估了斯大林的野心。「迎頭趕上」這個詞不足以形容，他的目標要崇高得多。蘇維埃的現代化絕不是盲目模仿先進的資本主義國家。這是在西方國家史無前例的偉大創舉，把人提升到更高的階段。[11]

　　專家都靠邊站之後，就由人數極少、不太能幹的一群人來作重要決定；他們很少找人商量，總是秘密開會，一旦出錯總能找到別人來做替罪羊。指令經濟意味着國家無所不能，這也就是毛澤東後來忠實模仿

的「政策掛帥」。中央決定的任何政策都是正確的，錯誤和失敗都是執行者的責任。摩西‧列文（Moshe Lewin〔1921–2010〕，國際知名的俄國和蘇聯史專家，曾執教於美國多所大學）稱之為「不負責任的獨裁政體」。反對就是叛國，在恐怖的氛圍下，對命令只能盲目服從。如果命令的方向錯誤，必然帶來災難。在新經濟政策後期，計劃經常出錯，甚至導致五年計劃的失敗。自此之後，越來越難討論領導人的決定，而且不久斯大林就成為唯我獨尊的唯一領導人。[12] 執行時的損失和浪費在所難免。馬格尼托哥爾斯克的生產成本比誰都高，因為領導層對生產成本毫不在乎，到處購買設備和投入，大肆揮霍國家信貸。國家只要求產量更高更快，並不要求賺錢。能源、原料和運輸費用如果太高，計劃者就單方降低這些成本，讓馬格尼托哥爾斯克鋼鐵廠看起來負擔得起。其他大型國家企業也像馬格尼托哥爾斯克一樣，經常要求提供多於需要的原料和投入，因為它們的首要任務就是完成五年計劃的目標，而它們從來不知道是否能夠或要等多久才能獲得這些原料或投入：「全面中央計劃製造出自己的『無政府狀態』」（考特金〔Kotkin〕）。此外，購買的物資很少全數運到。1938年，庫茲巴斯（Kuzbass）煤礦運到馬格尼托哥爾斯克的焦化煤重量比訂單少了30%，因為那些分配不到煤炭的企業在運輸途中都雁過拔毛地自行取用。[13] 交通運輸緩慢而且拖延誤期，以至於基本原料經常短缺，造成生產混亂。由於數量壓倒一切，原料供應者和馬格尼托哥爾斯克工業中心都不太關心質量問題——當然也不能完全不顧質量。1937年初，馬格尼托哥爾斯克一共報廢了價值約650萬盧布的生鐵、970萬盧布的廢鋼——不過向上級報告的總生產量仍然包含了這兩個數字。[14]

　　這個制度下的產品可能質量粗糙、無法節約地利用投入、效率低下和不夠理性，但人力顯然不缺，而傳統經濟高速現代化所需的正是大量人力。1936年，第二個五年計劃已經進行了一半時間，馬格尼托哥爾斯克的挖地運土工作差不多有三分之二是由人力完成。全面工業化解決了城市失業問題，在第一個五年計劃期間，工人數目增加了一倍多，從370萬變成850萬人。而且，集體化和去富農化加快了農村人口外流，使

得人力格外充裕，儘管這些人都是生產力低的非熟練勞動力。如有需要，工人必須實行16小時換班制，但他們往往更喜歡按件計酬的工作。[15]

宣傳是另外一種手段，發動無休止的宣傳運動來教育工人，提高他們的政治意識。許多工人學會了識字，學會了技術。他們覺得是在獻身於一個偉大的事業，與在資本主義桎梏下的工人迥然不同。在馬格尼托哥爾斯克，甚至那些富農出身的工人 (至少其中許多人) 也覺得是在致力於一個歷史性的任務。工人如果沒有染上集體狂熱，或不願意接受過多的任務，就被戴上「階級敵人」的帽子，不論他們出身自哪一個階級。例如，有一個馬格尼托哥爾斯克的金屬工在頓巴斯煤礦工作了30年，對工資、設備、食物或宿舍表示不滿，但不管是誰，只要膽敢要求增加配給、改善工作條件或提高工資，就會被視為對企業、甚至對革命本身構成威脅。每一個在1930年代建造的產業基地，就像1920年代初的紅軍一樣，是神聖不可侵犯的。產業基地的任務是鑄造鋼鐵和鑄造蘇維埃新人，就是說改造招募來參加革命大業的農民。他們正在建設社會主義，建設一個新社會。每一個人都要覺得是在前線作戰，許多人也真的這樣認為。[16] 1932年2月1日，馬格尼托哥爾斯克第一批鋼材出爐，舉國歡呼勝利。這是一場大勝仗，即使當天和第二天都發生了工傷事故。[17]

儘管有各種缺陷和問題，包括：工傷事故 (發生的次數和傷害程度並沒有超過2013年的中國)、機器故障、忽視維修 (認為是浪費時間)、生產率停滯 (在第二個五年計劃時頗有改進)、生產秩序混亂、浪費、非理性決策等等，但俄國的工業化成功了。工業化過程很痛苦，但完成的時間破了紀錄。不用說，主要產品包括工具機、渦輪機、拖拉機、冶金設備等等，全都在高速前進。第一個五年計劃期間，根據稍有誇張的官方統計資料，重工業產值幾乎增加了三倍。與此同時，根據同一統計資料，消費品產值增加了64%。另一方面，紡織業稍有退步，交通仍然處於瓶頸狀態，儘管鋪設了5,500公里的鐵路，而五年計劃原來規定要鋪設16,000公里。橫跨第聶伯河的大壩迅速建築成功，烏克蘭、伏爾加河流域、烏拉爾山和庫茲巴斯的工業中心都以同樣的速度建成。第二個五年計劃比較緩和、平衡和合理。1934到1936年，投

資的增長速度放緩，卻極具成效，部分原因是第一個五年計劃時開始建造的工廠現在完成了。莫斯科的地鐵在第二個五年計劃時期的1935年開始通車。總的來說，1928至1937的十年期間，工業年均增長率超過10%，高於日本在1930年代9%的年均增長率。1929年以後的12年期間，蘇聯在德國入侵之前建成了9,000個大型工業企業。如果沒有1928年之後建成的那些冶金廠，特別是在西伯利亞和烏拉爾山脈一帶，紅軍在1942年不可能抵擋得住德國的進攻。如果沒有這些工廠，歐洲從布雷斯特到海參崴都可能處於納粹控制之下。[18]

在第二次世界大戰前夕，第一階段工業化在狂熱氣氛下以空前未有的速度完成，成績十分驕人；落後的俄羅斯正在走向工業化。這個成績當然是要付出代價的，既有金錢損失（不負責任的財政），更有人間苦難，包括生活水平下降。在建設社會主義的旗幟下，布爾什維克對工人的鞭策更嚴厲，工資減少，生產指標提高。對機器的幼稚迷戀表明（斯大林說「我們是金屬、發動機和拖拉機的國家」），革命的目標就是取得物質進步。社會主義建設就是要迎頭趕上，換句話說，跟資本家一樣或更加厲害地剝削工人，以實現原始積累。另一方面，也許可說是完成彼得大帝和尼古拉二世的工作：「布爾什維克建設的是一個強大的工業國家和一隻強大的軍隊——一個與他們造反的國家並無差別的國家」（弗拉基米爾·布羅夫金〔Vladimir Brovkin〕）。一場回到過去的革命！

事實上，雖然狂熱地進行現代化，老的習慣做法繼續存在（例如社會結構），俄羅斯舊時代的陳規陋習更為突出。國家的觸角伸得更長，壓迫手段加劇。[19]這是另一種意義的「保守型現代化」（阿納托利·維奇涅夫斯基〔Anatoli Vichnevski〕）。除了經濟作物，集體化之後的農業停滯不前。應該責怪的不只是決定「用一條腿走路」（這是毛澤東的原話）的革命企業家。俄羅斯的落後狀態和現代化項目的巨大規模也是「蘇維埃的現代性總是與農業遺產掛鉤」的重要原因（琳恩·維奧拉〔Lynne Viola〕）。無論如何，迅速實現現代化不僅擴大了蘇聯政權的權力，也賦予它合法性。這一點很像二十一世紀初經歷革命後中國，唯一的差別在於：中國的經濟發展與提高生活水平是齊頭並進的。[20]

　　不過，本書的主題不是今天的中國，而是昨天和昨天以前的中國。前面說過，共產黨人的革命天職是要迎頭趕上西方帝國主義。因此，這是他們在掌權之後，或者說在完成重建或控制通貨膨脹的三年之後，首先要做的事。中國的精英分子普遍認為中國極端貧窮落後，都希望恢復中國的富強，無論是哪一個民族主義者掌權都會追求同樣的目標。差別在於用甚麼手段來實現目標。對贏得內戰的中國共產黨人來說，答案十分清楚：在1950年代是以「蘇聯老大哥」為榜樣，儘管後來蘇聯墮落成為修正主義或帝國主義。

　　毛澤東為了奪取政權，獨闢蹊徑，把馬克思主義中國化。事實上，他只不過是像列寧那樣，順應本國的特殊情況而已：中國與1917年的俄國相比，工業化的程度低得多，農民佔人口的比例大得多。為了使中國現代化，他毫不猶豫地仿效了斯大林的模式。列寧和托洛茨基一直想解決的問題是：「雅各賓黨人為甚麼失敗，我們如何避免重蹈覆轍？」1921年3月，列寧把剛對白軍取得的勝利拿來與雅各賓黨人的「春季勝利」（1794年）相比，但不是為了慶祝，而是未雨綢繆（羅伯斯庇爾在春季勝利後隨即倒台）。列寧面對一連串事件的壓力（饑荒、農民反叛、喀琅施塔得叛亂[*]等等），才不得不放棄戰時共產主義，實行新經濟政策，但是擔心重蹈羅伯斯庇爾的覆轍也是個因素。布爾什維克革命對毛澤東的影響顯然比羅伯斯庇爾對列寧的影響大得多，不過毛澤東對列寧的失敗、錯誤或罪行並沒有考慮太多。

　　與蘇聯一樣，毛澤東和中共很快就實施第一個五年計劃（1953–1957）。根據蘇聯一五計劃的經驗，他們強調集中力量，優先建設重工業，不對農業投資太多。毛對蘇聯經驗的成功和失敗本來所知不多，更沒有放在心上。他對兩國之間在人口和經濟形勢上的對比也沒有多想：

---

[*]　　譯者註：喀琅施塔得叛亂（Kronstadt rebellion）指的是1921年2月，在俄國波羅的海海軍要塞喀琅施塔得發生的反對蘇維埃政權的武裝叛亂。組織者是社會革命黨人、無政府主義者、孟什維克、白衛分子，並得到外國勢力的支持。

中國1949年時人均可耕地是俄國1917年時的十分之　一。中國的糧食安全邊際比俄國小得多，經濟增長的步伐更容易受到氣候的影響。中國的一五計劃是成功的（考慮到以後的發展以及與烏克蘭1932至1933年的大饑荒比較），但因為忽視農業，工業前進的步伐蹣跚不齊，有時候甚至停滯不前。像棉花這樣的主要消費品工業，有時候因為原料供應不足而無法滿負荷生產。棉花收成起伏不定是受上一年氣候所影響。糧食收成如果因氣候因素出現短缺，像棉花這樣的經濟作物就要減產，改種穀物。

　　一五計劃的教訓很清楚：經濟增長的速度取決於農業生產的快慢和波動程度。忽視農業就會妨礙主要工業的擴展。毛澤東從一五計劃學到了這個教訓，於是想到放棄蘇聯模式，創造出「中國特色的道路」。大躍進的目的是調整一五計劃的不平衡狀態，用兩條腿走路；在農村的一條腿是利用豐富的勞動力大修水利或土法煉鋼，在工業的一條腿是繼續利用原來就已十分短缺的資本和技術。

　　農村的一條腿包括了鋼鐵和水利工程，這說明毛澤東並沒有完全擺脫蘇聯模式的束縛。毛想要擺脫一個模式，卻又陷入另一個模式的泥沼。例如，他在1955年一五計劃期間宣布：「仿效蘇聯模式，走蘇聯所走過的道路」。可是，十年之後他又宣布：「我們不能走世界各國技術發展的老路，跟在別人後面一步一步地爬行」。[21] 毛完全可以參照經驗，有所不為，但他沒有做到。斯大林的經濟發展軌跡與他的學生毛澤東相比，更容易讓人理解。我在前面說過，斯大林大約在1934年改變了第一個五年計劃的戰略，以便加強控制發展，使用更有系統的規劃方法，避免經濟各部門之間過於不平衡，減少嚴重衝擊。斯大林甚至允許放緩先前的瘋狂進度，聲稱「生活得到改善」。然而毛澤東從1930年代初起熟讀蘇聯的經典著作，仍然執着於一五計劃的「革命斯大林主義」，因為這也比較適合他的帝王性格。他對第二個五年計劃及其後的「官僚斯大林主義」批評比較多，那是因為社會上出現了新的階級，違背了他的平等主義理想。[22]

　　因此，儘管大躍進提出各種原則，卻繼續按照蘇聯和中國第一個五年計劃的方針強調重工業，並不令人奇怪。重工業仍然獲得更多投資，

毛甚至預測，鋼產量可以在一年內翻一倍。大躍進的名稱就告訴我們，不僅要前進，而且要躍進。即使毛宣布與蘇聯模式劃清界限，要走自己的發展道路，也依然強調重工業和迅速工業化。他提出的迎頭趕上和超過老牌資本主義國家(英國)的計劃，令人想起斯大林在1930年代初提出的超越先進資本主義國家的目標。

相同之處還不止這些。1958年與1929年相比，規劃都是從意識形態出發，由唯意志論的目標掛帥，任何障礙都不在話下。同蘇聯以前的做法一樣，毛一再向上修訂鋼產量指標，儘管原來的指標就已經不切實際。這兩個國家除了在一些目標上完全一致，例如不顧一切強調重工業，還具備許多相同的特點。舉例來說，狂熱地(而不是勉強地)接受經濟不平衡布局，完全不顧專家和謹慎計劃者的意見，任意操作統計數字。甚至使用的口號也一樣(「大躍進」的説法曾經被用來描述斯大林的第二次革命)，只不過毛澤東把布爾什維克的「天下無難事」傳達給了中國人。儘管毛自認為大躍進是他的發明，但從許多方面來看，它只是災難性地重複蘇聯第一個五年計劃的失敗經驗，甚至沒有吸取蘇聯後來採取糾正措施的教訓。

可是在另一方面，大躍進引進了一些實事求是的做法，後來在不同的政治環境中取得了成效。例如中國人使用的中級技術、發展農村小企業和有計劃地使用農閒時的剩餘勞動力等等，這些大躍進的辦法在日本、台灣和南韓都行之有效，改進了下一代中國人的命運。不幸的是，即使合情合理的措施也有害無益，甚至有時候製造災難，失敗的原因包括不斷提高指標、缺乏準備、秩序混亂，以及李卓敏在他的開創性著作中用整個一章來討論的「統計災難」。[23] 譬如說大躍進要求的權力下放政策，由於中共政權的性質，使得地方幹部爭相「寧左勿右」，反而加劇了不平衡狀態。

大躍進失敗和接着發生的大饑荒之後(見以下第四和第五章)，毛澤東與1957年以來他奉為圭臬的斯大林經濟發展策略漸行漸遠。斯大林的目標從來沒有變過，就是沿着俄國工業化的道路前進，直到在納粹威脅下把重點移到武器工業。對毛澤東來說，迎頭趕上先進國家的需要達

背了他的社會平等理想，二者之間出現矛盾。毛並不想貶低大躍進災難的嚴重程度（也很難否定），但似乎認為大躍進的後果和影響沒有那麼重要。從他下面的這句話可以看出，他是別有用心的：「我們遇到一些挫折，但我們原來的主要任務處於一個更高的層面，不只是物質利益。」

平心而論，毛對社會的關懷是由衷的（我將在下一章加以論述）。這裏先談經濟發展。我們不要忘記，中國起步時的水平遠低於俄國，但大躍進後來的確產生了好的效果。大躍進時倉促上馬的工業基礎設施在災難之後幾年開花結果，就像蘇聯第二個五年計劃從第一個五年計劃的倉促建設步伐中獲益。在毛澤東領導下，重工業有相當大的發展，但速度稍低於蘇聯工業1929至1941年的速度。甚至農業也頗有長進，這首先要歸功於大修水利，其次就是拜「綠色革命」之賜。中國的綠色革命結合了機械灌溉、化學肥料和品種改良三大要素，是在毛澤東時代（文化大革命進行時）實施的。品種改良效率很高，使產量大增。不過，直到1980年代初，中國的農村仍然是克勞德‧奧伯特（Claude Aubert）所說的古典歌謠中的田園風光：「農夫水田犁土，農婦成行插秧，鐮刀收割稻穀」。[24]

由於在其他領域取得了更大進展（如醫療衛生、教育領域，見下文），中國在毛澤東統治時並沒有停滯不前，但發展的速度趕不上資本主義國家。不但沒有追上，反而差距擴大。與台灣的經濟奇跡相比，難免相形見絀。1949年的敗軍之將，卻在下一個回合反敗為勝。當然，發展整個大陸比發展一個島嶼的難度要大得多，更何況這個島嶼在日本的殖民下已經初步現代化。對中國來說，民國時期開始的現代化因為戰爭爆發而中斷，共產黨在1950年代繼續進行，但又因對革命的戰略發生爭執而停頓下來。我承認這樣隨意走上的捷徑缺乏憐憫之心（中國在毛澤東統治下終究是現代化了），不過它的確是缺少了些甚麼。這個落後的國家為了迎頭趕上西方而擁抱革命，但只要它繼續走在革命的道路上（一直到1978年），與西方的差距就越來越大。

中國今天已經趕上來了。中國雖然並沒有像西方輿論以為的那樣富強，但現在走上了正確的道路，而且奠定了基礎。中國的民族主義者很滿意這一成就，中國人民也享受到發展的紅利，不過這個「共產主

義社會」並不平等，甚至是全世界最不平等的社會之一。有人可能會怪罪毛澤東的繼承者，說他們背叛了毛澤東的思想和革命。實際上，1978到1985年期間，這些繼承者開始糾正當時最顯著的不平等現象，就是城鄉之間的巨大差距。不過，他們接着又進一步擴大了差距。這種不平等現象一部分繼承自舊社會，但在毛澤東建立的框架和制度內繼續增長。毛澤東活着時，同時存在着城市居民和農村貧苦大眾的兩個世界，兩個世界的貧窮程度不同，但各自在內部保持相對的平等。總的來說，毛澤東在這兩個世界裏都沒有能鏟除貧窮。當毛去世時，中國還是沒有趕上其他國家，最貧窮人口（西部和內陸的農民）的生活水平等於或低於他們祖父母在1933年的水平（見第四章）。

其他方面

以下討論與迎頭趕上西方有關的一些別的問題，但不是用小麥或稻米、或者煤炭或鋼鐵的噸位來衡量。某些方面，例如城市化，迎頭趕上只不過是工業化的必然結果。在另外一些層面，雖然着意努力並全心全意地趕超，但成效參差不齊，因時期和革命的性質而異。只有在教育領域，蘇聯和中國都因為推行唯意志論的政策而迅速取得可觀的成果。

城市化是經濟發展的後果

中國城市化的進展速度比蘇聯慢得多，這原在意料之中。在一五計劃期間，城市的發展相當迅速，大躍進時更加快了速度，但大饑荒期間和之後，把2,000多萬「新的」城市居民送回了農村。直到毛澤東去世，城市人口佔總人口的比例不曾增加（整個1970年代大約在20%左右）。經濟發展、特別是服務業的步伐太慢並非造成停滯的唯一原因。戶口制度（仿效蘇聯1932年12月制訂的辦法）在大躍進期間正式規定，禁止農民離開農村出生地。這個政策的表面原因是防止城市出現貧民

區(這是1960年代中國大肆宣傳的成就),但主要的效果是避免城市負擔過重,無法為大規模移民提供糧食和工作。毛澤東時代最後十年推行的「知青下鄉」運動把大約1,700萬高中學生送去農村,也稍稍減緩了城市的人口壓力。

毛去世後,這些年輕人又返回城市,但這不是過去幾十年來城市迅速增長的唯一原因。首先應該提到的是行政因素,申請戶口遠比以前容易,使得大批農村人口外流。更重要的是經濟起飛,農民如果在城裏找不到工作就不會湧入城市。自毛澤東去世後,城市人口已經增加了一倍多,今天中國的城市人口(大約7億)略多於農村人口(大約6.4億)。可是,城市人口的定義已經改變了好幾次,城市的範圍有時候比供應城市蔬菜水果的周圍郊區大得多。

城市居民人口雖然增加,居住條件卻比毛澤東時代大有改善;然而民工除外,他們的生活條件還趕不上法國今天的無證移民。1978年,中國最大的14個城市的居民(人口共計約一億人)的人均居住面積為三平方米,1949年內戰結束時的人均居住面積則為六平方米。毛澤東與斯大林一樣,都不重視建設住屋和道路基礎設施。在後毛澤東時代變得更糟糕的是空氣污染;全世界空氣污染最嚴重的十個城市中,有八個在中國。

蘇聯的城市化速度比中國快得多。在「政策大轉彎」之後,城市化的速度加快,但布局不平衡和缺乏控制,使得馬克思所指農村生活的「愚蠢行為」也出現在城市中。[25] 1926至1939年,城市人口從2,600萬激增到5,600萬。這3,000萬「新蘇維埃人」中,四分之三或五分之四都是農民,其中許多人是為了逃避去富農化或農業集體化而進城的。1926年,城市人口只佔總人口的18%,1939年增加到略低於三分之一,人口十萬以上的城市增加到89個,這樣大的城市在1926年時只有31個。一五計劃期間,莫斯科和列寧格勒地區各自增加了350萬新居民,在一些新興工業中心,人口在幾年內增加了四、五倍。[26] 蘇聯與中國不同,城市化是永久性質;它在共產黨當權期間一直發展(1990年佔城市人口的三分之二),而中國的城市化直到完全放棄革命之後才開始起步。馬格尼托哥爾斯克(磁鐵山)是這些新城市的象徵(見方框1)。

方框 1

馬格尼托哥爾斯克，未來之城

　　馬格尼托哥爾斯克本來應該是未來城市的化身，是世界上第一個從頭到尾按照計劃建立的城市。這是一個合理的美麗城市，街道寬敞，以教育和科學為基礎，摒棄無知、迷信和剝削。事實上，馬格尼托哥爾斯克的發展與它原先的計劃毫無關係。大多數新到達的人都住在帳篷裏，過一段時間後被送進擁擠不堪的小房間；這些房間據説只是臨時的，但從來沒有更換過。火車每天大約卸下 400 名移民，他們每 150 人一組被分配到只應該住 40 人的房子裏。有些移民自己在空地上搭起棚屋（城市的面積超過 100 平方公里），讓他們可以養雞、餵豬或餵牛。大樓以驚人的速度蓋起來，但隨後必須重建，因為水管漏水，廁所不能沖水，或者窗子沒有玻璃，只能掛上破布。供暖系統難得使用，因為煤炭要先送去工廠。小房間的情況更糟，居民抱怨説屋內比屋外冷，地板一年有好幾個月結冰。居民睡覺時穿着大衣，戴着皮帽。可是，在專門供專家或技術工人居住的地區，大樓都有中央供暖系統。條件最好的是外國專家和高幹居住的高級住宅區內獨立別墅，設備齊全，服務周到。[*]這個平等主義祖國的隔離制度還不止這些。從放逐中被押回工廠做工的富農都住在郊區的「富農集中營」裏，四邊圍着鐵絲網。另一方面，關押了大約一萬名刑事犯的營地大門卻是敞開的，因為這些人被視為「階級盟友」，有別於被視為「階級敵人」的富農。不過，這種脱離現實的想法只存在很短時間，因為階級盟友逃走後繼續作姦犯科，他們的營地四周從 1932 年起也圍上了鐵絲網。

---

[*] 考特金（Kotkin, 1995, pp. 125–127）描述的這些情況令我想起幾十年前我在南京看到那些更為豪華的幹部住宅。

　　整個城市可以說是許多郊區市鎮拼湊起來的，它們分散在距離工廠或礦場八到十公里的地點。從這些地點要走很長的路到公共汽車站，在那裏等候經常遲到的公共汽車。整個地區只有一條土路，路燈黯淡，滿地垃圾和糞便。排水溝是露天的，有些地區沒有飲用水供應長達十年。1931年傷寒症蔓延，1932和1935年瘧疾流行；醫院設備簡陋，只有一位主治醫生。學校容納不下，學生只好分上下午上課。雖然號稱要清理「農村落後狀態」，負責當局卻對棚戶周圍的豬、牛和菜園視若無睹，因為這些對長期糧食短缺的情況來說不無小補。

資料來源：Kotkin, 1995, pp. 18, 20, 33以及整個第三章，pp. 106–146。

　　馬格尼托哥爾斯克「社會主義建設基地」的這種情況通常比在蘇聯其他地區嚴重，不過差別也是有限。城市居民的人均居住面積是四平方米，往往是一家人住在公寓大樓的一個房間裏。馬格尼托哥爾斯克以外的其他城市也在「農村化」，其中最明顯的就是莫斯科。這種情況在1917年以前就已經出現，隨着全國各地發展出許多城市地區，農村化更為加劇；這些城市都缺乏真正的城市環境和足夠的基礎設施，給人的印象是未完成的城市化。通常的情況是城市接管郊區，而蘇聯的情況卻是郊區逐漸進入城市中心。在一五計劃期間，數百萬移民湧入城市，情況更趨嚴重。政府卻沒有重視，既沒有建造住房，也沒有鋪設供水管和下水道設施。當納粹入侵摧毀了俄國西部的城市，迫使一批批難民逃往東部，供應長期不足變成了嚴重危機。斯大林當權的最後十年，內陸城市居民的日常生活包括：在水龍頭前大排長龍，與鄰居為一桶髒水吵架，排泄物和垃圾（每年只收集兩次）堆積如山；這樣的生活不見得比十年或二十年前的馬格尼托哥爾斯克好多少。[27]一直到1960年代，數百萬俄國公民才住上有自來水、煤氣、室內衛生設備和中央供暖的房子。赫魯曉夫1957年出台的計劃並沒有實現於1970年解決住所危機的目標，但大規模城市建設計劃的確由此開始。[28]

　　這是蘇聯式的城市發展模式，自然經濟關係在二十世紀蓬勃開展，與中央計劃經濟彼此競爭。房地產市場並不存在，住房都由國家分配。城市居民要搬去別的城市，必須先找到可以交換的住屋。[29]儘管如此，能夠住在城裏仍然是一種特權，從1932年12月開始，城市居民可以領到一種國內護照，農村居民則沒有資格。阿納托利・維奇涅夫斯基（俄國人口研究所所長）把這種城市稱為「半城市半農村的中介狀態」。這其實是相當不錯的成就。城市人口和城市數目的增加都是現代化的一部分，向「迎頭趕上」跨出了一步。數以百萬計的人民享受到蘇維埃社會步履蹣跚邁向現代化的好處，也嘗到本章所說的迎頭趕上過程中的苦果。「這只不過是為了縮小差距，實際情況也是如此。」[30]

醫療衛生和人口結構轉型：
不僅是現代化的必然後果而已，特別是在中國

　　城市化與經濟發展的步伐亦步亦趨，但用唯意志論的政策來推行現代化就不會如此。特別是在中國，按照設定目標執行的政策使得醫療衛生和人口迅速轉型，但現代化卻躊躇不前。當然，1950年後，全世界的預期壽命增加，發展中國家的死亡率和出生率相繼下降。不過，中國的死亡率和出生率比其他國家下降得快。與出生率不同，死亡率在毛澤東時代就取得了重大進展。事實上，第一個十年期間的成績就十分驚人。醫療衛生和通過接種疫苗運動防治疾病，導致大多數傳染病和寄生蟲病急劇下降，包括結核病、瘟疫、痲瘋、霍亂、白喉、性病、瘧疾、血吸蟲病等等。有些疾病甚至被徹底消滅。痲疹死亡率在1950年時為9%，到1958年降為2%。[31]據官方估計，幼兒死亡率在十年內減少了三分之二；官方的數字往往誇大，但在大饑荒發生前，幼兒的存活率的確是中國歷史上最好的。根據同樣的官方統計數字，今天的幼兒死亡率只是1950年時的六分之一。儘管中國那時比現在窮得多，每一萬名居民擁有的醫生、護士和病床數，比「中等生活條件」的發展中國家要多，是那時與中國同樣貧窮國家平均數的二倍到三倍。

而且，醫療費用很低（至少在城市），醫藥費也低。今天的情況變了很多，但在所有其他方面都在繼續進步。預期壽命（官方數字是73歲，幾乎是1949年時的一倍）幾乎與西方國家一樣高，而且與西方國家一樣，現在死於癌症（當然與污染有關）和心血管病的人比死於傳染病的人多，儘管有愛滋病肆虐。

中國的醫療衛生進步極其突然，但影響持久，因此必須立即處理人口結構轉型問題。同其他領域一樣，由於在馬克思主義的反馬爾薩斯人口論影響下產生的無知和教條式偏見，再加上民族的自豪感，浪費了寶貴的時間討論這個問題。毛澤東關於人口的樂觀看法其來有自，首先是源於孫中山的人口理論。孫的《三民主義》指出，如果中國像日本一樣向歐洲學習，就要變成十個列強，因為中國的人口多了十倍。對頭腦比較清楚的中國人來說，1953年的人口普查結果令人不安，然而除了幾個大城市之外，節制生育政策要到1970年代初才開始實施。

自此之後，節育政策持續實施，只對農村不願意節育的夫婦稍作讓步。這個政策的成績，在1970年代初已經非常驚人，此後更日趨明顯。總生育率是每名婦女1.5至1.6名孩子，雖然比德國、西班牙或意大利高，但低於美國或法國。官方公布的生育率比實際生育率低，因為要着意減少普查或公布的人口總數。對於違法生育的孩子，往往在地方幹部默許下不予申報，因為彙報的超生數太多會遭到批評。不過，官方統計數字雖然偏低，並不影響整體評估，那就是中國的人口結構轉型非常迅速，甚至殘忍，並將繼續下去，只是執行力度略有放寬。不久之後，由於人口老化趨勢已經出現，加上死亡率增加，生育率下降，將使自然增長率減少。幾十年之內，印度將取代中國成為全世界人口最多的國家，中國的人口總數大約15年後甚至開始下降。這些數字將繼續對經濟和環境造成嚴重挑戰，但最嚴重的危機已經度過。這是中國的革命家克服的一大挑戰，成績很大，可惜的是他們沒有更及時地加以解決。

當然，解決的方式合理與否是另一個問題。為此採取的各種限制措施，包括著名的、35年前實施的獨生子女政策，導致無數慘劇，包括

懷孕第七個月後強制墮胎、強制絕育、殺害嬰兒等等。這個政策曾經幾次放寬執行，後來逐漸作廢，因為必須放慢人口迅速老化的速度。實際上，年齡金字塔將成為倒三角，棘手的失業問題也解決了，即將出現的是退休金問題。這是生育率急劇下降和預期壽命延長必須付出的代價。中國過去30年的經濟騰飛是「人口紅利」（大批健康良好的勞動力供養人數較少的老人和兒童）做出的貢獻，但今後數十年必須面對不利的條件。勞動力人數已經跨過巔峰，開始下降，65歲以上人口越來越多。跟歐洲和日本的情況有別，中國的人口尚未富裕起來就已經老化。[32]

　　與節制生育不同，中國共產黨在婚姻和家庭等相關領域很早就開始現代化工作，後來卻因為傳統和習慣思維的阻力向後倒退。1950年5月公布的新婚姻法，把前一世代的知識分子和一小批城市中產階級爭取到的自由擴大到全體人民。該法律禁止童婚、包辦婚姻、娶妾和殺嬰。婦女的最低結婚年齡是18歲，男子是20歲，准許雙方協議離婚。這些措施在農村遇到強大阻力，因為那裏仍然是父權制家庭，以等級式的義務和不平等權利為基礎。共產黨幹部「寧願破壞公共秩序，卻不願干擾私人生活」（白吉爾〔Marie-Claire Bergère〕），於是想方設法繞過法律走。農村民眾私底下把婚姻法稱為「離婚法」或「婦女法」，因為援引該法的主要是婦女，她們結婚不是出於自願，受到丈夫虐待或毆打，提出離婚有時候要冒着生命危險。[33]儘管如此，新政權成立的最初幾年裏離婚人數增加，婆婆虐待媳婦的情況減少，童婚和殺嬰幾乎絕跡；不過在實施獨生子女政策後這些現象又開始回潮。富人三妻四妾的陋習曾經一度消失，此時又捲土重來。

　　包辦婚姻方面的阻力最大。共產黨從1953年後不再嚴格執行，因為還有別的緊急情況要處理，而且土地即將集體化，共產黨要忙着與農民的眷戀土地情結作鬥爭。在離婚方面也相似，共產黨並不阻止離婚。但是在傳統儒家倫理的影響下，共產黨繼續宣傳和諧的婚姻生活，甚至視之為性別平等的先決條件。平等是官方提倡的理想，可是「婦女撐起半邊天」這句名言，就像毛澤東的許多其他響亮口號一樣，只是句空話而已。蘇聯也是一樣，婦女「解放」了可以工作，包括重體力的工作，但工

資很少比得上男性工人。集體農場裏大多數婦女掙得的工分少於男子。不過，家長的權威下降了，相反共產黨的權威上升，由黨來調解夫妻間糾紛，還規定了選擇配偶的政治和社會出身標準。黨員要娶地主的女兒為妻，連想都不要想！可是，婦女解放不夠徹底的責任不能完全歸咎共產黨。社會抵制也是一個因素，尤其是在農村。婚姻和家庭等相關領域的現代化，與迎頭趕上的工作同樣巨大，而且密不可分。經過30年革命時期，成就很大，尚待完成的部分也同樣引人注目。

中國共產黨繼承的是人口過剩。蘇聯共產黨遺留給革命後俄國的是人口下降；有幾乎半個世紀，生育率和預期壽命都在一起下降，尤其是男子，[34] 而全世界其他國家的趨勢正好相反。在1917年，人口結構轉型才剛剛開始，迎頭趕上西歐還前途渺茫。在1914年之前，總生育率（在1900年每名婦女平均生育7.1個子女）與1937年之前的中國一樣高，至少是西歐的一倍。雖然死亡率也比歐洲高得多，早婚（47%的婦女結婚時不滿21歲）和缺乏任何避孕方法導致人口每年增加200萬。革命、戰爭和內戰使得人口增長停止，從1920年代中葉開始，生育率和出生率都持續地迅速下降。中國的人口下降是着意執行政策的結果，但俄國不同，它是經典的人口發展軌跡推遲實現的結果，與政府的決策關係不大——除了雙方協議離婚的情況，關於墮胎的立法、識字率和婦女參加勞動等因素，都很快使得夫妻少生子女。

事實上，除了中央黑土區個別地方人口過剩，俄國的人口問題並不像中國在二十世紀後50年那麼嚴重。在沙皇時期，「俄羅斯比較擔心的是廣袤的大陸土地，而不是散布在土地上的人民」（阿蘭‧布魯姆〔Alain Blum〕）。降低死亡率比降低生育率更重要。由於大規模疫苗接種以及採取了許多醫療和衛生措施，俄國與中國跟許多其他國家一樣，在流行病防治方面迅速取得進展。1928至1940年，醫生人數增加了一倍，醫院病床數增加了兩倍。不過，俄國政府對抗死亡和疾病的工作比不上中國；俄國1930年代的死亡率在連續下降十年之後突然回升，政府必須承擔最大責任。1920至1921，1931至1933I年的饑荒，斯大林的大恐怖時期，古拉格（集中營）的超額死亡率，第二次世界大戰，以及比

較地區性的1946至1947年烏克蘭饑荒，這些事件累積起來的影響比中國1958至1961年的饑荒要持久得多。1918至1922，1931至1949年期間，1,000萬男子（幾乎佔男子總數的三分之一）死於非自然原因。長期來說，人口結構的災難主要表現在年齡金字塔上。布魯姆特別強調，在經歷最暴力的危機和動亂之後，人口「復原機制令人難以置信」。

蘇聯的生育率和死亡率下降都是從最西邊的地區開始。從高加索到中亞，人口結構的轉型比歐洲慢得多。由於政治局關於社會問題的法令越來越放任自治（從1930年代開始，人們的思想和行為越來越不受宣傳影響），在蘇維埃以外的一些自治區共同為高生育率的穆斯林人口提供了文化空間。事實上，種族差異並沒有受到政治上強調統一一致的限制和影響。即使在蘇聯的歐洲部分，1936年關於禁止人工流產的法律只暫時使生育率稍微上升，戰後又再次下降。禁止人工流產對人口結構改變的主要影響是在意識形態方面，其最明顯的成果就是使得墮胎轉往地下進行。人工流產首先是在1920年合法化，但在道德和本土主義的反對下，1930年代後半段再度禁止，直到赫魯曉夫1955年解禁。在1936年禁止人工流產前後，使生育率下降的主要因素是人工流產，而不是避孕藥具。蘇聯公民覺得既然沒有政治自由，至少可以行使生育自由，自己決定減少生育。斯大林拒絕接受1937年的人口普查結果，逕自決定加上100萬1931年以來死亡的哈薩克人、500萬1932至1933以來死亡的烏克蘭人、高加索人和俄羅斯人，這些將留待討論政治/意識形態時再談。但這個決定對俄國的人口結構演變影響不大。[35]

在革命之前的俄羅斯和中國農村，家長制家庭就是一個專制小朝廷，父親往往就是家長，也就是個沙皇。按照上文提到的滯後效應，俄國對父權專制主義的反叛早於中國，在十九世紀末已經開始。在革命和內戰之後，出現了一波對家庭的攻擊，認為家庭和賣淫一樣，「理應與私人財產和婦女壓迫同時消失」（布哈林〔Bukharin〕）。1930年政策向後轉，專斷地關閉了1920年代性開放的大門。1930年代中期，重新恢復家庭制度，不鼓勵離婚，提倡嚴格的道德準則，禁止繪畫和彫塑過分暴露。雖然沒有向中國那樣鉅細靡遺，蘇聯共產黨也一樣干預家庭

生活，只不過對私人生活的干預程度略少於公共生活。不論1920年代的反家庭運動或1930年代轉向保守，對道德風俗的影響都不大。這方面的影響就像人口結構改變一樣，多半是自發性的。總的來説，政府自相矛盾的法令（在1920年代初期還不是法令，頂多是知識分子和宣傳家的勸告）對道德風俗的影響，比不上其他一些因素，例如大批婦女從事專業工作以及工業化和城市化。[36]

教育是唯意志論的勝利成果

除了毛澤東的醫療衛生政策，中國推行的唯意志論政策不是起步太遲（如節制生育），就是猶豫不決（在道德習俗方面）。蘇聯的政策比較不能堅持，成果也比較不顯著。另一方面，兩個革命的教育都成績斐然。蘇聯起步的台階比中國高。1917年，九歲以上的公民中43%能夠識字，書籍在革命前夕已經在農村流行。不過，像北方阿爾漢格爾斯克（蘇聯西北部港市）附近的一些偏遠地方，仍然有些村莊不知道學校是甚麼。1920年代以後，這些都成了歷史陳跡。對文化的投資不足，顯然阻礙進步，特別是在農村，到新經濟政策結束時，農村8至12歲的兒童仍然有40%沒有上學。可是，十年之後，教育預算是1928年時的七倍，是1913年時的一百倍。1939年，按照官方統計數字，9歲到50歲的蘇聯公民中有81%能讀能寫。農民（儘管像中亞這樣的落後地區取得了極大進步）與工人之間的差距仍然繼續甚至在擴大（工人可以讀夜校，也受到鼓勵要讀書求進步）。1930年代時，馬格尼托哥爾斯克有不少工人除了讀報紙，還喜歡讀高爾基、托爾斯泰和屠格涅夫，當然還有奧斯特洛夫斯基的《鋼鐵是怎樣煉成的》，以及巴比塞（法國小説家）寫的斯大林傳的俄文譯本。[37]

接着取得進展的是中學教育，到1920年代末，1,100萬少年中有300萬入學。入學率到了第一個五年計劃開始時停滯下來，因為需要快速培訓大批從農村出來的工人。1930至1931年，中學數目減少了三分之二，因為中學改成了技術培訓中心。各個產業逐漸自己開辦了快速

培訓的職業學校，直到傳統的中學恢復之後才停辦。這種情況出現在二五計劃期間和1939年，在全部3,000萬在學學生中，有1,800萬是中學生。包括高等教育在內的主要教育重點是專業訓練和技術技能，於是開辦了許多技術學院。各類學校的學生總數快速增加，從1928年的17萬增加到1940年的81萬，但是在1939年的1,100萬「新型人民知識分子」中，只有200萬接受了完整的高等教育。在權力而不是學術方面來說，莫斯科的斯大林工業學院是想讓無產階級出身、前程遠大的幹部取得一個高等教育學位。這裏的學生幾乎都是成年人，赫魯曉夫1929年入學時35歲，另外100個經過精心挑選的學生也都是如此。[38]

除了上述這些實際目標，推廣教育和傳播文化也改變了人民，儘管對人民無休無止地進行宣傳和思想控制（俄國在這方面的激烈程度比不上中國）。高度專門的訓練使得人民具備了分析能力和專業知識，逐漸擺脫傳統的混沌思想方式。「在宣傳、教育和強制執行的共同作用下」，終於匯成浩浩蕩蕩的洪流。[39]

在中國，[40]中共從建政開始就大力推行掃盲和兒童入學。1949年時，大約80%的民眾是文盲，婦女則高達90%。大躍進時，在三年到五年期間動員了6,000萬人掃盲。雖然如此，1990年時，15歲以上的成年人中仍然有1.8億人不識字，到2000年下降到8,500萬人。文盲減少的原因不只是反映了教育進步（這一點不容否認），更主要的原因是老一代人去世。官方統計數字往往低估，但我們可以估計，在進入二十一世紀前夕，文盲率是8%，主要分布在農村和少數民族地區的婦女中。這個文盲率是1949年時的十分之一。入學人數也差不多，差別在於所有成就發生在毛澤東主政時期。1949年時，學齡兒童只有25%在小學讀書，到毛澤東1976年去世時，這個百分比是95%。毛澤東時代可以用文化大革命為分界線分為兩個階段。在第一個階段取得的進步是十分驕人的。1966年，36%的兒童讀完小學（1949年不到7%），讀完初中的超過10%（1949年是2%）。在農村的入學率要低得多，而這也是文革想糾正的地方，因為理論上是要普及小學甚至初中教育，但實際上農村學校教育的入學時間縮短，教育水平下降。[41]

　　毛澤東去世後，農村入學時間甚至更加縮短，尤其是在落後的內地和西部地區，那裏的貧窮農民不願讓子女上學，因為要交學費，而學校也破舊不堪，缺乏教師。在毛澤東時代，高中生人數大為增加，之後稍有下降，但高等教育恰恰相反。中國的高等教育同經濟起飛一樣，都在改革開放時期迅速發展。

　　這樣造成的是不平等的既成事實，是與毛澤東的平等理想恰恰相反的精英主義。毛澤東一生矢志追求的，就是無論城市農村，人人受教育。這種理想以及強調技術和專業訓練的教育政策，使得中國在發展中國家極獲好評。一旦拋棄這個模式，中國的聲譽立刻下落，而且隨即發現毛澤東的平等主義也是徒有虛名。從1960年代初開始，只有幹部和知識分子的子女才有機會進入一些學校（甚至從幼兒園開始），然後經過精挑細選才有資格接受高等教育。毛澤東把責任歸咎給負責教育的領導人，但他自己在大躍進時期提倡的制度也必須負責。教育同經濟一樣，也用「兩條腿」走路：一條大而粗的腿是教民眾讀書識字，另一條細而精的腿是訓練精英分子。文化大革命打破了這種不平等現象，但教育水平因此下降，甚至改為用政治和社會標準來選拔人才。更多工人、農民和幹部子弟不經考試進入大學，這些工農子弟其實並沒有得到甚麼好處，因為學習的質量大不如前，而且在文革高峰時期（1966–1969），幾乎沒有學校開課。在科技研究方面，1966年以前由於無知官僚的領導已經萎靡不振，隨即完全停頓，直到毛澤東時代結束。改革開放以來這方面的反彈也最大。

　　總的來說，高等教育和研究的主要發展出現在最近30年，而掃盲和初級教育的大部分成就出現在毛澤東時代。無論如何，整個「共產主義」60年（30年共產主義和30年毫無節制、不符正統的資本主義）的成果是十分驕人的。在高等教育學生人數方面，中國可以與印度相比，而且比大多數所謂的「發達不足」國家好得多。在其他方面也是如此，例如中國的民眾識字率和入學人數超過了印度，儘管1998年宣布的九年義務教育離完全鋪開還很遠。當然，我們還沒有討論極權主義政權實施的教育和文化政策。不過，這不只是中國的問題。我們在下面談中、俄兩國的革命時還有機會談到。

　　本章兩個部分對毛澤東時代的中國作了相反的評估，經濟發展不足，但教育和醫療衛生進步很大。儘管如此，我們要強調經濟現代化問題：斯大林去世時的俄國已經部分趕上西方國家，而毛澤東去世時的中國沒有做到。我的觀點具有歐洲偏見，與南半球的看法不同。「南半球焦點」(Focus on the Global South，創立於1995年的政策研究跨國組織，重點關注南亞問題) 的共同創始人瓦爾登·貝約 (Walden Bello) 認為：「對我們大多數南亞人來說，中國仍然是本世紀的一個最成功的故事。」[42]他的總評估甚至認為，毛澤東的繼承者是在毛奠定的基礎上繼續他的事業，並沒有背離毛指定的道路。我並不同意這個看法。我認為正是因為背離了毛的訓示，才取得了現在的成就。「革命論者」會認為我的「迎頭趕上」的説法過於簡單，寧願使用「現代化」這樣更為創新和熟悉的概念。

　　問題在於他們認為革命就是現代化。蘇聯在1930年代就是如此。西里加 (Anton Ciliga) 當時感到痛惜的就是這個，因為他「追求的不是增加社會主義的機器和工廠，而是改變人與人之間的關係」。但是斯大林實行的是自上而下的現代化，是彼得大帝的模式，把發展的所有階段迅速壓縮成一個。在陳舊的社會結構中實施這樣脫節的快速模式，使得黨國站在人民的對立面。[43]結果，馬克思和恩格斯以為會萎縮消亡的國家 (列寧在《國家與革命》中也這樣重申)，為了按照歷史規律執行職能，反而加大了鎮壓的權力和能量。

第三章

政治

　　一個自詡重視社會問題的政權要求一切政治掛帥，包括社會組織或技術設備的每一個細節。這個制度的運作方式從列寧格勒到廣州都是一樣。對於這個由列寧創造、再由斯大林完善的制度，中國人完全蕭規曹隨。在指出這對「兄弟」政權的固有血緣關係之前，我將在本章審查和比較它們在1917至1953年，以及1949至1976年期間的主要特點。兩國發展殊途的原因是外部環境差別太大，但卻共同具備了一套不變的特點，因為它們都是淵源自列寧。

不同的階段⋯⋯

　　最明顯的不同之處出現在蘇聯的頭11年（1917–1928），這是中國所沒有的經驗。毛澤東在中國是列寧加斯大林的混合體，他很早就掌握大權，而斯大林的權力卻是一步一步取得的。毛澤東的最高領袖地位甚至在他取得政權之前（在1945年中共七大之前）就已經確立，但也因此必須付出代價，就是使得中國的仿製版立即斯大林化，完全模仿成熟的蘇聯模式。蘇聯早年時期的經驗與中華人民共和國成立之初不同，列寧必須強迫其沉默寡言的同僚接受《布列斯特—立陶夫斯克條約》或新經濟政策，中國卻沒有蘇聯1920年代相對自由的時期。兩國在取得權力之前的內戰經驗也不一樣，因為這種經驗必然影響到政府掙扎求存和征服敵人所使用的方法。中共的內戰勝利幾乎來得太容易，

儘管在邊界地區(如西藏)有些費勁,又在鄰國(朝鮮)打了一仗。雖然如此,1949至1952期間比起布爾什維克1918至1922的烈火鍛煉期間要容易多了,那時候布爾什維克除了內戰,還要應付農民造反、疫情和饑荒。中國不需要新經濟政策,因為大家普遍認為它一開始推行的安撫和鞏固措施是成功的。新政權控制住了前朝遺留的惡性通脹,通過土地改革推翻了農村士紳階級的影響,甚至在朝鮮擋住了美國帝國主義。因此,中共才能夠立刻開始「社會主義建設」。至少毛澤東自己是這樣想的,一般而言他比下屬更為教條主義,更缺乏耐心。[1]中國第一個五年計劃(1953–1957)是蘇聯第一個五年計劃(1929–1933)的翻版,不同之處在於它不必等12年年才開始。無論如何,到第一個五年計劃結束時,中國開始更危險地模仿蘇聯模式,稱之為「第二個蘇維埃革命」。毛澤東在1957年秋季決定開展大躍進,打破舊框框的程度可以與斯大林1929年11月的「大轉彎」相比擬。應該拿來與蘇聯第一個五年計劃相比的,其實是大躍進,而不是第一個五年計劃,因為兩者都一樣徹底強調工業化,一樣打破農村傳統生活,尤其是引發出更嚴重的風險。在中國,從1955年開始對不情願的農民快速實施的土地集體化只不過是農民所受苦難的前奏,被大躍進進一步加重。最大的苦難是1958至1962年的大饑荒,大躍進對饑荒要直接承擔的責任,遠遠超過蘇聯土地集體化對1931至1933年饑荒所須承擔的責任。

兩個獨裁者都遭到反彈。甚至在柳汀事件之前,蘇共內部就有人暗中傳言:「布哈林、李可夫和托姆斯基的話是對的」。[2]中國的情形剛好相反,彭德懷廬山事件之後,劉少奇1961至1962年的覺悟已經太晚了。兩個獨裁者的絕對權威並沒有受到影響,但他們也必須再等幾年才能肆無忌憚地清除任何不同意見的人。這要談到兩國之間另一個相似的災難:蘇聯的1937至1938年與中國的1966至1968年。

兩國在內戰之後的道路也很不一樣,中國是遭到外國侵略。不管中國怎樣宣傳,美國帝國主義對中國的威脅其實不同於希特勒對蘇聯的威脅。中國沒有經歷「偉大的愛國主義戰爭」;中國遇到的頂多是1969年中蘇邊界衝突那樣的局部事件,而且中國是主要的挑釁者,並由此靠

攏「美國帝國主義」——儘管它對赫魯曉夫與美帝「和平共處」的路線大
肆批判。1945至1946年，無數蘇聯人民在浴血奮戰之後無不期盼開放
和改革，但斯大林粉碎了一切希望。斯大林的最後幾年（日丹諾夫、反
世界主義和反猶主義）表現為一個年老體衰老頭子獨攬大權和頑固不
化；毛澤東可怕的最後五年（1971–1976）幾乎如出一轍，他眼看着中國
陷入文化大革命的混亂和泥沼而束手無策。毛澤東體制最後無可避免
地像斯大林體制一樣，都只能等待偉大領袖離開人世。中國的等待長
達好幾年，俄國比較幸運，斯大林在1953年3月就突然離世。每一個
人都知道，不等到他咽下最後一口氣，變革是不可能開始的。

……和相似之處

以上是我個人的獨白，現在我要說我的理由。我認為中國是在
1953年開始實施斯大林的危險模式。不過，大約在1956至1957年左
右，中國共產黨在毛澤東領導下開始懷疑並接着批評他們一直奉行不渝
的蘇聯模式。1950至1956年期間，蘇聯無可否認地具有最直接和最深
遠的影響，中國人十分感激，也毫不猶豫地予以接受。宣傳上一再重
複的主調是老大哥經驗豐富，而且無私援助中國。[3] 毛澤東讓黨員認真
學習的是《聯共（布）黨史簡明教程》（1938年版）。1953年開展學習運動
時把幹部分為初級、中級和高級三個等級，部長以上和其他高幹都參加
高級。所有參加學習的幹部必須熟讀和背誦這本書的問答要義，深信
從列寧到斯大林領導的正確有效道路戰勝了普列漢諾夫、托洛茨基和布
哈林所代表的錯誤路線。1954年的高崗事件和1955年胡風反革命集團
事件都是順理成章地按照這個公式處理。高崗和胡風集團所代表的是
錯誤的路線，必須堅決加以糾正處理。毛主席指引正確方向，所以只
要祝願他萬歲萬萬歲就行了。[4]

1953到1957年，蘇聯大約派了10,000名專家和顧問去中國，統一
傳授斯大林體制的方法和程序，讓中國人學習他們夢寐以求的技術。

1952年8月至1953年4月，一個中國代表團到蘇聯參觀訪問了八個月，剛開始時由周恩來總理親自率領。他們訪問工廠和建築工地，會晤專家，親身體驗蘇聯的經驗，按照蘇聯模式擬訂中國的第一個五年計劃。一五計劃的核心工程是在蘇聯幫助下開展和完成的156個優先項目。我不否認蘇聯對一五計劃做出了重要貢獻，而一五計劃是毛澤東一生之中的最重要成就，也許僅次於他在建政初期（1949–1952）的成就。蘇聯的貢獻是使得中國轉變並強大。吉爾伯特·羅斯曼（Gilbert Rozman）指出：「一個大國從另一個國家大規模進口組織和意識形態藍圖，成為實驗場，這在歷史上極為罕見。」[5]

　　中國人在1957年時，已經對不加選擇地模仿感到不滿，而且在次年提出「中國道路」，就是說要自創新路；那麼，為甚麼在1957年以後還要繼續模仿呢？我將在下文說明，這個自創的新路（毛澤東在1957至1976、生命的最後20年提出）雖然聲稱是糾正蘇聯模式，實際上卻淵源自同一個理想，只是被毛澤東推到了極端。中國道路沿着同一方向走得更遠，一再重複蘇聯在1930年代初造成的創傷，產生更加惡劣的後果：高速工業化、反富農、饑荒和大清洗。我還必須指出，兩者之間所有的相似之處表明，毛澤東從來沒有擺脫這個模式：在1960年代和1970時代繼續維持這個制度和組織結構，執迷不悟地不斷重複甚至誇大其做法，狂熱地追求既定目標（斯大林在體制確立之後其實已經放棄這些目標），雖然號稱根據完全不同的意識形態，但實際上同斯大林體制一樣是聽由最高領袖操縱擺布。

　　這個模式不是列寧對馬克思主義的詮釋，而是斯大林對列寧主義的應用。毛澤東首先主要是受到斯大林主義的啟發，這也是他唯一熟悉的模式。在這裏我們只能簡單指出列寧與斯大林的明顯相似之處，[6]我們可以看到斯大林繼承了列寧的許多特點，特別是討論從1929到1953年的政治制度演變的時候。突出意識形態以及共產黨與國家之間相互滲透、對經濟的控制、以及使用武力和說服的手段，[7]所有這些特點和其他特點當然是來自列寧主義，但事實上是來自1930年代的意識形態以及作為傳輸帶的共產黨。這些特點加上中央計劃經濟和快速工業化

（第一個五年計劃）、內務人民委員會而不是契卡（前蘇聯秘密警察組織）、日丹諾夫（Zhdanov，1896–1948，從1934年蘇聯共產黨十七大升任中央書記處書記，主管意識形態，是斯大林的得力助手），而不是盧那察爾斯基（Lunacharsky，1875–1933，蘇聯文學家、教育家、美學家、哲學家和政治活動家），還有造謠說謊的新聞媒體，使得與列寧同時代的那些領導人兼作家看起來像是年幼無知的業餘愛好者。

我在前面說過一切都要政治掛帥，但似乎更應該說一切與政治無關，因為禁止談論政治，政治與行政和政府並無區別。中國與蘇聯一樣，行政機構是表象，一切由黨嚴密控制，黨通過行政機構或至少通過實際國家機關運作。「實際」機構包括：國務院（周恩來領導的政府），相當於蘇聯的人民委員會。「正式」機構包括全國人民代表大會，[8]其唯一目的就是為共產黨的壟斷權力披上民主的外衣。中國與蘇聯一樣，全國人大代表是從黨提出的單一名單上選出，唯一目的是為黨的決定蓋章。其他各式各樣的正式機構還包括更加徒有虛名的國家主席和中國人民政治協商會議。中國1954年的憲法與斯大林1936年的憲法一樣，保障一切自由權利。可惜這些自由只能是中國人民的夢想，與現實生活毫無關係。

即使在共產黨內，包括中央一級機構的功能也不過是為黨內少數幾個領導人的絕對權力蓋上民主的戳印而已。共產黨全國代表大會不定時召開，[9]根據黨提出的名單選出中央委員會成員。中央委員會按照同樣的程序選出大約20名政治局委員。蘇聯共產黨的情況也是一模一樣，只是在1956年後，政治局本身才隸屬於常務委員會。常務委員會四至九名委員掌握了蘇共政治局的一切權力。前面提到，兩個不可替代的領袖越來越無視黨的規章制度。他們隨興所至召開中央委員會（中國從1962至1966年完全沒有召開過），甚至連政治局的會議也不參加。1930年代，斯大林的決定只讓莫洛托夫（Vyacheslav Molotov）和卡岡諾維奇副署，兩人的簽名與斯大林的簽名放在文件的下方，其他委員通過電話徵求同意後名字（自動）放在下一頁。二次大戰結束後，斯大林的統治由中央委員會書記處的馬林科夫和日丹諾夫副署，1949年後

由赫魯曉夫副署。不過，如果一個政權能夠隨便把中央委員會的正式委員和候補委員逮捕槍斃，如果一個沒有任何合法地位的中央文革小組能夠取代選舉產生的機構（當然選舉本身也有問題），討論違反規章制度也就毫無意義了。總而言之，蘇聯在1930年代已越來越不顧規章制度，中國在1960年代也是如此。[10]

除了黨國重疊的雙重體系，在國家體系（但不是黨體系）之外還有兩個獨立體系：軍隊和秘密警察。秘密警察尤其重要，這是實施恐怖統治的首要工具，也就是漢娜‧鄂蘭（Hannah Arendt）所說的極權主義的本質。秘密警察也是領導人獲得訊息的主要來源（格別烏〔國家政治保安總局〕的檔案公開後，成為今天歷史學家研究蘇聯的寶庫）。這些訊息按照職位級別在小範圍內傳播。但是，不管怎樣嚴格保密，總會有一些不那麼重要的消息流傳到民間，特別是那些教育程度比較高、喜歡在官方新聞的字裏行間讀出真相的人。令人驚訝不已的是，異議人士所洩露的「國家機密」往往只是常識而已。異議人士被控向敵人洩露的「國家機密」包括：地球是圓的，蘇聯土地遼闊，中國人口眾多。

外觀假象是不是到此為止呢？還沒有，但從外表已經可以看到裂痕了。理論上，每一個思想和行為背後的政治都以意識形態為依據，意識形態是「世俗宗教」，[11]對任何問題都有解答。事實上，獨掌大權的黨按照它的意識形態、或隨興之所至、或按照內部權力鬥爭的結果，做出決定。單一權力意味着內部可能產生矛盾，但問題不難解決。獨掌大權的黨不僅是獨一無二的，[12]也是團結的和意見一致的，要求全體黨員絕對服從和遵守紀律。因此，黨在任何情況下的表現都是意見一致，按照列寧的理論，每一個黨員都毫不猶豫地遵守和維護大多數人的意見。準確地說，（按照斯大林／毛澤東的實踐）他們只服從最高領袖的命令，組織嚴密的全黨上下相信統帥或舵手的話就是真理。托洛茨基曾經宣布，「黨永遠正確，我們只有跟着黨一起幹才可能正確」；不幸他預先承認以下的這句話在長達四分之一世紀裏是正確的：「誰反對斯大林，誰就犯錯。」毛澤東在最後瞑目之前也是一樣，他80多歲之後口齒不清，沒有人聽得懂他說的話。領袖不會錯，因此他的權力無限大，遠遠超過伊凡

四世（恐怖的伊凡）和秦始皇帝。蘇聯從1930年代開始，中國從1949年
開始（甚至在共產黨取得政權之前），黨的領袖已經是唯我獨尊。政治
局委員和常委等都只是高高在上的領袖之臣屬，負責蓋章和執行他的決
定。不管領袖是斯大林或毛澤東，不僅像大轉彎或大躍進這樣激進的政
策由他指揮向左或向右轉，連一般決定也只能由他作出。例如，斯大林
在1933至1934年饑荒之後作出讓步，為集體農莊的農民說了些好話；
毛澤東在1959年春季設法糾正一些大躍進的過激做法。儘管中國宣傳
機構跟着蘇聯有樣學樣，強調黨內的「兩條路線鬥爭」，但這從來不是
事實，頂多只有對最高領袖路線悶聲不響的抵制。這種情況在蘇聯比在
中國更為明顯。與蘇聯官方版1930年代政治史的說法相反，政治局裏
從來沒有出現過「溫和路線」和「強硬路線」的鬥爭。[13] 沒有哪一個政治
局委員對「總路線」提出過異議，因為那是領袖一貫正確的決定。不過，
這個路線是迂迴曲折的，完全按照唯一決策者的策略和選擇或左或右地
前進。

　　在地方和地區各級，無數黨委書記都是一個個小毛澤東和小斯大
林。他們對上唯命是從，對下則是一言堂。理論上，他們是選舉產生
的，但實際上他們是經上級指定從推薦名單上挑選出來的。升遷的關
鍵因素是派系關係和服從聽話。黨的中低層幹部也不是完全按照上級
的命令和指示辦事，他們往往還層層加碼，比莫斯科或北京中央的指示
更激進。加碼執行指令的狂熱分子更有機會升遷，只知一味敷衍塞責
的幹部則容易受到懲罰。

　　黨在地方上的小獨裁者可以繞過下屬直接對群眾施加暴力，而理論
上對所謂「群眾」（在蘇聯是工人而不是農民，在中國則主要是農民）應
該動員而不是施加暴力。群眾的參與是與傳統暴政最主要的區別。忠
實的信徒大多數是自願加入的年輕人，與階級出身無關。[14] 階級本身是
按照出身和血緣劃分，與個人在經濟中擔任的工作和角色無關。階級
成為一個客觀存在的概念，就像法國舊制度中的等級，[15] 或者更像印度
種姓制度中永遠不得翻身的「賤民」（在蘇聯是以前的貴族、教士和富
農，在中國是地主和其子孫）。[16] 這些賤民加上一些不良分子都是應該

排除在社會之外的「寄生蟲」。他們與神聖的工農「群眾」之間固然存在巨大鴻溝，而「群眾」與黨政幹部之間也一樣有着極大差距。黨政幹部就是新的種姓制度中的貴族，從列寧格勒（或華沙、布拉格）到廣州都是一樣。[17]

儘管如此，黨在地方和地區的附屬組織並沒有完全掌控蘇聯的廣袤土地，或中國的眾多人民。黨的衍生機構（蘇聯的共青團和中國的共產主義青年團）掌控年輕人；在婦女、兒童和工會等領域，則由黨嚴密控制的群眾組織掌控。可是，這樣仍然力有未逮。雖然共產黨政權有意建立無所不在的極權制度，但實際上從來沒有做到。這是「修正主義歷史學」對極權主義學派的批評，我的一位學生40多年前就向我指出，不應該使用「極權主義」一詞。巴納・布呂內托（Bernard Bruneteau）認為：「一個社會不會只是任由國家實施高壓統治。」[18]受統治者不會完全屈服或被壓制，有些人會像1930年蘇聯農民或1955年中國農民那樣進行抵制，甚或依靠朋友、家屬或社區來繞過指令。至於黨國體系內部，也會出現對立機構之間或中央與地方之間的緊張關係。地方上的小斯大林和小毛澤東需要相當大的操作迴旋空間。梅爾・費索德（Merle Fainsod）早在1958年指出：「極權主義的外表掩蓋了許多內在的矛盾。」[19]不管怎樣，黨國體系無法永遠有效地管理廣大的帝國。在開展運動、動員群眾之間的空隙時間，往往就是聽其自然。更糟糕的是，黨自認無所不能，但實際上並非如此。相反，計劃往往失敗，因為使用的是不符合實際的統計數字，更何況所依據的理論已經被複雜和不斷變化的事實推翻。[20]實行國家計劃委員會的計劃並不就表示該計劃行得通。

在這個時候，領導人就會提出「反對官僚主義作風」，[21]把失敗和錯誤的責任歸咎於官僚（黨官僚和政府官僚其實並無差別）。沙皇或國民黨留下來的行政人員因為他們的才能而暫時留用，但他們出於階級敵意必然會背叛，而「我們自己的」行政人員則會受到資產階級的誘惑。他們搖擺不定，不能堅持階級路線。斯大林認為這些官僚「誇誇其談」、「狡猾多變」和「愚蠢低能」，[22]他對官僚的仇視和鄙視，比毛澤東在文化大革命前夕痛批黨官僚要早得多。獨裁者們痛恨官僚橫豎不聽話，把

他們抓出來作為第一個替罪羔羊。工於心計的獨裁者，利用了民眾對地方和地區當局的胡作非為的不滿。斯大林喜歡視自己為行善政的沙皇，要糾正邪惡的貴族階層的為非作歹，[23] 而毛澤東在這方面並不需要向斯大林學習。不過，儘管這兩位領導人善用心機，但他們有時候也是真誠的。斯大林在他給莫洛托夫的信中對官僚搗蛋的憤怒並非無中生有；他在 1930 年時真的相信他們是在搗蛋。他的意識形態使他懷着偏見解釋一切，看不見按照邏輯證明的真相；他面對問題時缺乏知識去分析原因，也不了解行動的後果。毛澤東也是一樣，這一點我們後面將再討論。獨裁者們認為最大的罪行就是懷疑他們的教條式的信仰。莫洛托夫認為，最大的痛苦是缺乏信仰，以及造成這種情況的「不信任意識形態」。[24] 我們承認莫洛托夫說得對，但他也不過是其主人的一條狗（或狼！）而已，忠於他的主人就等於忠於馬克思主義，而馬克思主義是「促使烏托邦成為科學主張的推動力」。[25]

政治生活也是一浪接一浪地前進，政府使用同樣的方法，同樣希望以最快的速度迎頭趕上。國家發起一個接一個的政治運動，調動所有的人力物力，相信人定勝天。兩個政府「要用機器的節奏取代緩慢的馬車步伐」（莫里斯・多布〔Maurice Dobb〕），採取軍事管理的方式，儘管有人認為應當謹慎從事並提出警告（例如蘇聯的葛羅曼〔Groman〕和中國的陳雲）。蘇聯第一個五年計劃和中國的大躍進就是這種運動的最佳寫照，一直到 1950 年代，赫魯曉夫還在用這個方法來迎頭趕上美國。在赫魯曉夫以前 30 年，就已經開始使用宣傳鼓動的方式來推動經濟發展以外的運動，第一個運動出現於列寧在世的時候，隨即快速在 1920 年代開展。中國有樣學樣，在執政之後的六年期間快速發動了一個接一個的運動，兼具社會改造、思想改造和政治鎮壓的性質。一般來說，每個運動之後都有一段「鞏固」階段，在這段時期療傷補過；毛澤東稱之為「波浪式前進」，鬥爭與休息整頓不斷交替進行。[26]

根據同樣的精神來制訂指標，與開展運動一樣，指標可以隨意用於 1930 年的生產目標、集體化的農莊數目或驅趕的富農人數，或 1937 年要處決的反革命分子。毛澤東也如法炮製，指標可以是一五計劃的糧食

產量，也可以是土改期間每個村鎮要處死的地主比例。不論是產量或處決指標，都是最低數額，可以由當權者隨便增加（毛澤東自己在1958年把鋼產量增加了幾次），或像大清洗期間由急於效忠的地區政府要求增加逮捕指標。有時候地區領導人沒有要求中央政府提高指標，而是主動增加指標，希望得到上級青睞，或者向下層層加碼，保證能夠完成目標。這就是為甚麼莫斯科原來規定的集體化指標是15%的農戶，1930年1月時地區指標提高到25%，隨即在以下各級增加到40%，最後到達60%。[27] 1958年，中國的畝產糧食指標就按照這個模式一再增加。

指標一旦提高之後，就督促人民超額完成。中國大躍進期間的地方和地區幹部都知道，不能完成任務就沒有好下場。不能完成任務的幹部（即使是在紙面上），立刻成為「反面教材」，遭到公開批評和鬥爭，甚至被撤職和處分。毛澤東統治下的中國經常採用這種方法，目的在於教育群眾和警告幹部。這是從斯大林學來的方法，斯大林經常用這種方法來孤立和侮辱他的對手，甚至是虛構的對手，例如蘇共中央委員會一致譴責的前反動派。

托洛茨基分子及與他們聯合一致的反對派盟友消失之後，就可能犯右傾的錯誤，在中國尤其如此。歷史上的兩大「右傾錯誤路線分子」是1929年的布哈林和1959年的彭德懷；為甚麼說他們是「右傾錯誤」或「右傾機會主義分子」，只要看他們反對的是甚麼就知道了。在彭德懷之前還有於中央委員會負責農業的鄧子恢（地位高於農業部長），他因為敢於反對毛澤東主張的加速農業集體化而受到批評。如果主張加快速度的不是毛澤東而是其他任何人，一定就是「冒險主義」（的確也是如此）。但經過毛澤東建議之後，立刻成為正確路線，任何反對者都犯了傾向性錯誤。事情再簡單不過。對斯大林或毛澤東制訂的正確路線，任何人不得偏離，過左或過右都不行。路線可能會因為局勢或領導人的興之所至而改變，要避免犯傾向性錯誤必須緊跟不離。[28]

像「錯誤傾向」或「左/右傾分子」這樣的中文（或毛澤東時代的中文）詞彙都來自蘇聯，從「政治掛帥」開始。神聖的詞彙「文化革命」是1920年代就使用過的，「對抗性矛盾」抄自1938年出版的《聯共（布）黨史簡

明教程》第四章，其他一些詞彙，例如軍用詞彙的旅團、運動方面的迎頭趕上和趕超、以及意味着敗退的「鞏固」等等，也都淵源於此。[29]

中國的特殊情況？

本節不打算談1917至1929年這段時期，提到斯大林主義也只是作為參考。這裏要談的是：毛主義與它模仿的模式有何不同？我們應該記住，斯大林主義是毛澤東唯一模仿的模型，馬克思、甚至列寧都不是。一旦揭穿毛澤東在宣傳板上的偉大形象，他在中國推行的政策就不足為訓了。只要知道毛澤東的模型是斯大林，他推行的就只不過是一個獨裁者的政策。從這一點看來，毛澤東是斯大林不折不扣的複製品。

按照羅蘭·盧（Roland Lew，1944–2005，比利時政治學家）所不喜歡的説法：「極權主義的公共形式和內涵都超過了斯大林式的極權主義，但斯大林主義是不可避免的參照系統。」[30]我過去提到中國極權主義與斯大林主義相似之處是它一再使用政治運動方式，這表明我對蘇聯模式的認識過於簡單。我所謂的「內涵」，指的是不只是依靠強制手段，還要進行教育和説服；我在下文比較古拉格（集中營）和勞改時會詳細討論。杜明（Jean-Luc Domenach，1992）認為中國在這方面具有創意，我也同意，但必須指出，説服而不是壓服的方式在蘇聯已有先例可循。這是本章要證明的一個結論。毛澤東並沒有發明，只是模仿，他的許多所謂的「創新」只不過是把模式中存在的趨勢加以誇大。模式中的趨勢已經失敗了，但他仍然繼續推行，一直走到災難的邊緣或造成災難。

常有人指出蘇聯和中共政權在政治上對群眾運動採取不同的做法，也就是對群眾運動的作用看法不一樣。差別在於對群眾的重視程度，中共所説的「群眾」比蘇聯的範圍廣，含義比較模糊。蘇聯所説的「群眾」或「勞動大眾」主要是指工人和可以信任的農民。中共的群眾包含人口的十分之九，由四個同心圓組成，核心是工人階級，其次是農民（無產階級最值得信賴的盟友），然後是小資產階級（他們支持運動，但不會

主動參加），最後是民族資產階級（他們具有愛國和剝削雙重性質，可能是牆頭草兩邊倒）。這個分類法與斯大林在1920年代使用的「四大階級」並無不同。中共一再發動群眾運動，從土地改革開始，經過1962至1965年期間的大躍進和社會主義教育運動，到文化大革命，似乎證明中國式的共產極權主義的確具有原創性。因為毛澤東的「群眾路線」是把群眾分散的、無系統的意見整理出來，化為集中而系統的意見，又到群眾中去做宣傳解釋，把這些群眾原來無法自己集中的意見化為群眾的意見。

在實際執行時，來自群眾的原創性意見（列寧不承認這一點）卻完全消失了。[31]毛澤東認為，群眾只有在黨的正確領導下才可能創造歷史（至少在文化大革命之前是如此），但如果黨不符合偉大舵手的意旨，就可以把黨丟在一邊。在文化大革命期間，群眾顯然受到操縱，這不在話下，但在此之前（1949至1965年，甚至在延安和江西時期），也從來沒有過由群眾自發的「群眾運動」。所有這些運動都是由領導人決定，幾乎全是由黨和政府的各級幹部自上而下地傳達命令和指示，以專制的方式發動群眾。群眾運動在最好的情況下也不是民眾自發的行動，在最壞的情況下往往導致悲慘的後果。[32]

在文化大革命之前，這些群眾運動的重點是農村而不是城市，往往還稱讚「農民群眾」因為一窮二白而具備了革命美德。中國人民一窮二白，好比一張白紙，可以由偉大領袖根據馬克思列寧主義任意揮灑烏托邦的圖畫。人民不僅具備革命的美德，還熱情洋溢，大踏步進行社會主義建設，不斷提高產量，以改變環境和改善他們自己的生活條件。這在革命熱情高漲期間尤其如此，例如在1955年加速實行農業集體化時期和大躍進初期，一面大力發動群眾，一面宣揚群眾的光榮事跡。在運動必須「暫停」或「鞏固」時期，最高領袖以及官方新聞就會透露一下明顯的事實：那些農民依然只顧物質利益，或者急功近利而缺乏長遠眼光。[33]不過，從1927年的湖南農民運動報告到大躍進期間賦予人民公社開創時代的作用，再到他認為世界革命將會是亞非拉的發展落後國家的世界農村包圍歐洲和北美的世界城市，都明顯不符合馬列主義的基本方針以及

斯大林據以奉行的政策。文化大革命主要針對的是城市的精英分了，尤其是住在城市裏的黨官僚，而這些人正是斯大林最喜歡的群體。[34]

另一個不同之處是平等主義，這涉及毛澤東最常提到的農村貧苦大眾。雖然中國從來沒有真正實現平等，但曾經在城市裏着意執行並幾乎實現這個目標。甚至在農村人口中也是如此（除了幹部外一律貧窮），但農村的人均收入還不到城市的三分之一，而城市居民還享有醫療和教育等更好（便宜甚至免費）的福利。在這種情況下，蘇聯顯然更不平等，與中國的差距也越來越大，尤其是在大躍進（1958–1976）和大清洗（1938–1953）的最後幾年。毛澤東雖然從來沒有實現平等，但至少心嚮往之，而斯大林卻是完全予以否定，認為這是小資產階級傾向。

以下要從政治實踐轉而談一談意識形態。中國認為毛澤東思想豐富和增進了馬列主義。它的原創性在哪裏？從1940年代開始提出的「馬克思主義中國化」，大多提到如何在中國的特殊條件下適用馬克思主義：發動農民而不是工人（「一國勝利論」），在站穩腳跟的地區進行農村游擊戰。在鞏固了幾個農村根據地之後建立小型的斯大林式國家；這說明毛澤東的策略行之有效，但不一定具有原創性。最後，毛澤東不贊成彭德懷的魯莽做法，把共產黨的軍隊過早暴露在日本侵略者面前。[35] 毛澤東思想在延安時已經形成並成為正統意識形態，它的崇拜者不會贊成我在這裏的總結。我想說的是，毛澤東這些常識性的決定足以說明，他能夠取得黨的領導權不是偶然的，儘管在奪取和鞏固權力時少不了陰謀詭計和殘酷鬥爭。

不幸的是，毛澤東思想如果說有甚麼原創性（這必須把毛與他喜歡的斯大林作比較，而不能與馬克思或列寧比較），只能是在他獨攬大權之後的這段時期，特別是在他生命的最後20年。

剛開始時，他仍然具備常識，知道無法依靠人數不多的無產階級，只能依靠農民群眾。舉例來說，他責備斯大林在取得勝利之後過渡到社會主義時期過分強調階級鬥爭。1957年5月2日，他仍然相信中國的主要矛盾已經不再是無產階級和資產階級的矛盾，而是建設先進的工業國的要求與客觀存在的落後農業國之間的矛盾。1955年夏天，毛澤東

曾經突然決定要強調農村的階級鬥爭，以便加快農業集體化的步伐；[36]
但他隨後又確認1956年9月中共八大的主張，認為在最近工商業國有
化之後，資產階級的反對已經不再是個主要問題。

　　不過，經過「百花齊放、百家爭鳴」的事件之後，毛澤東突然覺得
進行安撫的決定是過於樂觀。他對知識分子和民主黨派領導人（有些人
被任命為國務院的部長，儘管並沒有實權）的尖銳批評感到失望，因
此，他覺得資產階級並沒有真正投降，階級鬥爭不但繼續存在，而且變
得更為激烈。實際上，他已經同意了他曾批評的斯大林立場。他甚至
接受了斯大林的理論，認為隨着社會主義政權進步和取得勝利，階級鬥
爭會越來越尖銳。這個矛盾論（資本主義的鳳凰會從灰燼中重生）將一
再重複，最後被認為是真理。毛澤東一直到死都在強調，階級鬥爭在
社會主義過渡時期始終存在。在這場永不平息的兩條路線鬥爭中，最
重要的問題就是要選擇社會主義道路還是資本主義道路。毛澤東甚至
點名指出，共和國主席劉少奇是「頭號走資本主義道路的當權派」。[37]

　　階級鬥爭一旦牽涉到共產黨（劉少奇是黨內第二號領袖），我們就
不得不承認對這種矛盾做出翻案文章的人具有原創性。從1957年夏季
開始，毛澤東的立場（因此也是中華人民共和國過去20年的立場）與斯
大林的比較，更接近吉拉斯或托洛茨基（但他一直避免引用這兩個人的
話）。毛澤東繼續譴責已經被打翻在地的資產階級的所謂陰謀詭計，並
開始在他領導的黨內找到引發疾病的病原菌──特權和權力滋生出資產
階級的態度和心理：只要看一看幹部子弟的行為都像皇親國戚就夠了
──今天（2013年）中國的許多國營大企業被「太子黨」把持，正說明毛
澤東關於這個問題的擔心和思想變化是有現實根據的。[38]

　　毛澤東在生命的最後12年裏，不只是譴責腐化變質的當權者，也
不只是擔心黨內的「資產階級分子」。他看到的是中國會像他鄙視的赫
魯曉夫領導蘇聯那樣，出現「土豆燒牛肉共產主義」，而且他發現危險
（不管是修正主義還是資本主義）就在共產黨內部，他打算首先清掃這
個「資產階級的巢穴」。換句話說，在他看來，共產黨大多數幹部（但不
包括永遠正確的領袖）與人民之間的矛盾已經成為敵對性質。就是說，

只有通過文化大革命才能使得中國及其人民免於這種禍害。而且、由於同樣的因果關係，每十年或二十年就要再來一次文化大革命，以免革命腐化墮落。

這絕對是離經叛道的想法，特別是對列寧主義的理論來說（黨變成了使得整個身體生病的器官），而且也不符合斯大林的做法，因為大清洗並沒有針對黨本身。毛澤東的離經叛道尤其可以從他關於資產階級的定義看出：資產階級不是根據一個人在生產中的地位和作用，而是根據他的行為、心態和政治選擇。這就是為甚麼兩個同樣掌握大權和享有特權的共產黨人，一個可能始終忠於他的革命歷史和為人民服務的理想，另一個卻可能成為叛徒。不僅如此，即使被認定為資產階級分子，也可以通過教育和自我批評脫胎換骨。因此，毛澤東關於階級和階級鬥爭的定義產生了另一個異端邪說：強調主觀能動性、自覺的選擇和上層建築的重要性，忽視基礎建築。毛澤東在這裏脫離了馬克思主義，用個人的自由選擇、理想主義以及最高領袖和人民群眾的唯意志論（像希臘神話中的普羅米修斯為人類取火那樣）取代了唯物主義和決定論。當然，馬克思本人和布爾什維克的實踐也是這種性質。就像納粹集中營的司令里斯 (Liss) 對他的老共產黨員囚犯莫斯托夫斯基 (Mostovskoy) 說的：「難道你沒有在我們的身上看到你自己和你的信念嗎？你不也是一樣認為世界由你主宰嗎？有甚麼東西能夠動搖你的信念？」[39]

從1960年代開始，毛澤東逐漸脫離了馬克思主義的原旨，回歸中國的文化和價值觀。他在青年時期就喜歡閱讀五四運動那些作家批判孔家店的文章。幾十年來，他跟許多人一樣，挺身反對傳統和那些打着維護傳統旗號製造順民的老朽。1964年，毛澤東卻承認孔子具有一些優點，是「中國古代傑出的思想家」，而他的共產黨同志們卻還在努力遵循外國的思想家。[40]他與柏林、巴黎或倫敦的思想家拉開了距離，用來填補空缺的是他年輕時在湖南和長沙學到並從此終身不渝、一讀再讀的中國古籍（斷代史、小說和詩詞）。這些傳統思想啟發他接受馬克思主義的理想，並使他重視教育和國家對推動教育的責任。這位偉大舵手的思想到臨終時已經變成一個大雜燴，關於馬克思主義的記憶越來越

被中國本土的智慧淹沒。他雖然曾經一直批判張之洞的名言「中學為體、西學為用」，現在卻接受了。這樣一個左右搖擺、前後反復的領導人卻成為中國人民的真理化身和救星，豈不是印證了《國際歌》的一句歌詞：「從來就沒有甚麼救世主」。[41]

中國的革命起源是民族主義性質，由於偶然的因素變為共產主義；毛澤東讚美這個共產主義的化身，使得革命的性質更為混淆。不過，毛澤東對於他竭力讚賞和宣揚的馬克思主義的了解卻十分膚淺。他沒有讀過幾本馬克思的著作，卻把斯大林 1938 年出版的《聯共(布)黨史簡明教程》當做聖經一樣一讀再讀，視為馬克思主義的聖經。[42]「這是一百年來全世界共產主義運動最高的綜合和總結。」有了這本書，他不再需要引述他終身捧讀的《紅樓夢》、《水滸傳》或《資治通鑑》。要弄清楚毛澤東思想裏面哪些是馬克思主義，哪些是中國文化，不妨以我自己為例。我可以不斷背誦孔子的名言佳句，但我對孔子的熟悉程度絕對比不上我對蘇格拉底、蒙田、巴斯卡爾和其他作家的了解。

差別的由來

不管毛澤東的思想(或實踐)是否原創、異端或自相矛盾，我們不要忘記，這只限制在一個非常狹窄的領域內，甚至不屬於馬克思主義的範圍。毛澤東不是伯恩施坦(Bernstein，1850–1932，德國社會民主主義理論家及政治家)或考茨基(活動家，是馬克思主義發展史中的重要人物，《資本論》第四卷的編者)，也不是羅莎‧盧森堡(Rosa Luxemburg，1871–1919，德國馬克思主義政治家、社會主義哲學家及革命家，德國共產黨的創始人之一)、托洛茨基或列寧。他的專門領域就是體現在 1938 年出版《簡明教程》裏的一套斯大林意識形態，他的馬克思主義文化主要是通過斯大林的稜鏡取得的。在這樣一個有限的範圍內，「思想」和政治實踐相互混雜，看起來創新的主題和做法其實來自蘇聯，而毛澤東聲稱予以修正的部分則顯示他完全遵循斯大林模式。

　　還有一些部分的確是有差別，甚至與模仿的模式相反。首先要說
的是權力頂層的分工問題，這完全無關意識形態或權力高層政治，卻涉
及最高層權力的分配。中國的政治結構是模仿斯大林模式，但有它自
己的創新，就是把政府分為兩級。第一線負責治理，第二線負責決定
長期政策。[43] 毛澤東像法國的戴高，對日常行政工作毫無興趣，就只
負責決策，由下屬按照他制訂的路線執行政策。我們將在第九章詳談
這樣做的後果，但不難想像這樣安排可能帶來的風險。第二線政府只
負責意識形態和原則，看不到按照原則執行路線會產生的政治困難，負
責執行的第一線政府只能努力解決無數實際問題，而問題往往出在所執
行的政策彼此矛盾。

　　蘇聯從來沒有過這樣的風險，特別是沒有過第二線的政府。斯大
林從來沒有退居二線，總是參與日常事務的每一個細節。他給卡岡諾
維奇和莫洛托夫的信顯示，他到索契度假時仍然關心時事，信中都是詳
細的指示。沒有度假時，當然由他親自下達命令。

　　另一個更重要的差別來自毛澤東念念不忘的平等主義。這也是蘇
聯革命在斯大林掌權時所沒有的現象。部分原因可能是兩人掌握大權
的時間不同：斯大林是在蘇聯革命成功12年之後掌權的，毛澤東則是
從建國之初就大權在握。然而主因是毛澤東自始至終都強調平等，文
化大革命的目的就是把所有新舊精英分子一視同仁，[44] 而斯大林早在
1930年代初就對主張「一律平等」的人嗤之以鼻。他如果活到1960年
代，肯定對毛澤東的話也會如此評價。斯大林實行的工資差別、按件
計酬、1935年的名言「生活變好了，同志們」以及1936年對繁榮的稱讚
（隨後寫入憲法），都反映出他接受了不平等現象，甚至接受了蘇聯政權
的第一次資產階級化。戰爭結束後的重建和繼續現代化，導致斯大林
加重不平等現象和限制利益分配的範圍。工人被排除在外，即使斯塔
赫維奇（Stakhanovite）這樣的模範工人的待遇也比不上工程師、專家、
技術人員、工廠經理和共產黨幹部。蘇共政權與資產階級（包括許多其
他專業人員）之間的這種安排就是維拉·鄧納姆（Vera Dunham，美國大
學教授，以研究俄羅斯文學著稱，2001年去世）所說的「大交易」。[45] 這

場交易是用物質利益和名望來交換專業技能和不關心政治的順從，滿足每一個人關於職業、生活舒適和穩定的願望。換句話說，原來的革命希望和做法已死，理想棄置不顧。這些話沒有人公開說過，但實際情況就是如此。私人的快樂復活，物質幸福和庸俗市儈行為流行，沒有真正的文化關懷。

毛澤東從這些跡象中看到修正主義的苗頭，把它們歸咎於赫魯曉夫，儘管赫魯曉夫也不過是繼承自前人而已。赫魯曉夫修正的其實是完全不同的領域。不過，毛澤東的確看到這是英雄的革命時代的終結，是他不惜任何代價要阻止的。不幸的是，付出的代價超過了任何人的想像。因此，毛澤東公然背離斯大林模式（理想的平等與實際的不平等）是回歸布爾什維克的理想，他的原創性其實是回到布爾什維克模式。

其他的差別，例如中共強調的思想改造和上層建築，則是來自布爾什維克的革命和中華文化沃土（例如中國重視教育的傳統）。布爾什維克的革命認為，資本主義的精神已經滲透到全人類，必須徹底清除——這種想法預示了毛澤東的一個重點，就是對受到資產階級腐化的人懲前毖後、治病救人。更準確地說，斯大林的第二次革命也傾向於按照個人的思想狀態和政治行為來決定其階級地位，而不是按照他們的客觀條件。「幾乎所有農民都可能成為富農。黨越來越根據農民的政治行為來決定他的社會經濟地位。」黨幹部常說的一句話就是：「經濟上他不算是富農，但思想上是個富農。」這兩句話引述自兩本書，談的是同一時期（1929和1930年1月），但兩本書出版的時間差了四分之一世紀。[46] 在這段期間，無數作者注意到，實際做法是把任何反對集體化或抗議驅趕富農的人貼上富農或「思想富農」的標籤。那麼，毛澤東自詡的創新性在哪裏？他自吹自擂，把借來的東西納入他的「思想」，而實際上這些只不過是毛澤東統治與斯大林統治常見的偏向而已。

還有一個表面上與斯大林部分相似之處，但對一些脫離正統的知名馬克思主義者來說卻是根本性的差別。毛澤東早在1957年就採納了斯大林的論點，認為階級鬥爭在社會主義事業建設階段會越來越激烈，但斯大林自己並沒有像毛澤東那樣認為黨中央會出現資本主義復辟。

他沒有指責共產黨，而是在1937至1938年殺害了一大批人。[47]在共產黨內出現新的資產階級，是毛澤東在斯大林的政治文化、而不是在吉拉斯或托洛茨基的政治文化中添加的東西。

還有一些被認為具有中國特色的現象，可能只是程度上的差異而已，本質是一樣的。群眾運動雖然在中國的規模空前，但別爾嘉耶夫（Berdyaev，二十世紀最有影響的俄羅斯思想家，1921年被蘇聯驅逐出境，1948年在法國去世）和布哈林早已看到群眾受到布爾什維克的操縱。布哈林被處決前18個月在他的政治遺囑中譴責斯大林所說的「群眾參與政府的假象」，稱之為「有組織的欺騙」。把群眾當做工具就會製造出一些奉獻犧牲的無名英雄。毛澤東時代推崇不已的雷鋒式英雄，令人想起扎米亞京（Zamiatine）的小說《我們》裏面的可憐英雄，「國家機器中可以隨時替換的齒輪」。斯大林對這種齒輪毫不珍惜，大量消耗，就像樹木砍伐後飛濺的木屑一樣。[48]

毛澤東在1960年代和1970年代越來越強調的中華文化根源也是如此。斯大林早在1930年代中期就讚揚俄羅斯的歷史傳統。他後來委託愛森斯坦拍攝一部歌頌伊凡四世的電影，並鼓勵小說家們對伊凡四世筆下留情（潛台詞是為了國家利益有時候必須採取殘酷手段）。歌頌伊凡四世是「真正的社會主義者，是十六世紀時的斯大林」，這不僅是毛澤東歌頌秦始皇帝的先聲，而且顯示異端邪說的源頭是斯大林。[49]蘇聯在集會時必唱的《國際歌》的歌詞說「從來就沒有甚麼救世主」，卻有一位偉大的舵手。

最後，還要指出斯大林和毛澤東統治最重要的相關之處。毛澤東在提出「百花齊放、百家爭鳴」之前聲稱不再強調階級鬥爭，但突然翻臉變調，顯示毛澤東思想的超出理性知識的一面。毛澤東鼓勵甚至迫使黨外知識分子提意見，但尖銳的批評是他始料未及的。然而他不肯承認錯誤，認為知識分子都是無可救藥的小資產階級，因此資產階級並沒有解除武裝。階級鬥爭仍然激烈，必須提高警惕。我已經詳細指出毛澤東在他生命的最後20年其思想上的新變化，但必須認識到，他的一時衝動或言而無信並不等於他在思想上取得了新的進展。為甚麼他相信資本主義

會在黨內復辟？部分原因是黨內第二把手劉少奇以及幾乎所有高層領導人並不總是贊成他的意見。劉少奇不是為了許多人餓死而動了感情嗎？動感情是資產階級的玩意兒，劉少奇動了感情，因此他是資產階級。而且，他一再背離毛澤東的革命路線，必定在背後籌劃資本主義復辟。在這方面，毛澤東也沒有那麼多原創性。羅伯特·塔克（Robert Tucker，1918–2010，美國政治學家）指出：「如果説意識形態通過決策者的腦袋影響到政策，那麼政策也一樣影響意識形態，就是説馬克思列寧主義的正式解釋根據政策需要、政治利益和政策變化而進行發展和改變。如果是這樣，我們可以把蘇聯的意識形態演變視為一種『政治的語言』。」[50]

最後，我必須再一次指出，毛澤東在1957以後（即從批評斯大林模式並決定加以糾正）的原創性通常都是朝着同一方向走得更遠，把原來已經非常激進的政策變得更為激進。他從來沒有懷疑過斯大林的理論，即使他批評導師的行動或思想的這個那個，但始終是斯大林的忠實信徒。[51] 1956年，他在著名的《論十大關係》的講話中批評斯大林過分發展重工業和剝削農民。「鑑於蘇聯在這個問題上犯了嚴重錯誤〔……〕農業、輕工業投資的比例要加重一點。」那麼，毛澤東是不是傾向於比較溫和、比較平衡的政策，甚至像緩和的布哈林式政策，但不提布哈林的名字？不然，毛澤東反而在1957年秋發起了大躍進，進一步增加了重工業投資，對農民的剝削可以比擬斯大林在一五計劃的措施，所用的手段甚至超過一五計劃時期而更像戰時共產主義時期。至於在大躍進時採取的一些新的辦法，如社會措施（人民公社、集體食堂等等）、動員數百萬農民修建水利工程和小高爐煉鋼等，都不是斯大林曾使用的，很可能斯大林連想都沒有想過。1960年代，毛澤東一方面繼續批評斯大林主義，竭力譴責修正主義，一方面維持了從斯大林主義學來的同樣組織結構、同樣做法和同樣經濟體系。至於文化大革命，雖然毛澤東動員和操縱群眾運動的方法與斯大林陰險的法律手段大不相同，卻都屬於我認為的保守之激進主義。真正的改革者或改革者的學徒是赫魯曉夫，他的改革還不夠徹底，但已經足以使波蘭和匈牙利奮起擺脫身上的枷鎖。毛澤東批評赫魯曉夫，只不過是為了支撐他聲稱要改善的體制。[52]

＊ ＊ ＊

　　最後，我必須提醒並承認兩點。第一，我指出的毛澤東思想 (和政策) 與斯大林模式之間的各種相似之處，但相似的程度差別很大。毛澤東的忠於布爾什維克理想，吉拉斯對共產黨的批評與毛澤東擔心黨官僚中出現新的特權階級之間的聯繫，都比不上毛澤東基本上複製斯大林政治體制的重要性。即使是複製，兩個政治體制之間還是大有差別：斯大林政權把反對集體化的貧農劃為「思想富農」而予以鎮壓，而毛澤東政權真心相信一個人的思想、行為和政治選擇比他在生產關係中的位置更能決定他的階級成分。這當然是背離馬克思主義的；其他離經叛道之處還包括：重農村而輕城市，在大躍進期間的烏托邦夢想，以及認為一窮二白更有利於革命，等等。莫里斯‧邁斯納 (Maurice Meisner，美國的馬克思主義學者) 説得好：「馬克思主義從西歐的故鄉向東傳播，走到經濟落後和發展不足的地區，理論上逐漸滲入政治激進主義和烏托邦理想。馬克思主義要在經濟落後地區成為有用的政治語言，就必須加入兩個新元素：唯意志論的歷史變革和千禧年的烏托邦夢想。」[53]

　　唯意志論的列寧的確曾反駁馬克思和恩格斯的觀點，認為在「落後的生產體系」也可以發動革命，儘管「對傳統馬克思主義者來説工人還沒有『成熟』。」因此，他決定由資產階級 (往往是小資產階級) 知識分子把革命意識帶給無產階級。[54] 鑑於中國經濟遠比俄國落後，而中國無產階級的人數要少得多，革命意識也小得多，毛澤東自然比列寧更唯意志論、更烏托邦、更異端邪説。本書一開始就根據常識指出，革命沒有在馬克思和恩格斯預期的地方出現過。

　　我要提醒的第二點是：我一再強調斯大林對毛澤東壟斷式的影響，但推而廣之，應該注意的是蘇聯革命對中國革命的影響。由林彪署名的著名文章《人民戰爭勝利萬歲》(1965) 把亞洲、非洲和南美洲的殖民地、半殖民地和不發達國家視為「世界的農村」，正準備包圍「世界的城市」(工業化的歐洲和北美洲)。初看起來，這只是把中國共產黨的成功戰略適用於全世界。實際上，林彪 (或替他執筆的幕僚) 是在抄襲布哈

林；布哈林早在40年前就指出，「工業化的城市」(歐洲和北美洲) 終究會被「世界的農村」(農業的殖民地) 消滅。[55]

　　中國和蘇聯這兩個政權就像是親兄弟，但不是雙胞胎。年輕的弟弟從老大哥身上學到很多，雖然有時也有自己的創新，但不算太多。這些創新往往是複製原來的模式 (或斯大林曾經否定的原來模式)，或像老大哥那樣是在遭遇失敗後作出的反應。共產黨領導人認為這些反應理所當然，並使用一些現成的藉口作為理由 (是富農的錯，是資產階級不肯認輸，或是隱藏的特務滲透到我們內部，陰謀復辟資本主義)，因為他們相信自己是歷史主流，正在創造歷史。這種自以為是和盲目的信心，這種「無視現實」(阿蘭·貝桑松〔Alain Besançon〕) 以及滿口謊言的真誠，我們在列寧身上就已經看到。我一再強調毛澤東是斯大林的學生，不要忘記這兩個人都是列寧的學生。[56]

第四章

農民

俄　國

　　布爾什維克聲稱在一個農民國家實現了無產階級革命，農民卻立刻成為他們的棘手問題。1917年，工人只佔俄國人口的2%至3%，農民卻佔了80%至85%（中國在1949年時，農村人口超過89%，工人只佔1.5%）。這是一個在落後國家的反資本主義革命，而布爾什維克認為農民就是俄羅斯落後和野蠻的象徵。農民是現代化的主要障礙，而現代化就必須城市化和工業化。高爾基絕不是布爾什維克，在他被流放之前就表示十分擔心：「不識字的鄉村對城市佔絕對優勢，農民具有動物性的個人主義，幾乎完全不知道甚麼叫社會意識。」馬克思那時住在歐洲大陸的另一邊，他對農民有一些看法，就是不排除「農民戰爭與無產階級革命」有可能結合在一起。[1] 按照蘇維埃的官方説法，1917年發生的就是這種情況，把動員彼得格勒工人發動的政變稱之為「無產階級革命」。

　　農民攻擊大地主的莊園和沒收他們的土地，幫助布爾什維克掌握了政權，但他們這樣做是為了滿足他們「小資產階級」的願望，希望自己成為地主，把土地越分越細。列寧很快就認可分割土地，以便爭取農民「同盟軍」的支持，但他從來沒有忘記，個人擁有土地與他希望將來實施的土地國有化是背道而馳的。他在幾年後憤慨地指出：「農民每日每時都是秘密的資本主義。」[2]

　　對農民來説，一開始准許他們佔有大莊園土地的命令可能使他們感激不已，但他們習慣性地對任何政府都不放心。他們對沙皇的統治

並無不滿──至少一開始是這樣──但他們的新主人就像以前的統治者一樣，都是從城裏來的「陌生人」，講的話甚至更奇怪。他們難道不是對村裏沒有人看得起的貧農讚譽有加嗎？甚至連貧農自己也不理解為甚麼把他們捧得這樣高，他們只不過希望能夠與比較富裕的農民平起平坐而已。

　　從1918年開始，鑑於出身城市的布爾什維克在農村的基礎薄弱，處境孤立，俄國政府把貧農組成貧農委員會，以擴大在農村的社會基礎。俄國政府還企圖讓貧農與富農對立；這個策略沒有成功，倒不是因為遠距離操控（但很快就放棄）的社會衝突使得農民對新政權離心離德，而是因為武裝的徵糧隊動作過於殘暴。俄國政府的失敗其來有自，因為以前的沙皇和臨時政府也都未能解決俄羅斯參戰以來便發生的糧食短缺問題，而內戰和南部小麥產地的喪失使得這問題更為嚴重。貧農委員會和徵糧隊（又稱為「糧食旅」）在1918年7月和8月引起200多次農民暴動，到11月更是有增無已。1919年春季，政府大肆徵兵，抗議運動也越演越烈。這些人原來主要是躲在森林裏面的紅軍逃兵（因此被稱為綠軍），他們拒絕為紅軍或白軍作戰，但只要他們站到哪一邊，那一邊便佔據優勢。一開始他們並不懷敵意，只在他們被趕出避難地或他們的家屬被當作人質時才起來反抗。他們只希望置身事外，希望他們的人力、馬匹和糧食不被政府徵收給城裏的寄生蟲使用，因為他們覺得這場戰爭與他們毫不相干。等到白軍戰敗，布爾什維克在鐵道沿線的農村站穩腳跟（雖然隨着戰場上的進退而變動），綠軍的活動再度興起，並對革命黨人的「正常」政策提出抗議，因為新政府在地方上的代表橫徵暴斂，魚肉人民。1920年和1921年初，綠色叛軍的人數比所有白軍戰鬥人員加起來還多。對他們的鎮壓固然毫不手軟，農民游擊隊的還擊也是針鋒相對，布爾什維克因此對「農民的野蠻」印象深刻，儘管他們在1917年夏季時曾經對農民讚譽有加。

　　十年以後發生的悲劇早在1918至1922年就埋下了種子。[3] 問題的核心是政府與農民爭奪小麥。農民痛恨把糧食換成盧布，因為盧布在惡性通貨膨脹下形同廢紙，而由於工業毀壞，日用品奇缺，價格飛漲。

有些農民減少糧食的種植面積，改種利潤稍好、又不受國家管制的經濟作物。還有些農民（也可能是同一批人）用糧食釀酒或用作飼料，因為肉類和牛奶、雞蛋的賣價高得多。任何餘糧都藏在穀倉或樹林裏，或埋在地下。對國家來說，它只想取消市場，而不是想加以管制。1918年5月9日，政府頒布法令，把農民儲藏的多餘糧食都視為國家財產。政府派遣徵收糧食的隊伍無所不用其極，強迫農民服從，甚至沒收了留作種子的糧食。從「列寧年代」開始，新式的「沙皇官僚」貪婪、殘暴、腐敗、假公濟私，只為軍隊和國家效力，對農民規定過高的限額。他們的濫權、暴力和恐怖手段造成各地人民群起反抗，聲勢越來越大。

1920年8月，坦波夫州農民起義，幾個月後發展成蘇維埃時期規模最大的反叛事件。烏克蘭、庫班、伏爾加、烏拉爾山和西西伯利亞以及其他各州相繼發生數百個規模較小的叛亂，使得列寧驚慌地指出（1921年3月8日）：「我們政權遭到前所未有的威脅。」不過，他對這種威脅是過分擔心了，因為這些農民的反叛主要是為了自保。他們（至少到目前為止）並不想推翻中央政府，只想保護自己的村莊或地區免於當地蘇維埃的侵佔和濫權，而這些蘇維埃正在迅速成為布爾什維克官僚體制的一部分。農民甚至要求回到1917至1918年短暫存在的解放時期，地方自治和「黑色重新分配」土地。他們的口號是：「權力歸蘇維埃，不要共產黨」。他們打着紅旗，由兩個人領導。一個領導人是無政府主義者馬赫諾（Makhno），他曾經坐過沙皇七年的牢房，內戰初期帶着15,000人投入紅軍，後來反叛離開。另一個領導人是左翼的革命社會主義者安東諾夫（Antonov），1918年夏季之前擔任過新政權的地區警察頭子。儘管如此，布爾什維克政權還是認為這個聯合了所有農民的運動完全是富農發起的（這是未來斯大林統治做法的又一個警兆）。

新經濟政策

列寧對於顛倒是非黑白肆無忌憚，他與托洛茨基一樣都不怕流血，但他不像斯大林那樣僵硬死板。喀瑯施塔得的叛亂，加上城市裏糧食配

給越來越少，工人的罷工和反叛不斷擴大，工業生產急劇下跌，疫情蔓延，到處農民起義，都使得列寧相信，必須作出讓步。1921年3月宣布的新經濟政策標誌了農民的(暫時)勝利。農民的目標達到了，布爾什維克不再找他們的麻煩。不過，他們高興得太早，他們在饑荒中餓死的人數其實比1919至1921年綠軍遭到鎮壓時被屠殺的50萬人還多。[4]

新經濟政策用實物稅取代了糧食徵購(後來又改為用盧布繳稅)，私人交易合法化，讓農民能夠到城鎮市場出售多餘的農作物。由於這些讓步，新經濟政策在後來回顧時被認為是歷史上一段短暫的幸福時光。從下表可以看出，耕地和產量在饑荒之後恢復得相當快，但還沒有達到1913年的水平。[5]

表 1　俄國和蘇聯 1913 至 1925 年糧食生產

	1913	1922	1925
播種地 (百萬公頃)	105	77.7	104.3
糧食產量 (百萬公噸)	80.1	50.3	72.5

牲畜也是一樣。家畜的數目雖然趕不上革命前夕，但已經比1922年多了許多。不要忘記，1925年發生了布哈林與普列奧布拉任斯基之間的著名爭論。布哈林主張讓農民逐漸富起來，為工業提供市場，希望平衡的增長可以為緩慢但和諧的發展籌措資金。如果只希望迅速工業化，或認為工業化勢在必行，那就只能壓榨農民，採用徵收重稅、壓低農產品價格和出口糧食等手段，以籌集投資所需要的大量資金。這些資金只能來自農民，因為農民佔人口的絕大多數。列寧就是看到最後這個因素，才相信必須工農聯盟，因為即使發達的歐洲國家將來發生革命，也不會支持在落後的俄國發生的方向不明又缺乏基礎的革命。列寧相信工農聯盟至少必須維持一、二十年，這符合布哈林的見解，但素來急功近利的布爾什維克無法接受。不過，列寧自己在1921年春季時也一樣迫不及待，他那時還不了解有些困難是無法克服的，還在天馬行空地任意想像。

　　不僅如此，新經濟政策造成的經濟和社會後果彼此難以調和。革命黨人對農業和農村經濟上升感到滿意，但擔心富農因此會越來越富。如果根據意識形態考慮到社會影響，工農聯盟的概念就顯得有點模糊不清。與農民的聯盟是否應該包括蘇維埃國家的敵人富農？另一方面，長工屬於無產階級，貧農被視為可靠的盟友，但是要怎樣看待居於兩者之間的廣大中農呢？工農聯盟如果不包括中農，聯盟毫無意義，但列寧自己曾經警告說，中農在無產階級和小資產階級之間搖擺不定，他們在農村的具體代表就是富農。為了減少社會不平等而在 1917 至 1918 年黑色重新分配土地，使得他們的人數大為增加，他們的前途和命運也變得重要起來。在革命爆發前夕，農民之中的社會分化當然存在，但不像布爾什維克分析的那樣清楚。經過斯托雷平（Stolypine）的改革之後，貧農佔 65%，中農 20%，富農以上佔 15%。內戰結束之後，由於削減富農的土地分配給貧農，貧農只佔 25%，富農 3%。中農因此成為絕大多數。如果他們遵循布哈林的指示富裕起來，變成了富農，他們就成了政權的敵人。布爾什維克政權進退兩難，必須在社會目標和經濟目標之間做出選擇。如果政權不幫助中農（現在他們已經成為整個農民的代表），或至少照顧到他們，那就無法避免農業停滯，接着必然造成城市缺糧，沒有糧食出口。然而如果幫助中農，他們必然變成政權的敵人。政權如何對待貧農也遇到類似的矛盾。從社會角度考慮，當然要幫助貧農，許多貧農根據累進稅率完全不交稅。從社會角度來說，這是浪費金錢；而且貧農吃得好一點，市場的供應就少一些。

　　布爾什維克政權在另一方面也面臨同樣的兩難局面。黑色重新分配土地消滅了真正富農的財產。剩下的財產大多數規模不大，土地所有人雖然被劃為資本家，其實應該屬於農民階級。他們的平均收入比貧農多五倍，足以勉強餬口。儘管如此，貧農對這些比較富裕的鄰居不免嫉妒，因為有時要靠他們的接濟和幫助。他們如果不是親戚，就是鄰居，彼此之間的相互依賴與革命政府所說的階級仇恨有天淵之別。他們在村莊內團結一致，都一樣討厭城市和城市內享有特權的居民。這當然是有原因的，因為任何合格工人的收入都比大多數富農多，理由

是工人要自己付錢買糧食和住房，而富農擁有自己的小木屋，吃自種的糧食。把富農劃為資本家完全是意識形態作祟，國家對他們橫徵暴斂是無法使農業現代化的一個主要原因。

地主已經消滅，富農在整個生產和貿易中也為數有限，要為原始積累籌措資金，就只能靠中農向城市供應糧食，並提供糧食出口。布爾什維克政權儘管聲稱只打擊富農，但除了壓榨中農（也就是壓榨全體農民）之外，別無他法。當政府決定為了加速工業化而擴大出口，打擊富農只是煙幕，實際上受害的是全體農民。在斯大林統治下，這是名副其實的戰爭，是城市裏的當權者對居住在農村的大多數人口進行的戰爭。

為甚麼變成這樣的局面？簡單地說，就是由於對於不斷出現的各種問題，都一直簡單粗暴地用錯誤的政治決策來解決。1926年，經過五年的增長，糧食作物達到了戰前的水平，可是賣給國家的部分卻比1913年大幅減少。1927年，國家的糧食採購數量嚴重短缺，不足以供應城市的需要。短期的原因包括：在去年豐收之後今年收成不佳；擔心布爾什維克政府因為好幾次事件（包括與英國斷交）可能繼續進行戰爭，因此農民比以往儲藏更多的小麥。對於這個危機，斯大林歸咎於富農，認為他們出於政治目的，施展陰謀詭計，只肯在黑市出售糧食，此外的共犯就是富農私營商販，還要加上隨手可以抓到的替罪羊基層幹部，斯大林認為他們也參加了投機倒把活動。

這個危機其實具有更深刻的原因，也更難控制。黑色重新分配土地縮小了社會差距，農場各自擁有小塊土地，農作物不再有剩餘。1917年有1,600萬農場，到1928年增加到2,500至2,600萬農場。[6]他們幾乎全都（至少95%）屬於中農或貧農，產品佔全部收成的85%到87%，自己消費了80%。他們在戰前生產的糧食不到俄羅斯的一半，只消費自己產量的60%，所以他們現在吃得比以前好，還可以飼養家畜。富農在1927年佔農場的4%到5%（新經濟政策使他們的比例稍有增加），但產量比戰前大幅下降。富農和地主1927年共同生產了全國糧食的一半，佔出售糧食的71%；到新經濟政策結束時，富農的產量只佔全

國收成的13%至15%，出售的餘糧與戰前的富農相比（尤其是與地主相比）要少很多。

不僅如此，由於每年新增加50萬農家，可以出售的餘糧也隨之減少。城市人口增長的速度更快，總人口因此每年增加2%。小麥人均產量1914年是548公斤，到1928年下跌到484公斤。產量停滯不前，農業甚至倒退到不如內戰之前的斯托雷平時代，因為革命摧毀了斯托雷平經濟改革的成果。1925年，90%的農場屬於（沙俄時代的）村社，由村社分配整個社區的土地，維持或重新制訂每三年輪流播種的制度，取消或減少比較現代的農場的規模，把更多農場分割成10至20塊大小，主要用作農民的自耕地。1928年，四分之三的小麥仍然用手播種，農作物接近半數是用鐮刀收割，40%用連枷脫粒。

由於這些人口、經濟和社會的變化，1927年國家徵購的小麥數量不到1913年的一半，出口數量只有1913年的5%。政府徵購小麥的價格低於生產成本，而且高估了農民用於繳稅或出口而採購的儲備糧（布哈林認為評估的數字近於「神話」），加上提供給農村生產者和消費者的製成品極少，使得農民更加不願出售剩下僅有的糧食。在反對過左的一派潰敗之後，左傾的政府徹底摧毀了新經濟政策，使得該政策在1927至1928年之交解體。斯大林為了加快收割穀物，在1928年春季派了好幾個領導人去烏克蘭、高加索和烏拉爾等產糧區，接着親自去西伯利亞對富農和當地幹部施加壓力。他認為必須讓幹部學會「布爾什維克的政治藝術」。「糧食徵購是我們不惜任何代價都要攻克的堡壘。只要我們採用布爾什維克的方式，施加布爾什維克的壓力，就一定戰無不勝。」[7]

這是發起攻擊的信號彈。從此以後，「行政措施」取代了任何市場機制，在1928整年採取了非常行動。富農的罷市被認為是國家購糧危機的罪魁禍首，儘管大家都知道大多數沒有出售的糧食掌握在中農手裏，但中農只要抗拒或藏匿糧食就被定性為富農。徵購很快就變成軍事徵用。一個村莊召開大會時，桌上明目張膽地擺着一把手槍，別的村莊遭到半夜突襲、暴力和非法逮捕；新聞報刊對此隻字不提。在多

數情況下，國家在農村的活動幾乎就是徵購糧食（此外就是收集情報和鎮壓），而且等於是強迫沒收。農民（包括貧農）寫信給在當兵的兒子和政府，對這種「公然搶劫」表示失望和痛恨，但都被格別烏扣下。布哈林曾經警告，這樣的政策將使工農聯盟崩潰，這表明他其實只能算是溫和派。隨即發生的徵購官員和共產黨幹部被殺，以及攻擊和暴動，都證明他的警告是對的。幾乎全國各地的農民都減少了種麥的田地，所以儘管採取特別措施，1928年徵購的糧食仍然低於前一年的低水平，使政府不得不在1928年7月提高小麥價格。這原來被認為是富農提出的、絕對不能接受的要求，至此時實施其實為時已晚。

集體化和去富農化

　　1928是過渡的一年。對農民來說，這一年比前一年更糟，但與隨後幾年相比卻是好得不能再好。[8] 1929年是革命的20年，斯大林宣稱是「大轉折之年」。這句話說的不錯，但並不符合斯大林的原意。1929年時新經濟政策和工農聯盟徹底瓦解，大轉折的一個主要方面就是斯大林肆無忌憚地對農民徵收「稅賦」（糧食、稅捐、人力、士兵），改變了城鄉之間的經濟關係。斯大林認為，採購糧食的危機表明，農民根本不是工農聯盟的好夥伴。他認為政府絕對不能依賴農民的善意，他們的「麵包罷工」會扼殺工人和城市。如果不能徹底改變布哈林的「右傾機會主義」政策，讓富農為所欲為，俄國就會直接復辟資本主義。農民是最後一批剩餘的資產階級。斯大林說的是「富農」，意思是指「農民」，他要使「農民階級」就範，因為他所說的馬克思主義的主要內容就是城鄉之間的對立。農民的所作所為也證實斯大林所說，他們作為一個階級，一致反對斯大林的政策，他們心目中的剝削者不是富農，而是城市，也就是說是國家。

　　1929至1930年冬季，斯大林從兩方面發動攻勢：集體化和去富農化。許多布爾什維克人相信集體農莊是向前邁進的道路，因為農莊可以使用拖拉機和現代化工具，使得農業勞動比在私人土地上的勞動更為

合理。於是威脅農民說：「不加入集體農莊，就沒有種子或機械。」[9]事實上，集體農莊要很久之後才獲得拖拉機，它們仍然繼續使用（從富農沒收來的）馬或牛。儘管如此，1929年11月的中央委員會全體會議（這次會議將布哈林逐出政治局，把右翼反對派驅逐出黨）宣布，準備到1930年春季實現「大躍進」，把農民的家庭農場合併為集體農莊／國營農場，使其成為具有驚人效能又名副其實的農業工廠。的確，幾個龐大無比的工廠設立了，但其生產效能卻與無數個小型集體農莊相若，更遠遠趕不上私人農場。

　　集體化的主要目的是向國家提供小麥。農莊集體化之後，希望國家從此不再依賴農民，而「去富農化」的目的就是使集體化能夠順利進行。集體化不久就變成強制執行，在1929年的最後一季從農戶的7.5%迅速增加到18.1%，到1930年3月時已經躍增至57.2%。貧農自願參加集體農莊的只是少數，富農卻又被禁止參加，因為害怕富農會破壞集體勞動。絕大多數貧農和中農都是在脅迫下參加，但中央政府對於地方當局如何執行沒有任何指示。然而，地方當局知道，它們既不能鬆懈，也不能放慢腳步，因為這樣犯下的錯誤比急躁冒進、匆促上馬或好大喜功要嚴重得多。為了完成指標，它們恢復了戰時共產主義最惡劣的措施，加強壓迫手段。推動參加集體農莊的工作首先交給積極分子。由於在農村幾乎找不到共產黨員，就由一個共產主義青年團團員帶領一、兩個貧農組成工作組。[10]工作組的目的是「盡可能推動集體化」，往往使用威脅手段。任何人如果拒絕參加集體農莊，就被視為「擁護富農」，甚至就是富農，是「蘇聯國家的敵人」。如果有人猶豫不肯簽約，就可能被送去索洛韋茨基群島（Solovetsky Islands，位於白海北端的群島，是第一個集中營索洛夫基營地的所在地）。有些工作組在村莊召開會議投票時，要大家回答：「誰反對集體農莊？」這等於是在問：「誰反對蘇維埃政府？」如果沒有人舉手，他們就認為全村都參加集體農莊。不過，許多這樣倉促成立的集體農莊都是徒有虛名，目的在完成或超額完成配額，或與鄰區競賽攀比，而鄰區自然也不甘落後（中國在大躍進時期同樣的「社會主義勞動競賽」造成的損失甚至更大）。

　　集體農莊的經營依靠從富農沒收的財產。不言而喻，集體農莊一旦
取得土地，收成就必須交給國家。斯大林在1929年12月27日的講話中
首先指出，這是去富農化的第一個理由，因此宣布要「消滅富農階級」。
第二個理由是要開發利用自然資源豐富但不適合居住的廣大土地。第三
個理由尤其重要，也說明為甚麼去富農化和快速集體化兩個運動同時進
行，就是要防止最可能反對集體化的農民騷動，並脅迫其他人加入集體
農莊 (事實上許多人都是因為害怕被劃為富農才不得不加入)。而富農被
分為三類，根據的標準有兩個：一是他們犯下的罪行或代表的危險，另
一是他們的財產。 第一類「反革命活躍分子」交由格別烏來處置，把戶
主逮捕送往古拉格或逕自處決，其餘家屬予以放逐。第二類是「其他活
躍分子」和比較富裕的富農，他們的家屬也遭到放逐 (特別是去西伯利亞
或大北方，但也有人被放逐到烏拉爾山和哈薩克斯坦)。第三類人數最
多，「只有」部分財產被沒收，被分配到本地的偏遠地區，耕種比較貧瘠
的土地。「去富農化」的對象包括以前的村長、店主、教士、教師、以前
的 (紅軍！) 士兵和大批貧下中農 (他們遭到挾嫌報復、或因為拒絕參加
集體農莊、或因為抗議放逐富農、或只是因為本村要找人充數以完成配
額)。富農除了土地和住房遭到沒收，還往往失去牲口、廚房用具、甚
至小孩的內衣和嬰兒的枕頭。在去富農化運動下，大家一窩蜂地沒收財
物，用象徵性的價格購買 (一幢房屋60銅板)，或分配給積極分子和蘇
維埃成員。有時候富農只剩下一身長內衣褲，剝下其禦寒衣服、皮襖和
長靴的人告訴他：「這回該輪到我了，你穿得夠久了。」

　　許多第二類的富農也失去了他們的衣服和鞋子，在嚴冬時期 (1930
年2月) 從居住的南方穿着單衣、赤腳徒步16天到北方凍土地帶，在那
裏搭起自己的營帳。與母親分離的兒童死在所謂「死亡列車」的路途上。
在阿爾漢格爾斯克 (Arkhangelsk) 和沃洛格達 (Vologda) 等臨時收容中心，
惡劣的衛生條件、擁擠的住處 (人均一平方米)、寒冷的氣候和難以餬口
的口糧，加上斑疹傷寒，使得死亡率大增，尤其是嬰兒。[11]北方地區的
黨委書記要求緊急醫療援助，收到的答覆是不要讓新聞記者知道斑疹傷
寒的事。饑荒蔓延，有人上吊或悶死；母親先把小孩勒死，然後抱着屍

體跳進結冰的河裏。河流沒有結冰時,就是他們唯一的食水來源。富農一經登記在案,就匆匆打發上路(克里米亞富農家庭被放逐到北方針葉林去只有20分鐘的準備時間),目的地往往崎嶇難行,甚至無法居住。在1931年,又有超過一百萬人遭到放逐,[12]1932至1933年還有人陸續到達。格別烏在1931年5月接手管理這個無人理會的混亂移居狀態,形成了一系列的「古拉格群島」。1935年後,一些人被「恢復名譽」,但一直到1954年,他們除非能夠逃跑,否則就只能留在被放逐的地方。

農民反抗

有些被放逐者奮起反抗,有一次竟然多達7,000人。[13]許多人抗命不肯離開,更多人在「去富農化」之前逃走。這等於是「自行去富農化」,一旦被抓住就會受到懲罰。如果他們抓緊時間,就會宰殺牲口,出售財產,把女兒嫁給貧農或共青團團員,以逃避放逐的命運。那些簽約參加集體農莊的農民也盡快處理掉牲口和農具,不願捐入集體農莊。屠宰場連夜加工,肉價大跌。家畜的數量要多年之後才恢復過來。

政府把農民反抗集體化和去富農化的行動稱為「富農恐怖主義」,但農民的反抗行動層出不窮。首先是傳播與官方宣傳相反的謠言,階級鬥爭變成了好人與壞人或上帝與撒旦的鬥爭。官方的說法把這種謠言攻勢稱為「富農的宣傳鼓動」。其實不只是富農,每個人都在散布危言聳聽的謠言,比如說集體農莊是恢復奴役制,比較樂觀的說法是大戰將會爆發,他們將獲得解放。村民甚至否認存在着社會階層。許多人不願意看到富農離開,向他們伸出援手或收容他們,為他們請願,或投票反對驅逐已經加入集體農莊的富農。推行去富農化的幹部到農村後聽到的標準答覆往往是:「我們這裏沒有富農。」1929年底到1930年春季,斯大林收到50,000件關於積極分子和地方官員的投訴,蘇聯國家元首加里寧收到了85,000件。[14]

農民除非萬不得已才使用暴力。在此之前是採取反對機械化的盧德運動(Luddite)方式,除了破壞工具和器械(包括集體農莊的),還屠

宰馬牛。接着是發聲威脅:「一夜之間殺光集體農莊莊員。」最後就是
實施暴力,企圖或真的殺害蘇維埃官員和積極分子(人數遠大於集體農
莊莊員),放火燒毀官署或集體農莊的房屋(往往就是沒收自富農的房
子)。從1928到1929年,個別或集體的恐怖行動次數增加了十倍;據
格別烏統計,這類案件在1929年共有9,093宗,次年增加到13,794宗。
1929年,大多數案件的觸發原因是徵用糧食,1930年的主要原因則是
集體化和去富農化。這兩年的農民暴力行動都直接導致國家使用大規
模暴力。實施殺害、縱火和攻擊行為的大多數是青年男子,但婦女也
在公共示威中發揮了重要作用。她們首先是在公共集會時拒絕開口,
要不然就大聲呼喊口號(「打倒集體農莊!」),辱罵黨委書記和當地蘇
維埃主席。婦女也最容易抗議關閉和掠奪教堂,抗議把乳牛集體化(因
為怕小孩沒有奶吃)。雖然在隨後的鎮壓行動中,婦女也難免受到責
罰。總的來說,這種「恐怖主義」的效果適得其反。儘管共產黨的幹部
晚上不敢出門,但農民的暴力行動只帶來國家更大的暴力回應。

　　社會騷亂和暴動對政權的威脅要大得多。它們發生的次數與暴力
行動相等,1930年就有13,754宗,大多數發生在該年頭幾個月。同時
開展的集體化和去富農化運動在觸發原因中佔70%以上。據格別烏統
計,參加這些社會騷亂的人數比去年多了十倍:1930年有2,468,000
人,1929年是244,000人。自1920至1921年幾次主要暴動之後,這是
規模最大的農民反抗運動,但也是最後一批。當年反抗的農民使用了
步槍和機關槍;十年之後,他們只能使用鐵鍬、草耙和斧頭。反抗運
動往往發生在同樣地區和村莊。[15]有些區域暫時脫離了蘇聯控制(烏克
蘭靠近波蘭和羅馬尼亞的邊境地區要求獨立),但大多數反抗運動僅限
於少數幾個村莊或單獨一個村莊,儘管村民不分階級都一致參加。反
抗運動的激昂口號往往在村莊之間流傳,例如:「打倒共產黨暴君,言
論自由萬歲,耕種自由萬歲」,「打倒共產黨獨裁,打倒斯大林專政!」
甚至「資本主義、沙皇和上帝萬歲!」

　　動盪不安,一片混亂,迫使斯大林在1930年3月2日的《真理報》上
發表了著名的〈勝利沖昏頭腦〉文章,把所有錯誤歸咎於地方政府。他

責怪地方政府讓勝利沖昏了頭腦，但表示成功已經在握：「可以認為，已經實現了農村徹底走向社會主義的目標。」他接着訓斥他的部下：「……我們的集體農莊政策是以集體農莊運動的自願原則為基礎……。集體農莊不能靠武力建立起來，這樣做是愚蠢和反動的。」[16]

受到責備的幹部很不服氣，因為他們只不過是在執行上級制訂的政策。而且，他們擔心這樣突然轉向會使農民產生危險的想法。有些地區的幹部停止發表或散發斯大林的文章，已經發行的予以燒毀，在公開場合宣讀該文章的農民受到懲罰。這些幹部的擔心是有道理的，因為農民反叛的怒火死灰復燃，在1930年3月和4月達到高峰。被迫參加集體農莊的莊員認為現在可以撤回簽名了，集體化的比例在三個月內減少了一半，從3月1日的57%下降到6月1日的28%，到8月降到20.6%的最低點。這個時候「三月熱」（琳恩・維奧拉〔Lynne Viola〕）[17]消退，農民認為他們的目的達到了。除了暫時解散集體農莊，他們至少在紙面上實現了以下目標：停止家畜「社會主義化」，自由市場重新開放，審查去富農化的名單（不過被錯劃為富農的人大多數無法收回他們自己的財產），以及停止了在前幾個月雷厲風行的關閉教堂行動。動盪的局面在秋季徵用糧食時再度出現，但比春季的情況稍有緩和。集體化不久後重新開始，但進度比較緩慢，方法比較謹慎，農民在壓迫下饑寒交迫，已經無力反抗，特別是政府着意在所有村莊清除了最後一批富農。1931年初，政府發動新一輪的集體化運動，終於掃除了所有障礙。到1931年夏收時，至少60%的農戶已經集體化。

雙方都為勝利付出了極大代價：農民在1930年3月的勝利，政府在「第二個十月」的勝利，都使得「整個體制遍體鱗傷」，引發出「一系列危機和不平衡狀態」（摩西・列文〔Moshe Lewin〕）。用該作者的話來說，「生產力過早國有化會造成嚴重的政治和經濟破壞」，因為國有化的不是「一個由官僚組織的大型工業社會，一切由理事會管理」，而是一個「由農舍、乳牛和手推車組成的社會」。「在小生產者獲得必要的技術能力和幹部隊伍之前，沒有經過必需的過渡階段，對他們實施只適用於大型組織的形式和方法」，將導致「農業部門再一次嚴重倒退」[18]（第一次發生在

1914至1921年）。一直到蘇聯解體，農業都是其經濟的致命要害；中國
的經濟在毛澤東去世之前也是如此。

　　集體化、去富農化和過多徵購糧食是造成1932至1933年饑荒的主
要原因。從斯大林及其下屬對饑荒的管理和操作方式可以看出（見第五
章），摩西‧列文所說的倒退現象已經擴散到農業以外的其他部門。安
德烈‧格拉齊奧西（Andrea Graziosi，意大利歷史學家）反諷地把這種倒
退稱為「適者生存」，就是說在這個越來越成為「犯罪共謀」的共產黨內，
這樣做才是生存晉升之道。「不願承擔責任」的上級不可能賞識屬下勤
懇工作的共產黨員（戴維思〔R. W. Davies〕）。[19]斯大林抨擊的那些過激
做法其實都是上級交代為迅速實現集體化所必須做的（格拉齊奧西甚至
認為，這是幹部下鄉前在速成培訓班裏學到的）。如果有人像奧爾忠尼
啟則（Ordzhonikidze）那樣，未經最高領袖許可就譴責過激做法，質疑怎
麼可能「用枷鎖建設社會主義並在短短幾個月內把2,500家農戶集體
化」，他很可能活不過1937年。這種人不是斯大林喜歡的布爾什維克；
然而奧爾忠尼啟則卻是「真正的布爾什維克」（斯大林如此認為），他曾
經辱罵喬治亞的共產黨人，摑人耳光，令列寧皺眉頭。[20]

集體農莊

　　到1930年代，方針已經確定，農業要集體化，農民只能俯首聽
命。[21]曾經拒絕參加集體農莊的獨立農民改變了主意，因為國家規定了
難以負擔的重稅，而且一直受到歧視。他們成為極少數的異端，在
1937年只佔農戶總數的7%。次年，對馬匹的重稅讓最後一批獨立農民
舉白旗投降。他們沒有馬就無法耕作，所以只能參加集體農莊，把自
己的馬交了出來。

　　剛開始時設立了幾個其大無比的國營農場（夢想中的機械化社會主
義大型農業），但後來的集體農莊平均規模比一個集體化的村莊大不了
多少。村社在1930年被取消，或徒具虛名，其土地交給了集體農莊。
農民耕作使用的馬匹還不到集體化前的半數：1928年有3,300萬匹，

1934年是 1,500 萬匹。經過 1929 至 1930 年的大量宰殺之後，馬匹和其他牲畜的數目到 1935 年之後才逐漸恢復。那麼，農民是否可以依靠蘇聯工業逐漸生產出來的拖拉機呢？事實上，拖拉機都放在機械和拖拉機站，要收很高的使用費，用收成的一定比例來支付。不過，由於拖拉機和聯合收割機的使用仍然極為有限，集體農莊預算的最大支出項目是國家採購計劃，「這是國家與集體農莊之間的樞紐關係」。[22] 採購的數額平均佔總產量的三分之一，比集體化之前出售的比例超出很多。國家如此大量徵收農業生產，卻只支付象徵性的價錢。

由於國家施加壓力，集體農莊莊員分配到的生產少得可憐，還不到他們微薄現金收入的十分之一。他們雖然收到或退還給他們一部分自家生產的穀物和馬鈴薯，但數量甚少，不足以讓全家吃飽。這裏涉及的只是分配後的剩餘部分，數量時多時少。要等國家拿走採購的部分，再留下種子和飼料，才進行分配。國家與集體農莊莊員之間不可避免地發生利益衝突，國家希望增加集體所有，取得更多糧食，集體農莊莊員則希望縮減集體財產，減少提供的糧食。政府希望加強控制，詳細管理種子計劃，而農民則希望國家不要管太多，對不懂農業的官員規定的詳細種子計劃嗤之以鼻。當權者想依靠集體化的農業來實現大躍進，而農民認為實際是大倒退，是倒退到農奴制和貴族地主的徭役制。

集體農莊莊員對這種「新農奴制」的義務敷衍了事。他們在列隊點名時拖拖拉拉，隊長一轉頭就偷懶，提早收工或拒絕報到（缺勤率空前地高）。他們鄙視斯達漢諾夫式（Aleksei Stakhanov，1935 年的蘇聯模範工人，不到六小時挖出 102 噸煤）的人物，這些人「為害所有集體農莊莊員」，不知羞恥地把一部分集體財產據為己有。他們不維修甚至破壞拖拉機，使得一些集體農莊的田野看起來像是拖拉機的墳場。這些機械過於龐大，無法在自留地上使用。一些莊稼沒有人收割，爛在地裏；來年的飼料被拿去餵牛，牧場上的草卻無人刈割。集體農莊的主管和農莊莊員都要對這種情況負責：主管是由於無能、腐敗或酗酒；農莊莊員則是由於他們變相成了國家的農奴，於是一心計算着是「為他們」工作，還是為家人工作。

　　為自己的家人工作意味着在自留地工作；政府對自留地只是勉強予以容忍，後來從農民的反抗中吸取教訓，才在1935年加以合法化。每家的自留地平均只有半公頃，卻可以讓農民栽種蔬菜和其他食物，尤其是飼養乳牛、小牛、羊和豬供自己食用，甚至出售，並飼養一大群雞。對集體農莊莊員來説，這足夠提供全家所需的三分之二馬鈴薯以及全數的蔬菜、肉、蛋和乳製品，而這只佔他們去市場出售或交給國家徵購的一小部分。1938年，自留地佔耕地的3.9%，生產卻幾乎佔全國農產品的45%。這些小小的私人農地不僅讓集體農莊莊員不致餓死（但他們在1937至1938年吃得不如1923至1924年），還在集體農莊市場上出售農產品，為城市居民的糧食做出了重要貢獻。機械和拖拉機站（官腔十足和警察呵斥）、集體農莊和私人自留地三個部門勉強共存，互相敵視，而政府最不喜歡的自留地部門卻是最有效率的。這些「令人驚奇的小矮人」成為主要的經濟部門，挽救了整個體制，儘管這不是它的初衷。[23]

　　政府起初容忍自留地，隨即對自留地發起經濟和意識形態戰爭；這等於搬起石頭砸自己的腳，國家越干預，生產越下降。國家要求每個集體農莊莊員必須繳納一定數額的奶和肉，不管他有沒有飼養乳牛、羊或豬。政府認為自留地體現了沙皇時代農民的陳舊方法和心態，對私人利益戀戀不捨。自留地必然採用祖先遺留的耕作方法，而且由於面積太小，不利於進入新的技術時代。集體農莊莊員（通常是男子）帶着妻子採摘農產品到市場去賣浪費了許多時間！在市場出售蔬菜水果的收入很重要，但政府卻要農民加倍工作（集體農莊田地裏的勞動其實不算繁重），因為政府無法保證農民可以同其他階級一樣獲得最低收入或社會福利，而且賣給農民的製成品價格特別高。國家剝奪了農民的財產所有權，使得農民更加希望取得所有權。國家違反了農民在村社享有的自發產生的平等權利，因為它發給白領工人（集體農莊管理人）和專業藍領工人（拖拉機或卡車司機、機床工人、鍛工等）的工分高於一般農民。

　　農業生產在第一個五年計劃期間和第二個五年計劃前半期都在下降，直到1937年才開始增加產量。增加的趨勢維持到大戰爆發，但即

使在1940年，蘇聯生產的動物食品仍然低於1916年的產量，生產的穀物也只僅僅比新經濟政策時期稍微多一些；因為播種的面積雖增加了，每公頃平均770公斤的產量卻始終沒有趕上集體化之前產量，而需要糧食的人口越來越多了。到十年終了時，家畜的數量仍然沒有恢復到以前的水平，而穀物生產幾乎停滯的主因是集體化田地的生產力停頓了下來——從集體農莊獲得的收入實在太少，農民覺得不值得去工作。這個由一些先行者構想出來的進步體制的確太不合理。

然而，有一樣東西的確在每年增加，那就是用於農業的拖拉機和聯合收割機。許多年輕人不滿足於僅僅學會開拖拉機以賺取更多工分，還離開集體農莊加入機械和拖拉機站，由此踏上到城市工作的跳板。其他人也成群結隊地離開農村，走去比較現代的新世界，而那些留在農村的人則受到法律和經濟歧視，形成低人一等的階級。這個階級固然從心裏討厭國家和官員，後者也以同樣的厭惡回報。「兩個階層」之間的鴻溝在沙皇時期就已存在，集體化只是使得情況雪上加霜。

中　國

革命給予中國農民的待遇好不到哪裏去，儘管毛澤東及其下屬關於農民的想法比布爾什維克對沙皇時代農民的想法好得多。說起來令人難過，雖然對農民比較親近，結果卻是殊途同歸：農民都成為現代化或烏托邦祭壇上的犧牲品。中國的革命黨人大多數出身農村，儘管鄉紳或地主的子女與普通農民的子女差不多各佔一半，但他們都一樣是從小在農村長大的。他們不會像馬克思或高爾基那樣，一竿子地打翻或不分皂白地譴責。他們理解農民極端愚昧，十分保守和迷信，封閉和排外，40里外的村莊就視為外地；他們對農民多些同情，少些輕視。「這不是他們的錯。他們並非天生愚昧，只是沒有我們這樣的好運氣。」或者：「我們可以從農民那裏學到很多。他們單純、誠實、沒有受到城市和文明污染，拼命工作，卻收入微薄。」當然，我只是一概而論，[24] 一

些人先前對農民的譴責並不總是出於善意。例如，後來成為中國共產黨創始人的陳獨秀對大多數由農民組成的義和團非常厭惡：「中國何等可恥！義和團何等可惡！中國各地的農民都是這個樣子，野蠻、愚昧，對中國即將遭到瓜分一無所知。」[25]

陳獨秀感到不安，因為義和團的暴動和殺害傳教士給中國帶來危害。事實上，帝國主義列強這一次聯合一致，迫使中國為義和團的暴行付出沉重代價。陳獨秀的評論也再次表明，許多革命者的思想源頭是民族主義。革命知識分子認識到中國的屏弱，使他們越來越關注農民群眾。在他們看來，農民既是負擔（不能改變農民，就不能拯救中國），也是資產，因為農民人數眾多，又一窮二白，因此有可能傾向革命。在義和團運動差不多25至30年之後，資產說開始壓倒負擔說：「我們的希望、我們的力量，來自無數的農民。」當然，他們儘管人數眾多，仍然無權無勢，受到壓迫，但是革命者有責任喚起他們的階級意識，把他們組織起來（就像列寧對俄國工人的做法那樣）。從1920年代末開始，長篇和短篇小說裏的農村人物都是充滿反叛精神的「正面形象的英雄」，灌注了小說作者那樣的知識分子的道德情操。小說中的反面人物就是帝國主義。對村民來說，那就是地主及其打手、稅吏或土豪劣紳，是他們能夠看得見、摸得着的人物。不過，這些人彼此之間有着盤根錯節的關係：土豪劣紳的後台是武力強大的軍閥，軍閥與帝國主義者聯手或向他們購買武器；稅吏和官僚為政府效力，政府則不斷向貪得無厭的日本割地讓權。[26]

在許多小說戲劇裏，村裏的老人則是另外一種說法，他們說三、四十年來大家越來越窮，窮人越來越多，都是帝國主義造成的，而他們小的時候還不知道帝國主義是怎麼回事。[27]

並非所有知識分子都接受這種帝國主義為害的解釋。胡適（1891–1962）認為，要鏟除打倒的是貧窮、疾病、愚昧、貪污和擾亂五大仇敵，並指出每一種仇敵都是中國社會所固有，早在帝國主義到來之前已經存在。二十世紀前半葉的最偉大中國作家魯迅（1881–1936）所描述的主角（例如阿Q、祥林嫂和閏土等等），[28] 其實都不是農民成為革命者的

典型人物。儘管如此，一個文學批評家在 1928 年宣布，阿 Q 所代表的是舊時代的農民。從此之後，魯迅的洞察力雖然得到晏陽初 (1893–1990) 這樣的社會改革家的認可，卻在政治上變得不合時宜。晏陽初一生致力於教育農民，改善他們的生活，先是在中國，共產黨掌權後又轉往非洲、拉丁美洲和東南亞的赤貧農村。他在河北定縣建設模範縣時，體會到愚昧和朝不保夕的生活產生出保守和迷信。[29]

社會學家李景漢與晏陽初合作進行社會調查多年，對於農民這個話題大有話說。「如果天不下雨，他們 (農民) 拜龍王；如果江河氾濫，他們拜河神；如果貧窮缺錢，他們拜財神；如果生不出兒子，他們拜送子觀音；如果害了大病，他們拜藥王菩薩。他們對公益的事漠不關心，但是碰到修廟塑像、神轎出巡，他們可以傾其所有。」

李景漢雖然關心農民，有心幫助他們，但農民並不領情，視他為不請自來的不速之客。「農民疑心平民教育運動 (平教會) 的工作人員會抓他們的兒子去當兵，共產黨員會拉走他們的女兒，稅吏會拿走他們的現金或佣金。……男性研究員不能與村裏的婦女說話。」無數家庭不肯說明有幾個未婚女兒，年紀多大，也不肯說明兒子的情況，因為害怕會送他們去上學或看醫生。晏陽初創立的平教會要為水井消毒，但遭到村民反對，他們說食物要蒼蠅叮過後才沒有毒。平教會的一個優先事項是降低嬰兒死亡和產婦死亡率，可是要說服來幫忙助產的鄰居注意基本衛生規則並不容易，於是平教會趕快訓練出一些助產士。但一切都是徒然，因為村民對 25 歲以下的年輕婦女沒有信心，更何況她們不是本地人，是「外地人」。[30]

儘管農民認為這些想法奇怪的讀書人是統治階級的一分子，但也會被他們的真情打動，請他們到家裏作客。他們甚至慢慢接受了子女應該受教育，生產時應該注意衛生。不過，晏陽初自己也承認，他的工作成績有限。不管農民是否表現出善意，少數幾個改革者的努力結果是微不足道的。那些主張革命的人認為，這種改革努力只是不自量力，進度太慢，令人不耐，何況他們自信已經掌握了解決農民群眾和整個國家所有問題的訣竅。他們以解決農民問題為手段，至少一開始是

認為這也是他們的目的。他們作出很大犧牲（農民的犧牲也很大），大力開展「農民運動」，最後終於掀起了有史以來最偉大的「農民革命」。這個名稱仍然在使用，但絕大部分的內容已經名不副實。我將在下面一點一點地揭露其真面目。

基本上，這不是一場真正的農民運動，而是自十九世紀末以來推動知識分子（而不是農民）走入民族主義和反帝國主義運動的最終體現；許多人因此成為職業革命家。譬如陳獨秀，他在1918年還一再譴責義和團的仇外、迷信和野蠻，但在1924年宣稱，「義和團事件是中國民族革命史上的悲壯序幕。」[31]這個時候他已經成為共產黨的總書記。

農民革命？

共產黨一開始的努力相當徒勞無功，幸虧有帝國主義幫倒忙，才最終把農民動員起來。日本侵華30多年之後，毛澤東承認，沒有日本侵略，共產黨不可能在中國掌權。不過，在日本入侵之前十年，毛澤東已經在大肆讚揚湖南農民的革命熱情。他其實有點言過其實，可是他在著名的《湖南農民運動考察報告》中指出，儘管農民運動失敗，卻為共產黨運動指出了一條大有可為的道路。中國十分之九的土地在農村，95%的最貧窮的人和最受剝削的人都是農民，把他們動員起來當然比動員寥寥無幾的工人階級更有意義。毛澤東的報告發表之後，接着發生蔣介石背叛革命在城市屠殺共產黨人的事件，農村就成了逃避城市白色恐怖的最佳避難所。共產黨人逃回家鄉，積極展開工作。在這方面，布爾什維克的做法完全不同，他們看不起農村，也不重視農村。1917年的黑色重新分配土地是自發性的農民運動。布爾什維克沒有參加，只是趁機加以利用。

中國的情況不同，1927至1930年，甚至在1932年，共產黨人發起的暴動和「農民」起義風起雲湧。共產黨把半自耕農和佃農動員起來反對地主，把長工動員起來反對僱主，把納稅人動員起來反對稅吏和國家。這些起義開始時取得短暫成功，因為出其不意，而且農村裏警察

人數有限，但都隨即失敗或被迅速鎮壓。極少數幾個起義建成了根據地，成立了共產黨政權。最有名的根據地是毛澤東在江西建立的中華蘇維埃共和國（1931–1934），但不久也被迫放棄。官方宣傳中充滿傳奇色彩的長征（1934–1935）其實是紅軍從江西根據地突破圍剿後不斷逃跑，損失慘重。根據官方一再宣傳的説法，紅軍離開江西時有十萬人（事實上是超過86,000人），長征結束到達陝北時還剩下7,000至8,000人。其餘的人並非都是戰死，其實在長征初期逃亡的人往往多於陣亡的人，因為江西的農民不願意離開家鄉作戰。

不過，江西的農民動員的確具有社會基礎，與抗日戰爭時在華北的全民動員不一樣。毛澤東早年對農村社會的階級劃分的確起了作用。不管他是否實際掌權（他在江西曾經短暫喪失權力），他和其他領導人都學習布爾什維克的先進經驗，但也做出了許多讓步和妥協。長工是真正的無產階級，貧農是可靠的盟友，中農是猶豫不決的盟友或夥伴，而富農是反對革命的。對於這樣明確甚至對立的階級劃分，中國農民的理解程度不會比沙皇時代的俄國農民高到哪裏去。中國的革命令人想起俄國革命，不僅是因為它把農民劃分為敵友分明的階級，也因為它具有中國式的工農聯盟，一個虛構的工人和農民聯盟。工人據稱是由革命的知識分子代表，所以工農聯盟是革命知識分子和農民組成的聯盟。這個理論上的「不平等」聯盟，[32] 其實就是農民群眾受到來自另一個階級的領導人的利用，把他們視為信徒（只有少數的農民積極分子實際成為共產黨的幹部）或忠誠的下屬。農民在領袖們奪取政權的革命大業中，扮演着黏土一樣的角色，任由領袖們打扮塑造。

農民真正大規模的轉變發生在抗日戰爭和內戰時期（1937–1949），儘管就全中國來説，這些農民在共產黨控制區以外仍然居於少數；除了極少數一些人，農民並沒有參加革命。這些農民的轉變是由於戰爭和日本侵略的影響，因此製造出許多殺手和打手。

在詳細描述共產黨根據地當中小部分農民與革命知識分子的合作之前，我們不要忘記，在國民政府當政的40年中（1911–1949），不是由共產黨組織和利用的真正農民運動仍然是防禦性質，具有具體目的。這

些農民運動的目的只在針對一些弊端或不公正現象，針對當地農民日益惡化的生活條件（通常並非政府的責任），希望恢復原來的秩序，必要時把問題或負擔轉移給別人，比如說讓其他地區的農民來輪流分擔供養地方軍閥的責任。這與任何革命行動相差甚遠，因為革命行動意味着遠大的目標和進攻性的策略。農民認為革命是發瘋的蠢事，多半不肯參與合作，所以革命領袖在早期的報告中都説農村群眾的反應「冷淡和克制」（這是毛澤東自己的話）。[33]

共產黨一開始只能發動一場沒有農民參加的農民運動——在農村發動的抵抗侵略行動，卻沒有多少農民支持。不過，共產黨卻得到了農村裏文化精英和社會精英的支持，這些人主要是在城市學習後回到本鄉的教師，以及受過教育的地主子女。日本侵略給了苟延殘喘的革命運動第二次機會，許多同情者和支持者的動機是愛國而不是激進的社會思想，因此才大批加入了共產黨。除了這些屬於特權階層的愛國年輕人，共產黨也在不同情況下得到軍閥或土豪惡霸的支持，因為這些人同共產黨一樣，希望避免或減少國民政府的控制。就是説：「敵人的敵人就是朋友」，只不過這裏的敵人不是日本侵略者。於是，一本資料豐富的傑作提出了這樣的結論：「軍隊而不是階級，是中國革命成功的因素。」[34]對於這個結論，我還要加一句：共產黨在根據地建立的（原始斯大林式）政治體制是第二個因素，階級（即農民群眾）只能是第三個因素。

事實上，面對日本的侵略，本來無意反抗的群眾的確團結起來，有時候甚至團結的速度很快。農民因為害怕，起初的反應是無動於衷，但侵略產生了反效果，使得驚慌失措的農民不惜代價尋求共產黨（或任何其他抗日武力）的保護。一旦在「革命」旗幟下獲得保護，不管是否自願，頑固分子就被共產黨的民兵説服了。總的來説，農民對共產黨實施的社會改革是滿意的（減租減息、累進税率）。農民喜歡實惠，並不在意愛國宣傳，也不急於取消使他們自己受害的社會剝削制度。許多農民一開始還悄悄去看地主，送上原來的地租與共產黨減租後的差額。這種沉默地不願得罪「主人」的情況，是幾種因素造成的：不確定共產

黨能夠統治多久；擔心地主報復，避免當面對抗；家長制的餘威，以及鄰里和宗親關係。[35]

戰爭末期，日軍被調去太平洋或華南作戰，共產黨根據地隨之得到鞏固和擴展。這個時候，大多數農民已經克服了對地主和土豪惡霸的恐懼——有時候甚至矯枉過正，讓共產黨不知如何處理由他們挑起的農民怒火。在共產黨幹部的挑撥和慫恿下，有些農民公開攻擊他們的主人或迫害者，原來溫順謙恭的農民突然變成了咄咄逼人的狂熱分子。[36]農民長久以來受盡了侮辱、勒索和暴力，逆來順受聽天由命，因此難以對受害者寄予同情，尤其是那些受害者原來都享有特權。就像剝下俄國地主皮襖的人說的：「這回該輪到我了」。早些時候有農民悄悄給地主送去地租的差額，現在有些農民反過來拒絕付任何地租。共產黨幹部原來竭力說服農民不要付太多地租，現在反過來說服他們，地租不要少於合法的規定。這一點特別重要，因為在抗日統一戰線下，共產黨不能無情地剝削地主，特別是一些愛國人士正是來自特權階級。

農民與革命政府的合作有時候徹底改變了舊關係，取得了平等地位，但這種關係並不穩定。邊區政府的權限隨着戰局的發展而變動不定。彭德懷在1940年8月發動百團大戰，引起日軍兇狠地迅速反擊，由於共產黨政權顯然無法提供保護，使得農民對其失去信心。而且，共產黨不得不放鬆社會改革政策，以免農村精英分子叛逃到越來越靠近的敵佔區。1941至1942年期間，好幾個共產黨根據地岌岌可危，農民對革命政權的支持也急劇下降，這跟當初日軍入侵時農民無動於衷的原因一樣，都是由於害怕和不信任。這兩個因素再度出現，說明農民對新主人的支持是不可靠的、有限度的。在抗日戰爭中段的黑暗歲月裏，毛澤東「軍民關係親如魚水」的話有點名不副實。保護游擊隊的不是民眾，而是少數的核心民兵和積極分子。

這些核心村民大多數後來成為黨員、積極分子、士兵或民兵，按照革命領導人的說法，他們是不是都出身於貧農或農業無產階級呢？對僱農來說，的確是這樣，他們多半窮得無法成家，因此比有家小的人少些

牽掛猶豫。但是，除了這些單身漢，長工和貧窮佃農參加革命的熱情
不見得比其他窮人高。各個革命根據地共同出現的情況是，最初參加
革命的絕大多數是青年知識分子。剛開始時，參加的人太少，共產黨
對任何人來加入都歡迎。共產黨一旦站穩腳跟，便注意挑選，剔除了
一些無賴和流氓，因為他們就像馬克思所說的流氓無產階級，他們是為
了錢財或食物才來參加伏擊或鬥爭土豪劣紳的，隨時可以賣身給出價更
高的人。

　　共產黨不僅要清洗動機不純的新成員，也不放心知識分子，因為他
們的社會出身「不好」；共產黨認為他們在黨建立的行政機構中佔據了太
多負責的位置。把這些出身不好的人清理出去之後，共產黨規定，必
須聘用或培訓一定數額的窮人或「無產階級」分子來填補職位。紅軍的
絕大多數都是貧農，因為共產黨刻意關注，來參軍者的家庭不會在黨實
施的社會政策中受到打擊。因此，在抗日戰爭和內戰結束後，黨、軍
隊和行政機構中人員的確反映出革命領導人一再篩選產生的社會組成比
例。1945或1949年，貧農在農村一級的黨員幹部中往往佔據多數，即
使在早期積極分子和黨員中貧農只佔少數的地方，現在也是如此。

　　不論出身於貧農、中農或富農，他們過了40歲之後都只服從黨的
命令，積極分子都從他們的子女中招收。共產黨需要身體好的士兵和
民兵，因此成為黨員參加革命的標準，年輕比社會出身更重要。從
1937到1949年，在所有共產黨根據地都出現一道明顯的代溝。年紀比
較大的農民仍然保持懷疑或謹慎態度，當然也不是所有年輕人都熱情澎
湃，但熱烈支持者一定都是年輕人。[37]

　　最後，我要說一下「廣大農村民眾」中的沉默大多數。圍繞着那些
無條件奉獻給革命事業的少數核心分子，大致有兩個同心圓。第一個
同心圓包括那些在共產統治下脫離了貧窮的人。他們對這樣的利益交
換是相當滿意的，只要付出的代價和承擔的風險小於得到的利益。共
產黨「要求某些群體或個人特別支持特定政策」不會有甚麼困難，要這
些人出點糧食和提供服務比較容易，要他們當兵稍微有些困難。那些
由於交換到一些利益而支持共產黨的村民，隨時可以回到外層同心圓的

大多數。在外層同心圓的那些人（自遠古以來就）服從一個貝備軍隊的政府，特別是因為「共產黨有能力對那些由於其他原因不願服從的人直接或間接地強制加以控制」。自查莫斯·約翰遜（Chalmers Johnson）的開創性研究以來（1962），歷史學家們都在想答案，究竟革命黨通過哪一種途徑取得廣大農民的支持：是通過抵抗侵略者的民族主義運動、社會改革或革命？真實的答案是：革命黨往往是把自己強加於人民，雖然沒有取得廣大人民的支持，卻為人民所接受。[38]

　　小部分人的堅決支持與多少有點勉強的支持（服從）或基於自身利益的支持（交換）不同，但這不是說共產黨的成功僅靠武力和欺騙，或是說農民漠不關心。上文提到的農民的憤怒和報復表明，在儒家體制的表面（感情）之下，存在着嚴重的社會緊張關係。共產黨利用和煽動了這種緊張關係，但沒有創造這種關係。

　　正好相反，他們費了很大力氣才把農民這種原材料改造成革命的一員。這是一項巨大而複雜的工程，必須告誡農民面對一個他們希望維持的現狀，徹底從那裏解脫出來（翻身）。共產黨成功地完成了這項工程，學到了「鬧革命」的本領，[39]發揮出革命者的作用，打破了常規。當然，革命者的成功要靠很大的運氣，就是日本侵略造成的天賜良機。這個偶然因素可以用來駁斥目的決定論，不過，也有人會說，帝國主義的攪和必然會帶來革命。不管怎樣，對革命者來說，革命的原因是眾所周知的，這個革命是由農民以外的精英分子設想和領導的。事實上，中國革命雖然在一小撮農民幫助下取得成功，並不能說它是個農民革命。農民不管願不願意，參加了由別人發起和領導的革命，在這個過程中逐漸改變了他們的觀念和行為。可是，在共產黨進入農村後，除了一小部分追隨者和信仰者，對村民沒有造成很大影響。革命政府一旦在全國採取一系列影響到農村的措施（土地改革、合作化、人民公社、大躍進之後的後退、文化大革命的農業激進措施等等），農民的反應與他們生活在「黃土地」上的祖父母是一樣的。他們不幸的農民兄弟——成為第一批試驗白老鼠被逼加入集體農莊的俄國農民——的反應，也是一樣的。

從邊區到全國

　　邊區指的是1937到1949年共產黨統治的華北幾個省邊界之間的地區。從1949年開始，特別是自1950年之後，共產黨把他們在華北農村試行的方法擴展到全國。然而，這樣做還不夠。至少在第一個十年的前幾年，他們還不能擺脫馬克思理論和蘇維埃模式的雙重束縛。中國的試驗仍然像是蘇聯模式的複製品，儘管中國的試驗者相信或聲稱他們現在做的與原型不同，甚至更好。中國革命者的農村出身、多年來在農村組織和動員農民的經驗以及中共在華北農村的強大基礎，似乎都不如符合模式和遵循理論重要。

　　可是，1950年春季在華北開展的土地改革（華南地區因為戰爭之後開展的安撫工作時間稍晚）表明，中共與布爾什維克的革命是不一樣的。中共是把土地分給農民，而不是像俄國農民在1917年那樣自己去奪取土地。暴力使這場土地改革變成了真正的土地革命，讓長期受到壓制的農民認識到，他們不用害怕農村精英的打擊報復，因為這些人已經被打倒在地，失去了祖先遺留下來的威風。中國農民感恩戴德，認為革命就是分配土地。

　　一開始農民固然感謝革命黨人，革命黨人自己也很高興，他們對農民的態度，比布爾什維克對俄國農民的態度好得多。他們對農民深有了解，不會過分強調農民的冥頑落後，而且也知道農民士兵對紅軍的貢獻。毛澤東不像斯大林，沒有把農民視為革命的絆腳石。他在以大躍進的方式實施他的烏托邦夢想時曾經表示，他理解為甚麼農民為了逃避強制徵收，要把一部分收成藏起來。他說，這是「正當的自衛」。後來，他抗議自己領導的政府給農民的待遇，譴責醫院和好學校仍然是「城市老爺」享受特權。再後來，他把知識青年（城市裏的高中和初中學生）下放到農村，接受誠實、節儉、勤勞和無私的農民的「再教育」——他認為農民先天具有這些美德。如果說知青在農村學到了甚麼，那就是中國極為落後，農民真的很窮，而不是毛澤東諄諄教導的那些美德（唯一的例外是節儉，因為別無選擇）。對於城鄉之間的巨大差距，毛澤東也是說的多，做的少。

　　不過，我們不應該忘記毛澤東掌權時取得的　些具體成就。昂貴和複雜的醫療制度可能只設立在城市，但「赤腳醫生」給廣大農民帶來嬰兒死亡率下降和緊急醫療服務；學校教育和掃盲運動也是如此。1949年，80%的人口是文盲，到毛澤東逝世時，這個比例下降到12%。就這些具體利益來說，中國和蘇聯是一致的，兩個革命都立即把民眾（主要在農村）的教育、文化和醫療問題視為優先事項。為說明兩者之間的關係，我們必須提及農業集體化這個核心問題。1955至1956年的農業集體化給中國農民造成巨大創傷，但創傷的程度比起蘇聯25年前的集體化其實小得多。[40]

　　程度雖然不同，從兩個集體化相似之處來說，創傷仍然是巨大的。發達不足國家的現代化處方都是一樣的：優先發展工業，由收入很低的農民的生產提供資金，農民成為原始積累資本的奴隸，而農民對此毫無所知，也沒有人諮詢他們的意見。自1953年秋實行「統購統銷」後，農民必須把口糧以外的任何餘糧用政府規定的極低價格賣給國家。這項政策顯然與布爾什維克早在1918年內戰時期實行的國家壟斷穀物貿易相似。相似之處還不止這些，在中國和在蘇聯一樣，革命者希望迅速行動，而且相信集體化是達到目的之最好手段。無論基於社會或政治考慮，土地改革勢在必行，但這會使小農場的數目激增。富農的4,700萬公頃土地分給了貧農和赤貧者，人均四分之三公頃，剛夠一家人餬口，與計劃者構想的釋放出大量糧食配額相距甚遠！在採取以定價強制徵購糧食措施之後一年，中國要求農民組織成生產合作社。這是集體化的前奏，集體化在1955年加快了步伐，希望有助於徵購糧食，而這是進行「社會主義建設」（在中國和蘇聯都意味着一個農業國家的工業化）的必要條件。中國鼓勵或強迫農民加入新成立的合作社的方法與蘇聯相似，只不過沒有那麼粗暴。河北有一條村，那裏的共產黨幹部在街上擺了兩張桌子，告訴農民說：「現在就看你們是走社會主義道路還是資本主義道路。如果是走社會主義道路，在這裏簽名，加入合作社。」在鄰村的說法是：「不肯加入的人，就是走地主、富農、資本家和美國人的路。」河北省委書記想把口氣說得溫和些，就被毛澤東點名批評。[41]

　　到此為止，我都認為一般革命者希望走布爾什維克開創的道路，迅速向前邁步。按照這個模式，革命領導人無不認為，集體化才是通向農業未來的大道。主要失去耐心的人是毛澤東，他在1953年夏季就糧食徵用危機得出的結論，與斯大林在1928年關於類似危機的結論一樣，那就是：加快土地集體化。[42]共產黨不可避免地遇到自然的阻礙和農民的抵制，內部產生了不同意見，不過分歧的內容不是關於目的，而是關於實現目標的方法。這些大多是個別的、分散的不同意見，最後由一個人說了算。斯大林當初是這樣，但他花了好幾年時間才做到，而毛澤東這時候已經大權獨攬。毛澤東跟斯大林一樣，對農業和土地政策的制訂要負起個人責任，但在實施時沒有像斯大林那樣殘酷無情。毛澤東是始作俑者，然後強行加快執行，最後決定採取大躍進的方式。

　　1955年，毛澤東先是同意「鞏固」合作社運動(按照共產黨的術語，就是要暫時停止實施，安撫抵制情緒，然後再繼續前進)，但他隨即改變主意，用前所未有的速度大量增加合作社。主持農村工作的鄧子恢(革命老領導人，在江西蘇維埃時支持毛澤東)不同意這樣盲目躍進。毛澤東尖刻地批評他是「右傾分子」，在一次發言中說有些同志像「小腳女人那樣東搖西擺的走路」。結果，省級領導人和其他中央領導人對毛的莽撞做法都不敢表示反對。可是，警告的信號不斷出現；中央高層沒有反對的聲音，因為沒有人敢步鄧子恢的後塵，但民眾和大自然有不同反應。早在1954年，農民就以和平的、不留痕跡的方式抵制「極為合理的」採購，並以激烈的方式抵制過分的採購。[43]他們情願出售、殘害或殺死牲畜，也不願把牲畜交給不管是否自願都必須加入的合作社。1955年，毛澤東自己找人進行的調查指出，河南農民淪落到以樹葉果腹。當然，這是特殊情況，因為河南省有水災為害，但另一份調查說，一個新成立的合作社增產，也應該是特殊情況。

　　毛澤東對這種情況的結論是，自留地都是小面積耕作，必須加快進行集體化。他譴責富農心存異議，反對而且破壞；他讚揚貧農熱火朝天。於是，他建議(在1955年)由貧農來管理合作社，把富農扔在一

邊。跟俄國的情況一樣，佔大多數的中農仍然是個問題。他們當中比較富裕的「上中農」與富農一樣，不能參加管理工作，「下中農」與貧農一樣，可以擔任領導職位。

於是，1929至1930年的災難隔了25年再度重演，只不過殘忍的程度稍小而已。[44]首先，中國的富農可以參加合作社，但不得參加管理工作。他們既沒有入獄，也沒有下放到中亞沙漠或蒙古草原的農場。蘇聯的去富農化和集體化運動是同時進行的，等於是雪上加霜。在中國，土地改革可以說已經「解決了」貧富問題。而且，土地改革使得許多貧農入黨，因此他們比較有經驗，可以參加解決新出現的問題。與他們合作的農場幹部在1949年以前已經受過培訓，現在又具備了動員農民群眾的豐富經驗。像「三同」(黨員幹部與基層群眾同吃、同住、同勞動) 這樣的指令，固然是宣傳的意義大於實際，但與蘇聯以前的一些做法相比仍然相去甚遠。蘇聯的做法包括：三人委員會的即決審判，25,000名工人從城市被派去農村以加快建立集體農莊，[45]以及1930年1月1日時每五個農村中有三個沒有蘇聯共產黨小組。不過，兩個集體化運動 (1930和1955) 之間儘管有差別，相似的地方更多。中國的集體化沒有蘇聯那樣殘酷，步調也不很一致，但村民和農村幹部仍然受到極大的壓力，強迫威脅的事也常發生。不符事實的豪言壯語都一樣層出不窮，例如經常宣傳貧下中農對社會主義的無限熱情。中國沒有像蘇聯1930時那樣強調拖拉機的作用 (因為還沒有拖拉機)，但也提出許多美好的諾言，例如宣稱農戶加入合作社後收入將會增加90%。

這些承諾言猶在耳，但大家 (早在1956年) 已經看清楚，這是不可能兌現的。就在1956年，儘管施加重重壓力 (91%的農戶在十個月內集體化！)，這樣匆忙上馬的大規模轉變卻沒有增加任何農業生產，不得不進入新的「鞏固」階段，並一直延續到1957年。政府當局此時准許退出合作社，自留地的面積增加。承認更多的「物質獎勵」，重新允許手工藝和專門性農業等副業活動，自由市場大增，農民出售的豬和肥料價格上漲。效果立竿見影。合作社的管制放寬之後，社員在「乾兒子」(集體地) 上敷衍了事，在「親兒子」(自留地) 那裏細心打理。集體地上

普遍曠工，上交國家的糧食不增反減。一些地區糧食短缺，促使黑市交易增加。對知識界，毛澤東提出「百花齊放、百家爭鳴」的方針，要求人們敢於說話、敢於批評，但隨即發動反右運動，加強控制。1957年夏、秋兩季，對固執和懷疑的農民開展農村社會主義教育運動，強化搖搖欲墜的合作社。這個工作才剛剛開始。1957年的翻臉不認人其實是1929年蘇聯大轉彎的翻版，它們的前提相同，就是認為這些措施是迅速現代化的必要條件。

從大躍進到「獲得解放的」農民

　　現實生活與毛澤東描述或想像的畫面則是兩回事。在他的夢想中，農民高舉着紅旗，興高采烈地走在集體化的田野上，進行社會主義建設。[46]大躍進是在1958年發動的，但在1957年秋季已經開始策劃。這場運動顛覆了千百萬農民的生活，剝奪了他們私人的土地，切斷了家庭生活方式，必須到公社的食堂吃飯，集體出動到遠方去修築水庫、堤壩和水渠。婦女從廚房「被解放」出來，更加辛勤勞動，1958年的好收成由她們自己下田收割，還要把鐵器丟進小土高爐，煉出來的鋼材中九成都是廢鐵。不同尋常的發展戰略和好大喜功的想法需要建立新的體制。於是，人民公社成立，打破原有自然村的區隔，把15,000至25,000人合併在一起，原來的鄰里和親屬關係一舉推翻，土地改革時分給農民的自留地一概取消。農民在公共食堂成立時興高采烈，以為可以吃飯不付錢管飽，但在發現糧食不夠吃之前就已經幻想破滅。自此之後，偉大領袖描繪的各種光明遠景都幻滅了，包括：生產大豐收，稻田或麥田必須分為三份，一份種糧食，一份休耕，一份種樹：「中國將變成大花園。」那年秋收，由於人力都調往他處，糧食爛在地裏，但那個領導人告訴農村幹部，不用擔心爛掉的糧食，「爛掉了可以做以後莊稼的肥料。」這些收成將會豐富到不知如何處理。毛澤東估計，1965年的收成將幾乎是1958年的四倍，即7.5億公噸，「每人分一萬斤糧」，「農民就可以休息了，土地可以放一年假。」

　　這一切似乎相當簡單，就像是做了個白日夢，不過，毛澤東的作為要比斯大林複雜得多。首先，我們大致比較一下兩人的做法。斯大林冷酷無情地壓榨農民，死人無數。毛澤東造成的死亡人數可能更多，但原因是他的無知、傲慢自大和瘋狂。他的瘋狂與清醒時刻交替出現，清醒的時候他似乎也暫時知道他正帶領着中國走向深淵，然而他的瘋狂足以要人的命。他在政治局面對二十幾個常委自我批評說：「關於由集體所有制向全民所有制過渡的問題。……現在就是太快，我有點恐慌，怕犯甚麼冒險主義錯誤。」這是具有中國特色的自我批評，一般老百姓完全不知道。1958 年 12 月，這個時候，關於餓死人的統計只有幾萬人，還不是後來估計的好幾千萬人。毛澤東在這時候短暫清醒，總結經驗教訓，宣布他自己是「右派」，在隨後幾個月到 1959 年夏初這段時間實施他所說的「右派」政策。生產指標向下修正（雖然減少得還不夠），國家強制徵購糧食配額也減少。不過，農民沒有得到甚麼好處，因為毛澤東儘管把大量徵購比例從產量的 40% 減少到 33%，甚至 25%，他仍然過高地估計全國收穫量是 7.35 億公噸（實際收穫量是 2 億公噸），所以徵購指標仍然無法完成。

　　毛澤東的清醒時刻與極度亢奮下的胡言亂語交替出現，1959 年夏季又開始政策左傾，造成的後果更為嚴重。突然轉變的原因，不是有了新的不切實際的想法或心智失常。在他看來，這件事比人民餓死更嚴重，那就是他過去 30 年來的戰友、國防部長彭德懷向他上書，提出批評意見（其實與毛的自我批評差不多）。毛澤東撤除了彭德懷政治局常委和國防部長的職位（彭德懷後來在文化大革命中遭到更殘酷的批鬥），接着針對「右傾機會主義者」發動反右傾運動，重新開始比原來大躍進更要命的運動。這時候的毛澤東完全可以與斯大林比肩而立。

　　在饑荒發生之時和之後，毛澤東的屬下竭盡所能地設法解決。他們盡力控制損害，讓農村經濟重新站穩腳跟。他們引進或實行的新措施在 20 年後取得豐碩的成果，因為毛澤東這時已經去世，不能再橫加阻擾。這些措施中最具有革命性的是「承包合同制」或「家庭聯產承包責任制」，實際上就是去集體化。生產隊把土地分給每一個農戶，農戶必須把生產

的主要部分上交。不過,一旦完成定額,他們可以自由處置剩餘的部分,由家庭自己消費或到自由市場出售。另一個重要讓步是生產隊從高級社和人民公社獲得比較大的自主權。農民此刻比較清楚他們的勞動與報酬之間的關係。但是,最具革命性的讓步沒有能夠在全國範圍內推行。毛澤東認為「責任制」是可怕的資本主義復辟的開端。他容忍但從不承認其他的改革措施,後來甚至對這些政策給社會造成的有害影響感到憤怒。毛澤東的獨裁統治又推翻了比較靈活的政策。生產大隊再次取代了生產隊,報酬的分配更加強調平均,自留地縮小,自由市場再度遭到質疑。有時候,兩個相互矛盾的政策同時在執行,毛澤東的下屬對他的嚴厲指示陽奉陰違(為此在文化大革命時付出沉重代價)。毛澤東和他的忠實信徒從大躍進的災禍中學到了甚麼教訓嗎?無論如何,農業的恢復速度比工業慢很多,恢復的範圍也不如工業全面。

幸虧自1960年代中期以來,工業開始生產越來越多的化肥,機械化灌溉方面也取得進展。這兩個因素加上選種技術,使得綠色革命在中國起飛。[47] 除了在短暫的時期和某些地方,特別是在文化大革命的混亂和暴行蔓延到農村時,這些進展基本上沒有受到政策的干擾。農民受到的主要干擾是,只要毛派激進分子得勢,這些進展就無法貫徹實施。激進分子相信,中國的光明前程已經在望,必須不斷奮鬥,走向社會主義的更高階段,那就必須剷除資本主義留下的障礙,例如自由市場和自留地。農民表面上服從,但會把準備出售的幾隻鴨子藏起來(非法牟利代表了無可救藥的資本主義心態),有時候甚至得到基層幹部的默許。這些幹部善於弄虛作假,迎合激進分子的空想,安排一些偽裝假相。這些假相有時候被負責割資本主義尾巴的生產大隊戳穿,造成農作荒廢,人人恐懼。精神獎勵是唯一被允許的鼓勵生產的方式,但只產生假話連篇的效果。農民還算僥倖,激進領導人下令推動的烏托邦沒有真正實現,但各種強取豪奪的政策使他們甩手不幹,農業生產也跟着下降。可以說,雖然毛澤東再三表明要照顧農民,但那些遵循其路線的理論家卻在根據馬克思主義執迷不悟地努力消滅農民。即便如此,主張現代化的追隨者仍然佔了上風。在「革命還是現代化」這個兩

難困局(在毛澤東去世之前，往往為了革命而犧牲現代化)之下，似乎
還有一個更難調和的困局：烏托邦還是現實生活。[48]

1977年，毛澤東逝世後一年，農民的平均生活水平仍然等於或低
於1933年的水平(當然農民的人數已經增加了許多)。七年之後，在
1984年，農民的平均生活水平提高了三倍。在幾乎完全停滯幾十年之
後，這個奇跡是怎樣產生的？其實只要簡單幾項措施，就可以解放出農
民的潛力，例如把過分壓低的農產品價格提高(1978至1982年，糧食價
格提高了49%，其他產品也相似)，以及讓農民自己決定要種甚麼(按
照土壤、氣候和管制較少的市場)。農民現在可以專門從事種樹、養
牛、捕魚或養魚，把產品拿到市場去賣。在此之前，生產隊和生產大
隊必須首先種糧食，然後以極低價格賣給國家。人民公社分階段解散
後(即去集體化)，過剩的勞動力被解放出來。勞動力過剩的明顯事實
過去隱藏不顯，因為合作社社員勞動速度很慢，工分是按照社員的勞動
日數計算(後來按照多勞多得計算，勞動速度就加快了)。[49]這時，過剩
的勞動力獲得解放，投入農村工業，也開始進城裏的工廠打工。中國
農民長久以來遭到束縛的潛能，好像一下子被解放了出來。[50]

比　　較

蘇共和中共

關於蘇聯農民受到的待遇，我是從1917年革命開始，但關於中國
農民，我要追溯到1900年的義和團事件！中國共產黨1949年的勝利是
1927年開始的農民史詩的發展頂峰，這篇史詩其實還可以推前五年，
追溯到彭湃在廣東成立的第一個農會。布爾什維克在農村沒有任何基
礎，在革命前夕整個俄國只有四個黨小組。如果只談兩個共產黨的比
較，這樣的對比也就夠了，但我還想說一下農村改革者和中國知識分子
關於「其他農民」看法的變遷(梅儀慈〔Yi-tsi Mei Feuerwerker〕)。所以，

我應該提到1861年的廢除農奴制度，1873至1874年的民粹派，烏斯賓斯基 (Uspensky)、契訶夫和蒲寧的農村英雄，1891年的饑荒和動亂，1902和1905至1906年的叛亂，農村對斯托雷平改革的反抗，社會主義革命者在農村的堅實基礎，以及第一次世界大戰對農村的巨大影響 (包括男子全被動員入伍，1917大規模逃跑，遍地都是難民和戰俘)。這些是蘇共農業政策失敗的冗長歷史因素，但中共缺乏同樣的背景，所以要探究它在掌權之前的那段時期作為補充。不過，我必須承認，對於一個我花了一生三分之一時間研究的人物，忍不住要多說幾句。[51]

可是，重點在於中國共產黨對農村生活的了解比布爾什維克強得多。中國的革命黨人對農民的感情和態度不同，因為他們與村民比較親近，理解農民的要求 (至少在早期)，這不是布爾什維克與貧農的關係可以比擬的。1950年土地改革時，他們把富農的田地分給貧農，而俄國的貧農是自行奪取土地。中國的富農可以在1953至1954參加合作社，只是不能進入領導班子。他們沒有被放逐到北方或西方邊境去開墾荒地，中國其實沒有去富農化運動。1955年，中國匆促進行集體化的時候，沒有把富農一批批送去「中國的古拉格群島」(杜明〔Jean-Luc Domenach〕)。[52] 最後，在兩個革命都做出成績的一些方面，例如集中和系統的掃盲運動、疫苗接種以及赤腳醫生提供的醫療保健，中共比蘇共所做的好得多。

那麼，既然具有良好意願，採取的措施也比較平和，為甚麼中國的饑荒造成的損害一樣大，餓死的人更多？

- 首先，要考慮到中國的人口和經濟因素。1935年俄國留給集體農莊莊員的自留地面積很小，但自留地對中國農民來說已經心滿意足了。中國也沒有吹噓拖拉機的神奇功用 (因為中國的拖拉機比1930年代的俄國還要少)，而且雖然解決饑荒的方式錯誤比較少，但結果卻更糟 (見以下第五章)。
- 第二個原因是唯一決策者不負責任的做法。毛澤東交替出現的清醒和懊悔時期，很快變成傲慢和固執的精神迷亂，有時候說話和舉動可以在幾個星期內一變再變，令人難以相信這是同一個人。

- 最後，更重要的是，因為馬列主義和斯大林發展模式這兩塊神主牌，至少在第一個十年期間（甚至更早時間，比如說把江西的農村根據地取名為蘇維埃共和國）無法制訂不同的政策。也因為如此，無法前後一貫地把農民劃分為富農、中農、貧農和長工等幾個階級。比名稱更重要的是，痛苦地模仿在蘇聯已經試驗失敗的政策。這些政策的基礎都是強調明顯的落後狀態，都希望迅速現代化，因此都必須從農民榨取原始積累所需的資金。它們都一樣要從黑土地或稻田過度徵購糧食，為此必須加快實施集體化的速度。最後，1953 年統購統銷制度令人想起布爾什維克在 1918 年內戰時期建立的國家對糧食交易的壟斷。[53]

因為俄國的內戰，使我不忍心對它過於苛責。從 1918 到 1921 年，俄羅斯帝國的主要產糧區都不在布爾什維克的控制下。我不想為貧農委員會和戰時共產主義的過激措施辯護，但一個掙扎求生的政權不得不採取非常手段來為紅軍士兵供應糧食。另外一個比內戰持續更久的問題是民族問題。中國人首先是民族主義者，然後才是共產黨人，與烏克蘭在 1918 到 1933 年的情況不一樣，中國在解決農民問題時沒有碰到民族主義問題。俄國實施新經濟政策的原因，與考慮到內戰的原因是一樣的。戰時共產主義的失敗以及白軍和喀琅施塔得事件後發生的農民叛亂，都逼迫俄國這樣做，但堅持教條的理論家可能會反對。所以，我們必須承認，列寧和在他領導下的一批布爾什維克人能夠擺脫教條的束縛，至少沒有像後來的斯大林和毛澤東那樣冥頑不靈。對於毛澤東，我要稍微修改以前對他的指責；他在世時、包括在文化大革命時期修建的基礎設施，成為 1980 年代工業迅速發展的基礎。

另一方面，我不認同毛澤東經常受到讚揚的一點：他擺脫了蘇聯模式，甚至說他走出了中國自己的路，比如說大躍進。我願意承認，毛澤東絕對有理由懷疑，斯大林的發展戰略不適合中國的特殊情況，尤其是不適合中國人口特質。在這方面，他的確總結了中國第一個五年計劃經濟的教訓：不重視農業就會阻礙工業的迅速發展。因此，我不會怪他批評斯大林的政治經濟學教科書（1958），更不會怪他提出「兩條腿

走路」的方針來糾正一五計劃的不平衡狀況，既要利用充分的人力資源，又要使用進口的技術。但我始終要責備他的是：他沒有能夠從他聲稱拒絕的斯大林發展戰略中解放出來，比在一五計劃時更加強調重工業，使得不平衡狀況更加嚴峻，他卻熱烈加以擁抱。大躍進的名字取得好，因為它的確是俄國1929至1930年大躍進的翻版（只是情況更壞，而且壞得多）。

農 民

　　中共自認居心善良，雖然它對待千百萬農民的做法與布爾什維克對待貧農的做法幾乎一樣，卻沒有覺得良心不安。兩國的農民對惡劣待遇的反應也相似，主要的差別在於：中國農民比俄國貧農更淳樸、馴服和吃苦耐勞。曾經批評黨的農業政策的一些中共領導人（例如彭德懷和陳雲）都讚揚農民的忍耐力，說「中國人好管，餓死也不會造反。」[54] 在饑荒發生之前，他們當然抵制糧食徵購和集體化，騷亂和暴動在1954到1956年期間經常發生，但遠遠比不上四分之一世紀前在蘇聯農村的規模。部分原因是糧食徵用和土地集體化沒有與去富農化和關閉教堂行動同時進行，而更重要的是，似乎還有個文化的因素：中國沒有俄國村社那樣的平等習俗，也沒有按照家庭大小定期重新分配土地的做法。中國有些知識分子（不是農民）提出「耕者有其田」的口號，這句話其實來自蘇聯。中國的佃農相信上天注定和祖先餘蔭，從來沒有想過要重新分配土地。在1917年的俄國，農奴制的記憶猶新，無償農奴對奴隸主的怨恨還很深。中國的佃農卻分不清靠勞動養家和靠勞動付地租的區別。中國沒有黑色重新分配土地的俄國經驗，也沒有經歷過紅軍、白軍和綠軍的三方鬥爭。在中國所謂的農民革命中，農民不是獨立的參與者。中共在所控制的地區動員和招募農民。中國的知識分子大多數繼承了學而優則仕的傳統，比俄國知識分子更加尊重權力、等級制度和既定秩序。即使在五四運動之後，儒家思想深植人心，對農民尤其如此。

　　在指出兩國農民抵抗程度的重要差別之後，下面說一說兩者相似之處。中國農民的行為，與上一個世代俄國貧農和集體農莊莊員一模一樣。他們寧願宰殺牲畜，不願交給合作社；他們把心思放在自留地，對集體田地敷衍了事。換句話說，在按照工作時間計酬時，他們偷懶、聊天、磨蹭，而一旦按件計酬，他們立刻加快速度、粗枝大葉、草率了事。他們隱藏一部分收成，讓小孩去小偷小摸。下面兩首順口溜說得好：

上工一條龍
幹活大咚呼嚨
出勤不出力
記的一樣工。

或：

不管幹活多受累，
還是餵不飽你的嘴。
最好的辦法告訴你，
見到吃的往家揹。[55]

　　共產黨與農民的關係是不是永遠衝突矛盾呢？一般來說，農民認為國家代表着寄生蟲的城市，只會到村裏來收稅、徵兵或抽調勞動力。他們認為共產黨也一樣，只不過來的次數更多，威權更大。共產黨還帶來奇怪的貧農鬥爭富農的階級觀念，而農民卻普遍認為這是農村社會從上到下的自然分類，雖然有糾紛分裂，但團結一致來對付城裏來的外地人。不管是集體農莊或人民公社，生產者與國家都會有不可避免的矛盾，前者希望盡量少交糧食，後者堅決要求多徵糧食。不僅如此，農民還抱怨不再能隨自己的意思種地，要聽從別人指揮。他們抱怨政府幹部對農業一無所知，卻強迫他們使用荒謬可笑的耕作方式。

第五章

饑荒

　　兩個革命政府引發了二十世紀最嚴重的兩個大饑荒。第一個饑荒發生在1931至1933年的蘇聯，死亡人數約600萬到700萬；第二個饑荒發生在1958至1962年的中國，死亡人數2,000萬到4,000萬。[1]除其他外，由於性行為減少和饑荒引起的月經不調，中國的饑荒導致出生率下降。[2]鑑於中國人口大約是30年前蘇聯人口的四倍，兩者的死亡比率非常相似。農村的死亡率比城市高得多，受害最嚴重的地區中每20人有一人死亡(在十分之一到三分之一之間)，在俄國首先是1931年的哈薩克斯坦，接着是1932至1933年的烏克蘭、下伏爾加和中伏爾加；在中國是1959至1961年的安徽、河南、四川、貴州和甘肅。

　　根據可能低估的統計數據，在中國死亡率最高的那一年(1960)，四川(人口多於法國)的死亡率是54‰，安徽是68‰以上，是估計出生率11‰的六倍有餘。蘇聯各地區的死亡率在1933年達到70‰；烏克蘭更糟，1933年的女嬰出生時預期壽命是11歲，比男嬰少8歲。在這方面，中國與蘇聯相比還算好一些。不過，對這個比較(如果是正確的話)需要做一些說明：烏克蘭死亡率的高峰集中在1933年春季和夏初，而四川的死亡率從1958到1961連續四年是正常死亡率的兩倍以上。尤其重要的是，中國1957年的平均死亡率已經遠低於蘇聯30年前的死亡率，所以兩者的超額死亡率應該說大致相等。[3]

　　順便要指出，總體數字不一定可靠，反而是當地災情或個人故事更能夠說明真相：許多六口或八口家庭只有一個或兩個人活下來，全村死光(必須由鄰村的人來埋屍體)，全區死絕。幾個逃到城裏的農民用耳

環、戒指或衣服來換一個饅頭或一碗飯。有人把小孩丟在城裏，希望有好心人收養，然後自己回去村裏等死。有些農民死了人不報告，希望能够繼續分到口糧，也有人讓死人留在當地或疊成一堆，任其腐爛長蛆，因為連埋葬的力氣都沒有了。另一方面，埋屍體的人是按件計酬，把還有一口氣的人也往坑裏丟。堆在上面的人如果運氣好可能奇跡般爬出來，説不定會有好心人餵他吃點東西。[4]

倖存者或苟延殘喘幾個星期，或很快死去，他們用盡各種辦法，抓到甚麼吃甚麼，包括：腐肉、糞坑裏的死老鼠、牛糞裏的蛆。他們與豬搶泔水（民兵會禁止），吃癩蛤蟆、蛇、蜥蜴、蟑螂、螳螂卵、雞毛或鴨毛、棉衣或床墊裏的棉花、甚至屋頂的茅草。樹皮和樹葉、白楊樹的芽、地瓜秧。稻殼、榨油籽的渣、海藻。許多人因此中毒或致病。有人餓得吃觀音土（泥土混合野草），造成腸道阻塞不通。[5]

不用説，也有人割死屍的肉吃，不管是路旁的棄屍，還是停在家裏的死屍。還有人吃家裏死去的親人，甚至殺死家人來吃。除了吃屍體，還有人吃嬰兒和吃人肉。兒童不准外出，因為害怕被人吃掉，但也有母親把自己的小孩勒死，切成塊煮來吃。有人吃過後發瘋，有人被捕，也有人不當一回事。大多數人對自己的小孩下不了口，寧願與鄰居交換來吃。這成為安徽一個地區的習慣做法，稱為易子而食。[6]即使沒有殺人吃肉，許多人對親人死亡變得無動於衷。長期飢餓狀態使人冷漠無情，不時濫用暴力，對盜竊動用私刑，殘暴和虐待的行為屢見不鮮，惡霸肆意橫行，農村的犯罪隨之增加。[7]

兩國的饑荒是在和平時期發生的，既沒有強敵入侵，也沒有破壞收成的蝗災，而且交通運輸相當方便，足以迅速把糧食運到缺糧區。此外，災區都是傳統的豐產區，四川是「天府之國」，烏克蘭北部的黑土帶極為肥沃，村民説：「插一根棍子在地裏都會長。」[8]所以，為甚麼會發生大饑荒？革命黨人是不是首先要負起責任？

革命黨人無罪？

對於中國常說的自然災害的藉口，我就不多說了。中國一些地區在 1959 和 1961 年出現過惡劣氣候，另一些地區 1960 年遇到乾旱，但楊繼繩指出，從 1956 到 1983 的 27 年期間，有 11 年遇到惡劣氣候甚至自然災害，其受災範圍都大於 1959 至 1960 年，卻沒有發生饑荒，甚至糧食也沒有顯著減產。[9]

中國在 1960 年和蘇聯在 1932 至 1933 年的農業，的確很容易受到氣候的影響。兩國的農業生產極不穩定，因為都是看天吃飯；中國的降雨量相當不可靠，所以政府以為可以拿來作為藉口。俄國也一再發生乾旱，但不如華北平原那樣頻繁，所以乾旱是饑荒的序幕，但不是發生饑荒的重要因素。1927 至 1928 年和 1928 至 1929 年冬季，解凍的時間提早，導致發芽提早，但接着發生晚凍，使前一年秋季播種的小麥損失慘重。為了補救，匆忙在休耕的土地上播下小麥，於是影響到隨後幾年的產量——主要是 1931 和 1932 年，1930 年的收成因為天氣好沒有受到影響。此外，1931 年，烏拉爾、伏爾加流域和西伯利亞一部分發生旱災，1932 年，烏克蘭先是 3 月嚴寒、接着 6 月初酷暑。接下來過量降雨，加上高溫，傷害到開花時期的幼苗。所以，天氣要負一部分責任，但人也有責任，他們因為天氣變動打亂了輪作秩序。不管怎樣，蘇聯 1946 和 1972 年，或中國 1954 和 1978 年的氣候更反常，甚至成為自然災害，饑荒情況卻輕微很多，甚至根本沒有發生饑荒。[10]

中國還有一個獨特的藉口，就是赫魯曉夫在 1960 年夏季召回蘇聯專家。不過，召回專家主要是毛澤東挑起的，而且對農業生產實際上並無影響。蘇聯專家中農業專家很少，而且赫魯曉夫兩次表示願意對饑荒提供幫助，都被毛澤東傲慢地拒絕了。[11]

人口轉型是另一個相當重要的因素，可是中蘇兩國的官方解釋卻很少提及。俄國的人口轉型大約從 1900 年開始，中國稍遲一些，初期階段都是生育率高，而死亡率迅速下降。中國的死亡率下降得更快，因為全球各地防治傳染病工作在 1950 年代的效率遠遠高於 1920 年代。中

國除了由於時間上晚了30年而佔有優勢，政府在大躍進災禍前八年也為死亡率下降做出了貢獻。死亡率的驚人下降凸顯出饑荒餓死人的嚴重情況，因為如果死亡率維持在1949年以前的水平，許多餓死的人根本活不到1958年。出生率一直到1970年代才開始顯著下降，所以在人口轉型的第一個階段人口自然增長非常快，1955至1957年平均每年增長2%到2.5%。

蘇聯的人口轉型相似，只是稍微落後，速度稍慢。它的出生率和死亡率，特別是死亡率，都比30年後的中國高很多，人口自然增長率稍低一些，從1924（在戰爭、內戰和饑荒持續危機之後）到1928年仍然年均約2%。基本因素是死亡率下降，雖然比中國慢一些（從1924到1928年五年期間約為10%，而中國從1953到1957年是27%），卻是出生率的兩倍。這造成人口迅速增加，預期壽命顯著改善（從1923年的34歲增加到1928年的39歲），而且農村人口明顯過剩。當斯大林結束新經濟計劃時，糧食產量幾乎沒有增加，但現在需要養活的人比1897年人口普查時多了4,100萬。[12]

兩個革命政府不需要為幾乎失控的人口增長負責，儘管它們為死亡率下降做出了貢獻（這應該是它們的政績）。只要出生率的趨勢沒有像死亡率那樣下降（蘇聯的出生率最終下降更快，死亡率上升！），換句話說只要人口轉型沒有發展到必須維持一段相對穩定的時期，需要養活的人口數量和農業生產能力都不是問題。中國政權的第一個十年和蘇聯的1920年代都是這種情況，這個脆弱的基礎卻被缺乏深思熟慮的政策打破了。

不僅如此，城市化的速度比人口增長快。城市化起步時的水平不高，蘇聯1927年的城市人口只佔18%，中國在1957年是15%。蘇聯在1920年代年均增加5%，在1930和1931年是10%。從1928到1933年的五年期間，城市人口從2,600萬增加到3,800萬，非農業人口從1,200萬增加到2,000萬。中國的增長步伐更快，1957年已經超過8%，1959年達到15%。只在這一年，中國城市人口破紀錄地增加了1,650萬（從10,720萬增加到12,370萬），1960年再超過這個數字。[13]快速城市化的

原因不是人口自然增長（其實城市的自然增長率比較慢），而是因為兩個政權的政策犯了大錯，並且執行的方式粗暴，造成農村人口匆忙外流：在蘇聯是集體化和去富農化，在中國是人民公社和急速工業化。大多數外流人口是年輕的農民。農村勞動力本來已經過剩，如果不是大躍進把人力調去大修水壩或小型土高爐，如果不是烏克蘭的饑荒使得原來身體強壯的男子變成沒有力氣工作，田裏的耕作並不會缺少勞動力。

當然有罪！

關於兩個革命政權推卸責任的藉口，我已經說得夠多了，現在再談一下人口轉型的事。這樣迅速的城市化是不切實際的發展戰略造成的，不過對這兩個「落後」國家來說，這樣的發展是不可避免的選擇。人口轉型開始時緩慢，是與經濟不發達和持續發生饑荒並存的。1918至1922年，蘇聯發生的饑荒比1932至1933年的饑荒更為嚴重。[14]沙皇時期1891至1892年發生過饑荒，那次饑荒之前和之後，1868、1898和1901年都曾發生過比較輕微的糧食危機。[15]在中國，1928和1930年，華北和東北的饑荒造成大約1,000萬人死亡。[16]1920至1921年在華北，1943年在河南，都有過饑荒，但其範圍和嚴重程度都比不上清王朝1876和1879年的大饑荒。

我們固然要譴責這兩個走入歧途的殘暴政權，但必須知道歷史遺留的包袱也有責任。愛德華‧赫里歐（Édouard Herriot）吹噓他在1933年訪問烏克蘭時看到為他特別安排的集體農莊「欣欣向榮」，當然可憎可笑，[17]但他不用擔心有一百萬法國同胞會被殺害，原因不在於他的激進社會黨不會採取極端手段，而是在於即使採取斯大林（和毛澤東在四分之一世紀後）那樣的極端辦法，也不可能相應地餓死4,000萬法國人（即使是在剛剛度過大蕭條的時候）。這樣的極端手段是難以想像的：只有在絕望時刻才會採取絕望手段。

大轉彎

這些極端手段包括：不計後果地快速現代化（因此要加快工業化和城市化），無視自然條件的限制，也不顧發達不足的農業沒有能力高速度積累原始資本。説到上一章提到的「成就」：在蘇聯，農業革命導致收成中可以出售的部分相當大比例地下降。1914年以前，大地主和富農佔了這個部分的70%。富農地位降級，貧農地位提高，使得中農成為大多數，而他們沒有多少餘糧可以出售。糧食價格極低，工業產品價格極高，意味着農民情願栽種價格較高的經濟作物，吃得好一點，甚至用作牲畜的飼料，也不願出售手裏的小麥。牲畜數目在1921至1922年因為農民不得不宰殺而下降，此時因為新經濟政策開始回升。人工授精技術使得牲畜變得更大更壯，但所需飼料也增加。牲畜的價格以及肉和奶的價格相當高，農民情願多養些牛，餵好一點的飼料，而不願按照國家規定的低價出售數目不多的餘糧。即使根據官方的統計，讓1927年的糧食產量恢復到1913年的水平（這一點頗有疑問），糧食產量也不足以養活已經增加的人口，飼養牲畜，以及完成革命黨人希望的恢復到1913年糧食出口水平。1927年的糧食產量不足是促成大轉彎的前奏。[18]

不過，大轉彎沒有馬上發生。斯大林在這個過渡階段還只是把糧食短缺歸咎於「有人搗亂破壞」和富農「罷工」，他要到1929年才提出規模經濟可以增加生產，並認為從大單位（例如集體農莊或國營農場）徵購糧食比去無數農戶搜查容易一些，於是決定迅速開展集體化。他指責這些人家有餘糧，卻拒絕出售，使得政府不得不到農村去搜刮糧食。斯大林自己以身作則，有一次難得地從莫斯科下鄉（他夏天一般是去黑海避暑）。1928年2月，他在烏拉爾和西西伯利亞進行警察似的突襲，帶着好幾車「投機倒把者」的「囤積」糧食——換句話説從富農和中農那裏搜刮的糧食——凱旋回到莫斯科。這就是著名的「烏拉爾—西伯利亞方式」，斯大林的下屬從此必須在伏爾加、高加索和烏克蘭照樣實施。斯大林因此決定向農民宣戰，卻沒有告訴布哈林。布哈林面對既成事實，在他的文章「一個經濟學家的筆記」警告説，這是對農民的「軍事和

封建剝削」。斯大林對此很不高興，開始不斷抨擊「右派危險」，而他此前卻是與布哈林一起抨擊左派的幻想。因為富農不肯自願交出小麥，只能強行攫取。斯大林認為，如果1928年徵購的糧食仍然不足，那是因為富農心懷敵意，而不是因為乾旱和冰凍期延遲。1929年，對富農規定了不可能實現的限額，如果無法完成，就沒收他們的糧食，理由是如果富農不能滿足國家的要求，就證明他們反對政府，減少了播種的面積。大轉彎的兩大手段──集體化和去富農化──已經準備就緒（獨裁者準備好了，全國緊跟在後），就要走向「第二次革命」：犧牲農業和農民，全面工業化。[19]

1929年秋季的「集體農莊運動」（即集體化）絕對不是自動自發的。作為集體化的重要部分，「消滅富農階級的政策」也同時在執行。這個政策終於讓中農相信，耕種家裏那小塊田地是沒有前途的。除了富農這個類別，現在還有「意識形態富農」（不肯參加集體農莊的農民），還有富農的「幫兇」或「辯護者」，他們同情富農，也哀歎自己受到的待遇。不過，其他農民卻參加了暴行、逮捕和掠奪，加重了官方徵購造成的創痛。結果，1929年的收成與1928年一樣是不好不壞的水平，卻徵購了1,600萬噸糧食，而國家在1928年只徵購了1,100萬噸糧食。[20]

農民對恐怖主義、濫用權力和強迫集體化有許多不一樣的反應。在哈薩克斯坦，既執行集體化和去富農化政策，又同時強迫牧民和半牧民定居化，因此一再出現游擊戰（1929–1931）和名副其實的叛亂。[21]政府在別的地區沒有遇到這樣大規模的叛亂，卻必須應付無數次其他暴動，以及更多的每日發生的抵抗行動。詹姆斯·斯科特（James Scott）（1985）指出，在共產黨專政下，這往往是唯一可能的抵抗方式，表現出來的形式包括：拒絕集體化，藏匿糧食，拒絕為集體農莊工作或怠工，宰殺牲畜，不願交出來成為集體財產。在農民抗議的高峰時期，斯大林命令執行集體化的人員撤退，指責他們「被勝利沖昏了頭腦」。不到三個月，集體化農場所佔比例減少了一半有餘。[22]

暫停的時間很短。1930年夏季，一個虛構的「勞動農民黨」被指控為反革命組織，該組織由兩名經濟學家蔡雅諾夫（Chayanov）和康德拉

捷夫（Kondratiev）領導——這是一個不好的兆頭。不過，由於風調雨順，糧食得到豐收，徵購也很成功。但是，斯大林並沒有感謝天氣，而是認為這首先是集體化的功勞（毛澤東在1958年也是這樣說），並且沒有建造後來需要的糧倉，反而出口了580萬噸糧食。政府接着掀起第二次集體化浪潮，從1930年9月延續到1932年7月。剛開始的時候，推行的人相當猶豫，因為他們剛在3月挨了罵，但到1931年春季，他們不得不加大力度。這個時候，沒有人再拿集體化會提高生產力作為理由，因為烏拉爾和西伯利亞已經發生了嚴重的旱災。[23]

哈薩克斯坦

哈薩克斯坦在同年發生第一次饑荒。饑荒從1930年延續到1933年，至少害死了三分之一哈薩克人口，大約400萬人口中估計有140萬人死亡和失蹤。人民的絕望表現為1929至1931年普遍出現的叛亂活動。糧食徵購在恐怖氛圍中實施，執行的步伐比任何地區要快（烏克蘭和庫班除外），從1930年的佔產量33%增加到1931年的39.5%，儘管產量一直在急劇下降（1928至1932年下降了三分之一）。肉類徵購量提高得更快，從1926年的31,200噸增加到1929年的400,000噸。同年，哈薩克牧民必須把差不多15%的牲口交給國家，這個比例在1931年提高到47%，1932年提高到68%！比例高得如此離譜的部分原因是，一度高居全蘇聯首位的哈薩克牲畜數目以驚人的速度下降。從1928到1934年，減少了90%，在遊牧和半遊牧區，減少了97.5%。在被迫定居和把牲畜交給集體農莊的情況下，許多哈薩克人把牲畜殺掉，或者帶着牲畜逃走。1930年冬季，集體農場和肉類生產工廠的牲口也大幅度下降，因為集體化倉促上馬之後組織混亂，牲畜缺乏照顧。與集體化相比，強迫定居更缺乏深思熟慮。牧民被丟棄在無法種植糧食的荒地上，每500個定居點有四所醫院。每幢大樓住40家人，沒有暖氣、供水、肥皂或毛毯。居民穿着破舊骯髒的衣服，披着粗糙、未經鞣製的羊皮。強迫定居使許多牧民、特別是他們的子女患上傳染病，往往因為營養不良

而更容易病死。許多人餓死、病死，有些人索性逃亡。差不多200萬哈薩克人(佔人口的一半)逃亡求生，一些逃到哈薩克斯坦內陸，一些逃去其他亞洲蘇聯加盟共和國，甚至逃去西西伯利亞、中伏爾加和中國。許多人後來回歸，但60萬人永久成為移民。[24]

烏克蘭的饑荒擴大 (1932年下半年至1933年1月)[25]

哈薩克斯坦餓死的人所佔比例最大，但烏克蘭餓死的人數最多，在300萬人到350萬人之間。關於烏克蘭的饑荒已經有許多人研究(也有更多新聞報道)，這有許多原因，其中一個重要原因是烏克蘭是一個歐洲國家。烏克蘭的饑荒不同於哈薩克斯坦的饑荒，它提出了一個重要問題：斯大林在1932年秋季是否蓄意使得饑荒更為嚴重。

如果蘇聯政府只是發起集體化和糧食徵購的兩次浪潮(從1929年秋季到1932年夏季，當中在1930年春季和夏季暫時停止)，饑荒或不會像後來那麼嚴重，特別是在烏克蘭，但在庫班、伏爾加地區和西伯利亞也是如此。的確，徵購太多(1931年近2,300萬噸，佔本來已經歉收的收成的三分之一)和繼續出口(480萬噸)使得1932年春季的情況危殆。烏克蘭不得不放棄徵購42%的收成，用來彌補東部旱災地區的糧食不足，那裏已經在2月和3月發生第一次糧荒。為了完成1931年的徵購計劃，許多集體農莊甚至拿出一部分種子，影響到未來的播種。1932年6月10日，烏克蘭政府總理丘巴爾 (Vlas Chubar) 寫了一封要求緊急援助的長信給斯大林和莫洛托夫，其中提到農民的抱怨：「為甚麼製造人為的饑荒？我們的收成不錯，為甚麼全部給沒收了？」他沒有收到回信。兩天後，蘇聯政府總理莫洛托夫宣布：「即使面臨饑荒，尤其是在產糧地區，徵購計劃必須不計任何代價地完成。」6月21日，斯大林和莫洛托夫發電報給烏克蘭共產黨，重申莫斯科的立場：「……集體農莊和國營農場的交糧數額絕對不許減少，交糧期限也不得推遲。」儘管參加7月6日至10日烏克蘭共產黨大會的大多數代表認為莫斯科的徵購計劃「不可能完成」，但在莫洛托夫和卡岡諾維奇到大會訓斥之後，他們批准

了徵購計劃。該計劃要求烏克蘭提供600萬噸糧食，這是個不可能完成的任務。[26]

索科洛夫 (Sokoloff) 根據1932年6月和7月的這些來往電報提出了著名的「最後擴大」說法。他認為饑荒擴大是從1932年8月7日的命令開始，該命令規定任何人偷竊公共財產可以判死刑或在集中營勞改十年徒刑。農民把該命令稱為「小穗法」，眼前呈現的畫面是農婦為了養活家人在集體田地上撿拾麥粒；不過該命令主要針對的還是被抓到藏匿糧食的農民。斯大林親自推動通過該命令，因為他對糧食徵購成績太差怒不可遏。[27] 雖然他想像的農民動機不一定真實，但他對農民藏匿部分收成以抵制徵購的懷疑並沒有錯。農民把小麥埋在坑洞裏，藏在秘密倉庫裏，或在運輸途中藏進筒倉裏。有些集體農莊莊員埋怨，集體化之後糧食少了，有些人帶着集體的農具和牲口離開集體農莊，還有些人往往與共產黨幹部串通偷竊集體收成。他們收割和分配尚未成熟的小麥，或在黑夜成群結隊帶着鐮刀到田裏偷割。最後，示威和飢餓暴動日益頻繁，1932年上半年在烏克蘭就超過一千宗，地方官員有時候因此受到懲罰。除此之外，格別烏（國家政治保安總局）告密者真正覺得不安的是集體農莊莊員與幹部（包括黨幹部和蘇維埃官員）之間勾結的情況相當普遍，他們幾乎一致譴責徵購計劃，只要可能就進行破壞活動。[28]

事實上，藏匿、小偷小摸和轉移糧食不可能是徵購計劃越來越完成不了的原因。格別烏報告中的「嫌犯名單」表明，搜到的贓物數額並不多。儲備的糧食根本就不夠，自然無法完成不可能的徵購計劃。生活在農村的人對此十分清楚，尤其是在烏克蘭和庫班等嚴厲執行徵購的地區，那裏的黨員在厭惡絕望之餘，把黨證退還；一些勇敢的地區領導人（也有人後來就臨陣退縮）悄悄地幕後商量，希望減少徵購數額，甚至請求提供緊急糧食援助。這些請求被莫洛托夫或其他一些馬屁精斷然拒絕，也使得斯大林愈加憤怒。斯大林表示，烏克蘭的領導人軟弱無能，必須撤換，他們竟然為謠言所困，任由富農或蘇維埃政府的其他敵人操縱，甚至聽由外國特務擺布。他在1932年8月給卡岡諾維奇的信中寫道：「我們可能失去烏克蘭。」不是因為飢餓失去，而

是烏克蘭可能脫離聯盟。大約30個月前,烏克蘭農民叛亂的次數高居所有地區之首,烏克蘭的民族主義浪潮仍然洶湧不斷。波蘭領導人畢蘇茨基 (Pi sudski) 派出許多間諜在烏克蘭活動,烏克蘭共產黨中充斥着「腐敗分子以及有意識或無意識的彼得留拉(烏克蘭民族主義分子)式人物」。[29] 必須重新控制局勢,迫使烏克蘭農民徹底服從蘇聯的優先全面發展目標。

重新控制局面終於在短期內取得成效。9月的徵購運動幾乎達到計劃目標,但全年徵購數量幾乎一半是在10月和11月收割結束後完成的。不過,收穫量其實比1931年更糟,結果,整個蘇聯完成的徵購量不到目標的60%,烏克蘭不到40%。[30] 斯大林尤其憤怒,因為他堅決相信1932年的收穫比1931年好。隨着收割的進展,他不得不向下修訂他的預測,但仍然遠低於計劃目標。無論如何,1931年是過度徵購(烏克蘭收穫的42%,庫班的47%,而在新經濟政策時期,農民只出售收穫的15%至20%),1932年是不可能取得同樣成績的。

在生產方面,先前的各種限制和不平衡讓農民吃了苦頭。產量下降有很多原因,首先是廢棄了傳統的輪作方法。雖然這不是最重要的原因,但由於這樣的耕地越來越多,1931年達到空前的比例,1932年只稍有減少,所以影響成倍數增加。由於土地休耕期不夠長,土壤日益貧瘠。產量降低的原因還包括:1931年歉收之後氣候狀況不佳和種子短缺,更重要的是在農業生產過程中馬虎敷衍的工作態度,集體農莊莊員吃不飽、工資低,他們就是這樣地耕作、播種、鋤地、收割和脫粒。最後,牲畜數目大幅度下降,因為農民不願交給集體農莊,先把牠們殺掉,後來則是因為缺乏飼料。馬匹沒有草料,勞累不堪,又缺乏照料。役用動物不夠,部分可以用拖拉機來替代,但由於1932年糧食出口不得不劇減,拖拉機不再進口。於是,只能使用蘇聯自製的拖拉機,但這些機器為數極少,像馬匹一樣被使用過度,而且由於缺乏零配件,無法修理,拖拉機手也沒有經驗,不懂維修。因此,農業工作步調遲緩,效率很低,不能如期完工,生活更沒有保障。尤其重要的是,因為牲畜數目減少,天然肥料也不敷使用。[31]

　　不久之後，人力也像牲畜一樣供應不足了。第聶伯羅彼得羅大斯克（Dnepropetrovsk，烏克蘭的一個州）的第一書記哈塔耶維奇（Katayevich）很有先見之明，他警告說：「我們必須滿足集體農莊和莊員的主要生產和消費需要，不然的話，不久就沒有人來播種和保證生產了。」[32] 由於徵購計劃不可能完成，國家不得不降低要求，並對基層生產者和當局施加壓力，不惜代價要完成已經減少的目標。11 月底，在哈塔耶維奇和莫洛托夫「友好」交換信件一個星期之後，收購的糧食不到 1,500 萬噸（1931 年同一時期成績平平的徵購數量是 2,100 萬噸），徵購計劃減少了 300 萬噸。[33]

　　這時候，擴大徵購已經開始加速進行，換句話說，這就是「最後擴大」，在恐怖的氛圍中展開了「糧食爭奪戰」（戴維思和維特克羅夫特〔Davies and Wheatcroft〕）。10 月底，莫洛托夫和卡岡諾維奇各自主持一個委員會，負責加快烏克蘭和庫班的徵購工作。他們列出沒有如期繳納糧食的集體農莊、村和區的黑名單（不給那裏的商店提供任何產品，包括糧食）。[34] 他們沒收了那裏最後的儲備糧，逮捕和放逐「徵購計劃破壞者」（有時候把整個村放逐到西伯利亞），開除和關押了數千名基層幹部。[35] 不久，這兩個委員會叫人害怕的程度甚至超過了傳說中的「突擊隊」（突擊隊是從城市居民中招募的共產黨員和共青團員，要他們到農村去「攫奪糧食」）。許多農民個別地或集體地未經准許離開土地，一窩蜂到城市或主要基本建設項目去找工作。在「自行去富農化」兩三年之後，出現了第二次「去農民化」浪潮，不過從此之後是由貧農和中農自己來執行。卡岡諾維奇後來讓別人來管烏克蘭的事，但 1932 年底對烏克蘭共產黨領導層採取了最致命的措施：沒收集體農莊「所謂的」種子儲存。這個行動其實也算合理，因為不久之後連強壯到可以播種的人都找不到了。

　　烏克蘭人的大批出走也是合理的，因為沒有東西吃，只能出走。到 1933 年 1 月，出走的規模已經很大，如果不是政府當局開始阻止「蘇維埃國家的敵人着意組織的」出走，人數會越來越多。當局在火車站和道路上攔截逃亡者，把他們趕回家等死。不過，不是全都趕回家，有犯罪嫌疑的反而是比較幸運，因為他們會被監禁或送去古拉格。1 月 22 日，斯大林發出秘密通知，下令立即禁止難民「以尋找麵包為藉口」大

批離開烏克蘭和庫班。他認為是「蘇維埃國家的敵人」在組織出走，目的是「讓集體農莊體系」、特別是蘇維埃制度丟臉。[36]第二天，禁止出售火車票給烏克蘭人，在1933年9月的最後一個星期逮捕了25,000名出走者，隨後幾個月又逮捕了200,000人。1932年12月27日，模仿沙俄時代的辦法實施國內護照制度，以便追蹤漏網的非城市居民。「因為飢餓而浮腫的人用裝貨的火車運走，丟棄在城外五、六十里的地方，讓他們自生自滅。」[37]

這些措施從1932年11月執行到1933年1月，拿走了烏克蘭最後一批儲備糧，是造成災難的主要原因。1933年2月至7月，基輔和哈爾科夫街道上每天都抬走數十具屍體，城市郊區直到摩爾達維亞邊境，死亡人數在十倍以上（1933年6月的死亡人數又是1932年6月的十倍以上）。接着發生的是極度嚴重的饑荒必然帶來的後果：農村地區的土匪、私刑處死盜賊、丟棄子女、食屍體和吃人肉。由於能夠耕作的倖存者人數不多，哈爾科夫和其他一些城鎮在市集上圍捕，包括男人、女人和年輕人，把他們送去田裏耕作。後來，成千上萬的復員士兵和俄羅斯人在人煙稀少的土地上定居下來。受災最重的是烏克蘭，其次是庫班、伏爾加、黑土區，但超額死亡率遍及整個蘇聯，1932至1933年至少死了400萬人，是25年來在古拉格死亡人數的三倍到四倍。同一年，蘇聯全境的嬰兒死亡率超過了300%。[38]

大躍進

毛澤東喜歡讚揚「反面教材」，毫不留情地把他們從他反復批評的階級敵人中揪出來，用來教育革命接班人。但是，他自己是否從1933年和前四年的災難的無數反面教材中吸取教訓呢？顯然如此，因為他在1958年拋棄了此前堅定不移地追隨的模式，開始走上中國的道路。「遠東分裂」在這個時期出現，並聲稱這是毛澤東的獨創思想。如果這個新的模式糾正了原來模式的偏差，自然是值得稱讚的。

　　不幸的是，新的模式沒有做到這一點，或者說幾乎談不上糾正。毛澤東批評斯大林的發展戰略，並改變了自己的戰略，但是這個糾正並沒有考慮到遙遠的蘇聯多年前發生的饑荒，因為他對那個饑荒所知甚少。他想解決的只是最近遇到的難題。中國的第一個五年計劃（1953–1957）的確加快了工業建設，但也證實不能再繼續忽視農業。農業部門只佔一五計劃投資總額的7%，重工業是46.5%。重點發展昂貴的技術大量花費了中國貧乏的資金，卻沒有利用中國過剩的勞動力。1957至1958年冬季產生大躍進的想法，部分原因就是為了調整這種不平衡狀態。

　　毛澤東其實並沒有改變行動方向。他宣稱必須大幹快上，雖然在農業和消費品製造業作了必要調整，卻沒有同時減少重工業的投資。對重工業的投資原來是超出比例的46.5%，到1958年更增加到57%。1959年，進一步增加到史上最高的佔國民生產總值的43.4%！鋼是現代化和國力的象徵，必須全力投入，於是在幾個月內出現了節節升高的指標：1958年2月620萬噸（年產量）已經比1957年的535萬噸產量提高了16%，5月提高到800萬噸，8月提高到1,070萬噸。毛澤東親自督促政治局批准了一年內產量翻一番的目標，然後自己在9月初的三次講話中把產量提高到1,100萬噸，再提高到1,200萬噸。[39]增加的產量來自小土高爐，有7,000萬到8,000萬農民（大多數是農村婦女）用非常原始的方法來冶煉。為了供應冶煉原料，共產黨基層幹部搜集了各種鐵製品，包括：燉鍋、火爐、剪刀、刀具、鐵鏟、鋤頭、腳踏車、鐵軌、門環和寺廟的大鐘。這樣冶煉出來的產品十有八九都只能當廢鐵扔掉。[40]

　　廚房裏的鍋碗刀叉本來就用處不大，因為每家不再做飯了。大家都在公共食堂吃飯，新成立的人民公社吃飯不要錢。被人民公社取代的農業合作社，顧名思義，專門從事農業生產。組織規模大得多的公社無所不能，成立的基礎就是準備要從事的各種龐大工程項目。公社是基層行政單位，負起加快社會演變的任務，甚至真正實施從家庭結構過渡到到社區結構。經濟要大躍進，公社算不算是社會的大躍進呢？這是藏在心裏的希望，卻口頭上大肆宣揚。河南（第一個公社的誕生地）

的許多人民公社以身作則，不再分配工分，因為甚麼東西都不用付錢，包括吃、穿、教育、醫療和婚喪大事。別的公社沒有走這麼遠，只取消了跟家裏的鍋碗瓢盆一樣沒有用的私有地，因為就要實行「按需分配」了。宣傳部門當然搖旗吶喊，甚至暗示不久就要進入共產主義社會。湖北一個鎮的黨支部書記甚至宣布了日期：十月革命後41周年，社會主義階段將在1958年11月7日結束。這一天之後就是共產主義社會到來之日。[41]蘇聯人對於被中國人超越感到不快。更重要的是，蘇聯的一五計劃對農業集體化有負面影響，降低了農民的生產力。中國沒有重複這個錯誤（它已經完成了農業集體化），卻是走得更遠，準備從集體化進入「共產主義化」。中國的確比蘇聯模式走得更快，完全忘記了「勝利沖昏頭腦」的警告，99.1%的農民在幾個月內都成了人民公社社員。

　　人民公社的社員幾乎像軍隊一樣行動。他們編隊出工，農民都是「農業戰線的戰士」。這樣的比喻說明，大躍進的真正野心是在經濟而不是在社會（共產主義）方面，就是要動員農民群眾使中國工業化，把農民士兵鍛煉成工人。宣傳工作的主旨是發動對繁重勞動的熱情，鼓足幹勁，力爭上游。宣傳不斷強調，要讓「一窮二白的群眾」去私立公。毛澤東在1958年春季表示，中國人一窮二白其實是好事。窮則思變，要幹，要革命。一張白紙沒有負擔，好寫最新最美的文字，好畫最新最美的畫圖。他說得太對了，大躍進就是個烏托邦，隨畫家的想像任意馳騁，重新塑造人性。[42]

　　偉大領袖發出號召之後，其他人隨即不斷採取行動和分配任務。6,000萬農民被組織起來，不論遠近，辦起大大小小的水電工程。他們在大喇叭的軍樂鼓舞下，日夜輪班，使用最原始的工具，很快修築了無數堤壩和灌溉渠道。不過，這些工程是由農民而不是工程師設計，材料是泥土、玉米棒子和竹竿而不是水泥，許多工程一遇到洪水就沖垮了。最大的兩個水壩在河南駐馬店，是仿效蘇聯第聶伯河大壩，1975年8月被大雨沖垮，淹死的人數是四川2008年地震罹難者的三倍。[43]比較小型的堤壩和水庫往往反而使產量降低，因為農民和幹部在修建時匆促上馬，忽略了排水問題，水蒸發之後使得土壤鹽鹼化。

　　這些水利工程和農村土高爐造成人力不足，而因為有了公共食堂得以從家事中「解放出來」的婦女卻無法填補這一空缺。另一個因素是人口流入城市成為現代化工業的勞動力，1957年有900萬人，1958年超過了2,500萬人；農業勞動力卻從1957年的1.92億人急減到1958年的1.51億人。毛主席下令農業必須機械化，但工業化的速度再快也不能一蹴而就。在這個時候，鐮刀、鐵鏟和十字鎬只要還沒有丟進火爐煉鋼，還是比較有用的。由於缺乏勞動力，1958年的豐收有一部分開始在地裏爛掉。突擊隊被組織起來，日以繼夜地收割。人民日報1958年11月9日的社論不得不提醒地方幹部，農民不分男女，每天至少要有六小時的休息和睡眠時間。[44]

　　1958年的豐收是建國以來最好的，大家歸功於人民公社和大躍進，卻沒有人提到好天氣這個因素。根據各地區的報告，該年的糧食產量是4.5億噸，但毛澤東覺得應該謹慎一些，就定為3.75億噸。就這樣，在缺乏可靠統計的情況下，國家元首武斷地決定了1958年的官方產量數字，並在這個基礎上把1959年的產量指標定為5.25億噸，同時還提醒說總播種面積要減少10%，糧食的播種面積要減少13%。中央領導人現在開始考慮，要如何解決大米和小麥過剩的難題。毛澤東建議說，糧食多了，以後就少種一些。半天做一天的活，另外半天搞文化、學科學。事實上，1958年的豐收數額是1.976億噸，只比1957年的1.95億噸多了1.33%。播種面積減少，加上氣候條件變差，使得1959年的收成減為1.7億噸。人們在知道收成不如理想之前已經越來越感到幻想破滅。前一年食堂可以讓人吃到飽，到春季時有些食物已經難以為繼。情況到秋收後每況愈下，糧食徵購根據高度膨脹的預測達到前所未有的數額，遠高於毛澤東有生之年曾經徵購的最高數額，共達6.74億噸，其中近2,000萬噸後來返銷給飢餓的農民。[45]

　　徵購過度雖然不是唯一的原因，但這種惡劣的做法使得饑荒變得更為嚴重。所有的大話空話都來自上級指示，譬如：「多快好省地建設社會主義」，「兩年內完成二五計劃」。不肯隨聲附和的專家閉上嘴巴，膽小怕事的經濟學家受到制裁。馬寅初主張節制生育，與毛澤東的「人不

但有一張嘴，還有一雙手，可以創造世界」的觀點相悖，被免去北京大學校長職位。中國共產黨八屆六中全會通過的「關於人民公社若干問題的決議」指出：「只要認真推廣深耕細作、分層施肥、合理密植而獲得極其大量的高額豐產的經驗，耕地就不是少了，而是多了，人口就不是多了，而是感到勞動力不足了。」[46]大躍進創造了一個奇跡，全世界農民最多的國家居然出現了人力不足現象。

領導人被他們自己的謊話蒙住了眼睛。幹部在沉重壓力下，「上上下下各層級都忍不住把數字灌水」（薛暮橋，負責統計工作，1959年被撤職）。產量數字變得非常不可思議，糧食徵購的限額理所當然地就會增加。例如，河南有一個縣1958年的產量比前一年增加了十倍，國家徵購數額自然要增加一倍。幹部之間經常互相攀比，爭先放出一個比一個高的衛星。這些衛星包括：四川的高產衛星田，60公斤重的南瓜，一磅重的玉米穗，上面可以站三個小孩的密植麥穗，等等。1958年，毛澤東一行抵達河北徐水模範公社，道路兩旁堆滿了長達一里的白蘿蔔、白菜、紅蘿蔔和其他蔬菜。毛澤東很認真地聽取報告，獲悉那些都是農民吃不完丟在那裏的，不知道該怎麼辦。公社書記也確認說：「這裏每人每天吃五頓飯，不要錢。」毛的私人醫生李志綏說：「全中國變成了大戲台，浮誇風、虛假風倍增，爭着討毛的歡心。」[47]

儘管如此，毛澤東自己不可能被各省市這些憑空虛構的報告欺騙太久。1958至1959年冬季，情況逐漸清楚，雖然說是取得豐收，糧食徵購卻低於預期，城市有可能出現糧食短缺，因為從農村流入城市的人口大為增加。農民在基層幹部默許下，把一部分收成藏了起來。有些省的領導人打算雷厲風行地發起反瞞產私分運動，但毛澤東宣布，他理解農民是因為負擔太重而被逼反抗。「我現在是支持保守主義，我站在『右派』這一方面，我反對平均主義同『左』傾冒險主義。」[48]早在1958年12月時他就警告說，共產主義不會很快到來。人民公社不應該吃飯不要錢，要堅持「按勞分配」原則。1958年，土地肥沃、容易灌溉的富裕生產大隊寧願袖手旁觀，或藏匿糧食，不肯把餘糧拿出來與比較窮的大隊分享。從那時開始，恢復了原來的體制；平均主義退潮，生產力成為當務之急。[49]

　　陳雲 (1905–1995) 再次 (暫時) 出山是政策改變的一個訊號。他是
政治局常委,在黨內位居第五,一直負責經濟工作,是唯一從一開始就
反對大躍進政策的領導人,因此被閒置在一旁。1958年春季,他訪問
了烏托邦政治運動的開路先鋒河南,對當地領導人的虛話大話一句也不
信。陳雲和後來的鄧小平一樣,在重新掌權之後都是拉着毛澤東的大
旗作虎皮,提出毛在延安告誡同志的一句話「實事求是」。毛澤東在
1959年4月29日寫給黨的幹部的信中指出:「生產指標一定要符合實
際。根本不要管上級規定的那一套。收穫多少,就講多少,不可以講
不符合實際情況的假話。」6月,毛接受了陳雲關於減少1959年鋼產量
指標的提議,眼都沒有眨一下。[50]

盧山會議 (1959年夏)

　　總的來説,從1958年11月到1959年6月的半年多是「鞏固」時期,
這是承認退卻的標準委婉説法。毛澤東在6月底上盧山主持中央領導人
會議時,似乎仍然決心遵循陳雲復職所代表的方向,拒絕浮誇、冒進和
不平衡。1958年10月,另一位領導人彭德懷去甘肅、湖南、江西和安
徽幾個省調查之後,也得出與陳雲一樣的結論。彭德懷出身貧農家
庭,小時候挨過餓,一個弟弟就是餓死的,他只讀了兩年私塾就四處打
短工謀生。彭是國防部長,對經濟並無特別了解,但在視察四省之後
知道了農村的實際情況。而且,他從4月24日至6月13日訪問莫斯科
和波蘭,聽到了蘇聯對大躍進和人民公社的批評。他那時還不知道該
做甚麼,甚至沒準備去盧山,但向來鼓勵人家知無不言、言無不盡的毛
澤東要他去開會。彭德懷體格強壯,刻苦耐勞,説話不怕得罪人。在
中共第八次全國代表大會時,他當面質問蘇聯共產黨代表團團長米高
陽,為甚麼直到現在才開始批評斯大林。米高陽回答:「我們當時不敢
提出意見,不然會掉腦袋。」彭德懷説:「怕死還當甚麼共產黨員?」[51]

　　於是,彭德懷鼓起勇氣,在7月13日下午去盧山面見毛澤東,希望
勸他繼續糾正大躍進的錯誤。[52] 他沒有見到毛,因為毛正在睡覺。彭花

了一個晚上的時間寫了封信，給毛送了過去。這封信其實並沒有甚麼獨到見解，只是説出了黨的大多數領導人沒有説的話。信的措辭甚為得體，即使談到在視察時最令他生氣的土高爐，也是既提出成績，又指出損失。不過，他犯了一個冒犯毛澤東的錯誤，把有得有失寫成了「有失有得」。在信的後面部分，他又犯了一個大不敬的罪行，總結了大躍進的經驗教訓，而這通常是毛澤東作為黨的領袖才具有的特權。他批評了毛澤東先前提出的不負責任的口號，把過去12個月的左傾錯誤稱為「小資產階級的狂熱性」，這是列寧譴責「共產主義運動中的左派幼稚病」所使用的詞彙。[53]

這是毛澤東無法忍受的。他可以批評自己，但對別人的批評難以接受，對於嘲弄更無法容忍。尤其是批評的人是彭德懷，這個彭德懷從延安時候開始就不時與毛的意見不合。兩人對朝鮮戰爭的戰略也有過爭論，而且毛最喜歡的兒子犧牲在朝鮮戰場，彭德懷作為志願軍統帥沒有盡到保護之責。赫魯曉夫對人民公社的公開批評（7月18日在波茲南）更是火上添油，不過毛澤東這時已經決定要打倒彭德懷，新帳老帳一起算。

毛澤東決定把彭德懷給他的信視為對他的政治攻擊，儘管信中勸他的事都是他已經開始採取的措施。大多數領導人與彭德懷一樣，沒想到毛的反應如此激烈，但隨即站到毛的一邊，批判彭德懷。他們別無選擇，不是支持毛主席，就是被劃為彭德懷的「軍事俱樂部成員」。毛澤東雖然承認自己對發動大躍進負有責任，但是他説：「不止我一個人，誰敢説沒有犯過錯誤？孔子都有錯誤，列寧也是。馬克思也有急躁的毛病。……彭德懷説得不對，是得大於失，只是一部分失敗，多付了代價，刮了一陣共產風，全國人民受了教育。」[54]政治局常委中只有朱德替彭德懷説話。解放軍保持沉默，毛澤東於是向將軍們發出最後通牒：「如果解放軍跟彭德懷走，那我就走，到農村去，率領農民推翻政府，你解放軍不跟我走，我就找紅軍去。」

8月2日，中共八中全會開會，譴責彭德懷領導的右傾機會主義反黨集團，這個集團包括少數幾個與彭德懷一樣發言批評大躍進的領導

人,以及一個為彭德懷的信提供材料的省委書記。這是發出警告,此後任何人膽敢批評大躍進,就是該集團的成員。彭德懷隨即做出自我批評,但堅決不承認存在過毛澤東所說的「軍事俱樂部」。林彪接替彭德懷擔任國防部長,彭搬出中南海,到北京西北郊區的農村住了六年,隨即又被捲入另一場更為猛烈的政治風暴。

再度發動大躍進(1959年底)和大饑荒(1960-1961)

中共政府至少從1957年秋季開始出現一系列的轉折點,廬山會議不過是其中之一。但是,廬山會議卻是大饑荒的轉折點。「如果領導層在1959年夏季的廬山會議改弦易轍,饑荒的死亡人數可能是幾百萬,而不是好幾千萬。」[55] 馮克(Frank Dikötter)的估計表明:由於彭德懷的逆耳之言,反而重新發動大躍進,使得饑荒更為嚴重。八中全會大幅度向下修訂了1958年的產量數額和1959年的指標(但仍然不夠),這難道不是毛澤東在收到彭德懷犯顏直諫的信之前原來想做的事嗎?但是,沒有用,反擊右傾機會主義分子和彭德懷黨羽的浪潮鋪天蓋地而來,使得基層幹部和省級領導人不敢繼續進行在該年初已經開始的調整工作。大家寧左勿右。為了避免被戴上右傾機會主義分子的帽子,沒有人敢反對人民公社或公共食堂。人民日報1959年8月29日的社論表明:「任憑國內外敵對勢力怎樣咒罵和破壞,任憑黨內右傾機會主義分子怎樣指責和反對,任憑嚴重的自然災害怎樣襲擊,人民公社都沒有垮台,我們因此也有權利說,它將永不會垮台。」[56] 安徽省委書記不夠聰明,按照六個月前在中央允許下普遍採取的措施,解散了一個縣的公共食堂,立即被毛批為右傾機會主義分子。在湖北麻城,民兵在街上巡邏,檢查哪一家的煙囪在冒煙;被逮到在家裏做飯的人要罰款,食物和廚房用具沒收。到1959年底,有四億人在食堂吃飯,佔人民公社全部人口的72%以上(在河南佔98%,這也是饑荒最嚴重的省份之一)。[57]

狂熱的躍進運動再次開展,但規模比大躍進的第一個階段小了一些。跟蘇聯30年前一樣,強迫徵購糧食造成有史以來人數最多的農民

死亡，主要的區別在於中國人民更相信明目張膽的謊言。河南信陽發生的事件最能說明，謊言虛報如何通過使用暴力造成饑荒。1959年秋季，信陽地區光山縣領導幹部宣布糧食產量為239噸，幾乎是真正產量88.4噸的三倍。因此，國家規定應徵購糧食75.5噸，但是由於只實際收到62.5噸（已經是真正產量的70%），當地幹部發起了極為殘酷的反瞞產私分運動。農民的確藏匿了一部分糧食，但比領導幹部以為的少得多。這些幹部聲稱發現了意識形態鬥爭的苗頭，一些「小彭德懷」謊報收成不如1958年，出現了糧食短缺。上級命令他們，把開展運動的情況每天上報三次。為了完成徵購任務，幹部要過「三關」：群眾叫喊缺糧關、人口外流關和公共食堂停伙關。對於涉嫌藏匿糧食的「社會主義敵人」，他們動用了毒打、酷刑、關押或殺害等手段。[58] 一些地方的幹部翻箱倒櫃，用盡各種手段施加酷刑，逼問藏糧的地點。

　　從上述事例可以看到，使用暴力致人於死的大多是地方幹部。在這個等級森嚴的體系裏，這些人在上級的壓力下必須完成徵購糧食限額，非使用暴力不可。黨的幹部如果沒有完成任務或表示反對，不但會遭到政治處分、降級、撤職和逮捕，自己也往往遭到毒打，甚至被打死。[59] 所以他們也對盜竊者毒打、酷刑、假裝（有時是真的）處決（見以下方框2）。總的來說，死於暴力的人數佔了1959至1961年超額死亡率中很大的比例。[60]

方框 2

大饑荒時期農民遭到的暴力和酷刑

　　四川萬縣地區的地方幹部非法私設法庭、監獄和勞改營，使用的酷刑包括：「吊綁、毒打、跪在燒紅的木炭上、穿刺嘴唇、切斷指頭、縫合嘴唇、針刺乳頭、強灌糞便、乾豆塞進喉嚨，等等」（Zhou Xun）。有些人死於酷刑，有些人自殺，許多人被打死、綑綁後丟進池塘淹死或被活埋。四川大河人民公社

的一個幹部嚴刑拷打了同一大隊的311個人，八個人隨後死亡。兒童因為偷吃一點米飯或看到一個幹部做飯而被打死。雲南南部的少數民族企圖越境逃去越南、老撾或緬甸，抓到後遭到毒打，一個母親和嬰兒被刺刀刺死，其他企圖逃亡的人被關在房裏用炸藥炸死。1961年，四川豐樂公社的黨委書記告訴手下，不用擔心因為酷刑致死的人太多：「死幾個人不算甚麼，我們國家人太多，死的人越多，省下來的糧食越多。」

資料來源：主要來自 Zhou, Xun, 2012, pp. 21–22, 34, 123; 還有Dikötter, 2010, pp. 239, 294, 296, 311, 319。其他作者如貝克（Jasper Becker）、塔克斯頓（Ralph Thaxton）、楊繼繩和楊顯惠等確認，殘忍、酷刑和即時處決已經是司空見慣。

到1960年，兩年前大肆宣揚的平等主義已經蕩然無存。黨支部書記和他們的家屬以及其他幹部（當然還有公共食堂的廚師）存活的比例遠高於普通村民。他們往往有自己的食堂，伙食比在食堂前面拿着飯碗排隊領口糧的農民好得多。共產黨幹部有時候會有人請吃飯，城市幹部的待遇比農村幹部好得多，但農村幹部有時候也會到城裏去「補充營養」，以免引起村民嫉妒。[61] 有些基層幹部保護治下的村民，例如把一部分收成藏起來分配給村民。比較常見的情況是實行差別待遇，村民的生死都掌握在他們手裏。按照在蘇聯古拉格行之有效的原則，比較健康、能夠勞動的人有時候分到比較多的食物，孱弱的、不合作的和偷懶的人只能吃「死糧」。四川有幾個縣的幹部甚至不給身體太弱、不能工作的人糧食，讓他們可以死得快些。[62]

無論如何，能夠分配的糧食實在有限，政府開始宣傳代食品。最著名的「野生代食品」（以植物和動物為基礎，而不是肉類、乳類、人造油等的合成代替品）不是各種昆蟲、老鼠、田鼠、白鷺糞便、樹皮、果核、玉米桿、樹葉、玉米衣、稻桿或樹根，而是上海從1960年上半年開始用來餵豬的小品藻。到7月底，27個省市開始用小品藻來作為食品（據說加一點尿稀釋後更有營養價值）。1960年底，宣傳部門指出，代

食品的「營養價值甚至超過真正的糧食」，結果造成許多人食物中毒；工人抱怨說，這些食物連雞都不肯吃。還有人說反話：「現在的生活還不如替地主打長工的時候，比不上那時的豬和狗。」[63]

這樣的話也許可以短時間出點氣，但生存要靠實際行動，而且是非暴力的行動，因為任何反抗都會遭到政府的鎮壓。[64]中國的集體化和反富農化運動的第一階段結束後，騷亂和集體暴力的情況比蘇聯1930年代少得多。農民使用的多半是詹姆斯‧斯科特所說的「弱者的武器，」[65]例如小偷小摸、瞞產私分、消極怠工、宰殺牲畜等等。中國歷史學家高王凌列舉了一長串「虎口奪食」的手法，稱之為「反行為」。他把大多數這種行為歸類為「農民反抗的日常形式，」[66]其中最普遍的形式就是把還沒有成熟的作物在收割前悄悄吃掉。這種做法讓許多人得以活命，但六歲以下的小孩和老人因為無法消化未熟的穀物往往因此餓死。[67]而且，這樣做雖然救得一時之急，卻也是造成1960和1961年嚴重歉收的一個原因。在上述各種求生辦法中，最常見的似乎是偷盜糧食。大規模偷盜都是在收割快結束時的晚間進行。監管部門加派夜間巡邏的人數，但收效甚微，因為今晚的守護者可能就是明晚的偷糧人。大偷比較少見，小偷則越來越多，許多公社社員可以從集體部分拿走100多公斤糧食，使得一家人不致餓死。[68]

政府顯然不清楚1960年歉收的嚴重程度（1.44億噸〔見表2〕），仍然超額徵購，後來不得不返銷2,000萬噸給飢餓的農民。未被徵購的糧食是1.13億噸，就是說每個農村居民只分到215公斤糧食，而在大躍進前夕的平均口糧是298公斤。維持生活最低水平的口糧是每人年均275公斤，如果是300公斤，就可以稍有結餘，用作牲畜飼料。下一年的歉收情況更嚴重（1.365億噸），徵購數額卻沒有減少，剩餘的糧食（1.107億噸）仍然不夠分配。不過，農村居民人口減去前一年餓死的人數，每人可以分到207公斤糧食。[69]1960和1961兩年死的人最多，尤其以1960年為最，這一年的死亡人數等於1958、1959、1961和1962四年的總和。[70]1962年的收成仍然趕不上1952到1959年的水平，但強於1960和1961年，使得大饑荒得以結束。不過，使饑荒結束的一個更重要因素，是採

取了減少農村徵購數額的兩個措施，即增加糧食進口和把剛送到城市的糧食返銷給農村大約2,000萬噸。[71]餓死人的高峰時期是1959至1961年。

表2　糧食產量和徵購數額：農村居民的糧食供應（百萬噸，每位居民除外）

| | 總產量 | 徵購數額 | | | 農村居民的糧食供應 | |
		最初徵購	返銷數額	淨額	共計	每位居民（公斤）
1957	195	48	14	34	161	298
1958	197.65	58.8	> 17	41.7	156	290
1959	169.7	67.4	< 20	47.6	122.1	227.6
1960	144	51	20	31	113	215
1961	136.5	40.5	14.7	25.8	110.7	207
1962	154.4	38.1	12.4	25.7	128.7	230

資料來源：Ash, 2006, pp. 970, 973.
註：有些數字已經四捨五入。

比　較

　　兩個大饑荒之間存在着明顯的關係，這是進行比較的必要基礎。在饑荒發生之前，由於兩個國家人口轉型，導致人口急劇增加，同時迅速城市化使得不生產糧食的消費者人數激增。兩個國家都處於發達不足狀態，不得不跳躍式地急起直追，但是都快得過了頭。按照普列奧布拉任斯基的社會主義積累規律，[72]兩個國家的加速工業化計劃都是以犧牲經濟和農村為代價。兩國的發展戰略都是從農業急速轉變到重工業。中國的第一個五年計劃完全模仿蘇聯的一五計劃，大躍進是想擺脫這個模式，但由於太想超越蘇聯，脫離實際，以失敗告終。從許多方面看，大躍進都是蘇聯一五計劃的誇張翻版。大躍進是蘇聯一五計劃地震的餘震，但震度更強，損失更大。

　　造成兩個大饑荒的直接原因是殘酷地過度徵購糧食，甚至在饑荒發生後還在繼續徵購。徵購使用的方法大同小異，從鋼條探測藏糧（烏克蘭，1932）到翻箱倒櫃（西藏，1961至1963）。兩國的基層單位（蘇維埃或公社）和鄰近地區之間競爭攀比，看誰徵購的糧食最多，遲交糧食或

在反瞞產運動中落後的人就被劃為「右派」或「戴上帽子」(中國),或者列入「黑名單」和「黑板報」(蘇聯)。這樣的罵名和恥辱必須不惜一切代價避免,就像河南一個縣領導說的:「寧願死幾百個人,也不能丟這個臉。」[73]

兩國的糧食徵購計劃都是以誇張的收成估計為根據,中國的情況又比蘇聯嚴重。因此,領導層在幻想日益破滅之後不得不修改計劃,降低徵購數額(但不是在知道真相之後而是在饑荒發生之後)。最後,他們不但要減少徵購數額,還必須把收到的一部分糧食退還給飢餓的農民。給饑民提供的援助數量不多,時間也太遲,但在中國沒有像在烏克蘭那樣受到嘲笑。另一個相似之處是決定把口糧保留給能夠勞動的人。這種選擇性的援助表面上是偏愛工人階級,實際上是重城市、輕農村,讓工人受益,生產糧食的農民卻吃不到糧食。[74]蘇聯在1932年饑荒最嚴重時制訂國內護照制度目的是阻止農村人口外流,這說明城市得到優先糧食供應,因為城市如果發生糧食暴動,對政權的威脅更大。蘇聯領導人沒有忘記,1917年彼得格勒的暴動推翻了舊政權。中國的戶口制度把出生在農村的人終生綁在那裏,這是在大躍進以前就建立的,但基於同樣的理由,在饑荒時期執行得更嚴格、更有系統。主要的擔心是如何維持政權的生存,但除此之外,也不希望外國人知道真相,這也是莫斯科、列寧格勒、北京、上海和天津等城市的居民獲得特殊待遇的原因。

兩個革命的另一個共同特徵是不承認發生了饑荒,具體表現在饑荒時期發生的兩件事,因為蘇聯並沒有隱瞞1921至1922年的饑荒,但隱瞞了1946至1947年的饑荒。在這兩件事中,醫生和基層幹部都奉命不得填寫死亡原因;所以基輔附近一個農村蘇維埃的書記奉命,「不管死者是老人或一歲的嬰兒,寫在名字前面的死因都只能是老死。」在中國,戈壁沙漠邊緣的夾邊溝勞改營關閉時,所有囚犯都獲得釋放。只有一位醫生多留了六個月,負責填寫所有餓死者的醫療檔案,編造出各種不同的疾病。[75]對於這兩件事,兩個政府由於不承認發生了饑荒,不僅無法尋求國際援助,而且繼續出口糧食,讓生產稻米或小麥的農民餓

死。中國一直到1960年還在出口糧食，蘇聯一直到饑荒結束還在出口
糧食，只是數量越來越少。[76]

饑荒的製造者和受害者

　　兩國的饑荒製造者和受害者的態度有無數相似之處，但也有一些重
大的差別。饑荒的受害者大多數是農民，他們把糧食埋在地下、從收
成或集體倉庫中偷竊、逃跑等等。換句話說，他們千方百計求生，但
不論多麼艱難都不造反。在烏克蘭，動亂事件層出不窮，但1933年春
季發生動亂的次數比1930年春季時少，也不像1920至1921年農民反叛
那樣普遍。在中國，饑荒時期地方性的的動亂頻頻發生，但大多是為
了掠奪糧食，不是真正的暴動，暴動的規模也比不上1954至1955年集
體化時期。[77]彭德懷說過：「要不是中國工人、農民好，也會出匈牙利
事件，還得請蘇聯紅軍來。」

　　兩個共產黨的官僚階層面對上級的嚴格命令，反應也似乎相似。
在處理饑民偷竊糧食的問題上，這一點尤其明顯。幾乎沒有人不偷，
凡是可以充飢的都偷。除了細節不同，高王凌所說的在中國發生的情
況與四分之一世紀前烏克蘭和西伯利亞的情況一模一樣。唯一的差別
在於中國沒有緊急立法，禁止到田裏撿拾麥穗。任何人如果偷了半碗
米飯或在集體田裏拔了個蘿蔔，可以被共產黨幹部當場鞭打，甚至打
死。禁止在家裏做飯是經常採取的措施，但沒有擬訂緊急法規。

　　逃離災區與偷竊糧食一樣普遍，造成的損害也小得多。烏克蘭的
大逃亡最有名，但黑龍江在大躍進饑荒時期逃離了好幾百萬人。中國
與蘇聯一樣，為了防止農民逃亡，禁止在車站或渡口出售車票或船票，
在路口設立路障。軍隊向企圖渡過長江去南京的飢民開槍。[78]儘管如
此，中國對逃亡者或難民的搜捕與蘇聯最高領導人組織的搜捕相比，沒
有那麼系統化，規模比較小，死的人也比較少。

　　必須承認，我們所知道的資料都是一些人的回憶，或是假設的多數
人的態度。基層幹部既是饑荒的受害者，也是饑荒的製造者，而且他

們⋯⋯旦不能完成上級規定的不可能任務，就注定成為替罪羊。[79] 處於這樣動輒得咎的位置，許多人免不了寧左勿右，但也有人（到底有多大比例不知道）為了保護治下的人民而犧牲自己的前途和職位。相鄰的同樣貧窮或同樣富裕的兩個集體農莊之間，死亡率大有差別，唯一能夠解釋的變數就是基層幹部是否在狂熱地執行要人命的糧食徵購命令，或是否把農業勞動力用於雄心勃勃的工業項目。[80]

這麼多飢民的生死掌握在基層共產黨幹部的手裏，並不是説高級領導階層就沒有責任。蘇聯地區領導人的行為很符合一個極權國家的典型模式。烏克蘭領導人在 1932 年 6 月要求糧食援助（遭到拒絕），下一個月他們宣布糧食徵購計劃無法完成，但隨即予以批准。第聶伯羅彼得羅夫斯克地區的第一書記哈塔耶維奇也同樣地立即向後轉。他首先在 11 月致信莫洛托夫，指出要拿走集體農莊的最後儲備糧不合理，下一個月在專橫的卡岡諾維奇面前就公開表態，支持他原來不贊成的官方路線，提出關於敖德薩地區情況的報告令人作嘔。[81] 在 1932 年 12 月的會議上，哈爾科夫 (Kharkiv) 地區領導人特雷科夫 (Roman Terekhov) 是唯一一個與官方路線保持一點距離的人。他居然有膽量告訴斯大林，烏克蘭發生了饑荒。斯大林於是説出下面這段有名的話：「你説的饑荒全是假話，你以為可以嚇倒我們，那是妄想。你不用幹地區黨委書記和中央委員會書記了，可以去作家協會工作，寫一些給蠢人看的小説。」可是，就在不久前，這個特雷科夫卻在責怪他的手下破壞了糧食徵購，背叛了黨。這些地區幹部在背後拼命想減少或推遲無法完成的徵購計劃，卻在公開場合表示支持，甚至對過去的「錯誤」（其實是勇氣）道歉。[82] 如果他們之中居然有人（特雷科夫）膽敢在莫斯科的特使前表示不同意見，對斯大林説了真話，這些人也會不知羞恥地大聲申斥屬下幹部，罵他們沒有完成徵購數額，命令地方黨委懲罰黑名單上的集體農莊，不得手軟。

一個老布爾什維克在視察哈爾科夫兩個月後做出的結論是：「奉承拍馬、投機鑽營、懦弱膽小。他們害怕丟掉職位，隱瞞真相。〔⋯⋯〕他們知道計劃無法實現卻不敢提出報告，這是犯了比右傾還要嚴重的錯誤。」這個結論一提到烏克蘭政治局，卻立刻被定性為「反黨，不能容

忍」。與此同時，北高加索一個基層黨委書記的案例表明，傾向性錯誤的危險不只是丟掉職位而已。當然，這個黨委書記的傾向性錯誤不只是言論，而且是行動。他自作主張，每個集體農莊莊員每工作一天，除了得到規定的491克糧食外，還加發1,000克糧食。為此，他被判十年徒刑。這個人的名字是科托夫（Kotov），他為自己辯護說，這樣做的目的是鼓勵莊員努力生產。米高陽認為，這個罪行等同於喀琅施塔得叛亂。卡岡諾維奇認為科托夫是在煽風點火。於是地區黨委下令重審，因為法庭「低估了科托夫反革命罪行的嚴重性。」他隨即被判處死刑，並立即執行。[83]

在中國，許多基層幹部都設法保護治下的人民，也不是所有省級領導人都在狂熱地執行致命的政策。[84]不過，有些領導人的立場比毛澤東還要激進，其中我要點三個人的名：李井泉、吳芝圃和曾希聖。[85]原因何在？因為這三個激進領導人統治的三個省（四川、河南和安徽）在饑荒中死的人最多。這三個省的情況與烏克蘭和庫班不同，後二者一向是著名的小麥產地，所以只要糧食供應不足，就會對它們加緊徵購糧食。[86]一旦饑荒情況惡化，兩個地區的領導人及其下屬就會隱瞞災情，以免謊言被戳穿。他們盡力收集和分配剩下的糧食，把到訪的高官帶去災情最輕的一些村莊視察。1961年，劉少奇和王光美到劉的家鄉視察，他們發現樹皮都被饑民剝光吃掉了，但當地領導幹部卻用泥巴和稻草把樹幹遮蓋起來。劉少奇知道真相是因為有幾個村民鼓起勇氣告訴他，大約有20個人已經餓死，包括他的侄子在內。在這個故事裏，是地方領導人欺騙了人民共和國主席，但同樣的情況不斷在各地發生。河南南部一個縣驕傲地退還省政府的救災糧，因為接受援助就等於承認他們吹噓的豐收奇跡已經吃光了。[87]

弄虛作假在蘇聯固然無所不在，中國的浮誇風刮得更大，因為中國幹部更會說出令人難以置信的大話。中國政府自己鼓勵這種謊話空話的互相攀比，看誰能夠優先完成黨中央的不切實際的要求。在吹嘘誇大的喧譁中，只有不顧廉恥地大吹法螺才能獲得上級領導的青睞。不過，這並不能解釋為甚麼竟然有這麼多領導人相信這些大話謊言。有

人認為這是中國文化的產物；我對此相當懷疑，但根據我半個世紀的體驗，一直佩服中國人在每天生活中向天發誓的演戲本領，讓別人高興，或令人生氣。這樣做的反面就是避免説些不誠實的門面話，從而總結經驗，對共產黨政府來説則是為了教育群眾。[88]

撇開中國的具體情況不論，是不是可以説極權主義現在已經進入成熟階段？蘇聯人遇到的都是以前沒有出現過的問題，中國的革命和人民接踵於後，它的官員和幹部顯然可以學到一些有用的教訓。與其宣傳一些無法實現的計劃，接着被迫退卻，然後在大清洗中被處決，是不是還不如先揣摩中央領導人的意旨，加倍甚至加十倍完成不可能的任務，一步到位，而不是如最高領袖所説的分十步到位？

這裏還有一個問題：1959 至 1961 年期間，那些熱昏了頭的省市領導人的動機是出於理想，還是出於個人野心？有些人的確是深信不疑的激進分子，他們已經身居要職，宦途一片光明。但是，多數人似乎並不是這樣的人，儘管他們毫不手軟地徵購糧食，動員大批人民建造毛澤東喜歡的水利和其他工程。[89]

在莫斯科和北京，少數幾位寡頭執政者 (這個詞其實並不準確，因為斯大林和毛澤東兩個獨裁者授予「同僚」的權力並不多) 之間的關係是不一樣的。斯大林把第二號人物布哈林剷除之後，身邊只留下像莫洛托夫和卡岡諾維奇這樣的一丘之貉，只知道一味執行他的意旨。[90]中國也是一樣，我們首先看到的是一些只知道服從和緊跟的中央領導人。對於彭德懷的上書，他們本來沒有覺得不妥，但毛澤東把它判定為右傾機會主義和軍事俱樂部陰謀之後，就紛紛大肆批判。[91]

盧山會議之前的六個月比較「實事求是」，可是中央領導人討論的問題卻脱離實際。中央領導人懷疑甚麼地方不對勁，因為收割的莊稼據説翻了一番，但徵購的糧食卻差了很多。他們猜到是農民和幹部在瞞產私分，但沒有人敢懷疑官方公布的產量。沒有哪一個「實事求是者」膽敢提議：「會不會不是增加了 100%，只是增加了 50%？」(在1958 年大躍進的巔峰時期。甚至只增加了 1.4%)。盧山會議時，政治局成員薄一波聽到毛澤東對彭德懷的「反擊」，馬上丟掉專家給他準備

的批判性報告，轉而為大躍進辯護解釋。下一年，他堅持工業部門的
「極左」路線，定出不合理的指標，完全不符合他自己一向的穩健作
風。鄧小平一聽到毛澤東在1962年夏季政治反擊的風聲，趕快否定了
自己有名的白貓黑貓講話，[92] 表示堅決支持集體經濟。劉少奇是極少數
幾個在1962年表現出勇氣的領導人之一，結果在文化大革命中付出了
慘痛代價。

　　廬山會議後的這段時期 (從1959年秋季開始) 更像是1932年夏季的
終結，而不像是1932年秋季。廬山會議之後，毛澤東在殺人魔王名單
上的位置愈加靠近斯大林；即使毛澤東從1958年10月開始知道有人餓
死。儘管斯大林無數次自欺欺人，但斯大林可以得到的可靠數據比毛
澤東多，關於饑荒嚴重程度的了解也比毛澤東多，時間上也要早些。[93]
斯大林是故意讓農民餓死的。是否的確像幾個學者所說的，從1932年
秋季開始，他故意讓烏克蘭農民餓死？安德烈‧格拉齊奧西 (Andrea
Graziosi) 的研究結論指出，從1932年秋季開始，斯大林聽任烏克蘭的饑
荒惡化，不管農民死活。烏克蘭農民前兩年的叛亂次數比其他地區都
多，斯大林覺得他們極為危險；他多年來認為，「民族問題其實是個農
民問題」。知識分子可以發表和傳播危險的思想，而農民卻可以加入分
離主義的軍隊。1917年之後，烏克蘭扮演的角色與波蘭在沙皇時期相
似。斯大林一向關注民族問題，這促使他讓饑荒惡化，犧牲烏克蘭和
北高加索 (那裏有許多來自烏克蘭的哥薩克人) 的農民。饑荒是斯大林
的錯誤措施造成的，但並不在他的計劃之中。雪上加霜的是，從1932
年底開始 (1933和1934年更為惡化)，除了饑荒在農村蔓延，還同時壓
制烏克蘭的文化和教育機構及其代表。教師被解職，知識分子和作家
被逮捕，不是遣送古拉格，就是被逼自殺。除了對語言實施俄羅斯化
政策，還在一定程度上用俄羅斯移民取代餓死的烏克蘭人，增加俄羅斯
人在烏克蘭人口組成中的比例。[94]

　　也有些歷史學家不願意幫斯大林推卸責任，認為烏克蘭徵購糧食不
足，並不是因為斯大林對「民族問題」的解釋，而是因為他自1928年以
來推行的反農民政策造成了政治和經濟危機。1932年的集體農莊莊員

已經不是新經濟政策時的農民，甚至不是1928年的農民。他們對雜草叢生毫不在意，在收割時刻意敷衍了事，等收購人員不留意時就去撿拾麥穗，並在1932年7月至10月關鍵的農業季節組織集體罷工。他們堅決認為，過度徵購必然帶來饑荒，這與乾旱無關，於是告訴政府當局：「給我們麵包，我們就工作。不給麵包，你們就自己去收割。」1933年1月和2月，集體農莊莊員拒絕準備播種，「去年我們的收成和工資都被拿走了，為甚麼還要在集體農場工作？」一個月後，又有人說，「我們活不到收割的時候了。」據說，斯大林為了徹底解決這些反對勢力，斷絕罷工者任何足以餬口的糧食，從別處調來工人替補，從而讓他們知道，沒有他們，天塌不下來。[95]

戴維思和維特克羅夫特（Davies and Wheatcroft）的結論剛好相反，儘管最近的研究多半強調，饑荒是刻意造成的，雖然蘇聯最後減少了糧食出口，甚至還進口了一些糧食，運去烏克蘭救災（但太少太遲）。[96]專家們往往就此展開熱烈的爭辯，我插不上嘴；[97]但我也有話要說。我敬佩戴維思和維特克羅夫特傑出的研究（我從中學到很多），但我更相信格拉齊奧西的論點。格拉齊奧西指出，1933年夏初，糧食儲備至少有140萬噸，足以供應300萬到400萬人一年的糧食。同一年，蘇聯又出口了22萬噸小麥。據他估計，烏克蘭在1932年有10萬人餓死，因此得出結論：如果斯大林聽任饑荒（或自然情況）發展，1933年最多死掉幾十萬人，而不是300萬人。所以格拉齊奧西認為，烏克蘭1933年的超額死亡率是斯大林把饑荒視為「民族問題」造成的結果。從1932年11月開始，他利用因為他的錯誤措施造成的饑荒，剷除了他認為的烏克蘭分離主義，同時也把蘇維埃共和國聯盟變成了專制的帝國。[98]

中國沒有故意讓西藏人和維吾爾人餓死，但中國政府像蘇聯那樣，沒有從鄰近的河南和湖北的糧倉中運去儲備糧。這兩個省的儲備糧超過200萬噸，足以讓信陽的幾百萬人不至於餓死。[99]對毛澤東來說，根本沒有故意或不故意的問題，有的就是完全不承認錯誤和一個國家最高領導人不該有的絕對不負責任態度。1960年11月，在饑荒的巔峰階段，他不再吃肉，瘦了好幾斤，但政治局會議的大部分時間都在討論中

蘇關係問題。[100] 總的來說，對毛澤東處理饑荒工作的評價是糟糕到極點，與斯大林故意餓死更多烏克蘭農民相比，絕對好不到哪裏去。

差 別

　　兩個饑荒之間還有一些比較不重要的不同之處，包括一些程度輕重的不同。蘇聯的集體化是倉促上馬，而人民公社的強迫入社在時間上更為緊迫。我們看到，中國的謊言和空話更多，後果也更嚴重。另一方面，蘇聯只是減少糧食出口，但從來沒有完全終止，而中國卻終止了糧食出口（儘管太遲了），改而進口糧食。

　　另一種差別是在農業勞動方面。在烏克蘭，耕作時敷衍了事影響到產量。[101] 由於烏克蘭缺少役用動物，這原在意料之中，集體農莊莊員不能及時完成工作，集體勞動往往徒勞無功。中國的情況剛好相反，但造成的災害更大。這尤其令人哭笑不得，因為深耕密植的做法恰恰是從蘇聯學來的。毛澤東迷信李森科理論，因為這符合他自己的階級鬥爭學說：同一「階級」的植物不會為陽光和營養而競爭。深耕是蘇聯已經試驗過的經驗，但毛澤東要超越模型，要農民深挖到一尺，甚至有時候挖到三、四尺。在貴州，由於壕溝挖得太深，要用繩子圍起來，以免農民淹死。在安徽，有些地方的表土層很薄，田地深挖之後好幾年寸草不生。[102]

　　烏克蘭播種的土地太多，在1931年達到巔峰，這是影響產量的一個主要原因。休耕地減少（蘇聯其他地區的休耕地已經比正常年份少很多）對土壤肥力產生不利影響。[103] 在中國，1959年播種糧食的田地更是被魯莽地減少。1958年豐收，竟然有人認為糧食多了不知該怎麼辦。

　　還有一個比較重要、但比較少被人提及的差別，就是中共在農村的基礎和影響力與布爾什維克相比，要厚實、廣泛和根深蒂固得多。中共扎根農村固然不容置疑，卻也不能為所欲為；中央政府對農村的控制還是因時因地而異。農村幹部奉命推動某些目標時，在選擇執行方式時有相當大的迴旋餘地。至於說中國的最高領袖如何同情農民，與人民同甘

苦，其實經不起推敲。1959年春季，毛澤東宣稱他能理解農民是為了維護階級利益才藏匿糧食。後來的事實表明，毛澤東及其他領導人雖然出身農村，卻並不了解農民；不過，他們比斯大林還是好一點。

中國人的創新事物也很重要，例如公共食堂和人民公社，這些是為了實現工業化目的而採取的手段。中國的最大優勢是大批的農村勞動力，認為可以藉此實現工業化。單是因公共食堂而死亡的人就佔了餓死人口的三分之一。[104]

另一方面，蘇聯少數民族在饑荒中受到的苦難比中國的少數民族要大。蘇聯的餓死人口中幾乎80%是烏克蘭人和哈薩克人；後者受災，完全是因為不負責任地殘酷執行政策，絕對草菅人命。在中國，漢族佔多數的省份（安徽、河南和山東）的饑荒災情比邊遠地區嚴重，一部分原因是邊遠地區糧食產量比較少，交通比較不方便。從中國饑荒的地理分布情況看，真正必須回答的問題是：經濟因素和省級領導人的行為要各負多少責任。[105]中國與蘇聯不同，民族問題從來沒有起到作用。

兩個饑荒都各自分為三個或四個階段，但中國的饑荒是斷續發生，蘇聯的饑荒則是一貫到底。哈薩克人宰殺牲畜是其他地區出現饑荒的先兆，接着是兩個逐步升級階段：1932年夏季以及1932年10月至1933年1月期間。最後，烏克蘭和北高加索繼2月的高死亡率之後，危機又延續了五個月（1933年3月至7月，高峰期是5月）。在中國，饑荒在1958年開始，1958年11月至1959年6月採取了應對措施，但效果參差不齊，接着饑荒在1959年秋季再次爆發，一直到1962年春季才結束。饑荒危機不是延續五個月，而是長達兩年（1959年秋季至1961秋季），死亡率的高峰出現在1959至1960年冬天至1960年秋季之間。

苦難延續不斷，反映了中國缺乏迴旋餘地的實際情況。對於這兩個饑荒的原因和應對過程，斯大林（及其同夥）和毛澤東都一樣必須承擔所有責任。那麼，為何中國的饑荒災情更為嚴重呢？原因很簡單，中國農村人口太多，在沒有饑荒的平常時期口糧剛剛足以餬口：1956年人均307公斤糧食，這是中共建政以來的最高紀錄。1975毛澤東去世前一年才首次突破這個紀錄（308公斤），為決定性的農業進展鋪平了道路。

　　蘇聯的農業也迫切需要現代化，但每個蘇聯公民平均可以固定獲得大約500公斤糧食。糧食的一部分固然要拿來餵養馬匹，但在糧食短缺時，把牲畜殺了充飢卻是中國農民所沒有的選項。馬匹和乳牛所提供的肉類和乳類補充食品是中國的消費者缺乏的。要知道兩國的對比情況，不妨看一下戴維思和維特克羅夫特與高華關於代食品的研究。[106]前一份代食品清單與中國在饑荒第一階段使用的相似，看起來不會有害健康，可是以後就每下愈況了。

＊　＊　＊

　　因此，有兩個原因，第一個不言自明，但第二個更為重要：

- 同樣的發展戰略 (犧牲農業來加速工業化) 是造成兩個饑荒的原因。農民是二十世紀兩個規模最大的饑荒的主要受害者，他們是因為徵購糧食而餓死的。
- 兩個政府的性質和統治方式把徵購變成殘酷無情的敲詐勒索。兩個獨裁者控制着等級森嚴、分層負責的組織，沒有人敢於違背專斷的命令，基層和地區幹部不得不對治下的人民盤剝乾淨。政權的性質和發展戰略要同樣負責，這一點從大躍進的一些創新務實做法可以看出。譬如說權力下放，在日本、台灣和南韓都取得良好成果，但由於中國政權的性質卻產生災難性影響。權力下放使得基層和地區幹部的權力擴大，相互競賽攀比。這些幹部從經驗中學到教訓，大躍進的一連串的政治口號和懲罰也告訴他們，要「寧左勿右」，並且要假報超額完成任務，不能老老實實地承認無法完成任務。

　　可是，在饑荒的最後階段，不同級別的領導人 (從安徽省委到人民共和國主席) 還是表現出他們的獨立性和勇氣。獨立性表現在在地方採取創新做法，勇氣表現在擺脫了教條的束縛。1961和1962年，劉少奇推行「三自一包」，為此他在文化大革命中遭到嚴厲批判。「三自」是指

自留地、自由市場及自負盈虧的擴大私有經濟活動，「一包」即包產到戶。在曾希聖之前，安徽的一些幹部（甚至浙江的幹部從 1956 年起）已經在試行擴大農民的自留地，更重要的是實行「責任田」，採取生產責任制。這其實就是 20 年後實行的去集體化運動的先聲。[107] 獨裁者為了結束饑荒，不得不暫時容忍這種變通辦法。1962 年，一旦看到豐收的兆頭，他立即加以禁止。這些措施直到毛澤東去世之後才再度實施，隨即擴大推行到全國，取得了我們今天看到的碩果。一個判斷錯誤的人可以把他的意志如此強加於全國人民，這就同斯大林的獨裁統治一樣，讓我們實際看到列寧在二十世紀初想像出來的處方如何為害世間。

讓我們回到文浩（Felix Wemheuer）在本章開頭說的話，這兩個國家自古以來就是「饑荒之國」，兩個革命政府都試着從災難中總結經驗教訓。[108] 從 1963 年開始，中國對主要城市實行生育計劃，至少斯大林和毛澤東的繼承者對農民寬鬆了一些。最後，更重要的是，讓我們暫時離開本書要討論的兩個政權，反思人性在面對如此廣泛而巨大的災難時刻會墮落到甚麼地步。我們不需要舉出更多人性在苦難下扭曲的例子，就以烏克蘭詩人巴爾卡（Vasyl Barka）的話作為結語：「母親在幾個小孩中殺死年紀輕的，用他們的肉做成肉餅餵給年紀大的孩子。」[109]

第六章

官僚體系

工人在奪得政權之後，就會把舊的官僚體系打碎，把它徹底摧毀，徹底粉碎，而用仍然由這些工人和職員組成的新機構來代替它；為了防止這些人變成官僚，就會立即採取馬克思和恩格斯詳細分析過的措施：(1) 不但選舉產生，而且隨時可以撤換；(2) 薪金不得高於工人的工資；(3) 立刻轉到使所有的人都來執行監督和監察的職能，使所有的人暫時都變成「官僚」，因而使任何人都不能成為「官僚」

——列寧，《國家與革命》

「最大的幻想是，在工業化和集體化〔……〕以及消滅資本主義的所有權之後，將產生一個沒有階級的社會」(米洛凡·吉拉斯〔Milovan Djilas〕)。吉拉斯的確是個好馬克思主義者，他強調這個試驗的社會方面，他先是試驗的實踐者，後來又成為批評者。他的觀點非常透徹：「當代共產主義最主要的一面，就是既是所有者又是剝削者的新階級。」斯大林、毛澤東或鐵托統治下的人民的確把這個新階級的成員視為「剝削者」。吉拉斯已經預見到反對的理由：「按照羅馬法的規定，財產是對物質財富的使用、享有和處置。」法律容許共產黨的政治官僚「使用、享有和處置國有化的財產。」更清楚的是，「新階級的權力來自一種特別的所有權形式，即集體所有制，由階級以國家和社會的名義加以管理和分配。」以上簡要介紹了蘇聯作家和異議分子米海依·沃斯倫斯基 (Michael Voslensky) 1980 年的論點，這在他的書中有詳細闡述。這兩本書是批判共產主義的經典著作，以下將進一步予以討論。[1]

　　第一個悖論是階級「管理」國家資產，但階級的作用不只是管理而已。在一個民主政體，高級公務員服從或應該服從政治領導人，而新階級包含了管理者和決策者。當然，新階級服從位居新階級金字塔頂的最高領導，它在最高級別做出決策，同時又是管理者。第二個悖論是，馬克思主義者通常輕視官僚體系，認為它屈從於統治階級。他們嘲笑官僚體系凡事保密、等因奉此、案牘勞形、行事拖延推諉。馬克思·韋伯（Max Weber）的分析強調現代官僚體系的理性、專業能力和公平公正，但其中並不包括官僚體系的人員。他們認為這只是「表面形式」。可是，當代共產主義卻被認為是名副其實的「報告氾濫的文化」。官僚體系是共產主義政權運作不可缺少的部分。官僚體系不斷在體系內繁殖增生，因為國家希望管理一切，無論是管理經濟、規劃或分配產品，都少不了它。

　　列寧早在實行五年計劃之前，已經注意到黨政官員隊伍增加太快，他們往往粗俗無能，喜歡濫用特權。列寧沒有從他自己創造的體制中去尋找官僚化的根源，這個體制首先就是由職業革命家組成的黨，他們是未來「新階級」的胚胎。他卻認為官僚化是繼承了沙皇時代的傳統，是亞洲專制體制借屍還魂。十九世紀的抗議知識分子的革命繼承人很自然地會把現在的禍害歸咎於歷史上的國家，即沙俄著名的「官僚國家」。布哈林後來也是同樣的反應，他指責斯大林把蘇聯變成了舊俄的直系後裔。

　　中國的官僚傳統更是源遠流長。在中華帝國時期，閻王殿裏對鬼魂施加酷刑的都是官僚。十九世紀太平天國首先喊出的口號就是打官。共產黨宣傳下的國民政府官僚對上諂媚阿諛，對下專橫暴虐。列寧可能會覺得，落後的人民無法承擔管理自己的任務，而中國共產黨根本不考慮這個問題。與蘇聯相比，中共要管理的農民人口更多，密度更大，文盲更多，與農村的關係更密切。他們立即決定要嚴密控制一切，不僅進行管理，而且要推翻和改變社會結構。

人　數

推翻和重新塑造社會結構固然是雄心勃勃的大事，然而蘇聯幅員遼闊（後來的中國的土地和人口更是如此），專業革命的精英分子人數不多，不可能填補所有的關鍵職位。金字塔底層已經填滿了來自蘇維埃、工廠、地區委員會以及職工會的積極分子和赤衛隊的大批長期僱員，這些人在1917年革命之後形成初具雛形的新社會團體，是未來的黨政官員。[2] 國家和黨的機器大量聘用人員，很快就建立起「蜘蛛網般籠罩全國、無所不管的巨大管理體系」（尼古拉‧別爾佳耶夫〔Nicolas Berdiaev〕）。自1921年後，蘇聯的官僚人數是沙俄極盛時期的十倍有餘（2,400,000），是工人階級（因為對外戰爭和內戰而減少）的兩倍。列寧認為公務員使得莫斯科臃腫不堪，那裏的官僚人數已經佔全城工作人口的三分之一。[3]

官僚體系與新階級的隊伍互相重疊，其成員大多數從新階級招聘。至少在開始時，新階級並不全是特殊的、享有特權的共產黨員，也不全是官僚。問題在於新階級也是極為等級森嚴的，要估計其成員的人數，比估計管理體系和共產黨員的人數更難。就共產黨來說，列寧去世後，總書記乘機招收了許多野心家入黨，讓他自己的親信佔據位置。在蘇共1923年5月第十二次代表大會與1924年5月第十三次代表大會期間，黨員人數幾乎翻了一番，從386,000名增加到736,000名。在新經濟政策期間，新階級進一步發展和鞏固，大轉彎之後增加尤其迅速。取消私人貿易之後，必須建立國家控制的貿易管理體系，迅速工業化需要建立專業的工業化管理體系，農業集體化也必須同時招聘一大批農業官僚。1926至1939年，黨政官員（包括工業企業以及集體和國營農場的高級管理人）擴大了四倍（266,000名到1,416,000名），工程師和農藝師增加了六、七倍（249,000名到1,915,000名）。[4]

1931年，馬格尼托哥爾斯克鋼鐵廠的勞工主要都是農民，其中30%是文盲或半文盲。地方當局奉命要提供合格的技術員，因此了解到必須在每一個工廠成立新的幹部隊伍。地方當局本身也是冗餘人

員，因為工廠的管理人員在工廠以外有許多職責，他們與代表國家的市蘇維埃的關係總是難免緊張。蘇維埃和工廠都有自己的黨委，彼此互不隸屬，但共同隸屬於市黨委。不用說，市黨委是最終決策機構，但由於黨政二元性，決策者的任何措施都必須開兩次會，首先是黨員會議，然後是有關機構的管理委員會會議。五年之後，斯摩棱斯克州也出現同樣的黨政二元機構，單是黨的官職名單上就有3,085個職位。[5]由共產黨領導的國家從1930年代開始也不斷增長，從裁縫到補鞋的所有服務行業都由國家或合作社提供（兩者並無差別）。鎮壓工作需要更多的秘密警察，頒發國內護照（1932年底）和居民證也需要更多公務員。

中國也同樣大量增加官僚，但最初的起點不同。中共在華北根據地時已經開始建立管理體系，其後並沒有解散這些機構。接着，他們把這些人從華北調往華南去管理新佔領的地區。他們在匆忙情況下讓軍隊幹部去執行非軍事任務，但往往事與願違，因為有些軍隊幹部甚至不識字，大多數幹部也沒有任何資歷或管理經驗。因此，政府必須盡快在其他地方大批招聘人員。中共在大城市遇到新的問題，尤其缺乏管理人員。在北京，平均1,000個居民中有兩個黨員，在廣州是14,000比1。毛澤東是個最不喜歡官僚的革命家，但是病急投醫，只能像蘇聯那樣使用前朝留下的行政人員。他很快聘用了許多工人和農民中的積極分子，也聘用了少數出身不好但受過教育的人來輔助他們。從1949年10月政權成立到1952年9月，幹部隊伍從720,000人擴充到3,300,000人。在隨後的一五計劃期間又進一步擴大。到1957年，大約每20個城市居民有一個幹部。在那個時期，官僚人數過剩，比新階級成員多得多。即使只把新階級限於國家幹部（即由國家預算付工資的幹部，不包括按工分計酬的農村基層幹部），增加的幅度也很大。1958年國家幹部的人數是1949年的八倍。1949到1955年，黨員人數翻了一番，從450萬增加到940萬，再過十年又翻了一番（1965年文革前夕是1,870萬）。魏昂德（Andrew Walder）指出，「這是唯一的晉升之路。」[6]政府清理幹部隊伍的方法是開除不稱職者，在文革期間則是清除反對毛主席的保守派。儘管如此，政權鞏固之後管理體系就一直在膨脹。久而久之，幹

部過多的現象出現在政治階層的頂部，管理體系被一位漫畫家畫成像倒立金字塔的大樓。不用說，這樣諷刺的漫畫是毛澤東去世後才出現的。畫家的說明是：「官員只能上不能下！」[7]

工人階級出身

蘇聯的政府和行政機構很早就變得「平民化」（馬克‧費侯〔Marc Ferro〕）。直到1917年9月，布爾什維克在彼得格勒蘇維埃本來只是少數，但群眾的激進化使布爾什維克壯大起來。布爾什維克先是投票反對與杜馬協議組成臨時政府，接着反對蘇維埃在戰爭持續的情況下不得不採取的各種不得人心措施，獲得了心懷不滿的群眾的支持。這是費侯所說的民主方式，「從下而上的布爾什維克化」。在10月前後，這個過程又在一些人的操縱下加速進行。那就是官僚方式，是「從上而下的布爾什維克化」的主要形式。官僚方式迅速被獨裁方式取代，因為布爾什維克在2月之後設立的蘇維埃和其他組織中清除了社會主義和無政府主義對手。接着，由於急需國家機器，很快就成立以工人階級出身為主的機構，工人的勢頭蓋過了為數不多的「老布爾什維克」，因為後者主要都是知識分子或小資產階級。1917年2月和3月，彼得格勒蘇維埃的代表，不論是布爾什維克、孟什維克或社會革命黨，都以身穿長大衣和圍巾為榮。[8]

大轉彎之後，這些低端社會階級的地位提升的速度變得更快。如果不是這樣，如何能夠管理這些拼湊起來處理經濟的新機構？集體農莊主席及其助理與莊員一樣都是農民。集體農莊的管理工作是由一群幹部和行政工作人員在後面支持和控制，這些都是農業方面從來沒用過的職位，包括在新經濟政策時期。工廠也是如此，許多工人被提升為工頭或車間主任。一五計劃期間，產業工人人數翻了一番，從1928年的310萬增加到1932年的600萬，管理人員增至三倍，從236,000人增加到700,000人。這些人與工頭不同，大多數是不稱職的，許多人只要能

夠讀寫就被提升為所謂的會計師或經濟學家。這些新官僚的專業生疏、缺乏效率、愚蠢無知和粗野蠻橫，成為嘲諷的好材料。[9]

　　高層領導人十分清楚這種情況，斯大林尤其了解。斯大林在意的是這些新官僚和黨員沒有政治包袱，並不在乎他們缺少文化和教育，因為缺少教育使得他們比那些老布爾什維克更容易俯首聽話。[10] 斯大林擔心的是高級管理人員缺乏培訓，特別是工廠主管。斯大林相信小資產階級的專家心懷叵測，以工頭（原來的工人被提升擔任部門主管卻不了解情況）的名義做出所有重要決定，於是在1928年對頓巴斯地區的採礦工程師進行著名的沙赫蒂審判，控訴他們與外國勢力勾結搞破壞活動。除了擔心專家叛國，他也同樣擔心部門主管愚昧無知，盲目批准別人作決定。一五計劃的目的不只是生產更多鋼鐵和機器，還要產生一批無產階級出身、掌握專門技術的新知識分子。毛澤東曾經多次強調「紅」與「專」的對立統一，特別是在大躍進期間。斯大林要建立的又紅又專的新精英階層，大多數是從工程學院訓練出來的。在大轉彎中受到清洗的人，多半被出身工農的幹部取代，這些人是在一五計劃期間作為成年人接受高等教育的。在1952年斯大林統治的末期，蘇聯政府的部長有一半（115位部長中的57位，包括勃列日涅夫、柯西金和格羅米柯）是一五計劃時出身工農的幹部。到1979年，經過一代人之後，政治局成員中有半數（14位中有七位）是工農出身的幹部。赫魯曉夫也是這樣出身，不過重點不在高層領導人是誰，而在從1938年開始佔據蘇聯全國管理職位的那些工農出身的新幹部。自那時起，斯大林關注的不再是他曾經想培養的新無產階級知識分子；他需要的是受過教育的共產黨員，最好是工程師。在斯大林鼓勵斯達漢諾夫（1935年創下採煤記錄）式的工人抗議「資產階級」管理階層時，具有反知識情緒的工人發揮了作用。現在情況不同了。這樣的工人甚至可能正好相反，因為他們可能妨礙斯大林培養和急需的新精英階層的工作。

　　從這裏可以總結出兩個互補而非相反的教訓。在1930年代逐漸放棄無產階級專政想法的同一個領導人，在一五計劃時期致力於讓無產階級專政具有實質性內容。至少他讓一些成員接受教育，以便成為大大

小小的領導人。一五計劃的迅速工業化一定會導致向上的社會流動，斯大林要確保得到提升的人來自工人階級。1934年，60%的黨員屬於工人階級，但其中只有9.3%負責生產性任務，其他人則長期擔任黨組織、工廠或行政機構的職務。共產黨逐漸變成了公務員黨。1952年，斯大林最後一次召開的蘇共第十九次大會的代表之中，只有7.6%是工人，7.8%是農民。[11]

這些既得利益者知道，這個政權的性質使得他們得以晉升。他們對於能夠靠自己努力晉升感到自豪，也對政府心存感激。對獲得晉升的那些無產者來說，這個政府自然具有合法性，但是沒有獲得晉升的那些無產者如果了解更多情況，他們或會羨慕西方資本主義國家的階級兄弟。

這就要提到第二個教訓。斯大林在1930年代後五年與新階級締結的聯盟（維拉・鄧納姆稱之為大交易）在戰爭結束後更為鞏固，斯達漢諾夫式的工人因為缺乏專門技能而不再屬於特權階級。[12]戰爭的經驗證明，意識形態製造不出坦克，也不能指揮作戰。戰爭也使得國家滿目瘡痍，而重建工作不僅需要人手，更需要專家和組織者——換句話說，需要斯大林期盼的積極、富有成效和效率的白領工人。他期待專家和管理者組成的專業隊伍努力工作。他們對官方的革命史所知甚少，更談不上革命理想；他們只需要不關心政治，服從聽話，是鐵桿民族主義者，堅決效忠最高領袖。斯大林給予他們的則是物質報酬、安全和榮譽。從1930年代初開始，他賦予他們越來越多的特權，使早年的平等理想成為笑柄。1932年2月，斯大林取消了列寧關於所有黨員的工資不得超過一定數額的規定。1917年的革命老兵現在只是新階級中的一小撮，而新階級現在毫無疑問都是無產階級或農民出身。這個新階級很快就複製了古已有之的庸俗品味和價值，而那正是革命知識分子曾經奮起鬥爭的那種品味和價值。這些新的資產階級沉迷於物慾、享受和財富，注意衣着打扮和家具擺設，發展消費文化，卻擔心真正的文化會培養出喜歡做白日夢和永遠心懷不滿的人來。新階級也討厭禁慾和苦行，他們認為應該享受自己的生產勞動成果，他們的下一代也應該如此。總之，斯大林創造出一個只知道效忠於他的新官僚體系，因為他

們所擁有的一切都是斯大林賜予的，就像彼得大帝治下提供服務的新官僚體制一樣。革命政權轉型成為保守的權勢集團。創造和鞏固一個政權容易，改變一個民族很難。斯大林關注的不是人的本性和靈魂，他只關注人可以生產出甚麼，關心如何讓別人為他們生產。

毛澤東和中國的新階級

那麼，要三呼毛主席萬歲嗎？[13] 毛澤東最厭惡的就是發展到極致的斯大林主義所代表的理想和實踐：物慾、享受、奢侈、身份級別、特權和偏見歧視。他至少忠於他的革命價值觀，自認為他的造反名副其實，沒有妥協變質。毛也沒有對剝削和蔑視群眾的共產黨統治集團讓步。他曾經多次對社會主義政權內出現的不平等現象和新特權階級表示擔心，並盡量防止這些情況變得像蘇聯那樣嚴重。斯大林重新創造出一個具有特權的社會階層，依靠他們來實現國家的現代化。毛澤東要使一個比蘇聯貧窮得多的中國現代化，心情比斯大林更急，但他不能容忍由此產生的不平等現象。雖然如此，他的所作所為卻適得其反。

毛澤東指責最多、最不能容忍的是城市與農村以及知識分子與體力勞動者之間的不平等，其實這兩種不平等與新階級的特權和權力之間只有間接關係。可是，毛撇開他的同僚推行「百花齊放、百家爭鳴」方針時，目標似乎就是針對這兩種不平等現象。他在1957年2月開展該運動時，強調要區別「對抗性矛盾」與「非對抗性矛盾」。對抗性矛盾是人民與前剝削階級（地主、資本家等）之間的矛盾，現在不再需要強調，因為生產資料已經在前一年國有化，而此前的土地改革已經沒收了地主的土地。因此，毛澤東現在強調存在於人民內部的「非對抗性矛盾」，就是說存在於代表人民的工人、農民、民族資產階級和知識分子四大階級之間的矛盾。在這個階級劃分中還沒有新階級，但是既然黨代表着無產階級的先鋒隊，我們不妨承認那些著名的「非對抗性矛盾」也包括了人民與統治者之間的矛盾。換句話說，毛已經預見到新階級正在產生。

　　這樣說可能過分誇大了毛澤東的先見之明，因為他批評的只是黨員的「工作作風」，不是他們對權力的壟斷。他批判的不是新階級的權力和特權以及其對群眾的剝削和壓迫等基本問題，而只是一些細枝末節。毛澤東鑑於共產國家集團在華沙和布達佩斯發生的事件，決定讓知識分子提出意見，希望改善與他們的關係。然而，知識分子的批評超出了他原來樂觀的估計，於是他認為資本家與無產階級之間的階級鬥爭，即使在無產階級專政下，依然存在。毛澤東很快就把斯大林發明的奇怪前提收為己用——隨着社會主義取得進展，階級鬥爭越來越激烈。

　　所以，雖然毛澤東從來沒有放棄過虛構的階級鬥爭（對抗性矛盾），我仍然相信，他懷疑人民與新階級之間存在着真正的階級鬥爭。當然，毛澤東從來沒有使用過新階級這個詞彙（吉拉斯就像伯恩斯坦和托洛茨基一樣，是不能隨便引用的），但他一再抨擊「資產階級分子」滲透到黨內，譴責黨員因為貪圖享樂而腐化墮落的資產階級傾向，顯示他對社會主義制度核心正在出現的新階級感到不安和擔心。這就立刻提出了一個新的問題：要怎樣界定這個「新資產階級」（毛澤東的這個用語最接近「新階級」）？是不是應該從社會的角度來界定？這是馬克思主義者從來沒有走過的路。使用社會標準，很可能造成高級幹部（新階級的特權階層）與廣大農村幹部（他們最有理由嫉妒他們在城市裏的同志）之間的矛盾。

　　毛澤東沒有從社會角度為「新資產階級」定義，而是從道德和行為的角度加以定義（或近似定義）。新資產階級傾向的確存在於少數壞幹部之中，必須予以防止。生活簡樸、忠於革命理想和一心為人民服務的都是好幹部或革命幹部。只顧自身利益的投機取巧者都是壞幹部。客觀的社會標準（幹部在體制中的地位及由此產生的工資和特權）並不重要，重要的是這些幹部的主觀心態。按照毛澤東私人醫生李志綏的描述，[14] 毛自己驕奢淫逸的生活應該就符合他要批判的標準，但結果卻是生活簡樸的國家主席劉少奇遭到批判。劉少奇是文化大革命中最受批評的對象，被說成是陰謀復辟資本主義。所以說，生活作風並不是判斷幹部好壞的正確標準，至少不是唯一的標準。

　　毛澤東所擔心的其實不一樣，他是從政治的角度考慮。任何幹部，只要在任何情況下都忠於毛澤東路線，就是革命的。[15]任何幹部膽敢反對毛的路線，或者不敢公然反對，但私下執行務實的政策，沒有一字不改地執行毛的命令，就會被扣上各種帽子，先是資產階級，然後是修正主義、走復辟資本主義的道路和反革命。毛提出這樣的指控時，頭腦裏想的是新階級嗎？或者他想的資產階級是像希臘神話裏面的九頭蛇，頭被砍了又會重新長出來？毛澤東在生命的最後12年裏，越來越用政治標準來界定新階級。他承認界定黨內的新資產階級的關鍵因素是權力，不是金錢，但仍然強調墮落為資產階級的一些主觀因素——不是因為資產階級享樂才腐化，而是因為使用和濫用權力。毛還把矛盾升級。在「百花齊放、百家爭鳴」時期，他認為這些是「非對抗性」矛盾。後來，他改了主意，認為領導與人民之間是「對抗性」矛盾。[16]總之，無論是蘇聯或中國，這些矛盾變成了「敵我矛盾」。

　　不管怎樣，我們先説一下這些詞彙的真實範圍和意義。「新資產階級」的領導人都隱藏在「黨的領導階層裏面」。這是「敵我」之間的「對抗性」矛盾，必須加以無情鎮壓。「百花齊放、百家爭鳴」運動之後兩年，國防部長彭德懷在廬山會議上大膽批評大躍進。毛澤東總結説：「廬山出現的這一場鬥爭，是一場階級鬥爭。」[17]然而，彭德懷絕不是以前的剝削階級的代表，只是犯了錯誤的自己人，因此只能是「新資產階級」的代表，要等到文化大革命才一起算總帳。而彭德懷擔心的大饑荒卻真的發生了。饑荒結束後，毛澤東又從階級鬥爭的角度來解釋他與其他領導人之間那些不公開的衝突，因為這些領導人關心的是如何復甦經濟，而不是馬列主義的正統思想。在1962年9月中共十中全會上，毛澤東提出了「千萬不要忘記階級鬥爭」的號召。新階級也在蘇聯繼續發展，但蘇聯人死不承認。毛澤東現在主要都是從階級鬥爭的角度分析這個問題。如果修正主義感染了蘇聯，中國也很可能無法免疫。毛澤東越來越擔心（中國革命是不是也會蛻化變質）的是：修正主義可能預示着資本主義復辟。於是，新階級（劉少奇是中國的赫魯曉夫）的蛻化變質與舊剝削者的幽靈（資本主義）聯繫在一起。

在毛澤東眼裏，文化大革命要打倒的可惡官僚體系，具體來說就是他在黨內的膽怯對手或對他陽奉陰違的人。這是一場反官僚的革命，既顛覆了既有的組織結構（中央文化革命小組指揮學生打倒毛澤東指定的對象），又在紅衛兵失控後使用了軍隊。這個革命要反對的官僚體系既是政權的變形，又是政權的同質體，因為這個政權把所有生產資料交到共產黨任命的官僚手裏，而這是毛澤東不擇手段抄襲得來的模式。官僚體系的領導人下令進行所謂的反官僚革命。[18]

儘管毛澤東思想混亂，並為政治上的爭論貼上社會或道德標籤（凡是不忠心擁護我的就是卑鄙的陰謀家），我們也必須承認他也有神志清醒的短暫時刻，儘管他很快就會忘記，或者被他突如其來的行動推翻。我們也不能否認他比斯大林更關注「社會主義」社會的不平等現象回潮，並更加執着地追求平等主義的夢想。這種執着加上老年強迫症，也使他更加不負責任，直接帶來絕對的災難。斯大林在1930年代時，堅決掃除掉任何阻擋現代化進程的障礙；毛澤東做不到這一點。毛澤東盲目、狂熱地遵循的是馬列主義的正統思想（或他了解的馬列主義），而不是原來的民族主義。他強調要實現的是一個平等主義的國家，而不是要把一個落後的國家現代化。[19]

兩個新階級的社會組成差別不大，但兩個獨裁者對新階級的態度很不一樣。中國與蘇聯相比，新階級更多是由工人階級或（大多數由）農民組成。這些人一開始就是革命者，他們與列寧的職業革命家不同。由於在革命鞏固過程中很難確定新階級成員的數目，我只能用黨員人數來說明。1949年，80%的黨員都是前十年期間在華北革命根據地入黨的農民。到1961年，農民只佔黨員的66%，知識分子增加了三倍，從5%增加到15%。1961年，工人佔黨員的15%，而在1949年幾乎是零。工人所佔比例增加是因為工人人數也相應地增加了，但在蘇聯政府成立的前20年，知識分子所佔比例卻減少了。蘇聯的老布爾什維克中有不少人（其中大多數是知識分子）遭到清洗，接着就大規模徵召無產階級入黨。許多人進入了黨的書記處，取代了職業革命家出身的老黨員。1930年，蘇維埃聯邦共和國的中央委員會書記和成員中超過三分之二

(69%)是蘇聯共產黨1917年10月以前的黨員（就像是在1949年加入中共的老幹部）。1939年，十年之後，五分之四（80.5%）是在列寧死後入黨的。

　　與蘇聯一五計劃前夕時一樣，中國許多新任命的幹部都是不稱職的。當然，這不能一概而論。我就碰到過許多既聰明又能幹的年輕農村幹部。中共選擇的並不都是鑽營投機的野心家，也有許多富進取心的年輕人。可是，不得不承認，大多數農村幹部只有基礎教育的程度。少數具有小學程度的農民則是出身富裕家庭，因此不值得信任。中共政府相當重視教育，特別是在大躍進之後，並且在毛澤東親自推動下，雖然沒有完全彌補這個缺陷，但的確縮小了差距。無論如何，農村幹部中只有很少一部分屬於新階級。黨的高層幹部則比較嚴重，他們每一個人都是名副其實的新階級成員，但具有必要技術和行政才能的人卻不多。在百花齊放、百家爭鳴期間，有些教授抱怨「外行領導內行」。這種抱怨隨即受到嚴厲批判，但到毛澤東去世和蘇共二十大之後，這種抱怨又再出現。毛澤東還在世的時候，有一個外國人李克曼（Simon Leys）為這些教授說話，勇敢地嘲笑這些幹部是「一個狹隘、武斷的官僚體系，徒勞無功，愚笨糊塗。而且這個階層才幹平庸、驕傲自大、拉幫結派和盲目服從，對任何創新怕得要死。」[20]

行為與腐敗：等級制度和特權

　　雖然黨在地區和基層的領導人在五年計劃期間享受特權，但他們經常處於緊急和緊張的狀態下，不斷受到壓力。他們必須完成根本無法達成的任何任務，他們隨時要趕到下級遇到困難的地方，嚴厲督促他們更加努力和採取行動。「1930年代的理想領袖不是坐辦公室的人……他的時間都花在建築工地的污泥裏。他對自己和對別人都很嚴厲，必要時甚至殘忍不講理，不知疲勞，常識豐富。……他們一心要出成績，說話毫不客氣，厲聲宣布命令，要求絕對服從，不准回嘴。」[21] 1929年，一個

徵用糧食的官員召集村民開會，首先拿山　把手槍放在桌子上。另一個官員警告農民，蘇維埃的權力就像「卡在你脖子上的大手，壓在你胸膛的膝頭」(摩西‧列文〔Moshe Lewin〕，歷史學家)。說到殘暴專制，蘇維埃的幹部就像沙皇尼古拉一世手下的官吏。他們與傳統的官吏一模一樣，蘇聯全境充滿了數以千計的小斯大林式的獨裁者——一個個都是他們領地裏的霸王。一個工廠廠長規定工人只能在廠裏的理髮室理髮，並對違反者提起刑事訴訟。沃羅涅日地區一個集體農莊主席對任何農莊莊員的以下行為罰款，包括：不去掃盲班上課、說粗話、不用繩子牽狗、或不把家裏的地洗乾淨，等等。[22]

　　這些罰款的一部分進了他們的口袋，所以這些小獨裁者往往貪污腐敗。這種情況在集體農莊和工廠司空見慣，往往都是黨員與公務員和高層督察員狼狽為奸。儘管嚴刑峻法，但貪污腐敗卻有增無減。關於新階級的等級意識的發展速度甚至比腐敗更快。南斯拉夫共產黨創黨人西里加(Anton Ciliga)曾經是列寧格勒共產主義大學的講師，他發現他的學生都覺得自己應該享有特權；他們已經疏離了所來自的工人階級。西里加認為，他們不是工人階級的精英，而是「官僚體系的新成員」。1942年斯大林格勒遭到圍困時，俄羅斯作家格羅斯曼(Vassili Grossman)描述一個年輕官僚要把鄰居趕出一個具有防空掩體的大樓，以供科學家和公司經理居住。[23]

　　西里加沒有被關進蘇聯牢房以前的那幾年(他在1930年5月21日被捕，1935年底出獄後被驅逐出境)，住在列寧格勒共產黨住宅區，那裏住的都是像基洛夫(Kirov)那樣的高級黨官。他在那裏碰到的暴發戶貴族，主要都是工人和工匠出身，幾乎每一個人都炫耀自己的特權，彼此攀比地位高低。男士們依然是一貫的穿着，以保持無產階級和革命黨人的本色；他們的老婆由於意識到已經「躋身上流社會」，就刻意注重穿着打扮、戲院裏面的包廂、房間的家具擺設，以及夏天在高加索避暑時與一些大官高幹的合照。這些暴發戶的工資並不高，但他們的房子或家具的租金極低，汽車、戲票、度假和小孩上學都不用花錢。[24]在馬格尼托哥爾斯克，基洛夫住宅區是專供當權者喜歡的人居住的，但與高

級領導人的特權比起來卻是小巫見大巫。這些高級領導人居住在森林裏隱蔽的豪華小區中。黨的第一書記的房屋價值25萬盧布,是馬格尼托哥爾斯克鋼廠一個工人平均年薪的好幾百倍。

在毛澤東時代,這些特權比斯大林時代要收斂得多。是不是因為這是窮人的社會主義?當然是,但這不能解釋一切。中國與30年前的蘇聯比較當然落後得多,但這不能解釋為甚麼中國的工資差距比蘇聯小得多(高級幹部的工資相當高,屬於例外情況)。[25]級別不高的幹部雖然工資不多(行政級別有26級,如果包括最低幾級的辦事員則有30級),但按照其級別高低可以得到各種象徵性和實質性的福利。早在延安時期,王實味就很驚訝衣分三色、食分五等的特權制度。15年後,在百花齊放、百家爭鳴時期,許多人又對不平等現象提出意見,包括:戲院的第一排總是留給共產黨員,南京有一條公共汽車路線特別繞路經過某個大人物的住宅,高級黨員幹部在療養院每天都有一堆服務員伺候,北京醫院只有一級到七級幹部的家屬才能住院,重點學校只有高級幹部的子弟才能入學,只有共產黨員和共青團團員的子弟才能出國留學,等等。[26]

高級幹部住進以前的大官或富人的房屋。這種住宅區叫大院(例如省委大院),往往就像北京的國家領導人住的中南海,四周紅牆聳立。大院既是住家,也是辦公室,都按照級別高低安排。服務人員分開住,他們的居住條件差得多,享受不到甚麼福利。這些福利及其相應的各種特權嚴格按等級分配,在30個行政級別中以第8級、第13級和第17級作為分界線。第14級到第17級是一般幹部,第17級以下是底層辦事員。高級幹部(第1級到第13級)的子弟在一起長大,與外部世界和貧窮隔離。他們的住區有門崗,從不單獨離開大院。他們都在同樣的重點學校上學。文革期間,一個幹部子弟學校與附近郊區或農村的學校合併,他們看到農村學生手腳龜裂,往往流血或長着凍瘡,都感到吃驚。因此,這個體制是精英主義的、等級森嚴的,但與斯大林的模式相比,還是差了很大一截。[27]

在毛澤東統治下,上學機會的不平等和任人唯親現象普遍存在,但吃虧受罪的並不總是同樣的階級。例如,1960至1963年進入高中或大

學的標準側重成績時，吃虧的是工人階級的子弟；1964至1965年側重政治標準時，吃虧的是以前的「剝削階級」子弟。只有高級幹部的子弟永遠佔盡便宜，這些學生互相攀比的是自己家裏有幾部汽車。在中國，能夠坐汽車是最惹人羨慕的特權，因為正如李克曼指出的，一般重病病人都是用獨輪車或手推車送去醫院。中國在這方面比蘇聯更嚴重，「只有官員可以坐汽車」，「汽車的型號、顏色和大小按使用者的級別而定」。最高級的汽車是「黑色長型轎車，掛着窗簾，一般群眾看不見裏面的乘客，讓人感到神秘莫測。」[28]

同蘇聯一樣，這個體制製造了特權階級，但劉賓雁（1944年入黨的老幹部）天真地點破這一點，竟在1957年受到懲罰。幹部既需要狂熱積極，也需要盲目服從，既要鉅細靡遺，又要阿諛奉承；中國的幹部遠比蘇聯的幹部難當。中蘇兩國作家的筆下寫下了這些幹部的諸般醜態：唯唯諾諾、諂媚討好、吹拍逢迎，以及精通關係學。[29]沙葉新創作的劇本《假如我是真的》描述一個人冒充高幹子弟到處行騙、無往不利的故事，[30]與俄國諷刺作家果戈里的代表作《欽差大臣》先後輝映。換一個角度看，除了中俄這兩個兄弟國家，還有哪裏可以讓一個人憑藉一點點權力就肆無忌憚地愚弄群眾？在這兩個國家，人民所有的物資和服務都仰賴國家，由具有極大權力的新階級來進行分配。在發生饑荒時，基層幹部掌握的權力可以決定農民的生死。我們看到，他們以糧食為武器，對不聽話的人和偷懶的人減少口糧；這種讓人勉強餬口的糧食稱為「死糧」。打死人的事經常發生，包括因為太餓而去偷一口米飯的小孩。我承認這是饑荒時的特殊情況，但無數幹部在全國各地通常使用的恐怖手段似乎表明，這些幹部在饑荒發生前已經習慣於任意欺凌、責罵、鞭打和關押老百姓。

除了在饑荒時期造成數百萬人死亡的鞭打、酷刑、吊綁和殺戮，另一種看起來微不足道的暴力行為每天每時都在發生。我與中國打交道30多年，有一件我親身經歷的平凡事情至今難忘：一家戲院門口好幾百人在排隊，等待我這個外國漢學家在前排坐定之後才能開演。我的陪同幹部命令司機全速前進，驚慌的人群紛紛走避。這樣做是為了讓

我少走幾步路還是少等幾分鐘？還是想讓我盡量不要接觸群眾？

由於害怕上級不高興，或者擔心沒有嚴格執行上級的命令，往往產生相反的效果，導致行政工作癱瘓。驚慌失措也可能造成停滯不動或無限拖延。要緊的是不要讓上級不高興，不要犯下使你成為替罪羊的錯誤。最好的辦法就是不做不錯。張潔的短篇小說集《只要無事發生，任何事都不會發生》提出了最好的說明。[31] 腐敗從上到下侵蝕了整個官僚體系，負責批准的公務員每次的回答都是「研究研究」，實際上卻可能是暗示要你送他「煙酒煙酒」。

中共建政之初就開展三反運動，清理與工廠老闆和商人勾結舞弊的城市幹部。十年後，四清運動的整肅對象是貪污受賄的農村幹部。這個政府是不是看準時機才會對這種一再發作的頑疾嚴厲打擊？它打擊的方式自成一格，讓對手或執行錯誤政策者困惑不解。這種情況在大躍進之後尤其嚴重。各級幹部不得不實施產生嚴重後果的政策，卻要承擔責任和受到處罰，他們因此學到了黨校裏沒有教過的東西，就是利用革命本來要推翻的關係網和非正規方法來保護自己。文化大革命讓這些幹部徹底明白，「他們的地位不安全，他們的權力靠不住」（呂曉波〔Lü Xiaobo〕）。呂曉波認為腐敗的根源是所有革命政權都可能發生的蛻化變質過程。這些「新傳統主義的」共產黨幹部（肯·喬威特和魏昂德〔Kenneth Jowitt and Andrew Walder〕）既不是毛澤東期望的革命激進分子，也不是韋伯（Weber）型的現代官僚。他們不喜歡法規和信念，寧願選擇非正規的操作方法、特定的人際網絡、主僕關係和禮儀（以及隨之而來的虛偽和謊言）。呂曉波的基本假設（我覺得有點過於系統化）[32] 認為，共產政權都可能發生「組織上的蛻化變質」；這使他的研究超出了關於腐敗問題的狹隘範圍。他在他的專題論文中指出了毛澤東的「不斷革命」（有別於帕武斯〔Parvus〕和托洛茨基的不斷革命）與不斷蛻化變質之間的聯繫。

劉賓雁在毛澤東去世後發表的經典報告文學作品《人妖之間》中，生動地描述了社會主義經濟與新階級的腐敗之間的聯繫。我在前面說過劉賓雁的悲慘遭遇：由於他說老實話，被劃成右派，大約20年光陰

先後在勞改營或五七幹校度過，直到毛澤東去世後才在1978年獲得平反。[33] 他寫的《人妖之間》（見方框3）揭露了黑龍江賓縣燃料公司經理王守信的貪污事件。文章在1979年發表後，劉賓雁收到數以千計的讀者來信，就像俄國作家弗拉基米爾‧杜金采夫（Vladimir Dudinstsev）在1956年（斯大林去世後三年）發表的小說《不只為麵包活着》（*Not by Bread Alone*），也引起讀者同樣的反應。杜金采夫以嘲弄的手法描寫小說主角德羅茲多夫（Drozdov）如何以無能為榮，在黨的號召下無所不能，今天掃公共廁所，明天管文化，然後又加入航空工業。林培瑞（Perry Link）比較了德羅茲多夫和王守信這兩個「能人」，認為王守信的特長是走後門，普通老百姓享受不到的任何特權，她都可以用錢換來。

方框 3

鑽營投機和腐敗幹部的兩個例子

斯大林和毛澤東兩個獨裁者去世後三年，俄國和中國各自出現了關於新階級的文章，在列寧格勒和廣州的讀者中不脛而走。其實這兩篇文章並沒有甚麼新內容，但讀者很高興這些東西能夠攤開在陽光底下，也佩服兩位作者敢說真話的勇氣。

劉賓雁1979年寫的《人妖之間》不是小說，而是報告文學，講述一個女貪污犯王守信被判處死刑的故事。王守信是黑龍江賓縣燃料公司的黨支部書記兼經理。

王守信從國家身上撈錢，用的是在社會主義經濟的典型手法。國營煤礦生產的煤價格是固定的（24.8元/噸），屬於「計劃內」供應。「計劃外」供應的是小窯煤，則要外加運雜費（29.9元/噸），貴得多。王守信實行一種非常簡便的撈錢辦法。把一部分國營礦的煤，冒充小窯煤出售。這就需要燃料公司的營業部主任和會計的配合，而這兩人都是王守信拉進黨內的。除此之外，她還發展了九名黨員，都是對她忠心耿耿，相信這樣

的話：「支持黨委書記就是支持黨，保衛黨委書記就是保衛黨。」會計死了老婆想要再娶，但王守信不准，怕多了雙耳朵容易洩漏機密。

這只是燃料公司經理不停地奔走忙碌的一個方面。她有請不完的客，送不完的禮，出錢救人之急，幾乎讓全縣的政治領導都覺得欠她一份人情。她把頂好的煤送去賓縣縣委書記和常委家裏。她也不會忘記武裝部、組織部、勞動部等各個部門的領導。她不久就發現，這些地方上的當權者甚麼都不缺，但都擔心他們兒女的前途，因為知識青年必須到農村去接受貧下中農的再教育。於是，王守信在一個人民公社設立了自己的知識青年點，收容這些幹部的子女，幫助他們解決升學、回城和就業問題。黑龍江省經濟委員會的副秘書長為了感謝王守信幫助三個子女回城，買了機票送王守信去廣州和上海旅行，住高級賓館。飛機起飛之前，有三個省級部門的幹部到機場送行。到1978年，王守信已經遭到匿名檢舉，但縣委紀律委員會的紀檢員很快把檢舉信交給她，幫她解決了問題。王守信卻不肯善罷甘休，在公司裏組織賽詩會，要找出與檢舉信相同的筆跡。

乍看之下，這個靠着縣委書記提拔成為經理的燃料公司收款員，所作所為令人難以置信。僅僅十年時間，她的小金庫裏積存了45萬元，相當於一個普通職工1,000年的工資，此外還有逾900種供她隨時送禮的物資。但是，讀者知道王守信現象並非不可思議，因為劉賓雁談的不只是個人，而是整個體制。劉賓雁指出，「這種『社會主義』交換，比起資本主義交換確實有相當大的『優越性』。交換雙方個人不須擁有資本，不須支出任何私有財物，不冒任何虧損或破產的危險，又各有所得。」王守信財富的根源是她的地位，有權力的人都靠利益關係網連接在一起，腐敗是常規，不是例外情況，而常規就如俗話說的：「哪兒不澆油哪兒不轉」。王守信一案，另外還有十個人被判刑入獄，十個都是黨員。一個工人寫信給劉賓雁說：「你描

寫的賓縣就是全國的　個縮影」。新階級的成員彼此聯姻通婚，把他們的階級變成了世襲制度，成員不敢得罪成員，但對得罪人民——理論上的人民共和國主人——卻毫無愧疚之色。

《人妖之間》揭露了這個體制在基層的運作情況。《不只為麵包活着》講的是高層官僚，一個西伯利亞大型工業聯合企業的經理的故事。書裏的「英雄」德羅茲多夫（Drozdov）在莫斯科任職，故事結束時已經升官到副部長。讀者可以從該書的前面幾章了解到這個地方小霸王的心理狀態和「治理」方法。德羅茲多夫的妻子是地理老師，但他不許她帶朋友和同事到家裏來，因為「我們家會令他們嫉妒」。新階級的成員只互相邀請，而且輕而易舉，因為聯合企業的高層主管都是住在斯大林大道上的鄰居。德羅茲多夫在那裏其實有兩個公寓。這些家庭常有往來，但德羅茲多夫警告他的妻子説：「我們在這裏不能有朋友……。他們不是嫉妒我們，就是害怕我們，要不然就是小心翼翼，再不然就是有求於我們。親愛的，我們必須孤立起來！我們的地位越高，越要孤立。」不斷高升意味着不斷孤立。野心勃勃和狡猾多詐的德羅茲多夫認為，擔任他無法勝任的職位，既很正常，也令人興奮。

只靠以無能為榮，無法升到副部長的位置。德羅茲多夫的妻子責怪他説，你還必須搞亂別人的工作。「你把絞索套在他的頸子上，然後拉緊！絞死他，絞死他！」*這裏説的是一位發明家。德羅茲多夫曾經答應發明家宣傳他發明的離心機，但後來知道一位有後台的高幹製造了同樣的離心機，只是質量不過關，就立刻把發明家晾在一邊。他責備發明家獨自行動，「我們的新機器是集體創造的成果。」德羅茲多夫參加了離心機的製造工作，但隨即退出，因為發現該機器無法使用某些原料，而且浪費原料。政府當局後來發現那位被晾在一邊的發明家是

---

* 　Dudintsev, 1957, p. 287.

真正的人才，德羅茲多夫馬上展開調查，要找出為甚麼白白損失了八年（其實就是他自己應該負責）。這位發明家在1945年提出他的研究計劃，到1953年才獲得採用，其間曾經被發配到古拉格，後來被調了回來。經過雷厲風行的調查之後，德羅茲多夫搖身一變成了維護真理的英雄，打倒了他的頂頭上司副部長（也是個壞蛋，但狡猾比不上德羅茲多夫）並取而代之。德羅茲多夫知道，「只要擔一點風險，早在1946年就可以支持那位發明家，」但他立刻糾正自己說，「不行，不行！那個時候行不通⋯⋯我們兩個人都會完蛋。而現在⋯⋯。」[†]政府當局永遠是對的，除非時來運轉，讓頂頭上司為自己的錯誤和罪行承擔責任。在正常情況下，很難想像會出現這樣的逆轉。國家應該會照舊浪費資源，發明家應該會像瓦維洛夫（Vavilov，一位受到李森科和斯大林迫害的科學家）那樣留在古拉格。杜金采夫只是為了讓書能夠出版，在書的結尾部分增加一段。[‡]即使在蘇共第二十次代表大會之後，社會主義政府仍然要求任何出版物必須有個光明的尾巴。

劉賓雁不需要修改事實，因為他報告的是一個經過法院審理的貪污案。儘管如此，他覺得有必要把話說清楚：造成王守信這樣撈錢的理由依然存在。劉賓雁的文章發表之後，那些仍然在位的王守信同夥氣憤不已，使得劉賓雁不敢踏入黑龍江一步。全國各地同情王守信的人紛紛譴責這株「毒草」。劉賓雁覺得有權有勢者的敵意原在意料之中，他指出，儘管王守信貪污案是被破獲了，但「現在還不是歡呼勝利的時候」。

兩篇文章引起了同樣的反應。1956和1979年，讀者的反應十分熱烈，但官方的反應貶多褒少。《不只為麵包活着》的情況稍有不同，因為有帕烏斯托夫斯基（Constantine Paoustovski）

[†] 同上，p. 549。
[‡] 同上，pp. 479–610。

等十幾位作家為他公開辯護。我當然不會拿杜金采夫或劉賓雁
與法國劇作家莫里哀（Molière）比較，但對中國、俄國和法國的
讀者來說，德羅茲多夫或王守信與莫里哀筆下的主角何其相似。

資料來源：Doudintsev, 1957; Béja and Zafanolli, 1981, pp. 203–293. 英文翻
　　　　 譯見 *People and Monsters. And Other Stories and Reportage
　　　　 from China After Mao*, ed. Perry Link, Bloomington: Indiana
　　　　 University Press, 1983.

清洗之後：精英分子的轉變及其特權的鞏固

　　大清洗和文化大革命標誌着新階級的享受和安全生活猝然終止，可
是兩個獨裁者去世之後，對他們的歷史評價反而提高了許多。以下要
說的已經超出了我原定的時間範圍。

　　對官僚體系最嚴厲的批評，有時候來自領導人自己。從1930年代
中期開始，政府就鼓勵公民檢舉公務員的濫權行為。但檢舉會有風
險，因為被檢舉者就是處理檢舉案件的人。或者不是他本人，卻是他
的同夥、庇護人或委託人，因為黨政官員官官相護，相互抱團來維護共
同利益，必要時對莫斯科或北京的中央隱瞞失敗、困難或胡作非為的情
況。1929至1937年，由於這種抱團庇護的阻攔，斯摩棱斯克（俄羅斯西
部城市）的黨委第一書記幾乎在當地為所欲為。這是因為中央領導人很
難了解遠在大帝國另一端的詳細情況，他們首先考慮的是地區領導人的
政治和經濟成績。如果成績讓中央領導人滿意，他們不會在意使用的
方法是否粗暴不合理。[34] 地區當權者對轄地的控制日益鞏固，是斯大林
推行大轉彎的一個原因，因為他開始認識到其馴服官僚體系出現了這樣
的的缺口。

　　在戰爭期間和戰爭之後，黨政官員（中央委員會）逐漸失去對官員任
命的控制。各職司部門越來越逕自選擇自己的幹部，不徵求中央委員會
的意見，甚至不通知中央委員會。[35] 盤根錯節的官僚網絡日益獨立，

1920年代建立的控制辦法已經對它束手無策。上上下下的政府官員向黨委書記送禮行賄，讓書記批准他們要任命的任何人（親屬、庇護者或奉承諂媚者），或任命出價最高的人。庫茲涅佐夫（Alexey Kuznetsov）1947年的改革對象就是日益猖獗的腐敗和中央黨政官員日益削弱的權力，可是收效甚微。

大家普遍相信的傳奇故事是：黨有一套管理系統，能夠招聘符合某些標準的成員（狂熱信徒、埋頭拉車不問路的執行者）。以下這一段的主要來源是摩西·列文，他遇過很多笨蛋，但大多數唯命是從、以事業為重的人中也頗有才幹。即使在斯大林統治下，共產黨也不得不把部分權力交給官僚體系，因為他們善於計劃、聯絡、施壓或用公款行賄，從而他們把自己的人安排到關鍵職位上。即使大清洗的恐怖記憶猶新，斯大林在有生之年也無法阻止這種情況發生，這就不難理解何以在勃列日涅夫當權時官僚體系大行其道，其中的寄生蟲享有特權，而國家權力衰微。

這個受過良好教育的精英階層不用再擔心古拉格或死刑，也不必擔心失去職位，因為新階級的成員資格現在是終身的，他們也不用擔心會短命早死。他們的成員資格甚至越來越成為世襲制。事實上，教育與世襲的特權掛鉤。「1945至1950年，大學和高等教育的學生人數翻了一番，產生了一個由技術人員和經理組成的年輕專業階級，他們將成為未來數十年蘇聯體制中的主要官員和受益者。」[36]到1960年代，大多數14或15歲的兒童都升學到8年級，不過，「父母是半熟練或不熟練工人但成績優秀的兒童升學到9或10年級、然後進入高等教育並獲得特別好的工作的機會，比不上父母受過高等教育、生活比較富裕的兒童」。[37]到1970年，蘇聯科學院列寧格勒分院的科學研究生超過四分之三來自專家家庭。因此，在斯大林統治下培訓出來的第一代專家「已經把他們享有的特權遺傳給了他們的子女」。[38]不僅是知識分子和技術精英通過教育把特權遺傳下去，擁有權力的精英也是如此，這些權力精英越來越多是從研究生招聘，因為「專業能力開始取代無產階級價值成為蘇聯精英階層的治理原則。」[39]

　　美國教授安德烈亞斯 (Joel Andreas) 直截了當地指出，這樣的發展與毛澤東去世後的中國十分相似。[40]毛澤東想打倒的精英階層不但在文化大革命中存活下來，而且改革和維持了毛要打爛的政權，直到今天仍然居於主導地位。安德烈亞斯認為，這個階層由兩類往往對立的精英組成：舊政權留下的受過良好教育的精英和1949年以後掌權的政治或共產黨精英。文化大革命同時攻擊這兩類精英，最終把他們團結在一起。鄧小平曾經在1957年迫害知識分子，此時則歡迎他們入黨，讓他們擔任重要職位。[41]他們是四個現代化所需要的，「科學管理」取代了動員群眾。[42]在二十一世紀，大家都知道工程師最受歡迎，他們進入了共產黨的最高階層。1982年，政治局成員沒有一個具有科學或工程學位；1987年，具有這樣學位的佔50%，1998年佔75%。到1990年代，要晉升到頂端的 345,000 個領導職位，通常需要大學學位。[43]即使在鄧小平當權時，新階級由於具備了這種政治和文化資本，已經鞏固了他們的地位。事實上，迫使老幹部退休的就是鄧小平。按照李成 (Cheng Li) 和白霖 (Lynn White) 的分析，自1990年以來，這是「現代中國領導階層在和平時期最大規模的人員更替，甚至可能是有史以來規模最大的精英階層轉換。」[44]

　　這種轉換顯然提高了精英階層的能力，現在他們都聲稱又紅又專。他們背棄了毛主席教導，變成了皇朝時代的高官貴人，唯一不同的是，他們具有的不是儒家傳統，而是工程師的專門知識。現在高等教育的大門敞開，入學的資格不再是父母擁有土地，而是父母具有地位。新階級解放了自己，今天，一個以事業為重的階級繼續聲稱奉行他們並不相信的教條。有些人努力為民族的復興奮鬥(他們這樣做就已經背離了馬克思)，還有些人(說不定就是同樣一批人)則努力追求個人和家庭的幸福。

　　既然我現在已經超出了我自己劃定的時間範圍，索性就談一下在勃列日涅夫治下新階級當道時享有的特權；按照歷史學家摩西・列文所述，整個體制已經生病，官僚體系大行其道。這些特權在1930年代早已聲名狼藉，過了三、四十年更是臭名昭著，都被沃斯倫斯基 (Michael Voslensky) 收集在他的書裏。[45]

　　把各種利益和福利計算在內（例如13個月工資、特殊「待遇」福利、「家庭主婦購物籃」、食物券等等），沃斯倫斯基估計，一個中央委員會單位主管的工資是普通工人或職員的五倍。西里加以及伊里夫和彼得羅夫（Ilf and Petrov，諷刺作家）都在上文指出（中國的情況也是如此），工資並不那麼重要，更重要的是黨政官員享有的許多特權；這些特權而且是不斷有增無已。蘇聯公民必須排隊，才能買到品質不怎麼樣的農產品，而單位主管卻可以買到價廉物美的食品，包括美味的熟食。他們不時可以到中央委員會的「賓館」免費大吃一頓，而且不像一般蘇聯公民，他們可以到國外購買在蘇聯找不到的物品。他們的妻子可以用這些物品來打扮自己（因為她們必須打扮得像個夫人的樣子），也可以拿到黑市出售。類似的物品可以在蘇聯的特別商店找到，但必須用外幣支付。這對他們來說通常不是問題，因為他們可以抽空去柏林、倫敦或巴黎大肆採購。雖然一般人購買火車票和機票往往要大排長龍，他們的票卻是由中央委員會提供。他們由黑色轎車送到車站或機場，坐在貴賓室，比其他旅客提早上車或登機，以免受到神聖不可侵犯的「群眾」的打擾。

　　在申請共用浴室的小公寓時，他們也不需要排隊，因為他們申請的是中央委員會擁有的大樓。在東柏林，柏林人把這種住宅區稱為「伏爾加德國房地產」；因為住在那裏的黨政官員都乘坐伏爾加牌的公家汽車！一定級別以上的高級幹部不僅乘坐由國家維修的汽車，配備司機，還有一棟郊外的別墅，裏面的家具設備不用他們花一分錢。

　　一些高等教育機構專門保留給黨政官員的子女。如果他們要讀博士學位，他們可以申請社會科學院，那裏的錄取採用政治而不是科學標準。社會科學院的生活條件優渥，學生的助學金幾乎跟教授的工資一樣。如果學生拿不到博士學位（原則上幾乎從來沒有發生過），那一定是指導教授的錯，而學生一旦寫完論文，立刻不把教授放在眼裏，因為他們知道現在可以在黨組織內擔任管理職位。[46]

　　斯大林去世後，官僚們的擔心少了，結黨成群幾乎明目張膽，收受賄賂的機會更多。在一些聯邦共和國，賄賂的金額極其巨大。根據阿塞拜疆共產黨中央委員會第一書記1970年提出的秘密報告，在1969

年，區民兵隊長的職位化 50,000 盧布可以買到，集體農莊土席職位的價格是 80,000 盧布，阿塞拜疆區委員會第二書記職位的價格是 100,000 盧布（是第一書記職位價格的一倍）。一個刑期長的犯人要取得特赦，按照阿塞拜疆蘇維埃共和國最高蘇維埃主席的規定，要花 100,000 盧布。當時一個職員或工人的平均月薪是 150 盧布。[47]

就腐敗來說，中國現在的腐敗完全可以比擬勃列日涅夫統治下的情況。這算是崩潰還是進步？從稅務部門「轉移出來」的金額不斷增加，1990 年代末光是從廈門港走私的貨物高達 47 億歐元，因為一個大字不識的商人竟然把廈門的整個軍政部門完全腐化掉。1991 至 2011 年，從稅務部門轉移或支付的賄賂估計超過 870 億歐元。[48] 這還只是涉及高級幹部的行賄金額，而腐敗侵蝕到上上下下的各級幹部，以至於前任總書記胡錦濤指出，這是顆一觸即發的定時炸彈，威脅到政權的穩定和長期經濟增長，破壞環境，並造成社會不平等。按照一份職位報價表上的排名，以下這些職位都是屬於利潤最豐厚的：海關官員、稅務官員、銷售、基礎設施或公共市場的主管；購買這些職位的花費比購買外交或中央行政機構的職位要高得多。自 1990 年代末以來，由於一連串改革的結果，非交易性行政腐敗（貪污和侵吞公款）已經減少，但交易性腐敗（賄賂）卻急劇增加。[49]

關於懲治腐敗的法律含混模糊。法官是由地方或地區的行政主管任命和付給薪金，而他們要審判的就是這批官員。更重要的是，只有中央紀律檢查委員會才有權傳喚、詢問和懲戒共產黨領導人。只有在罪犯被開除出黨之後，才會決定把案件移送法院，而法院一般都會批准共產黨發布的有罪判決，並決定刑期。一直到最近，政治局常務委員會成員幾乎從來不受法律審判，因為只有黨的最高領導人才會主動調查共產黨員的行為。根據這一慣例，前重慶黨委第一書記薄熙來是在被逐出政治局之後才遭到指控，說他受賄 3,000 萬人民幣，出售副市長的職位。一般說來，倒台的政治人物才會被控腐敗，從來不會指控政治盟友。腐敗的罪名一直放在檔案裏面，如果哪個人不聽話或他的保護人在派系鬥爭中失敗（一大批人也會跟着倒霉），就會從檔案中拿出來使用。

＊ ＊ ＊

　　我在討論本章的主題時，使用了不同的術語，包括：吉拉斯的「新
階級」和沃斯倫斯基的「黨政官員」，以及其他一些輪換使用的名詞，例
如官僚體系、精英分子、幹部、領導人和黨的領導人，等等。毛澤東
提到新資產階級，克里斯蒂安・拉科夫斯基 (Christian Rakovski) 談到管
理階級，維拉・鄧納姆只說是中產階級，但認為斯大林同彼得大帝一
樣，創造了服務階級。安妮・克里格爾 (Annie Kriegel) 認為共產主義社
會等級森嚴、劃分階層，等於是一個按照等級或地位排列的社會。[50] 這
令人想起法國大革命以前舊制度下的特權階級，這一章的標題甚至可以
改名為「貴族」，[51] 或社會等級制度，因為革命黨人用一個等級更為森嚴
的社會取代了他們要推翻的階級社會，更嚴格地劃分地位，賦予特權。
我沒有採用「社會等級制度」，因為路易・杜蒙 (Louis Dumont) 說得有
道理，他認為只有在地位與權力分離的情況下，才會出現社會等級制
度，而共產政權並非如此。[52]

　　最後我選擇了最有爭議性的詞彙。樊尚・杜布瓦 (Vincent Dubois)
和他的同僚認為，從官僚體系角度研究共產政權既有政治也有分析，其
中暗含對蘇聯行政體制失敗的批評。他們採取另外一個角度，根據實際
經驗分析日常的運作方法和具體關係，研究由於哪些緊張關係和內部對
抗使得這個複雜的有機體在面對巨大任務時沒有變成鐵板一塊。[53] 我是
差不多半個世紀前做出這個決定的，因此使用的都是我長期以來認定的
主觀的、偏頗的材料。至少我是盡量根據實際經驗，遵循梅爾・費索德
(Merle Fainsod) 在調查斯摩棱斯克 (俄羅斯城市) 檔案時使用的方法。我
在討論時盡可能避免涉及抽象理論，但現在到了做結論的時候，我必須
盡量把話說清楚。這一章的主題的確是吉拉斯、阿隆 (Raymond Aron)、
勒弗 (Claude Lefort) 和卡斯托里亞迪斯 (Cornélius Castoriadis) 等人所說的
佔主導地位的社會新階級。[54] 換句話說，這一章費盡唇舌就是要證實馬
克思・韋伯的警告：「在一個資本主義經濟體，國家與私營經濟相互平
衡，但是在社會主義，將只有一個龐大的權力精英階層決定一切。」在

1918年俄國十月革命之後幾個月，他還預言，「官員專政」將會取代無產階級專政。[55]

　　下面的一章將進一步表明，我把享有特權的精英階層稱為「官僚體系」並不適當，因為許多作家、藝術家和知識分子全都屬於精英階層，特別是在蘇聯。中國的大多數作家享有的特權少得多。至於其他人，本章所説的差別待遇，包括蘇聯的那種比較大的待遇不平等，對蘇聯和中國的官僚體系的影響並不大。中、蘇之間的差別甚至對比（除了中國模仿蘇聯的最初幾年），主要來自斯大林和毛澤東對官僚體系的不同態度，而不是來自官僚體系的群體生態和行為。

第七章

文化

　　我們可以把兩個共產政權的文化政策發展過程大致劃分為幾個可以互相比較的時期。第一個時期是第一個八年（1949–1957）和第一個十二年（1917–1929）。這兩個時期如果有任何相似之處，那就是藝術家和作家往後都後悔不已。第二個時期在蘇聯是從1929年到1941年6月，在中國是從1957到1966年。1920年代末的文化革命，1929年的大轉彎以及對蘇聯小說家巴別爾（Babel）和畢力涅克（Pilniak）以及作家扎米亞京（Zamyatin）的批判運動，還有1930至1931年對科學家、知識分子和孟什維克黨員的審判，都表明目的在使意識形態和社會均一化。社會主義現實主義在1932年制訂，1934年由第一屆作家聯盟大會通過實施。作家的任務不能只是描述當代社會，現在還要宣傳和讚揚在革命過程中創造出來的工人天堂。[1] 我不打算把這段時期分割，儘管1930年代中期曾經一度回歸到祖國、家庭和國家等傳統理想，但是限制和壓迫不但沒有減少，反而增加了。真正的改變和寬鬆是大戰爆發後才開始的。

　　中國把蘇聯第二個時期延伸為兩個階段。第一個從1957到1966年，第二個從1966到1976年。中共建政之初政策比較寬鬆，從1957年開始的兩個十年開始收緊。1957年春季執行的百花齊放、百家爭鳴方針是毛澤東親自發動的，但其他領導人對馬列主義鮮花盛開的信心不是那麼大。當知識分子得到保證站出來說話時，他們批評的激烈程度證明毛澤東的其他同僚是對的。曾經相信中共保證的那些人都受到懲罰。超過50萬知識分子被劃為右派，下放到農村去接受再教育和勞

教。[2]大多數人被勞改了20年，直到1979年才開始給他們改正錯誤，卻沒有追究死去的獨裁者的責任。

大躍進的狂熱進一步扼殺了思想和創造力。在長達20年萬馬齊喑的歲月裏，有創造力的人都啞口無言，而且絕不只限於右派。不過，這樣說並不公正，因為大躍進時期創作了幾百萬首詩歌，數目超過中華五千年所有詩歌的總和。1958年，毛澤東號召全國開展采風運動，工農群眾組織的各種委員會紛紛響應。該年編輯出版的《紅旗歌謠》成為文藝界的大事。運動從1957年中期開展到1966年中期（包括1961至1962年發生饑荒後調整政策的重新提出「雙百方針」），但像蘇聯的第二個時期一樣，並沒有必要分割這個時期。

人們以為這段時期遭受的苦難已經到盡頭了，卻不知文化大革命（1966–1976）才帶來真正的文化災難。這個時期能夠真正發表作品的作家寥寥可數。作家協會和藝術家協會不再開會，文藝批評停止出版。作家現在必須描述「比日常生活更高尚、更熱情、更生動、更專注、更典型和更理想化的生活」，筆下的英雄人物必須高尚完美，性格或思想沒有絲毫瑕疵。獲准出版的文藝創作與政治亦步亦趨。對外文化交流停止，古典作品遭到批判，包括在此之前受到讚揚的社會主義經典作品。[3]傳統戲劇不再演出，包括充滿封建意識的京劇在內。人民能夠看到的只有江青批准的八部革命樣板戲。一句話，徒弟現在已經超越了師父，即使蘇聯在斯大林主義的極盛時期比起中國來也要自歎不如。

蘇聯的四個時期相當於中國的三個時期。德國的入侵終結了第二個時期，第三個時期（1941年6月至1945年5月）在戰爭取得勝利前結束，因為戰爭而產生的希望也隨之消逝。儘管戰爭的宣傳充滿謊言，但也暫時帶來緩和氣氛。政府與愛國者為了保衛「正義事業」走到了一起。[4]只要共產政權體現和領導着國家存亡的鬥爭，大多數作家並無怨言。著名的俄國女現代詩人阿赫瑪托娃（Anna Akhmatova）在創作中提到俄國人民時首次使用「我們」，1945年她歌詠「外國烈火鍛煉的祖國」，甚至移民國外的俄國第一位諾貝爾文學獎得主蒲寧（Bunin）也歌唱紅軍的英勇事跡！

斯大林主義的第四個時期是1945至1953年，一直到獨裁者去世之後才開始解凍。在戰爭勝利之後，並沒有放寬控制，從1946年開始，蘇聯諷刺作家左琴科（Mikhail Zoshchenko）和詩人阿赫瑪托娃（見第182頁方框4）都被判刑，這是1948年以後迫害排猶太主義作家和其他政治的前奏。1942至1944年的短暫和諧令阿赫瑪托娃懷戀不已，她的朋友蘇聯詩人和小說家帕斯捷爾納克（Pasternak）也認為在這段時期「已經廢棄的條文之魔咒得以解除」。[5]中國在共產統治下沒有遭受外國入侵，因此也沒有蘇聯偉大衛國戰爭時那樣的恢復自由階段。不過，兩個最後時期（1948–1953和1971–1976）都乏善可陳，也頗為相似，就是都在等待最高領袖嚥下最後一口氣。中國沒有多少猶太人可以迫害，但像蘇聯那樣的譴責賣國和排斥外來文化的氛圍十分普遍。

兩個共產政權在獨裁者去世後的歷史軌跡十分相似。中國向蘇聯學習，也使用了「解凍」的比喻。從小心翼翼的解凍轉變到洪水決堤，都只花了三年時間（1956和1979年）。從蘇聯兒童文學作家波梅蘭采夫（Vladimir Pomerantsev）的論文比較蘇聯文學的胡言亂語與真正文學的真誠，到愛倫堡（Ehrenburg）題為《解凍》的小說，俄國的第一批文學碩果更為成熟，不是中國盧新華、劉心武等人開始的傷痕文學可以比擬的。[6]中國也沒有經歷蘇共第二十次全國代表大會那樣的震撼。《關於建國以來黨的若干歷史問題的決議》到1981年才通過，但其中透露的需要糾正的錯誤超過了赫魯曉夫的秘密報告。不過，中國的作家沒有必要等待黨中央來開綠燈或發出信號。王蒙和劉賓雁曾經被禁止出版的作品，與1979年以後出版的作品相比，甚至與劉賓雁自己的新作比較，已經顯得過於小心謹慎。自1919年五四運動以來，中國的文學花朵從來沒有像此時這樣盛開綻放。順着這股突發的解放浪潮，主管當局也採取了各種措施，例如，1979年准許個人買票看電影（但還不包括外國電影）。在此之前，中國人只能由單位領導選擇電影和演出時間，由領導帶隊入場。[7]

主管當局有時候比較小心謹慎，例如解放軍報批評了詩人白樺（他當時的身份是軍人）的作品。1989年春季在天安門廣場的血腥鎮壓，使

得解凍十年來形成的民主運動嘎然而止。對中國作家來說，這是1949年以來前所未見的經驗。不過，同蘇聯一樣，在文學、藝術和知識界發生的事都是政治事件引起的。

在大致介紹了這些事件之後，現在必須比較兩個共產政權的文化政策，以及這些政策對作家、藝術家、學者和其他知識分子的影響。

大同小異的文化政策

第二章介紹了兩個共產政權在掃盲和教育方面取得的巨大成就。總的來說，儘管下面提到的事給人負面的印象，我們也不應忘記這些成就。

兩個共產政權的文化政策基本上大同小異。我在上文提到，最重要的事件都發生在第一個時期：1917至1929年和1949至1957年。由於中國完全斯大林化，蘇聯在1920年代對作家稍有保護的情況沒有在中國出現。不過，所謂的「保護」，難道扎米亞京、巴別爾、畢力涅克或者普拉東諾夫（Platonov）、阿赫瑪托娃、曼德爾斯塔姆（Mandelstam）、帕斯捷爾納克這些作家會相信嗎？被槍斃的詩人古米廖夫（Gumilyov）或自殺的詩人葉賽林（Esenin）和馬雅科夫斯基（Mayakovsky）會相信嗎？答案是不言而喻的。中國的社會主義現實主義在第一個時期立即就實施，不必等15年。事實上，毛澤東在1942年就發表了他著名的《在延安文藝座談會上的講話》，一直到他去世都在嚴格執行社會主義現實主義。中國革命在建政之前就已經斯大林化，對那些為了抗日戰爭投奔神秘延安的作家和知識分子來說，他們是深有體會的（見本書附錄）。

第二個重要的差別在於，一些蘇聯作家享有上一章提到的那些特權。中國作家和藝術家的物質待遇就要差得多。蘇聯作家和詩人康斯坦丁・西蒙諾夫（Konstantin Simonov）在黑海岸邊有住宅、在佩瑞德爾基諾（Peredelkino）有別墅、在高爾基大街有大公寓，還配給了豪華轎

車、司機、兩個僕人和一名管家，這在毛澤東的中國是很難想像的。不僅如此，一些蘇聯作家和藝術家受到領導人的庇護，比如說，他們可以直接向領導人要求大一點的公寓。阿列克謝・托爾斯泰 (Aleksey Tolstoy，1883–1945，蘇聯薩馬拉人，著名的作家) 得到了一個有八到十個房間的別墅。[8] 遇到這種情況，在1936至1938年當然最好是投靠莫洛托夫，而沒有投靠圖哈切夫斯基 (Tukhachevsky，紅軍元帥，死於斯大林的大清洗)、雅哥達 (Yagoda，秘密警察機構主持人，後被判刑處死) 或布哈林 (Bukharin，老布爾什維克，1938年被斯大林處死)，否則會為特權付出沉重的代價。當然，絕大多數作家和藝術家是享受不到這些特權的。即使如此，蘇聯作家協會或音樂家協會成員所享有的特權和待遇，也是中國的作家和藝術家羨慕不已的。

除了少數幾個例外，中國作家的收入都不高。獲得文學獎的作家得到的獎金是蘇聯同類獎金的十分之一到百分之一。其他方面也是如此。單位付給作家的工資與工人相等。和蘇聯一樣，政治或官僚當局決定書籍的印數，不考慮書會不會暢銷；[9] 另一方面，只有大約20到30名作家可以靠版稅養家餬口。這些人主要都是老作家，在1949至1966年期間重印他們在解放前的作品；在此之後，幾乎沒有人可以靠稿費過活。1970年代初，任何人出版書籍都只獲得象徵性的報酬。作家把書稿送去出版，會得到一些禮物，例如幾本書、一支筆或一些茶葉。杜鵬程的107,000元稿費 (見下文) 或毛澤東每年收到的230,000元版稅 (差不多是他年薪的48倍) 是極其罕見的事。單位給作家和所有其他職工提供醫療保健和房租極低的住所。後毛澤東時代最有名的作家張潔多年來住在上海的一個小房間裏面。

中國在程度上略有不同，是因為它更堅持原則。日丹諾夫的社會主義現實主義，與中國先在延安、然後在全國實行的社會主義現實主義初看起來差別不大，基本上都遵循同一方針，但毛澤東想青出於藍，尤其是在兩個共產政權交惡之後。文藝工作者不僅要描述計劃或夢想中的未來，而且要結合革命現實主義和革命浪漫主義；他們更必須做一場白日夢 (見第182頁方框4)。他們的現實主義越來越像神話，浪漫主義

也越來越強調完美的英雄形象。文化大革命走到極端，強調「三突出」原則，即要求作者：在所有人物中突出正面人物來；在正面人物中突出主要英雄人物來；在主要英雄人物中突出最主要的中心人物來。蘇聯的道路剛好相反：自1930年代中期之後，完全忘記、忽視或嘲笑1920年代的理想，改而推行精英主義和民族主義。於是，中蘇兩國不只是程度上的差別，而且是性質上的差別。[10]

與中國相比，蘇聯的檢查和控制工作是由一個規模龐大得多的專門官僚體系執行，由它發出更為明確的指示和禁令。蘇聯的文學和新聞總局有70,000個職員，負責擬訂和發布指令；中國的相應機構的指示相當含混，有點像是傳統儒家的家長式的統治作風。不過，作家的任務並沒有因此比較輕鬆，因為他們必須判斷政治風向的強弱和性質，決定自我審查的程度。[11]

最後，兩個共產政權的差別不在於如何避免外國人關注本國的異己人士，而是更加關注那些外國人。西方各國對蘇聯的興趣遠比對中國大，了解也多得多。帕斯捷爾納克、索爾仁尼琴 (Solzhenitsyn) 和格羅斯曼 (Grossman) 在外國都早已耳熟能詳（格羅斯曼的名氣是在他去世之後）。在1989年天安門事件之後，西方才開始注意中國的民主運動，以及中國的異議文學或獨立文學。

相似之處

兩國的政策相似，首先就是因為中國的文化組織完全模仿蘇聯。兩國的作家協會都是獨佔性的，由一個強大的官僚體系主持，在全國各地設有分會，作家的榮辱成敗完全由其決定。[12]中央和各省還有文藝評論機構，由文化官僚或信得過的作家領導。除這些機構外，就個人來說，蘇聯文學對中國的影響相當大，早在1930年代就在左翼知識分子中流傳，中共建政之後更是有計劃地在學校裏傳播學習，甚至奉為學習典範。毛澤東批判蘇聯墮落成修正主義之後，事情有了轉變，中國人民經過文化大革命的創痛之後也改變了對蘇聯文學的看法。

為說明這一點，不妨了解一下中國的兩代讀者是如何看待奧斯特洛夫斯基 (Nikolai Ostrovsky) 的經典名著《鋼鐵是怎樣煉成的》。[13] 法國作家安德烈·紀德 (André Gide) 訪問了該書的作者，那時奧斯特洛夫斯基身患絕症，失明且身體癱瘓，但仍然努力寫完這本描述一個完美共產黨員形象的故事。紀德在《訪蘇聯歸來》一書中表示深受感動：「如果我們不是在蘇聯，我會說他是個聖人。」該書的主角保爾·柯察金 (Pavel Korchagin)，是米歇爾·海勒 (Michel Heller) 描述的「蘇聯聖人」或多布倫科 (Evgeny Dobrenko) 所說「殉道者」的化身。他放棄了與女主角冬妮婭的愛情，認為那是一種自私的個人快樂，轉而全身投入革命。柯察金往往被推崇為中國學生和青少年的模範，取代了五四運動以來文學中的浪漫人物，因為那時的口號是「蘇聯的今天就是我們的明天！」塑造「社會主義新人」也是照抄「蘇維埃新人」。在文化大革命之前，《鋼鐵是怎樣煉成的》是中國印數最多的外國著作，每六個月就重印一次 (1952 至 1965 的 13 年間共再版 25 次)。教師手冊裏面複製了大段摘錄，以便在課堂閱讀和評論。如果有學生認為冬妮婭「很可愛」，會立即遭到訓斥，認為那是生活在舊資產階級的世界裏。其他學生就接着「幫助」這位同學，直到該同學在集體幫助下對這本書有了一致的認識。

1950 到 1966 年，這本向英雄學習的聖經被灌輸到了中國在校的每一個青少年的腦袋裏。中蘇分裂之後，這本書仍然有許多讀者，直到今天，中國的許多退休老人還是會說，《鋼鐵是怎樣煉成的》是對他們一生影響最大的兩三本書之一。1966 至 1976 期間，這本書沒有再版，但也沒有列入禁書名單；禁書名單上的都是一些中國自己的社會主義經典，一度被捧上了天，但後來被貶為屬於「社會主義文藝黑線」(見第 182 頁方框 4)。問題在於，學校關門，書店不賣小說，書架上 60% 是毛澤東著作，30% 是馬、恩、列、斯，剩下 10% 是政治批判的參考材料。人們藏在家裏悄悄偷看的少數幾本書中，最受歡迎的一本就是《鋼鐵是怎樣煉成的》。中國的青少年經過文革的洗禮，信仰喪失，幻想破滅，他們對這本老一輩人心目中的聖經有了不同的看法。他們認為保爾對冬妮婭在臨別時說的話太缺乏感情（「如果你認為，我首先應該屬

於你，其次才屬於黨，那麼，我絕不會成為你的好丈夫。因為我首先
是屬於黨的，其次才能屬於你和其他親人。」）[14] 這些年輕的讀者相信，
冬妮婭比保爾和布爾什維克更了解生命的意義，因為她沒有說教，只有
理解。

毛澤東去世後，奧斯特洛夫斯基的小說不再那麼特別，因為可競爭
的小說太多了。中國知識分子把文化大革命描述為書荒的十年。所有
對書籍感到飢渴的人要擔心的，就是如何在每一個領域急起直追。奧
斯特洛夫斯基的星光黯淡了。

儘管有蘇聯文學的影響、設立了類似蘇聯的機構和模仿了蘇聯的行
為模式，卻不要忘了兩個共產政權在同樣基礎上產生的相似之處，就是
說它們具有同樣的信仰。長城內外，西至維斯杜拉河，波蘭詩人和諾
貝爾文學獎得主米沃什 (Miłosz) 所說的「新信仰」[15] 都造成同樣的浩劫。
馬克思和恩格斯批判這種在其門徒創建的世界中統治一切的意識形態，
稱之為「虛假意識」。不論如何評估意識形態的影響，都不能忽視它的
重要性。意識形態給我們的是對現實、盲從因襲和具體事物抽象化的
獨特解釋，不是真實生活或真實的個人，而是斯大林公式所說的基本元
素或螺絲釘，是雷鋒要身體力行的理想。[16] 索爾仁尼琴指出，在意識形
態的名義下殺人，比莎士比亞戲劇中頂多殺幾十個人的惡棍要容易多
了。對意識形態非核心部分的敲敲打打，即使像赫魯曉夫在1956年那
樣的間接敲打，都會引起一連串的反叛。蘇聯的意識形態從此無法恢
復，但由於信仰是這個體制所必需的，所以在長達30多年的時間裏只
能使用虛假的信仰。今天的中國就是這種情況。中國自「去毛澤東化」
之後，經歷了更長的一段時期，但這位共產運動的小老弟仍然以為還有
一些東西可以教給老大哥。

國際主義的意識形態轉變為民族主義，正好彌補沒有公開承認的信
仰喪失所造成的空缺。中國的革命過程本來就有很大的民族主義成
分，所以這件新的外衣很容易被接受。斯大林在1930年代因為遇到希
特勒入侵蘇聯也做到了這一點。在民族主義外衣的籠罩下，就可以公
開表示對外來污染的不信任。中國由於引進外國技術和資金，在1983

年開展了清除精神污染運動，等於是蘇聯在35年前反世界主義運動的翻版。蘇聯作家堅德里亞科夫 (Vladimir Tendriakov) 對此感到迷惑：「國際主義 (眾口一詞讚譽有加) 與世界主義 (被認為罪惡滔天) 的差別是甚麼？」[17] 單單清除外來污染還不夠，國內出現的對於思想純潔和一致性的攻擊也不能讓外國人看到。如果外國人執意要頒獎給異議分子，那就對得獎人進行攻擊。2010年，中國政府以劉曉波為攻擊對象，就是模仿蘇聯在1958年對帕斯捷爾納克的攻擊。

因此，只有斯大林才能在意識形態上創新，只有毛澤東才能加以補充。與此同時，又存在着另外一些邪惡的意識形態，例如托洛茨基主義 (或希特勒主義/托洛茨基主義；或布哈林主義/托洛斯茨基主義)、修正主義和目的在復辟資本主義的劉少奇陰謀等等。同意識形態一樣，這些主張也不容許任何不同意見，並且要與時俱進。比如說，在毛澤東的最親密戰友林彪倒台之後繼續讚美他，就像當他還在台上時不讚美他一樣，都要為此付出代價。有些人在1957年春季批評蘇聯老大哥，就是犯了過早正確的錯誤，因為這要等到毛澤東發話之後才能批評。

作家和藝術家

作家比別人更容易犯這樣的錯誤。政府規定的真理清楚明白，但文學所描述的卻複雜而矛盾，一心服從領導的人就會批評那些不夠清楚明白的描述。朦朧詩因此在1980年代遭到懷疑和非難。在蘇聯和中國，文化方面的領導人和官僚都自詡代表群眾的觀點。他們以群眾的名義讚揚和批評作品，要求作者修改草稿。即使最聽話的作家也不能倖免。十分注意蘇聯輿論的科幻和歷史作家阿列克謝·托爾斯泰按照斯大林的要求修改了《彼得大帝》之後，又把《恐怖的伊凡》修改了好多次。蘇聯作家法捷耶夫 (Alexander Fadeyev，1901–1956) 的《青年禁衛軍》在1945年獲得斯大林獎，但在1949年又必須加以修改 (見下文)。這裏只舉出中國的一個例子：楊沫 (1914–1995) 的《青春之歌》在1958年出版時廣獲好評，但次年受到批判，使得作者不得不大幅度改動。1960

年的版本刪去了女主角的「小資產階級」願望，增加了十章，其中七章
專講女主角在農村的生活，因為「群眾」認為該書的初稿缺少這方面的
描述，儘管該書講的是城市裏面的學生運動。這本書雖然做了這麼多
修改，但仍然受到讀者歡迎，1958年的初版在六個月裏賣了130萬本。
該書後來拍成電影，但在文革時仍然被批為「毒草」。[18]

　　除了被迫修改原稿，作家更有可能遇到的另一種災禍就是對其批評
升級為全面的批判運動。對作品的批評是否基於文藝以外的動機並不
重要，狂熱的批評者完全知道如何從不符合官方政策的作品中找出藝術
上的缺失，這可能是形式上的錯誤，也可能是動機不純。遭到批評的
許多作家中包括：普拉東諾夫、布爾加科夫、伊里夫 (Ilf) 和彼得羅夫
(Petrov)，還有特瓦爾多夫斯基 (Tvardovsky) 和格羅斯曼。諷刺作家和
幽默作家 (例如左琴科以及《十二張椅子》、《金牛犢》的作者伊里夫和彼
得洛夫) 比別人更容易受到批評。他們往往嘲笑或譴責原來應該讚揚或
假裝沒有看見的事物。伊里夫在巴黎對愛倫堡解釋：「報紙上可以每天
報道官僚的專橫、盜竊和醜聞，但是如果把這些事寫成故事，立刻就會
引起滿城風雨，因為『你把特例概括為通則，就是誹謗污衊』。」在蘇聯
作家聯盟的閉門臨時會議上，或稱「批評會」，這種批評可能採取批評
與自我批評的方式，大家一起指責被批評者，讓他「認識到自己的錯
誤，當眾在污泥裏打一個滾，保證不再犯錯。」[19]

　　中國在1950年定下基調。《武訓傳》是中共建政後第一部受到觀眾
歡迎的電影。武訓是農村孤兒，因交不起學費無法入學讀書。他行乞
30年，靠着節儉儲蓄，用乞討所得置買土地作為學田，興辦了三所義
學，得到光緒皇帝的表揚。《武訓傳》原來受到40多篇文章的稱讚，但
毛澤東在1951年3月發起對該電影的批判，認為「教育救國」是「資產階
級理想主義」。武訓被批為注定要失敗的改良主義者，目的是要維護
社會秩序，而不是要推翻它。差不多兩個月的時間，所有報紙用了三
分之一的篇幅來抨擊這部電影。原來讚揚的人轉過來自我批評，承認
犯了「小資產階級的感情用事」錯誤。《武訓傳》不再放映，電影的導演
不得不在《人民日報》登出自我批評的文章。[20]

　　毛澤東發起批判運動的目的是要用馬列主義來改造自由主義知識分子的思想，除此之外，這個運動令人想起蘇聯在15年前對作曲家蕭斯塔科維奇 (Shostakovich) 的批判。蕭斯塔科維奇在1930至1932年期間創作的《姆欽斯克縣的麥克白夫人》是藝術上的成熟作品。列寧格勒和莫斯科的觀眾在1934和1935年對這歌劇給予極大好評。可是，1936年1月28日，《真理報》突然批評它「一片混亂⋯⋯嘈雜刺耳」，「非常粗糙、原始、庸俗」。

　　這樣徹底轉變的原因，是斯大林剛剛看了歌劇演出，覺得不喜歡。於是，全國所有歌劇院的節目單立即撤銷了這歌劇。蕭斯塔科維奇創作的芭蕾舞劇音樂《明亮的小溪》也遇到同樣的命運。斯大林耐着性子看完一場演出，認為是「難以置信的荒謬芭蕾劇」，跟垃圾一樣，音樂是一片嘈雜，毫無意義。批評者馬上隨聲附和，這兩個作品在斯大林去世前從此銷聲匿跡。

　　斯大林的品味也是大多數領導人、黨員和音樂會聽眾的品味。按照音樂傳統，健康的好音樂產生自古典原則，符合自然和諧，打破任何形式主義。任何受到前衛派美學影響的作曲家、畫家或詩人都是形式主義或現代主義藝術家。這些人跟蕭斯塔科維奇一樣，只會欣賞注定要滅亡的資本主義最後階段所產生的西方墮落音樂、藝術或文學。在《麥克白夫人》遭到批判後兩個月，高爾基 (Gorki) 發表了《論形式主義》，認為形式主義是掩蓋內容貧乏、精神空虛的面具。普魯斯特 (Proust) 或喬伊斯 (Joyce) 等形式主義作家無法與莎士比亞、普希金或托爾斯泰等偉大作家並立，因為寫實和樸實高於一切，雕琢和浮誇毫無價值。這樣的批評並不僅限於馬克思主義者，在蘇聯和其他國家都可以看到。澳洲歷史學家希拉・菲茨帕特里克 (Sheila Fitzpatrick) 指出，如果馬雅可夫斯基沒有被斯大林封為最偉大的蘇聯詩人，他死後很可能被戴上「形式主義」的帽子。這個體制的特點不是斯大林的品味庸俗，也不是列寧的品味更加因襲守舊，而是任何人如果違反大多數人的「良好」品味，就會受到制裁。接下來就是套話和公式化的批評了。在其他國家，大多數人的或傳統的良好品味都屬於資產階級，但在蘇聯剛好相

反。任何不符合繼承品味和模式的東西都是資產階級的、墮落的。前
衛藝術當時在德國和蘇聯都被譴責為形式主義，但在蘇聯被批為墮落資
本主義的惡劣影響，在德國被批為國際猶太主義的陰謀。[21]

對作品的批評變成批判運動之後，任何人如果不參加運動，就很可
能成為運動連帶攻擊的目標。[22] 到這個階段，批判運動就會提出作者的
品格和政治面貌問題。早在1929年，對布爾加科夫、普拉東諾夫、扎
米亞京和畢力涅克是這樣，1936年對梅耶荷德（Meyerhold）、1946年對
阿赫瑪托娃和左琴科、1958年對帕斯捷爾納克、1967年對索爾仁尼琴
等等，也都是這樣。中國不僅把這種運動方式帶了進來，而且運動的
次數比蘇聯更為頻繁。與蘇聯對上述那些作家的批判不同，中國批判
的對象往往是黨內的作家。兩個明顯的例外是紅學家俞平伯和流亡國
外的胡適。除此之外，文藝批判的對象絕大多數是馬列主義理論家，
甚至是負責掃除異端邪說的中共黨員，或是作品曾經被稱讚為健康的革
命文學的作家。[23]

蕭斯塔科維奇及其形式主義在1936年受到批判之後，不再創作歌
劇，但很快在1938年恢復創作，然後在1948年再遭批判，被解除教
職。[24] 不過，他在戰爭期間創作、具有悲劇英雄氣概的第七交響曲獲得
一致好評。尤其重要的是，他沒有像倒霉的前輩普羅科菲耶夫那樣，
與偉大領袖斯大林一樣在1953年3月5日去世。普羅科菲耶夫與蕭斯塔
科維奇、哈恰圖良（Khachaturian）、卡巴列夫斯基（Kabalevsky）和米亞斯
科夫斯基（Myaskovsky）等一批作曲家，都被認為具有「形式主義和反工
人傾向」，同樣受到日丹諾夫的說教式警告，遭到著名的蘇共中央委員
會於1948年2月決議的譴責。可是，他的第五交響曲（1944）充滿了英
雄的主題，真誠地讚美對納粹侵略者的抵抗。更早在1941年時，他創
作的歌劇《戰爭與和平》甚至把抵抗納粹的戰爭與抵抗拿破崙的戰爭相
提並論。由於遭到蘇聯藝術委員會1942年的批評，他作了修改，稱讚
「庫圖佐夫將軍（像斯大林）的英雄領導和軍事天才，完全違反托爾斯泰
原作的意圖」（Orlando Figes）。在戰爭爆發前，普羅科菲耶夫為愛森斯
坦（Eisenstein）的電影《亞歷山大·涅夫斯基》配樂。這部電影講的是條

頓騎士團企圖征服斯拉夫人但以失敗告終的故事，剛好配合當時（1938）的愛國主義宣傳活動，為抵抗德國的侵略做準備。不過，由於次年締結了德蘇友好條約，該電影就不再放映。[25]這部電影的經歷説明了藝術作品的命運會隨着時代的歷史環境變動而浮沉起伏。

譬如西蒙諾夫（1915–1979）的短篇小説《祖國的煙霧》，儘管起初乍看並無惡意、思想正確而且充滿愛國情操，卻在1947年底遭到精心策劃的圍攻，説這篇「幼稚和錯誤」的小説醜化蘇聯的愛國主義。西蒙諾夫一向以歌頌愛國主義知名，對這樣的批評大感驚訝，於是要求面見日丹諾夫，因為後者曾經寫書評稱讚該小説，但在斯大林表態之後又撤回文章。日丹諾夫的副手接見了西蒙諾夫，立即問他關於克萊埃瓦和羅斯金（Kliueva-Roskin）事件的劇本有何進展。這句簡單的問話透露了《祖國的煙霧》被攻擊的真正動機。斯大林在六個月前接見了作家協會的兩位領導法捷耶夫和西蒙諾夫，長談了三個小時，在座的還有日丹諾夫和莫洛托夫。斯大林建議他們用蘇聯愛國主義和對西方的卑恭屈膝為創作主題。他給他們看了一封信，其中詳細描述兩個科學家克萊埃瓦和羅斯金的罪行，就是在一篇論文中向美國同僚透露了可能治療癌症的試驗。兩個人都被他們工作的研究機構開除，寄出論文的醫學研究院書記以間諜罪被判25年強迫勞動。斯大林認為應該把這件事寫成小説，但西蒙諾夫建議寫成劇本，過了六個月卻毫無進展。西蒙諾夫立刻心領神會，請中央委員會安排與一名微生物學家見面。衛生部次日接見了他，再過兩天派來一位微生物學家作為他的科學顧問。劇本在1948年春完成，不過西蒙諾夫在他的著作全集中沒有收入這個劇本。[26]

關於中國方面類似的苦難故事，我只舉兩個作家為例。這兩個作家的聲望地位都比不上法捷耶夫和西蒙諾夫，更比不上愛森斯坦和普羅科菲耶夫。金敬邁（1930–）在1965年出版的《歐陽海之歌》中歌頌一個年輕士兵為了阻止火車事故而犧牲的事跡。作者把兩年前發生的事件美化，認為這個貧苦出身的士兵是在身體力行劉少奇的名著《論共產黨員的修養》。金敬邁沒有想到，劉少奇在下一年就被批判為企圖復辟資本主義。不管怎樣，新版的《歐陽海之歌》把書中提到的劉少奇都改為

「毛澤東思想」，並頌揚當時被稱為毛主席「最親密的戰友」林彪。過了四年，林彪被指為叛黨叛國，作者只好再次修改小説。1979年出版的最新版本還沒有為劉少奇平反，因為劉少奇要等到1980年在死後才恢復名譽。

杜鵬程（1921–1991）成名很快，也很快遭到批判。他的小説《保衛延安》在1954年出版後，一舉成名，版税收入107,400元（等於一個工人200年的工資，或一個農民500年的收入），成為中國少見的富有作家。他出身純正，家庭成分是貧農，三歲喪父，16歲踏上去延安的道路。他的成名作也是無懈可擊，書中細緻描述了1947年西北野戰軍反擊和收復延安的戰役，不像是在寫歷史，更像是在寫士兵的讚歌。書中的主角是一個29歲的革命戰士，他不僅是英雄，更具備聖人般的品格。他在參軍前是個乞丐，在軍中的兩個好夥伴一個是機槍手、一個是炊事員（後來在戰爭中犧牲了）。延安已經成為革命的聖地，值得為它做出犧牲。但作者犯了一個大錯，就是讚揚了指揮該戰役的彭德懷。彭德懷在廬山會議之後被打成反黨集團的頭頭（很像是1957年莫洛托夫等人的罪名），《保衛延安》這本書儘管擁有廣大讀者，卻首先成為不符合歷史的毒草，不再發行。不久之後，文化部發出兩個秘密通報，禁止出售或借閲該書，沒有賣出的書一律銷毀。文化大革命時，杜鵬程被控陰謀反對毛主席。他在毛澤東去世三年之後才恢復名譽。[27]

這些書雖然慘遭批判，至少是獲准出版了；許多作者連這一步都做不到，因為首先就通不過審查的第一關。蘇聯作家布爾加科夫（Bukgakov，1889–1940）的劇本《逃亡》從來不准演出，發表作品的雜誌也不准發行或出售。由於電影的觀眾比文學的讀者多，而且觀眾會集體做出反應，所以對電影的控制更嚴。電影《瞬間》（1979）被禁止放映之後，它的製片人損失了100萬人民幣，相當於普通工人800年的平均工資。且不説政治上的制裁，光是這樣的損失就足以使大多數電影導演自我審查，望而卻步。[28]

許多作家沒有自我審查，但把作品鎖在書桌抽屜裏，一輩子（或斯大林在世時）沒有出版，例如布爾加科夫或普拉東諾夫。[29]有些原稿被

認為不適合出版，就直接查抄，例如索爾仁尼琴的小說《第一圈》和格羅斯曼的《生活與命運》。按照蘇斯洛夫對他的說法，這樣的作品大約要等200年才能出版。

如果作家是共產黨黨員但寫出的稿件不適合出版，他可能被開除出黨。因寫作《在斯大林格勒戰壕中》獲得斯大林獎的涅克拉索夫（Nekrasov）就受到這樣的處分。如果作家是蘇聯作家協會的成員，則被逐出協會，例如阿赫瑪托娃和左琴科在1946年，索爾仁尼琴在1969年。[30] 有些作家遭到放逐，例如列米佐夫（Remizov）在1921年，梅利古諾夫（Sergei Melgunov）等人在1922年。把惹麻煩的作家放逐出境主要發生在勃列日涅夫主政的蘇聯和1990年代的中國。愛克修諾夫（Aksionov）和弗拉季莫夫（Vladimov）都是被取消國籍，強迫移民國外，索爾仁尼琴等許多人也是如此。被中國放逐的作家包括劉賓雁、蘇曉康、王若望和鄭義。

除此之外，還有人被逮捕、送往古拉格或勞改，死在那裏。在蘇共第二十次代表大會之後，西方世界主要注意到的作家包括布羅茨基（Brodsky）、丹尼爾（Daniel）、西尼亞夫斯基（Sinyavsky）、阿馬爾里克（Amalrik）、庫茲涅佐夫（Kuznetsov）和金茲堡（Ginzburg）等人，但關注的重點是精神病醫院，而不是古拉格。我們自那時以後知道，1934至1943年期間，蘇聯作家協會有600多名作家遭到逮捕或送去古拉格（幾乎佔會員總數的三分之一）。協會的主席團更是重災區，37名成員中有16名沒有逃過清洗。[31] 曼德爾斯塔姆遭到逮捕和流放，1938年再次被捕，送去古拉格，幾乎立即死在那裏。阿赫瑪托娃和詩人古米廖夫（1921年被處決）的兒子被逮捕和流放了三次。在監獄或古拉格中被虐待致死或遭到處決的作家至少還包括：克柳耶夫（Kliuyev，1937）、畢力涅克（1938）、梅耶荷德（1940）、巴別爾（1941）以及評論家弗龍斯基（Voronsky，1943）。

不難想像，蘇聯在大清洗期間處決和放逐到古拉格的人數最多。中國採取「非常手段」則是集中在文革時期。有些人，譬如鄧拓，索性以自殺作為了斷，但更多人，譬如鄧拓的朋友吳晗，則是被虐待致死。有些作家對馬列主義不聞不問，譬如周作人，但許多在歷次運動

中遭到批判的作家，譬如邵荃麟和蕭也牧，卻是馬列主義的信徒和忠貞的黨員。還有些人，譬如趙樹理，作品原來受到表揚，卻在文革中遭到批判。值得一提的是1920年代的著名作家老舍（1898–1966），他在文革初期在北京投湖自盡。[32] 像鄧拓和老舍這樣的人還有不少。毛澤東去世之後，1979年10月，在中國文學藝術工作者第四次代表大會上，宣讀了文革中因為毆打致死、被迫自殺或遭到殺害的200名作家和藝術家的名字。不過，比起蘇聯大清洗時留下的記錄來，還是稍見遜色。參加蘇聯作家協會第一次代表大會的代表共597人，其中180人在1937至1938年期間因各種原因遭到鎮壓，在大清洗中大約有2,000名作家受害。[33]

方框 4

看門狗

周揚（1908–1989）在世時被稱為中國的「文藝沙皇」。法國的一些漢學家就直接稱他為中國的日丹諾夫。日丹諾夫（1896–1948）制訂了日丹諾夫文化政策，在1940年代打着檢查形式主義和世界主義傾向的旗號，捕風捉影地追究一些作家和藝術家受到的外國影響，實際上就是追查猶太人的影響。不過，也不能以人廢言，早在1934年蘇聯作家第一次代表大會時，日丹諾夫就提出了社會主義現實主義，以大肆宣揚建設烏托邦的成就。1935年，當他的老闆提出「大撤退」時，日丹諾夫立刻警告說：「如果我們按照民意黨的方式教育年輕人，教育出來的就是恐怖分子。」

在此之前20年，年輕的日丹諾夫是個激進的革命黨人，對這樣的言論會嗤之以鼻。過了十年，日丹諾夫挖苦嘲笑的對象是最受歡迎的諷刺作家左琴科和蘇聯最有名的女詩人阿赫瑪托娃。他認為左琴科是「小人、卑微低賤、文學流氓、不知羞

恥、毫無原則」，批評阿赫瑪托娃「生活瑣碎偏執、經驗貧乏、
宗教式的神秘情慾主義」，「一會兒是修女，一會兒是妓女，或
者既是妓女，又是修女，禱告和放蕩合為一體」。除了破口大
罵，還由中央委員會在 1946 年 8 月 14 日下令，把這兩位作家
開除出蘇聯作家協會。一年半之後，日丹諾夫又譴責蘇聯作曲
家的「形式主義的反人民傾向」，但隨即死於心肌梗塞。不過，
日丹諾夫主義在他死後仍然繼續當道。

　　周揚與日丹諾夫相比，會讓人覺得後者是個好人。周揚曾
說自己願意做毛澤東思想和文藝政策的「宣傳者、解說者、應
用者」。的確，不論黨的路線如何迂迴反復，他都是亦步亦趨
地遵循不誤。毛澤東提出雙百方針後，周揚立刻推翻自己幾個
月前一再重複的話，並首先批判自己的錯誤行為。1957 年 4
月，他甚至表示在文藝和科學領域的行政命令和官僚主義作風
不利於這些學科的發展，其中包括宗派主義和根據意識形態標
準進行評價。周揚自己的宗派主義充分表現在他對電影《武訓
傳》的批判上，不讓人有絲毫獨立意見，甚至不准脫離政治。
他的一個助理說過：「現在一個人的思想不是進步、就是反
動，第三條路是沒有的。」

　　有些讀者可能會不同意：這是周揚的助理的話，不是周揚
的話。問題就在這裏。日丹諾夫把他在列寧格勒的一些同事帶
去莫斯科任職；他跟周揚不同，沒有在自己周圍形成一個小圈
子。周揚比較擔心的是如何消滅他的對手，不是如何壓制非正
統的思想。一旦他的對手或競爭者被排擠出少數幾個還沒有受
到其派系控制的評論刊物，他立刻就派自己的親信接手。周揚
選擇「反面教材」作為批判對象，是根據以下考慮：有可能威
脅到他的權威（丁玲，1957），有私人恩怨（胡風，1954），或
兩者兼備（馮雪峰，1954）。他是黨和正統思想的代表，所以
無往不利。周揚年輕時就已擔任黨內重要職位。1935 年 12
月，中共按照共產國際第七次代表大會的指示，建立統一戰

線。周揚負責執行這一文化路線的大轉彎，解散了左翼作家聯盟，卻沒有通知聯盟主席魯迅。周揚作為聯盟的黨團書記，真正握有實權，就如同他後來擔任文化部副部長，卻實際掌控文化部一樣。他在他控制的中國作家協會也是擔任第二把手，但實際權力來自他擔任副部長的中共中央委員會的宣傳部，只不過部長也同他一樣必須是共產黨員。

大躍進時，周揚響應毛澤東的號召，要增加稻米、鋼鐵和詩歌的產量。他同作家協會的主席郭沫若帶頭開展群眾寫詩運動，編輯出版了《紅旗歌謠》。周揚甚至比郭沫若更積極地提拔工人作家：「在大躍進的新時代，老作家的經驗沒有甚麼用了，群眾寫的詩比詩人寫的詩好。」毛澤東決定要超越蘇聯的榜樣，群眾的詩歌就像人民公社一樣，表明了中國道路的優越性。毛甚至還要讓革命現實主義與革命浪漫主義相結合，使社會主義現實主義更為「完善」——周揚也緊跟不誤。這個新的主義其實與日丹諾夫創造的主義一模一樣，而且日丹諾夫還主張群眾創作文藝，文藝為群眾服務。所以周揚並沒有提出任何新的東西，只是使得他的提法更為可笑。這些提法在兩個獨裁者去世之後也隨之銷聲匿跡。

不過，日丹諾夫與周揚之間的確存在着一些重要的差別。周揚的權力只限於文化領域。日丹諾夫在基洛夫被刺殺後，就被斯大林任命為列寧格勒市委第一書記，一直擔任到列寧格勒被圍困時。1941年，他就任中央委員會副總書記。1946年，他在政治局內顯然已成為斯大林的接班人，引起對手馬林科夫的極大不滿。其後他先後在波羅的海各國和芬蘭擔任要職，並在1947年在波蘭宣布成立共產黨和工人黨情報局，在1948年把鐵托驅除出情報局。

日丹諾夫長期以來獲得斯大林信任，儘管在他生命的最後幾個月失寵。斯大林喜歡跟他說話，甚至認為日丹諾夫是親信中唯一能夠與他談思想文化的人。日丹諾夫的母親是著名的鋼

琴家，他自己的鋼琴也彈得好，可以在斯大林．莫洛扎夫和伏羅希洛夫（Kliment Voroshilov）引吭高歌時為他們伴奏。他有一次與藝術家見面時，當場彈了幾段旋律，讓蕭斯塔科維奇明白民眾喜歡甚麼樣的旋律。他的兒子尤里五歲時就見過斯大林，才28歲時被任命為中央委員會科學部的部長。尤里曾經公開批評李森科，令斯大林失望，但斯大林仍然勸說他那不愛說話的女兒斯維特拉娜嫁給他。

周揚從來不屬於毛澤東的親信圈子，也沒有進入政治局。他在文革開始時遭到猛烈攻擊，他主持的中宣部被毛澤東稱為「閻王殿」。毛認為從1949到1966年都是修正主義黑線專政，矛頭直指周揚。通過對周揚的批評，毛批評了整個文藝官僚體系，認為他們沒有做好知識分子的工作。周揚的工作方法和執行的命令疏遠了創作者、藝術家和作家。周揚及其下屬既不能籠絡這些人，又不能使知識分子俯首聽命。這是毛澤東的典型做法，讓周揚成為他自己失敗的替罪羊。他甚至責備周揚在執行雙百方針時缺乏紀律和違背原則，事實上周揚只是過於熱心地引用了毛澤東在1957年2月27日的講話，鼓勵知識分子暢所欲言。

然而，周揚只是個替罪羊嗎？1961至1962年再次提出雙百方針時，他發表的反革命言論包括：「如果把所有學生都培養成政治活動家〔……〕，他們會成為缺乏專業技能的空頭政治家。」為甚麼會在大躍進時期對毛澤東思想的絕對真理唱反調呢？是大躍進的災難和饑荒打開了周揚的眼睛？還是他重新發現了他年輕時對十九世紀歐洲文學的嚮往，從資產階級的現實主義學到了如何擺脫毛澤東思想的過分簡單化？要不然就是這個文藝官僚認為追隨以劉少奇為首的大多數上級領導比較不危險？

周揚的命運比劉少奇好一些，在文革後存活下來。他在1975年被釋放出獄。毛澤東去世後，他重新在文化領域擔任重要職務。1980年代初，他對他從延安時期到文革前夕不斷

受到批評和壓制的那類文學表示讚揚。周揚在紀念馬克思逝世
一百年時講話，認為異化不僅存在於資本主義國家，也存在於
社會主義國家，例如官員濫用權力，而且權力的性質不民主。
這篇講話發表在《人民日報》上，影響很大，在1983年清除精
神污染運動期間受到思想比較保守的人批評。日丹諾夫與周揚
的都是文藝領域的看門狗，差別在於：前者在半百之年去世，
比他的主子死得早；後者活超過80歲，比他的主子活得久，
最後擺脫了舊的束縛，獲得思想解放。

資料來源：關於日丹諾夫的詳情見Montefiore, 2005。也參見Brown,
Edward J., 1969, pp. 224–230; Graziosi, 2010, p. 130; Etkind
et al. (dir.), 1990, pp. 387, 513。關於周揚的主要資料來自
Goldman, 1967（引用材料見pp. 48, 92, 191, 247），1981, pp.
52–53。也參見Goldman, 1966; Bianc and Chevrier (dir.),
1985, p. 783; Hong, 2007, pp. 278–279; Hsia, 1961, pp. 291–
300; Link, 2000, pp. 30–32; Vogel, 2011, pp. 134–135, 558,
563–564; Zhang, Yinde, 2003, pp. 51, 56–57, 60–64。

學者和騙子

由於作家受到的批判最多，我比較少談到藝術家，更幾乎沒有提到
學者。斯大林和毛澤東一樣，對自己一無所知的東西也會提出意見和
看法。1938年，斯大林任命李森科（1898–1976）為列寧全蘇聯農業科學
院院長，因為李森科聲稱發現了可以在霜凍時期生長的小麥新種子。
李森科相信，只要小心適應環境，植物的特性就可以改變。李森科遺
傳學的基本原則是生物的後天遺傳性觀念。蘇聯最有名的遺傳學家瓦
維洛夫（Vavilov）認為，數十年的研究證明，植物的特性不可能後天遺
傳，但李森科對其嗤之以鼻。瓦維洛夫因此被趕出科學院，接着在
1940年被捕。1943年，他死於獄中。五年後，李森科院長在科學院
1948年7月31日的開幕大會上發表勝利講話（事先經過斯大林審閱），

禁止孟德爾和摩爾根的「資產階級」遺傳學，不承認基因對遺傳的作用。於是，科學可以分為兩種，一種是西方意識形態的偽科學，另一種是真正的、馬克思主義的、唯物主義的實踐科學。李森科主義不僅毀滅了無數新栽樹林，也使得蘇聯的生物學落後好幾十年。

不僅是蘇聯的生物學遭殃，中國的生物學也一樣。李森科的學說和實踐從新中共建國之初引入，一直推行到1956年。甚至在李森科的騙局被揭穿之後，仍然在大躍進期間流行不綴，因為兩者都強調群眾的創新和不信任資產階級學者，還採用李森科的深耕密植做法。除了李森科學說，中國還接受了列寧喜歡的園藝學家米丘林（1855–1935）的學說。米丘林聲稱創造了有抵抗力的新物種，不僅能夠忍耐北方的嚴寒，還可以在不利氣候條件下取得高產量。米丘林和李森科先後表示：「不要等待大自然恩賜，必須克服大自然。」《共產黨宣言》不是敦促哲學家們不只要解釋世界、還要改變世界嗎？我們必須執行馬克思的指示，比達爾文做得好。米丘林的「創造性達爾文主義」經過李森科修訂之後，不能滿足進化過程過於緩慢，要經過極長的時間才積累成細微的改變；達爾文應該更加關注同時代的馬克思，達爾文如果不只是觀察自然，而是更加干預自然，就會認識到人有能力改變物種，迅速創造新的物種，不必等待好幾千年。

中國在一五計劃期間，是李森科修訂的米丘林主義當道。在那個時候，中國熱烈模仿蘇聯模式，相信這個模式既然在蘇聯老大哥那裏有效，在勤勞節儉的中國農民勞動的黃土地上只會更好。斯大林的發展戰略讓農民小兄弟承擔發展工業所需的財務重擔。按照蘇聯顧問的說法，李森科修訂後的米丘林主義可以用低成本迅速取得極高的產量。中國的領導人似乎根本沒有想過這樣的說法是否可靠，因為他們之中沒有一個是生物學家或遺傳學家；對於歐洲或北美出身專家的意見他們也聽不進去，因為這是懷疑蘇聯老大哥，會讓老大哥覺得丟臉。

一直到蘇聯開始辯論這個問題，否定李森科，中國才開始關注，但也沒有馬上採取行動。首先，中國禁止傳播在斯大林生前就已經開始的批評意見。可是，造出原子彈的核物理學家都是學西方科學的。難

道「黨性」可以壓倒生物學裏的科學真理，卻在物理學裏行不通？赫魯曉夫比較喜歡農民出身的李森科，短暫地支持李森科一段時間，但李森科終於在1956年4月被解除了農業科學院的院長職務。一位應邀到中國幫助執行12年農業計劃的蘇聯生物學家很快把這個消息告訴了中國。蘇聯對李森科的公開猛烈批判終於讓中國明白，應該放棄在1952年強制實施的李森科模式。1956年8月召開的遺傳學專題研討會第一次對中國的米丘林信徒提出質疑。由於政治氛圍轉變，質疑者獲准就基因的作用和性質以及就他們剛學到的西方遺傳學的新發現提出報告。遺傳學還不是唯一受到衝擊的部門。除了李森科主義受到質疑，也開始懷疑對蘇聯科學的盲目仿效。一個主要科學刊物的編輯透露，過去五年出版的330篇科學論文中，只有11篇來自蘇聯集團。還有人指出，為了秘密引進歐洲或美國的科學論文，不得不採用遮掩手法，放在蘇聯科學家的名字下。也有人大膽發言，抗議一向只使用蘇聯手冊，過分崇拜蘇聯專家。[34]

在這裏我要再次強調，我以一個大騙子為例，指出他在一個革命中得勢當權，因而在另一個革命中也大行其道，但李森科和生物學應該是例外情況。遺傳學家雖然「對農業危機毫無貢獻」，[35] 但物理學家顯然對蘇聯的工業現代化大有助益。列寧看不起俄國知識分子，在1922年趕走了大約200名作家和知識分子，但他相當謹慎，從沒有放逐過科學家。列寧的目標（後來被斯大林實現）是培養出工農出身的知識分子，但如果負責培訓的人都被放逐了，誰來培養這樣的人？從1920年代開始，設立了大批專科學校，到1925年，88所現有研究機構中有73所是1917年以後成立的。雖然科學家和布爾什維克相互並不信任，但他們保持合作關係，因為他們都相信科學對蘇聯的未來至關重要。科學在1928年以後再次加速發展，投資額到1933年增加了三倍，從1933到1940年，幾乎翻了一番。

這筆資金其實可以用於更好的地方。1920年代末，政府的控制加強，有八名共產黨員被選入科學院。科學院院士自己只選出了三名，在政府施加壓力後，第二次選舉在許多人棄權的情況下又選出了五名。

新選出的院士接手科學院的管理工作，執行政府的目標，即強調培訓工程師而不是科學研究人員，優先考慮應用性研究。科學院的出版刊物受到審查，外國出版物越來越難看到，去國外旅行幾乎不可能。沙赫蒂 (Shakhty) 審判 (1928年在沙赫蒂市對一批工程師進行公審，藉以清洗資產階級專家和知識分子) 之後，以同樣莫須有罪名對所謂「農工黨」和「工業黨」舉行審判秀，導致蔡雅諾夫 (Chayanov) 和康德拉捷夫 (Kondratiev) 等一批知名科學家被捕。這兩人都在大清洗時期與數萬名科學研究人員及工程師一起被槍決，許多研究機構都被關閉。儘管如此，科學家和研究人員仍然在納粹入侵時毫不猶豫地為國家出力。1945年以後，輪到蘇聯派出專家隊伍去掠奪德國的科學和技術，大規模學習德國。1945年8月20日廣島原子彈爆炸之後，蘇聯把核研究列為最高優先，採取工業間諜手段。蘇聯在1949年成功試爆了第一顆原子彈，以後每四年就取得新的成就：1953年氫彈，1957年斯普特尼克人造衛星，1961年第一個宇航員尤里‧加加林。1953至1968年赫魯曉夫當權時，科研經費增加了一倍，科研人員增加了四倍。到1960年代末，蘇聯用於研究和發展的資源高於其他領域，蘇聯的數學家和物理學家位居世界前列。

　　儘管經過多次反復，斯大林聲稱這是他的功勞，因為他與列寧一樣，認為馬克思主義是科學，由於蘇聯是啟蒙運動的產兒，所以必須利用科學來「追趕和超越先進資本主義國家的技術。」[36]毛澤東後來完全採用了這個口號和想法，但由於他的起點比較低，成就也小得多。1950年代，曾經想優先培養工程師，但經常受到政治運動和不斷開會的干擾。大躍進失敗後，終於使中共了解到 (大約在1961至1962年)，必須採納科學家的意見，並讓學科學的人學習更廣泛的理論基礎。文化大革命使得這種恢復正常的工作整整耽擱了十年。科研機構關閉，成千上萬的科研人員遭到迫害。1975年，鄧小平主張必須發展科技和培養真正的專家，幾個月後他就第二次被打倒。他的計劃到毛澤東去世之後才得以實施，到1981年，中國的科研機構和學習科技的學生數目已經是1976年的兩倍。這還只是跨出的第一步。中國的科技發展成績雖然

不能與斯大林的終生成就相比，但不要忘了，中國在前一段時期的文藝和基礎教育方面的成績要優於蘇聯。

兩個革命政權的顯著異同

中蘇兩個政權的文化和反文化政策十分相似，但作家和藝術家的反應頗有不同。

索爾仁尼琴曾經開玩笑表示：「從1929到1953年，蘇聯的文藝是一片空白」；他可能認為，蘇聯作家和劇作家布爾加科夫在1964年出版的《大師和瑪格麗塔》(*The Master and Margarita*)[37] 與創作的時代脫節。除了少數幾個例外，這句話同樣適用於中國的1949至1978年。兩個國家的文化傳統（白銀時代和五四）或兩國人民的文化特性之間沒有太大差別（蘇聯因為是多民族國家稍微複雜一些），但作家和藝術家面對同樣壓迫產生的反應卻很不一樣。

俯首聽命的作家

這個名單上首先是許多拿政府的錢（蘇聯作家拿的錢真的很多）、活得很舒服、唯唯諾諾、甚至逢迎權勢的作家，但也包括一些真正信仰馬列主義的作家。有些人對於掩飾真相和粉飾事實毫無愧色。例如浩然，他是在文革時能夠寫作和出版的極少數幾個作家之一。父親是僱農的浩然，13歲成為孤兒，只受過三年半基礎教育，通過自學成為紅軍的記者和宣傳幹事。他是名副其實的農民作家，大半生的寫作對象都是農民，並始終遵循黨的路線。三卷長篇小說《艷陽天》(1964、1966和1971)描述1957年夏一個農業合作社裏面的階級鬥爭。故事一開始就是作者自己親歷的一個事件：一群人去搶合作社的糧倉。在小說裏，這件事被着意刻畫成反動階級在舊地主帶領下發動攻擊，並得到全世界右傾分子和反共分子、包括蘇聯修正主義分子的支持。浩然的兩

卷長篇小說《金光大道》(1972和1974)描述在合作化時期的階級鬥爭，由於是非黑白的對比過於鮮明，幾乎成了諷刺漫畫。小說完全體現了農村的階級鬥爭，從男主角的名字高大全就可以看出。這個英雄完美到失去了人性，充分體現了文革時期寫作必須遵循的三突出原則。

浩然是個多產作家，他的短篇小說《朝霞紅似火》(1959)講的是大躍進時期發生在土高爐旁的戀愛故事。不用說，男女主角都是堪為典範的年輕人。男主角是革命烈士的後代，曾經是捨身抗洪的英雄。女主角為了拯救戰友撲倒在炸藥上，因而失去了右臂。然而，他仍然毫不猶豫地在病床邊向她表白了至死不渝的愛。浩然在寫成這篇小說前幾個月，就有朋友告訴他：官方關於大躍進的宣傳「全是謊言！從上到下都在弄虛作假，總有一天造成災難。你寫出這樣的故事，那就是在助紂為虐。」[38]

即使像浩然這樣受到當權者賞識的正統作家，也可能得罪政府；沒有人可以倖免。蘇聯現實主義文學代表作家法捷耶夫的地位比浩然高得多，他曾經擔任蘇聯作家聯盟主席十年(1939–1943和1946–1953)，而且是蘇共中央委員會成員，出席蘇聯最高蘇維埃的代表。法捷耶夫的性格比浩然複雜，他批判和迫害他崇拜的作家，例如他在1946年公開抨擊帕斯捷爾納克，但私下背誦他的詩句，同時也批判阿赫瑪托娃和左琴科。同年，他的長篇小說《青年近衛軍》獲得斯大林文學獎。這本書是共青團中央委員會委託他撰寫的，是1943年在納粹佔領的烏克蘭時一夥16到19歲的少年因抵抗活動而遭到逮捕、酷刑和處決的真實故事。法捷耶夫鉅細靡遺地收集材料，訪問了游擊隊員的朋友和親人，成果備受讚譽。1947年10月，斯大林看了根據小說改編的電影，立即發動對小說的批判。除了斯大林，誰還會攻擊一本得過斯大林文學獎的蘇聯文學巨著？對這本出版才兩年的小說批判的主要重點是，小說沒有突出「地下黨組織的領導作用」，讓讀者錯誤地認為這是年輕人自發的行動。同年12月，法捷耶夫承認對他的批判有理，宣布將根據那些批判重寫。他取消了書中他喜歡的一些人物和情節，增加了12章，讓共產黨員來領導年輕的游擊隊員。《真理報》在一篇文章中讚揚法捷耶

夫公開承認錯誤，使「一本好書更上層樓」。這樣痛苦的改寫是不是違心之作呢？據一位見證人表示，其實不然：「他既沒有假裝，也沒有欺騙；他熱愛斯大林。他痛苦不堪，折磨自己，答應重寫。」蘇共第二十次代表大會後兩個半月，法捷耶夫自殺身亡，留下一封遺書給中央委員會，卻沒有一句話留給妻兒。[39]

其他一些蘇聯作家也像法捷耶夫一樣，以寫作為終身事業，他們雖然得以善終並獲得榮譽，但付出了代價。他們犧牲的，是他們的才華和作家的天職。康斯坦丁·費定（Konstantin Fedin，1892–1977，蘇聯作家，其作品多以革命時期的新舊衝突和知識分子的命運為主題，代表作有《城與年》等）年輕時參加文學團體「謝拉皮翁兄弟」，認為文學應該獨立於政府之外。[40]他的小說《兄弟們》描述一個音樂家為了革命而犧牲藝術的故事，得到鮑里斯·帕斯捷爾納克（Boris Pasternak）和斯蒂芬·茨威格（Stefan Zweig）的讚賞，但被批評家戴上「階級敵人」的帽子。他寫道：「生活要我毀滅一切！甚至毀滅我認為最重要的東西——我對文學的理解和感情。」[41]這是甚麼樣的生活？當然不是謝拉皮翁兄弟希望的那種生活，因為在那裏不需要為了迎合官方批評而加油添醬。塞西爾·維希（Cécile Vaissié）認為，「投降和適應」就是從這個時期開始的。從費定的寫作可以看出，這是個複雜而敏感的人，他知道自己的喜好和品味，鄙視官方的文學產品和教條。「作家如果必須描述限定的現實，而不是現有的現實，怎麼可能是現實主義？」蘇聯作家變成了留聲機。[42]小說家列昂尼德·列昂諾夫（Leonid Leonov）就是個例證。費定對他的得獎劇本沒有好評：「他顯然必須卑躬屈膝。加進最後一場戲就是為斯大林唱讚歌，他拿了錢，只能低聲下氣。」[43]畢力涅克和巴別爾遭到逮捕和嚴厲盤問之後，只好承認自己的看法、感覺和擔心，與費定一樣。費定在他的回憶錄《高爾基在我們中間》中，認為這個後來參加頌揚斯大林的人是「一個宣揚自由民主、性格複雜的知識分子」，不是「只靠『迫害手段』就能做到的」。[44]費定一度受到短暫的攻擊和迫害，指控他為「不關心政治的藝術」辯護。好在這只是警告，沒有正式譴責，為費定留有餘地。費定幡然改過。共產黨也願意籠絡一些名聲有污點的人。

費定的家庭出身不好，因為外祖父是教士，來自貴族家庭。費定在號稱
「人類靈魂工程師」的官僚階層中逐步升級，獲得信任，但仍然是別墅
小區的鄰居帕斯捷爾納克的親密朋友，多年來一直聽後者向他朗讀《齊
瓦哥醫生》的章節。帕斯捷爾納克在1958年初獲得諾貝爾文學獎之後，
費定仍然表示：「不要以為我會攻擊帕斯捷爾納克，絕對不可能。」[45]

可是，就在那年的秋天，他馬上變臉抨擊帕斯捷爾納克。兩個昔
日的好友從此斷絕往來，就連帕斯捷爾納克去世，費定也藉口生病，沒
有參加他的鄰居好友的葬禮。他得到的獎賞是在1959年5月出任蘇聯
作家協會書記，並四次獲得列寧勳章。有些人為此感到高興，以為由
一個既是寫作好手、又年高德劭的作家來領導作家協會，應該使得該職
位比較穩定。他們不免要大失所望，不過，費定先後在赫魯曉夫和勃
列日涅夫治下遇到的麻煩比斯大林時期輕得多。費定拒絕出面保護約
瑟夫・布羅茨基(俄裔美國詩人、散文家，諾貝爾文學獎獲得者)，批
准了對西尼亞夫斯基(俄羅斯作家、持不同政見者、政治犯、索邦大學
教授)和尤利・丹尼爾(蘇聯持不同政見的作家、詩人、翻譯家和政治
犯)的審判，禁止出版《癌症病房》，並將索爾仁尼琴驅逐出境。他對這
些人的手段，其實與別人迫害他的方法是一樣的。他享壽85歲，死訊
由蘇共中央委員會、最高蘇維埃主席團和部長會議共同宣布，備極哀
榮。但是，作為一個作家，他早已不存在了，儘管他最後一些著作發
行量很大，保證了他的高收入。他第一次向官方屈服是因為害怕嗎，
還是因為他嘗到了「屈服換來的好滋味」？[46]他年輕時相識的朋友對他尤
其憎恨，憎恨的程度甚至超越了對那些不需要犧牲才能和天職卻能夠擔
任「人類靈魂的工程師」的人。

索爾仁尼琴認為1929至1953年的蘇聯文學是一片空白，這不一定
對，但他懷疑愛倫堡抽中人生的大獎可能有些道理。我在方框5中很難
選出中蘇兩國兩個可以對比的作家，最後只能以郭沫若阿諛逢迎的一生
作為中國的代表，儘管其他一些中國作家在1950和1960年代的奉命唯
謹的作品更具代表性，這些作家包括浩然、杜鵬程、趙樹理和周立波。
在蘇聯方面，可以大致與郭沫若相提並論的作家包括法捷耶夫、費定、

格拉特科夫（Gladkov）、列昂諾夫、西蒙諾夫、托爾斯泰等人，但我最
後選擇了《靜靜的頓河》的作者、諾貝爾文學獎得主肖洛霍夫（Mikhail
Sholokhov）作為代表。

方框 5

官方賞識的作家

就像拿日丹諾夫與周揚比較一樣，郭沫若（1892–1978）與
肖洛霍夫（1905–1984）之間也有許多不同之處。郭沫若出身地
主和富商家庭；肖洛霍夫出身窮苦家庭，母親是文盲，他13
歲時不得不輟學。郭沫若在13歲時已經完成了私塾教育。清
廷廢除科舉制度之後，他父母決定讓他接受現代教育，讓他追
隨兩個哥哥去日本讀書，這在當時只有少數有錢的家庭才能做
到。肖洛霍夫18歲時回到在頓河流域的哥薩克家鄉，寫出《靜
靜的頓河》。他主要是個小說家，偶爾從事新聞工作。郭沫若
醫學院畢業之後沒有行醫，是個多產作家。他是小說家和新聞
記者，也是詩人、劇作家、評論家、傳記作家、古代史學家、
甲骨文學者、翻譯家和宣傳能手。他長達2,000頁的四卷傳記
「既是回憶錄，也是編年史、遊記、優美的散文和劇本」（張寅
德）。他不僅創作豐富，而且在1950和1960年代外事活動頻
繁，日本、俄國和歐洲到北京訪問的貴賓都由他接待。中國政
府喜歡他以共產黨朋友的身份（他到1958年才入黨）與訪客周
旋。

鑑於郭沫若這方面的才能和角色，我現在暫時不談他與肖
洛霍夫之間的差別。肖洛霍夫繼帕斯捷爾納克之後、在索爾仁
尼琴之前獲得諾貝爾獎，中國在流亡法國的高行健獲獎之前，
沒有人得獎。他們兩人都在本國卓具聲譽。郭沫若曾任中華全
國文學藝術會主席、中國科學院首任院長、中國人民保衛世界

和平委員會主席（為此在 1952 年獲斯大林獎）、1949 至 1954 年中央人民政府政務院副總理、中央委員會委員、全國政協副主席等職位。肖洛霍夫是最高蘇維埃的常任代表、中央委員會委員，獲得斯大林獎和列寧獎，兩度當選為社會主義勞動英雄等等。這些榮譽的確名實相副，因為在推行日丹諾夫主義時期，肖洛霍夫一再激烈批評西方，頌揚共產黨和蘇聯人民。在解凍時期和隨後的勃列日涅夫冰凍時期，他帶頭粗暴地攻擊帕斯捷爾納克、索爾仁尼琴、丹尼爾和西尼亞夫斯基。肖洛霍夫對這些人的以下批評，在蘇共第二十三次代表大會上贏得掌聲：「如果這些沒良心的傢伙在 1920 年代受審，他們會受到嚴懲！」蘇聯作家、詩人丘科夫斯卡婭（Lydia Chukovskaya）因此在公開信中答覆說：「你說話像個文學叛徒。你無恥的發言將遺臭萬年。至於文學，它對你的判決將是對藝術家的極刑：從此不能創作。」

對肖洛霍夫的判決已經定讞，因為「他既是蘇聯政府的旗手，也是受害者」（赫爾曼・萊爾莫拉夫〔Herman Ermolaev〕）。在他生命的最後 25 年，雖然在媒體上被捧為「國寶級的人物」，卻幾乎沒有任何作品，出版的寥寥幾篇作品完全無法與《靜靜的頓河》相比。楚科夫斯基（Chukovsky，文學評論家）曾經表示，蘇聯人有兩類，一類是肖洛霍夫，一類是索爾仁尼琴。肖洛霍夫顯然同意，他在下一年表示，不能忍受與一個反蘇聯作家並存，要求禁止索爾仁尼琴寫作。索爾仁尼琴針鋒相對，他拒絕接受法國作家沙特在莫斯科的宴請，理由是：「沙特主張把諾貝爾獎頒給肖洛霍夫，這是對俄羅斯文學最殘酷的侮辱。」[*]

至於郭沫若，對於每一次把自由的、非馬克思正統的或進步的作家劃為右派的運動，他一定參加，這些作家包括俞平

---

* 　沙特 1964 年拒絕接受諾貝爾獎，認為諾貝爾獎應該頒給肖洛霍夫，不應該給帕斯捷爾納克。

伯、馮雪峰、胡風、丁玲和何其芳。除何其芳外，這些作家
都已在前面的方框中提到。何其芳是周揚的助手，因為看不
起大躍進時期的詩歌而站錯了隊。郭沫若作為中華全國文學
藝術界聯合會主席，不得不對指定的對象進行批判，這並沒有
引起太多注意；真正令人印象深刻的是他那些過於熱情的響
應，比如讚揚偉大學者米丘林大師，以及在批判右派分子時表
示：「文化工作必須由掌握馬克思主義的外行領導。」尤其叫人
難以忘記的是他的阿諛奉承。郭沫若 1937 年在南京被蔣介石
召見，隨即寫了一篇《蔣委員長會見記》，說最高領袖的「眼睛
分外有神」，「眼神表示了抗戰的決心」。他以後還寫詩頌揚過
斯大林和毛澤東，兩次恭維江青。文革開始時，他把江青捧
上了天，過了十年，倒台被捕的江青在他筆下成了白骨精。
在他獻給「親愛的江青同志」的詩發表後，他又做出驚人的自
我批評：「拿今天的標準來講，我以前所寫的東西，嚴格地
說，應該全部把它燒掉，沒有一點價值。」他因此逃過文革的
劫難，甚至不像 99% 的中國作家，他可以繼續出書。由於郭
沫若的這些懺悔文章和言論，使他受的罪比別人少些。他以
宣揚自我的浪漫詩崛起文壇，很快就投身革命文學陣營，以同
樣的自信和宗派精神宣傳革命。這個在 1928 年譴責魯迅的
「保守主義」的作家，卻變身成為皇帝的弄臣，與毛澤東詩詞
唱和。

　　他比毛澤東多活了兩年，但死得其時，逃過了在另一次時
局變動中再度自我否定。肖洛霍夫也是及時離世，比戈爾巴喬
夫當權早了一年。他的身段不如郭沫若靈活，在 1932 至 1933
年饑荒最嚴重時期停止寫作六個月，甚至寫了一封 16 頁的長
信給斯大林，描述頓河地區徵用糧食的恐怖情況。他促請斯大
林向北高加索的饑民運送糧食。斯大林這次居然准許了他的請
求，但是斥責肖洛霍夫，說他受了拒絕給紅軍中的工人和農民
供糧的「破壞者」欺騙。五年之後，《靜靜的頓河》最後一卷推

遲出版兩年，因為肖洛霍夫拒絕按照斯人林的要求把書中的英雄變成紅色哥薩克。這個時候，內務人民委員會正準備逮捕肖洛霍夫，因為他為當地在 1937 年被開除的共產黨員辯護。肖洛霍夫向斯大林求助，並獲得斯大林支持。他因此十分感激，在赫魯曉夫當權時沒有説過斯大林的壞話。

　　單是《靜靜的頓河》一本書的分量，就超過郭沫若的全部著作，儘管有人説這本書的一部分是抄襲來的。[†] 這裏暫時撇開 1953 年的版本不談，因為這在斯大林的審查下作了剪裁和增添。書的頭兩卷在 1928 年引起轟動，卻並不符合六年後提出的社會主義現實主義規則，書中的人物並非黑白分明，殘酷地描述了強姦、暴力和仇殺，對話裏不時出現罵人的髒話，會把一臉正經的日丹諾夫羞得滿臉通紅。故事一開始描述一個士兵的妻子偷看了男主角的哥薩克祖父普羅珂菲帶回家鄉的土耳其女人：「真不明白，她哪點兒迷住了他，哪怕是個普通娘兒們倒也罷了，可是她，……肚子不像肚子，屁股不像屁股，簡直醜死啦。咱們的姑娘們可比她長得水靈多啦。至於身段，簡直像馬蜂一樣，一折就斷；兩只眼睛，又黑又大，眼睛一瞪，活像個妖精。」那一年，發生了空前罕見的畜疫。哥薩克人開了個會，説普羅珂菲的老婆會使妖法，然後來到普羅珂菲家，把土耳其女人拖到院子裏，扔到人們的腳邊。普羅珂菲的妻子當晚就死了，身邊留下一個哇哇哭着的肉團子，一個早產的嬰兒。普羅珂菲因為用馬刀砍死了人，坐了 12 年的牢。這個早

---

†　《靜靜的頓河》前兩冊在 1928 年出版時，有人指控肖洛霍夫盜用了已故作家費奧多爾‧克留科夫 (Fyodor Kryukov) 的著作，只不過把它完成而已。1974 年，羅伊‧梅德韋傑夫 (Roy Medvedev) 和另一位評論家又舊事重提，但文章沒有寫完就去世了，遺作由索爾仁尼琴協助在巴黎出版。不過，這些指控都沒有做出結論，但根據對 1991 年發現的《靜靜的頓河》原稿的筆跡進行研究後確認，該書的確是肖洛霍夫的手跡 (見 Vaissié, 2008, pp. 134, 136, 397–399, and Medvedev, 1975, 法文版)。

產兒就是他的兒子潘苔萊，長成後是一個膚色黝黑、天不怕地不怕的小伙子。面貌和勻稱的身材都像母親。普羅珂菲給他娶了個哥薩克姑娘，是鄰居的女兒。這些事都在書的前五頁交代清楚，到第七頁時，潘苔萊的第二個兒子葛利高里誕生，就是全書的男主角。「他長得像父親，個頭比哥哥高半個腦袋。他也像父親一樣，生着下垂的鷹鼻子，稍稍有點斜的眼眶裏，嵌着一對淡藍色的、扁桃仁似的熱情的眼睛，高高的顴骨上緊繃着一層棕紅色的皮膚。葛利高里也和父親一樣，有點兒駝背，甚至連笑的時候，爺倆的表情也是一樣的粗野。」戰爭和革命先後到來，村子裏產生翻天覆地的變化。葛利高里先加入紅軍，接着加入白軍，然後哪一邊都不支持。讀者既關心他，也關心他的妻子娜塔莉亞。因為葛利高里對妻子棄置不顧，‡後來索性離開了她，讓她企圖自殺。§ 還有第一次彼此面對的「1914年8月」的士兵。** 《靜靜的頓河》使得我們放棄了長期以來批評蘇聯文學採用的二元規範（卡特琳娜・克拉克〔Katerina Clark〕），因為它既沒有遵循官方路線，也沒有批評執政當局。《癌症病房》書中的主角魯薩諾夫（Russanov）充分體現了社會主義現實主義要求的反面人物，既不是正義英雄，也不是革命烈士。

現在我必須讚揚一下郭沫若的才能。他創作不斷，下筆飛快，涉獵的範圍極廣。他熟悉中國的典籍，熱愛歐美文學的浪漫詩篇。不過，令我印象深刻的不是他的多才多藝，而

---

‡　「那天晚上，在離村子八里的草原上，葛利高里不由自己地對娜塔莉亞説：你好像是個陌生人！你就像那個月亮，既不能讓男人寒冷，也不能讓他溫暖。我不愛你，娜塔莉亞，請不要生氣。」（法文版：Sholokhov, 1959, pp. 222–223）

§　「她拿起大鐮刀的把手，慢慢地卸下刀刃，仰頭向後，決絕地刺向喉嚨。」（同上，p. 320）

**　「1914年8月」指肖洛霍夫的對手索爾仁尼琴的小説《紅輪》的第一節。

是他從1920年代起就執迷不悟地陷入教條主義，從倡導藝術至上和浪漫主義變身為堅決主張只有革命文學才是「真正的文學」。

資料來源：關於郭沫若和肖洛霍夫的著作汗牛充棟，下面只列出給我最多啟發或我直接引用的作品。首先是：Clark, pp. 136–137, 140–142, 150；另見Vaissié, 2008, pp. 16, 133–136, 183, 217, 244–245, 308, 317, 343, 397–399及各處；Borwn, Edward J., 1969, pp. 179–189, 296–299; Saraskina, 2010, pp. 563, 603, 616; Solzenitsyn, 1975, pp. 121, 185; Ermolaev, 1990, pp. 87, 96; Davies and Wheatcroft, 2004, p. 217; Cholokhov, 1959. 關於郭沫若，先見Hsia, 1961, pp. 93–102, 319–320; Goldman, 1967, pp. 65–66, 90, 117, 241; ID., 1981, pp. 91, 133; Zhang, 2003, pp. 207–221（引述p. 218）；然後散見Kuo, 1970; Lee, 1986, pp. 422–423; McDougall, 1977, p. 39; Liu, Zaifu, 2000, p. 6; Graziosi, 2013, p. 18; Rohlf, 2010, p. 200; Michel Bonnin's notice on Guo in Bianco and Chevrier (dir.), 1985, pp. 223–226; Boorman, 1968, pp. 271–276.

……其他作家

老一輩的作家鉗口無聲，其他俯首聽命的一些作家雖然創作豐富，但不久就在批判下銷聲匿跡。阿赫瑪托娃在出版《耶穌紀元後》(*Anno Domini*, 1922) 之後幾乎緘默了20年，帕斯捷爾納克在1936年停止寫作，改為翻譯莎士比亞、歌德、席勒和格魯吉亞的詩人。可是，有一個作家葉夫根尼‧扎米亞京不肯保持緘默。是不是因為他在學生時參加過布爾什維克，因而容許他有一點伸縮的餘地？他早年就脫離共產黨，並對革命者提出批評意見。許多人（比如俄羅斯詩人勃洛克和馬雅可夫斯基）因為幻想破滅而清醒過來，扎米亞京沒有這種問題。他在1905年就被沙皇政府逮捕關押，驅逐出首都莫斯科，並因為寫文章嘲笑駐紮遠東的俄國軍官而接到法院傳票 (*A Godforsaken Hole*在1914年寫成，1917年才獲准出版)。接着，他在1919年被新政權逮捕，1922年再度被捕，但在最後時刻被剔除於強制流放名單，令他大失所望。前

一年，他表示擔心，「俄羅斯文學的唯一希望是在過去的時光」，並譴責一些技巧高明的作家，他們知道「在甚麼時候歡迎沙皇蒞臨，在甚麼時候歡迎鐮刀斧頭的旗幟」。

他在1920至1921期間還寫了《我們》。這本書要到1988年才在蘇聯出版，但是啟發了赫胥黎和奧威爾的靈感。《我們》比《美麗新世界》和《1984》更有預見性，因為它是在列寧在世時寫成的。《我們》書中描述的反烏托邦社會由大恩主主持，大恩主是在全體一致日以一致同意的方式再次選出——這使人想起1930年代的斯大林和1966年的毛澤東。大恩主治下的臣民沒有姓名，只有編號，例如D–503或I–330。這些臣民必須經過切除幻想的手術，才能變得像機器一樣完美。扎米亞京的著作都是屬於他所說的作家最光榮的類別，即禁書類。當《我們》在外國出版後（英文在1924年，捷克文在1927年），他和俄國詩人畢力涅克都在1929年受到抨擊，說他們叛國。扎米亞京在當時被視為那個十年最著名、最有影響力的俄國作家之一，因此不斷受到批判。1931年，他寫信給斯大林，要求准許他移民：「我有一個壞習慣，專愛說對自己不利、但我認為是真理的話。」斯大林竟然批准，扎米亞京於是在巴黎度過他的餘生 (1932–1937)。他在那裏把高爾基的《底層》改編為電影劇本，由雷洛瓦 (Renoir) 擔任導演。[47]

中國沒有可以與扎米亞京相匹敵的作家，但我認為錢鍾書和沈從文的經歷足可與阿赫瑪托娃 (俄羅斯詩人) 和帕斯捷爾納克 (詩人和小說家) 的緘默無聲相比擬。錢鍾書和沈從文在1949年以前就是與眾不同的作家，拒絕參加任何政黨或運動。錢鍾書的《圍城》在內戰開始時出版，並沒有引起任何人注意。這本書描述的是抗戰時期的中國社會，頗多諷刺批評，以致評論不佳。可是，如果想了解現代中國文學，這是我首先要推薦的一本書。[48]《圍城》在1949年之後被視為禁書，一直到未公開承認的「去毛澤東化」時期才解禁。錢鍾書沒有再寫出第二本長篇小說，1957年的反右運動讓他深刻體會到寫小說沒有前途。不過，他沒有保持緘默，轉而致力於研究古典文學，貫穿時間、空間、語言、文化和學科，以中國文學典籍的詞章和義理與祁克果、梵樂希等西方理論

相比較(查普伊斯〔N. Chapuis〕)。這無疑是本原創性的重要著作,但全世界失去了一個能夠譏諷中國社會的朱文諾(Juvenal,羅馬詩人及諷刺文家)、喬納森‧斯威夫特(Jonathan Swift,英國作家,政論家,諷刺文學大師)、拉布呂耶爾(Jean de La Bruyère)或莫里哀(法國喜劇作家)。錢鍾書不是在挖苦別人,而是嘲笑自己。他的妻子楊絳寫了一本關於知識分子臭老九在文革時接受再教育的書《幹校六記》。錢鍾書在該書的序言裏寫道,書裏似乎少寫了一篇,不妨稱為「運動記愧」。他說:「或者(就像我本人)慚愧自己是懦怯鬼,覺得這裏面有冤屈,卻沒有膽氣出頭抗議,至多只敢對運動不很積極參加。」

　　沈從文(1902–1988)很早就對加入政黨問題十分謹慎,因此沒有哪一個黨派喜歡他。共產黨在1948至1949年冬季圍困北平時,他拒絕逃走,雖然對未來並不存幻想:「我可能無法完成這樣的轉變(從沉思到確信,從思想到信仰)。不久我將擱筆,即使沒有人強迫我。這是我們這一代一些人的宿命。」[49]在大多數知識分子對共產黨表示同情或歡迎時,在許多作家準備改變審美概念時,沈從文是極少數幾個對於文學被宣傳綁架一事表示擔心的人。他因此遭到指責,認為他是不顧現實地支持為藝術而藝術的頑固分子。他反駁郭沫若對他的惡毒攻擊,但越來越難以應付來自各方的批評。1949年1月,他在北京大學的學生提出請願,要求開除沈從文,並在請願書背後貼上郭沫若的批評文章。沈從文受到不公正的待遇,孤立無援。「我說的全無人明白。沒有一個朋友肯明白、敢明白我並不瘋。大家都支吾開去,都怕參預。」1949年3月,他企圖自殺,被救了回來,在精神病院住了幾個月。

　　帕斯捷爾納克的逃避方法是翻譯莎士比亞,錢鍾書的方法是埋首故紙堆中,沈從文則是從事文物研究。《中國古代服飾研究》在1964年寫成,但一直到毛澤東去世之後才出版。這本書甚至在出版之前,就已經被列為「毒草」、「黑書」。他研究的是一個完全無關緊要的題材,卻可能被認為是蓄意與千篇一律的藍制服世界唱反調。大家似乎着意忘記了他曾經是個著名的作家;1953年,上海的一家出版社通知他,他的書都已經變成了紙漿。這個時候,他的書在台灣也因為他同情湘西

土著的「共匪傾向」而被禁止發售。海峽兩岸的政權都不喜歡任何少數族裔具有分離傾向。

在1949年以後擱筆的作家名單上還可以加上張天翼和巴金。巴金在毛澤東去世後又拿起筆，寫出產生巨大影響的《隨想錄》。有些作家，比如路翎，在毫不留情的批判下從此絕筆。就中國作家來說，我只知道一本寫完後鎖在書桌抽屜裏的小說，那就是從維熙的《兒童》。他在1960年代初寫了這本主要關於大躍進的書稿，還沒有給人看過，就被他的母親因為害怕惹禍上身給燒掉了。[50] 在蘇聯方面，布爾加科夫在1964年出版的《大師和瑪格麗塔》，是在作者死後很久才出版的書當中最有名的一本。自從蘇聯解體後，許多作家都在秘密寫作，甚至有時候冒險拿去外國出版。這些秘密寫作或從抽屜裏拿出來的書包括：《齊瓦哥醫生》、《生活與命運》、《無用知識學院》以及幾乎索爾仁尼琴的所有著作。

索爾仁尼琴可能會認為從維熙的母親膽子太小，但也可能不會，因為他從古拉格和伊麗莎白·沃羅尼恩斯卡亞（Elizaveta Voronianskaya，索爾仁尼琴的女友）的自殺已經看清我們的軟弱，並覺得可憐。[51] 蘇聯詩人和作家特瓦爾多夫斯基入黨後兩年看到自己的父母親被流放到西伯利亞，懺悔地表示：「害怕真是可恥。」另一位詩人伯格霍爾茲（Olga Bergoltz）寫道：「就像在審訊時，我們咬緊牙關／否定我們自己。」那些人中，有人像這兩位詩人那樣羞愧痛苦地回顧過去，或像另外一位詩人那樣，認為藝術的使命是「征服人的恐懼」，但他們只是少數（曼德爾施塔姆〔Mandelstam〕）。另一些像作曲家里姆斯基－科薩科夫的人為數更多，他們相信「恐懼有助於增強他們的信念」。[52] 那種恐懼，即使對膽子比較大的人來說，也是蕭斯塔科維奇的《生命交響樂》的主導主題，足以充分說明為甚麼要承諾、相信神話和終於全體一致；季諾維也夫（Zinoviev）曾嘲諷這種「全體一致」說：「你們一塊兒投贊成票……他們一塊兒投反對票。一塊兒……一塊兒……」（見《裂開的高地》）。

詩人特瓦爾多夫斯基在臨死前坦白承認，總是恐懼會貶低人格，為了避免「麻煩」而習慣於行若無事會毀滅人的靈魂：「我的身體如行屍

走肉，因為靈魂已經死了。」千百萬馴服的人對此渾然不覺，他們的怡然自得，「表明已經變得非常乾枯、堅硬、僵化」(東布羅夫斯基〔Dombrowsky〕)。到頭來：「斯梅爾佳科夫(司米爾加可夫〔Smerdiakov〕，據說他是卡拉馬佐夫的私生子)入侵俄羅斯！讓我們為斯梅爾佳科夫陛下讓路！無所不為，肆無忌憚！……全世界、全宇宙都應該徹底為俄羅斯祝福，因為俄羅斯用自己惡劣的榜樣表明 哪些事是絕對不能做的！」(馬克西莫夫〔Maximov〕)。可惜中國沒有學到這個教訓。

差 別

　　俄國的知識分子歡迎沙皇倒台，但躲避十月革命。高爾基在對斯大林唱讚歌之前，曾經放言無忌，直到他的報紙《新生命》被列寧關閉。在中國，許多知識分子都深信中國需要翻天覆地的革命，認為這是獨立自主、民族復興的唯一途徑。因此，他們大多數滿心歡喜地歡迎共產黨新政權，因為他們和共產黨一樣，希望中國重新站起來。

　　極少數一些人雖然知道一些斯大林的暴政，仍然默默地回國服務。在中國，只有極少數知識分子跟着國民政府逃到台灣，另有少數移民到美國或香港，但卻有許多流亡的中國人回到祖國參加建設。極少數一些人雖然知道一些斯大林的暴政，仍然默默地回國服務。蕭乾就是這樣的例子，他在巴黎見過喬治·奧威爾，一直對各種意識形態表示懷疑。[53] 除了蕭乾以外，對別的人來說，參加偉大的民族復興工作固然重要，但這不是唯一的動機。這些受過新式教育的知識分子其實並沒有完全擺脫儒家傳統，他們相信國家一定會需要他們的才幹和技術。舊中國都是開科取士，所以他們一定會受到重用。他們不一定是車爾尼雪夫斯基(Chernyshevsky)或涅恰耶夫，卻可能是為專制政權和東正教服務的托爾斯泰。

　　這些知識分子、藝術家和學者的幻想很快就破滅了(不幸的蕭乾早在1950年已經失望)，但沒有人懷疑民族復興的目標。雙百方針讓他們有一個出氣的機會，表達了失望，並提出要求。1957年針對知識分子

的反右運動使他們與政府的關係轉向惡化，到文化大革命時徹底決裂。
而蘇聯並非這樣，仍然有人對政府表示支持。第一個五年計劃的目標
頗受歡迎，甚至阿赫瑪托娃和帕斯捷爾納克都相信宣傳裏的一些謊話。
小説《古物守護者》承認：「我同大家一樣，那時候相信每一件事，包括
那些審判在內。」不過，像曼德爾斯塔姆那樣大不敬的詩（他因此被送
去古拉格並死在那裏），我在中國還沒有找到。[54]

　　那個中國革命的締造者暨掘墓人去世之後，中國作家的「感時憂國
精神」[55]發展到另一個方向，與帕斯捷爾納克、索爾仁尼琴和格羅斯曼
等人的想法很不一樣，儘管他們終於得到解放的感覺是相同的。1978
至1980年，中國人感覺回到了蘇聯的1956年，突然間那些被隱瞞了許
久的東西現在都可以説、可以讀了。1980年，在一場演出中，台上一
名游擊隊員站起來宣稱「我是共產黨員」，引起觀眾諷刺的笑聲。這齣
戲在1950年代演出時，看得出神的觀眾的反應卻是寂靜無聲。林培瑞
認為相對於1949年的第一次解放，這算是第二次解放。不過，對1956
年的蘇聯來説，沒有人會把解除斯大林－日丹諾夫的桎梏視為第二次
解放。他們會認為，第一次解放是在1917年2月，不是10月。

　　與蘇聯相比，中國的解凍開始時並沒有引起太多注意。盧新華的
《傷痕》（1978）首先揭露了一向不准談論的事。可是，該作品並不算成
熟，過於誇張煽情，無法與愛倫堡的《解凍》相比擬。然而，《傷痕》成
為後毛澤東時代傷痕文學潮流的濫觴，描述文革十年、甚至自反右運動
開始的十年造成的身心創傷。傷痕文學對毛澤東體制的譴責，其實繼
續了毛澤東時代以來對日本侵略者暴行的控訴，也繼續了毛澤東時代關
於英雄事跡的歌頌。接着出現的關於鄧小平推動改革的改革文學並無
新意，以劉賓雁為代表的報告文學也是如此。劉賓雁揭露中共黨內腐
敗，就像前一個世代的莫斯科作家，目的是要消除社會中的黑暗現象。
他仍然相信鄧小平時代的歷史性的樂觀主義，糾正錯誤，為建設一個平
等的現代社會而努力。[56]

　　1980年代前五年的文學作品被稱為新時代的文學，雖然比前30年
的文學多了一些批判性和説服力，但仍然認可新時代的改革，並繼續了

個重要的傳統，認為應該保持中國自二十世紀初以來政治與文學之間的聯繫。對大多數中國作家來說，從五四運動到延安到毛澤東治下的中國，文學與民族復興是密不可分的，前者必須為後者服務。到了1980年代的後五年，新一代的作家終於否定了這種聯繫和文學創作的外在功能。他們最好的作品顯然突破後毛澤東時代初期的作品，超越了1949年以來的任何作品，許多批評家甚至認為，超過了五四運動以來的最佳文學作品。[57] 而且，這些作家也捨棄了蘇聯作家在赫魯曉夫解凍時期的道路，更不用說勃列日涅夫時期的異議分子的道路。

關於毛澤東體制、大躍進和文化大革命，當然值得出一個像莎士比亞、托爾斯泰或陀思妥耶夫斯基那樣的作家，至少是像格羅斯曼那樣的作家。要真正了解披着共產黨外衣的極權主義，要了解二十世紀，我們要永遠感謝俄國人，但至今為止還不會感謝儘管經歷了同樣苦難的中國人。[58] 赫魯曉夫報告在中國產生的影響，不能與蘇聯或東歐相比。因為赫魯曉夫所揭露的事情雖然只是部分，並不完整，但這些事破壞了共產體制的核心意識形態。中國人持懷疑態度，會不會是擔心這樣的揭露會動搖共產黨的基礎？許多知識分子都不是真心信仰馬列主義，只是表面附和以求生存。俄國人當然也要這樣做，大家有目共睹。如果是我們生活在極權統治下，也只能人云亦云。可是，俄國人與中國人相比，他們給人的印象似乎是他們受到的影響更深遠。文學評論家劉再復1986年發表了《文學與懺悔意識》一文，認為中國文化缺乏宗教意義上的罪和懺悔意識，而這是了解文革式的道德危機所必需的。另一位作者寫道：「四個人（四人幫）怎麼能夠操縱指使八億人民？」，這八億人是不是也有責任。[59] 享譽半個世紀的老作家巴金在《隨想錄》中問道：「全國億萬人如何能夠在迷信和崇拜的氣氛中參加這場大動亂？」巴金並沒有寬恕自己，認為他跟其他應該負責的人一樣要承擔責任。他對自己的缺乏勇氣感到慚愧，在沈從文遭到批判時沒有站出來為他辯護。但是，巴金在1984年當選為作家協會主席、劉賓雁當選為副主席，就是作家們在向他們的勇氣和基本人格致敬，儘管巴金的覺悟遲了一些。

　　我批評全國人民對文革的顛倒是非和過激行為只會俯首聽命或鼓掌叫好，這並不公平，因為還有成千上萬的中國人敢於公開表示不同意見，甚至用自殺來表示不滿。[60]我還要指出，由於中國百年來受到帝國主義的欺凌，中國的知識分子和作家比俄國人覺得更有必要維護中國文化。他們認為中西文化差別很大，甚至認為俄國也是歐洲列強的一部分。我自己是歐洲人，不得不承認我更能夠體會俄國人的感受。[61]

　　中國作家的演變過程似乎比俄國的異議分子慢一些，但他們一樣感到理想破滅。他們不僅拒絕相信烏托邦，而且不相信中國儒家（孟子）和西方（所謂的資產階級和個人主義）的人道主義，甚至不相信馬克思主義會帶來毛澤東相信或聲稱相信的烏托邦。[62]在首先出現的傷痕文學階段，許多作家描寫他們身上的傷痕，敘述知識分子在雙百方針和文革時期受到的苦難。[63]從1990年代開始，寬鬆政策又出現反復，人們認識到許多知識分子既是共產政權的受害者，也是幫兇，而且他們並不是唯一的受害者，甚至不是主要的受害者。在即將進入二十一世紀時，人們越來越關注大躍進及受害的農民，而不是關注知識分子和城市居民。[64]一方面人們改變了關注對象，一方面對共產政權的態度也在轉變。對於鄧小平的現代化計劃，大家一開始是接受的。接著，大家拋棄毛澤東思想，進一步懷疑作為鄧小平計劃的基礎之歷史樂觀主義。一旦跨過了毛澤東時代，過去25年從五四運動到四個現代化的活文學便湧現出來。寫作不再是為政治服務，而作家仍然可以嘲笑歷史記載的神話，或揭露神話的災難性後果。這時候終於可以記載中國現代歷史及其人民的一連串暴力事件和悲劇了。無論是當權的革命者，還是二十世紀中國作家自詡的天職以及他們的感時憂國精神，都只能令人苦笑。扎米亞京的作品早在列寧還活着時已經問世，不過中國的反烏托邦時代總有一天也會到來。[65]

　　美國漢學家金介甫（Jeffrey C. Kinkley）專門研究當代中國的反烏托邦小說家，而這些小說家的主要靈感來源卻不是扎米亞京，也不是赫胥黎或奧威爾。[66]他們引述的是加布里埃爾‧加西亞‧馬爾克斯（Gabriel Garcia Marquez）或霍布斯（Hobbes）：人與人之間是像狼一樣的關係，他

的原始本能就是要打架和暴力，沒有任何政治、道德或意識形態的意義。所以，一點不奇怪，這些小說裏面人物都活得「貧窮、討厭、野蠻和短暫」。[67]這些年輕的反烏托邦作家的回憶（其中許多人算得上農村中年輕的「失落的一代」）所反映的覺醒，[68]儘管是基於共產革命的經驗，卻沒有像他們的蘇聯前輩那樣，直接明白地提到共產黨領導人或他們的作為和罪行。[69]

儘管中國當代文學沒有像後斯大林時代的蘇聯文學那樣（包括在斯大林治下鎖在書桌抽屜裏的或在外國出版的文稿），讓我們感受到極權主義的影響，但的確讓我們了解到極權主義的典型效果，那就是毛澤東體制和文化大革命造成了多大的精神創傷。這種精神創傷不僅切斷了前衛文學與革命政權及其理想的聯繫，而且切斷了與中國現代文學最根深蒂固的理想的聯繫。

第八章

古拉格與勞改營

　　我對於蘇聯的古拉格了解多一些，對於中國的勞改營所知有限。中國人自己似乎也不太知道他們的勞改營的詳細情況。由於索爾仁尼琴等一些人的努力，使得外界對古拉格監獄生活(或倖存)情況的了解，比對勞改營多得多。[1]奧斯威辛集中營舉世皆知，但一百個西方人中有沒有一個人聽說過科雷馬 (Kolyma)？而聽說過夾邊溝的人，一萬個人中恐怕找不到一個(我故意選了夾邊溝，因為該書已經譯成法文，還拍了電影)。[2]

　　然而，古拉格和勞改營的確有可以比較之處。它們存在的時間不僅比納粹的集中營長得多，而且中國的勞改營到現在依然存在。關在古拉格的囚犯人數，[3]在 1938 至 1953 年期間平均為 150 萬至 200 萬，中國的囚犯人數在 1952 至 1977 年期間將近 1,000 萬。這兩個數字其實不能比較，因為當中並不包括囚犯的流動情況，而蘇聯的流動率非常高。1943 年，被古拉格囚禁過的人數是 2,421,000，比官方在 1943 年 1 月 1 日公布的囚犯人數 1,484,000 幾乎多了 100 萬人。主要原因在於許多囚犯被動員去參加了紅軍，而且囚犯在該年的死亡率是 22%。1929 至1955 年，將近 2,000 萬男女被送進古拉格或監獄，大約 600 萬人被流放到偏遠的極北地區、西伯利亞、哈薩克斯坦或距離近一點的烏拉爾地區。[4]勞改的人數比較穩定，每年關進和(因為死亡或釋放)離開勞改營的人數比較少。關進勞改營和監獄的囚犯佔總人口的百分比在 1952 年高達 1.75%，到 1977 年下降到 1.05%。[5]每年關進古拉格的囚犯所佔百分比很少高於上述比例，但由於每年古拉格的新囚犯所佔比例比較高，

所以被關進古拉格的蘇聯人的百分比要高得多。1928至1953年，每六個成年人就可能有一個人是囚犯。

古拉格的幅員比勞改營大得多；中國的勞改營面積不到1,000萬平方公里，蘇聯的古拉格約佔國土面積的六分之一。古拉格的營地和綜合體規模巨大。中國的勞改營都小於遠東地區勞改營（Dalstroy）或貝阿鐵路勞改營（BAMLAG）的營地，也小於科米共和國的古拉格。[6] 不過，新疆、青海和黑龍江的勞改營以及天津附近的清河農場，規模也不小。靠近西伯利亞邊界，鮑若望（Pasqualini）曾經在那裏開墾處女地的興凱湖農場，由九個分場組成；在鄰近的密山（Mishan）分場面積有好幾百平方公里，關押的囚犯達6萬人。中國勞改營的地理分布比蘇聯的小，數目也少得多，大約有1,000個，[7] 而蘇聯的大小營地有好幾千個，分布在476個綜合體上。不過，這裏毋須細究，因為勞改營與古拉格之間其實相似之處非常多。

古拉格是勞改營的參照體系，甚至是仿效的模型。早在1949至1950年，內務人民委員會的專家到中國來提供這方面的支援，1949至1959年擔任公安部長的羅瑞卿在1930年代初就在蘇聯住過兩年。他仔細研究了蘇聯的相關機構，對契卡（前蘇聯秘密警察組織）創始人捷爾任斯基的工作十分敬仰，後者的肖像就掛在羅瑞卿北京辦公室的牆上。中國人從蘇聯老大哥那裏學到，可以利用奴隸勞工來開發邊遠地區的荒涼土地。他們還對新的邊疆有着浪漫的情懷，像斯大林那樣，把勞改營分散在邊境的處女地，因為那裏氣候嚴寒，距離遙遠，讓人難以逃走。中國人最害怕的勞改營分布在西北和東北，蘇聯人最害怕的古拉格分布在科雷馬和沃爾庫塔（Vorkuta）。[8]

不過，中蘇的體制之間仍然有一些差別。首先，中國具有儒家的傳統，法律在體制中的作用與歐洲和俄國不同，講究禮治與法治並重。讀書人應該知書識禮，因此每個人既要崇禮，也要守法。關押犯人的目的既是懲罰，也是改造。毛澤東的體制繼承了這個改造和嚴刑重判並重的歷代皇朝傳統，但也是學自蘇聯的模式。[9] 其次，勞改營建立的速度很快，不僅是學習了蘇聯榜樣，也因為1930年代在江西蘇維埃時

期已經積累了豐富的經驗，隨後幾十年在華北抗日根據地又繼續發展鞏固。蘇聯的第一個集中營則是匆促設立的臨時機構，經過許多年之後才在混亂中建立古拉格體制。[10] 1923 年，索洛韋茨基群島 (Solovetsky Islands) 上的集中營與 1930 和 1940 年代的集中營相比算得上是天堂了。甚至在大轉彎之後，囚犯在 1930/1931 年的集中營受到的苦難也比在大饑荒、大清洗或戰爭中受到的苦難少。在饑荒和清洗之間的 1934 至 1936 年期間，囚犯的待遇相對來說是比較好的。囚犯們是事後才知道這種情況，他們就像那個關在蘇聯「普通」集中營的德裔猶太年輕人，竟然懷念戰前納粹集中營的生活。[11]

中國並不需要等待甚麼大轉彎出現。從 1952 年開始，中國開始建立勞改營，而且數目日益增加。1959 年，大約有 200 萬人受到勞改，特別是勞教，包括 1957 年以後的右派分子。大躍進和文革使得勞改營的體制比較鬆動。1958 年以後，新囚犯的人數已經少於勞改營中餓死的囚犯人數。蘇聯也是一樣，斯大林的大轉彎和大恐怖時期也打亂了古拉格體制，但是為古拉格提供了更多勞工。貝利亞(Beria)所謂的「改革」是企圖在古拉格建立「新秩序」。中蘇兩國在加強鎮壓方面還有一個共同的特點，就是把服刑完畢的囚犯再次關押。當權者為了完成他們的配額，在他們的眼裏，任何人一旦成為「人民公敵」，就永遠是個替罪羊。[12]

前面提到，兩個體制還有一個不同之處。中國除了勞改之外，還有勞教。勞教懲罰的罪行比較輕，不需要經過法律程序。勞教可以由行政機關或警察局決定，期限不定，一般不超過三年；這個期限在毛澤東統治時期不一定遵守。著名的勞教倖存者吳弘達被判勞教三年，卻在勞改營整整關了 19 年，一點不比勞改輕。他在 1961 年被判勞教，但到 1965 年還沒有被釋放，便夥同兩個同獄犯人給毛澤東寫信，要求說明被判接受再教育的右派分子甚麼時候可以獲釋。結果當然在意料之中，他被單獨關進禁閉室八天，差一點被折磨死掉。勞改營和勞教營之間的差別越來越少，兩者往往就是鄰居，甚至就在同一個營地內。生活條件一樣艱苦，配糧也一樣。不過，勞教犯一般來說可以領到極

少的工資，偶爾還可以休個短假。但是，一些囚犯還是比較喜歡勞
改，因為勞教多半要到田裏勞動，農活兒比多數手工業或工廠的勞動
累，而且刑期可能無限期延長。除了勞教，還有各種外圍的囚禁場
所，包括擁擠不堪的收容所、文革時各地私設的「牛棚」、把知識分子
和城市幹部送到鄉下向貧下中農學習的「五七幹校」。[13]與斯大林統治時
的措施相比，這些新生事物只是形式不同，實質上並無差別，因為「三
結合領導班子」的隨意決定不會比警察或當地幹部的無理命令更好。

犯人分類

從阿爾漢格爾斯克（Arkhangelsk，蘇聯西北部港市）到廣州，大多數
政治犯都是「階級敵人」、「人民公敵」、「反革命」或「右派分子」，他們
與少年犯和普通刑事犯的差別在於，他們是因為其身份而被判刑，不是
因為他們的行為而被判刑。[14]

古拉格或勞改營中的政治犯的社會背景各不相同。在蘇聯，早期
的犯人很可能是精英分子或以前的城市精英分子，例如以前的白軍軍
官、沙皇的官員和貴族、孟什維克或社會革命黨激進分子、沙赫特「破
壞者」（工程師和技術員）或「工業黨」的破壞者、托洛茨基分子以及第
58條廣義解釋下的其他反革命分子。不過，1930年之後，由於富農大
批入獄，監獄或勞改營中的犯人絕大多數都是農民。中國的勞改營不
同，城市精英分子比農村精英分子（前地主）多得多，地主坐牢的人數
又比農民多。在中國，1955年下半年合作化的速度比蘇聯快，殘暴程
度也少一些。因此，反抗的人數和被判勞改的人也少些。1950至1952
年的土改其實是政府發動和領導的農村革命，已經消滅了地主。超過
100萬地主被處決，1,290,000人被送進監獄或勞改營。因此，中國的勞
改營中農民很少。蘇聯的古拉格中農民很多，當中其實很多是中農，
他們因為拒絕加入集體農場，或在當地蘇維埃要湊足規定指標的情況
下，而被劃為富農。

　　農民在蘇聯的刑事犯中所佔的比例也高於中國，其中一個原因是許多人違反了著名的1932年8月7日《小穗法》（見第四和第五章）。那些因為偷拾麥穗而被判刑十年送進古拉格的人往往是青少年或母親。在中國勞改營的罪犯也是一樣，他們是因為吃不飽而偷竊的人，[15]或是因為父母親進了勞改營、農場或五七幹校而無人照顧的孩子。中國在中共建政後的最初幾年，尤其是在大躍進之前，勞改營中普通刑事犯所佔比例大約只有20%。他們的待遇與別的罪犯一樣，因為政府認為，任何輕微的罪行，從偷個雞蛋到不小心撕破報紙上毛主席的相片，都具有政治含義。列寧對如何懲罰普通罪犯存在着矛盾心理，認為他們有可能是共產黨的盟友（中國則完全沒有這樣的考慮）。一旦消除了沙皇統治下的社會剝削因素，普通犯罪就不再有理由存在，應該從此消失。1930年代的大部分時間，犯人犯下「社會正確」的輕微罪行繼續被認為是可能「改正的」。如果改正不了，也可以拿他們作為榜樣，用來控制和威懾「反革命分子」和其他「為害社會的」政治犯。中國的勞改營在全面實施時，並沒有實行這樣的區分，因此黑道流氓可以對同獄犯人欺侮霸凌。這是基於所有犯罪首先都被認為具有政治性質；其次，因犯如果膽敢違反規定，無論是金茲堡（Eugenia Ginzburg）所說的私通，[16]還是賭博，立刻會被看守和管理當局視為「不可救藥」，罪加一等，儘管共產黨的初衷是要治病救人。

　　一直到1970年代，文革造成一片混亂，勞改營中普通罪犯的人數開始增多，[17]他們自認社會出身比較好，開始對政治犯頤指氣使。1990年代初，詩人廖亦武往往是牢房中唯一的政治犯。牢房的室長經常由刑事犯擔任，他在管理人員的默許下，挖空心思想出各種殘忍的虐待辦法，由他的手下執行。根據廖亦武描述的「酷刑菜單」，其中一種是把犯人倒吊在馬桶上方，一次次放下繩索迫使犯人去吃屎。廖亦武能夠維持超然的態度，描述一些罪犯服刑完畢後擔任勞改管理員助手，對他施虐的情況。這些人對政治犯為所欲為，任意侵擾、掠奪和酷刑。不過，在毛澤東思想掛帥時期，勞改營聲稱的目的是改造思想，所以這種情況似乎並不普遍。

　　我也忘不了那幾百個9歲到17歲的少年犯，他們算不上罪犯，但調
皮搗蛋，不聽管教，就像鮑若望說的是最討人厭的小混蛋，也是索爾仁
尼琴和金茲堡害怕在古拉格裏面遇到的人。還有吳弘達為了求生，不
得不與同監的兩個犯人打架。幫他忙的是一個不識字的農民邢大嘴。
邢大嘴才20歲，因為在大躍進時偷東西換糧食吃被關進勞改營。他告
訴吳弘達：「在這裏有力氣的說了算，聰明不管用，你只能靠自己。」吳
弘達學會了求生之道，甚至把別人找到的蘿蔔搶來吃掉，還一拳把那人
打倒。這時候不禁令人想起蘇聯作家沙拉莫夫 (Shalamov) 的警句：「在
討論時，拳頭和棍棒才能發言……有力就有理；……知識分子膽小怕
事，他的腦袋告訴他不要惹事；……他珍視的東西變成垃圾，文明和
文化瞬間消逝；……勞改營教會你否定人生；……犯人學會討厭工
作；……他學會奉承說謊，卑鄙做人；……變得自私自利；……他的
興趣越來越下流粗鄙。道德標準蕩然不存。」[18]

　　古拉格與勞改營之間在人口組成方面也有重大差別：古拉格在1930
年代末有許多外國人，到第二次世界大戰時外國人更多；中國的勞改營
很少外國人。除了1950年代初的日本戰犯，還有逃出北朝鮮的朝鮮人、
西方傳教士、像里索夫 (Constantin Rissov) 這樣的白俄或中法混血兒鮑若
望。經過一段時間，外國人越來越少，一直到文化大革命時才又有一些
「外國朋友」被關進監獄，例如毛派狂熱分子李敦白 (Sidney Rittenberg)。[19]
中國不像蘇聯，沒有受到像納粹德國那樣的威脅，生活在中國的外國人
極少；西藏、維吾爾、蒙古等少數民族在總人口中只佔6% (現在大約
8%)。蘇聯人口中少數民族的百分比要大得多。成千上萬的藏人死在勞
改營裏，或者因為無法適應食物和氣候而死去，這固然是個悲劇，但在
中國人口中只不過滄海一粟。中國勞改營的幹部從來沒有像蘇聯那樣，
要應付《德蘇互不侵犯條約》簽訂之後被迫離開家鄉的大批立陶宛人、西
烏克蘭人或波蘭人群起抵抗。更悲慘的還有伏爾加的德國人或車臣人被
迫遷移，有78,000人在途中死亡，半個世紀後他們又被繼承蘇聯的國家
屠殺。從朝鮮人到摩爾多瓦人，少數民族在蘇聯的悲慘命運真是罄竹難
書。在斯大林治下，甚至給波蘭人寫封信都會被懷疑。中共政府對外國

訪客或從國外回來的人其不信任程度也不遑多讓。我只能說，外國人對中國產生的威脅沒有像蘇聯感到的那樣嚴重，所以中國不覺得有必要把那麼多外國人關起來。

除了古拉格內外國人和農民的比例比較多，古拉格與勞改營在其他方面的差別不大，而且因時間而異。古拉格的婦女比例似乎多一些，但我關於勞改營的估計不一定正確：在毛澤東治下的女囚犯比例是5%，到1990年代是2%。關於古拉格的比例也不見得可靠，差異很大，女囚犯的比例在戰前估計從6%到15%不等，隨後幾年有所增加。根據1991年以來公布的官方統計數據，1934到1941年，女囚犯的比例從5.9%到8.4%不等。戰爭期間女囚犯的比例增加，是因為大批男囚犯被送去前線，同時差不多同樣數目的女囚犯因為在工廠曠工而被關進古拉格。儘管如此，是不是真如一份認真的研究所說，女囚犯的比例在1945年真的高達30%？[20]把「人民公敵的妻子」抓起來，只有蘇聯才採取這樣的做法。把服刑完畢的工人和囚犯留營就業，則是中蘇兩國都使用的辦法。古拉格常常使用這種辦法，但勞改營使用得更多，因此囚犯雖然獲釋，卻每天仍然回到原來關押的地方就業。[21]大多數犯人服刑完畢都不得不成為「二勞改」，勞改營裏面的人說：「勞改和勞教有期限，就業沒有期限。」吳弘達服滿九年半的刑期之後，又在公安局管理的山西王莊煤礦就業了九年半。西藏婦女阿媽阿德（Ama Adhe Tapontsang）於1958年被捕，以「反革命叛亂」罪判刑16年，從1974到1985年又被強制勞動11年，在監獄的時間幾乎與南非革命家曼德拉（Mandela）和法國政治活動家布朗基（Blanqui）一樣長。

從逮捕到入營

勞改營裏面主要是男囚犯，城市居民的比例較農村居民多，古拉格的情況卻複雜得多，因為蘇聯內務人民委員會在1937至1938年到處肆意抓人，[22]而中國公安的逮捕就比較慎重一些。[23]不過，從半夜敲門、

判刑到強迫勞動，兩個政權的做法基本相同，因為中國主要是模仿蘇聯。犯人只要進了古拉格或勞改營，不管是北極圈或熱帶地區，就成為數百萬奴工的一部分，一樣勞動、挨餓、受苦受難。

方框 6

中國的慣犯，斯大林的天羅地網

首先，下面三個故事可以說明，為甚麼我認為中國公安的逮捕犯人過程比較慎重，與阿赫瑪托娃所說的「莫須有」罪名恰好相反（見腳註 22）。

林昭在青少年時逃離家庭，1949 年 7 月考入蘇南新聞專科學校。她熱烈參加革命，擁護共產黨，畢業後隨蘇南農村工作團參加蘇南農村土改工作，當時她甚至也認為地主該死。1954 年，林昭考入北京大學中文系新聞專業。1957 年，林昭在反右運動中因公開支持「右派」同學的大字報，成為北京大學的第一批右派分子。其後由於學校領導憐憫其體弱多病，冒險為之說情，林昭得以留在新聞專業資料室接受群眾「監督改造」；1960 年獲准回上海休養。她開始批評毛澤東的政策，並寫信為彭德懷辯護。1965 年 5 月 31 日開庭審判，林昭被判有期徒刑 20 年。文化大革命爆發後，在中央的直接批示和干預之下，林昭被列為應該處決的反革命分子。1968 年 4 月 29 日，林昭接到被上海市高級人民法院改判死刑的判決書後，隨即被綁赴上海龍華機場執行槍決，終年 36 歲。5 月 1 日，公安人員來到林昭母親家，索取五分錢子彈費。

王申酉是華東師範大學物理系學生。他在 1966 年 6 月的日記中寫道：「文革這場動亂，將使國家倒退至少十年！」因此被造反派打成反動學生，隨後入獄兩年。1968 年出獄，學校不給他分配工作，留校監督勞動。1976 年，王申酉因為給女友

寫信批評毛澤東（就像索爾仁尼琴在 1945 年批評斯大林的策略），再次被捕。他堅決不願悔改，1977 年 4 月中旬，被押赴盧灣區體育館參加公審大會，判處死刑，立即押赴刑場槍決，年僅 31 歲！

這兩個「無可救藥的人」被判死刑，儘管毛澤東一再強調要治病救人。還有許多其他的人「僅僅」被判勞改，例如上海徐匯區的天主教神父蔡忠賢。他在 1953 年第一次被捕，原因是他拒絕與教宗切斷關係。他在 1956 年獲釋，仍然拒絕鼓勵信徒參加天主教愛國組織。他被控以反革命罪，判處徒刑 15 年，並於 1969 年被送往勞改營，服滿剩餘的刑期。但由於他違規會晤另一位上海神父，再被判刑 10 年。他在 1988 年獲釋後前往美國，1999 年去世，共計在勞改營服刑 33 年。

在蘇聯方面，我舉出兩個從古拉格倖存或被放逐的歐洲人。博丹（Jan Bohdan）出生於喀爾巴阡俄羅斯，該地原屬捷克，1939 年 3 月被匈牙利攻佔。他嚮往蘇聯「繁榮和反法西斯國家」的宣傳，18 歲時偷渡到蘇聯，期望與匈牙利作戰。他立即遭到逮捕，而邊防人員和內務人民委員會並不相信他的話。他被判刑三年，關進古拉格，服刑到第 39 個月才獲釋，因為根據 1943 年的判決，准許 18 到 52 歲的捷克人加入紅軍。他在古拉格裏面繞了一大圈，才實現了原來的願望。

西爾維亞．利納特（Silvia Linarte）在 1940 年被趕出拉脫維亞時還不到兩歲，拉脫維亞剛在 1939 年被併入蘇聯。她的父母親都是教師，父親是一個天主教組織的領導人，因此在 1941 年被關進古拉格，很快就死在那裏。他們全家在離開時只給他們 25 分鐘收拾行李。西爾維亞僅 11 個月大的小妹妹死在途中。一家人抵達西伯利亞時，勞動市場正在形成。當教師的母親帶着三個女兒（分別是 9 歲、6 歲和兩歲）被分配到一個偏遠的集體農莊。西爾維亞關於童年的回憶不是拉脫維亞，而是針葉林、酷寒和狼群。1946 年，根據讓失去父親或母親的子女回返

家鄉的規定，她們獲准回到拉脫維亞。然而，1950年再開始大
批放逐，她們又回到西伯利亞。這批拉脫維亞人一直到1955至
1956年才終於回到家鄉。西爾維亞是第一批受惠的人，但她的
母親這時已死在克拉斯諾雅斯克（Krasnoyarsk），她自己也終
身披着罪犯女兒和被放逐者的污名。

資料來源：關於中國，見Kempton and Richardson, 2009, pp. 87, 91,
96；關於林昭，見Wang, Youqin, 2007, p. 76; Dikötter, 2013,
p. 180; Mühlbahn, 2000, p. 273; 重點：Pan, 2008, pp. 24–78.
蘇聯：Mayer, 2012; Denis, 2012.

　　1937至1938年，莫斯科流傳一則笑話：一對夫婦半夜被急促的敲門
聲驚醒，聽到外面在喊大樓失火了，才終於鬆了一口氣。許多人都事先
做好被捕的準備，在床下放着一個包袱，若內務人民委員會上門抓人便
派上用場。不幸的是，因為不知道會被送去哪裏，萬一被放逐到極北地
區，他們帶的冬衣總是不夠用。金茲堡是在白天被捕，但來人告訴她：
「請你去談話40分鐘，頂多一個小時」。她於是告訴兒子儘管出去溜冰，
就這樣失去了跟子女道別的機會。在中國，賴穎（Lai Ying）也是在大白天
被捕，她從廣州坐火車回香港，火車突然停下來，她被推下火車，立即
用汽車送回廣州。卜寧（Bu Ning）的案例比較典型。他在半夜被敲門聲吵
醒，進來八個警察翻箱倒櫃。他們搜查不需要甚麼搜查證，給他戴上手
銬就帶走了。卜寧的家人好幾個星期之後才打聽到他被拘留的地方。在
蘇聯，家屬、鄰居和同事碰到這種事都盡量躲開。在中國，政府當局往
往還要求妻子離婚，以免妻子的工作和子女的前途受到影響。[24]
　　中國的收容所要比蘇聯的擁擠，情況更糟，審問過程也更嚴厲。
犯人受審時坐在地上，或坐在小板凳上，審訊者高坐台上；這種具象徵
意義的羞辱是使嫌疑犯感到畏懼的第一步。兩個國家的審訊都只有兩
個目的：一是要被告坦白交代，二是要被告告發其他嫌疑犯。這是個
奇特的司法程序，坦白交代具有關鍵作用，實質證據並不重要。在蘇

聯尤其如此，捏造證據更為普遍。在中國，頂審法官往往針對被告，舉出確切的事實和細節。[25]兩個專制政權採取的原則相似。蘇聯是：囚犯只要合作就受到優待；中國是：坦白從寬，抗拒從嚴。如果犯人不肯坦白，刑罰對他也沒有效，就可能使用讓他不能睡覺的手法。審訊幾乎都是在晚上進行，可能整晚連續審訊好幾次。犯人回到監房必須站着，不准睡覺，用強光照射眼睛。大多數被告最後都只好坦白，後悔沒有早點屈服。拒絕交代只不過延長了審訊的時間。幾乎每一個人都被判重刑，但拒絕坦白的人判得更重。

波蘭籍猶太人馬爾戈林（Julius Margolin）因為是外國人，不了解這個道理（後來進了集中營才深深體會到）——在內務人民委員會面前，越辯護抗拒越糟糕。他當時一直抗拒：「我那時候不了解，真正的審問已經過去了，判決已經做出。我們都被判刑三到五年。如果我沒有拒絕承認，可能判刑三年，而不是五年。」不過，馬爾戈林的想法不一定對。他會說好幾種語言，又是猶太復國主義者和哲學博士，這些都會成為讓他受到特殊待遇的理由。

還有人希望在坦白交代之後，可以盡快受審和判刑，然後送去勞改營。特別是在中國，許多人認為這樣可以得到解脫，以免在審訊之後一次又一次地寫自白書，卻還被認為不夠老實或不夠詳細。犯人越來越受不了被關在窄小的監房裏面，渴望能夠呼吸到新鮮空氣。這種幻想很快就會消失。不過勞改營至少還有一個好處，那就是大家知道監房小組組長或隊長必須打小報告（在中國是每天都要），對他們不會過於害怕，更害怕的是那些背後告密的人。差不多每個監房都有一個告密者。這些人遲早都會暴露身份，[26]不過，監獄裏彼此並不認識，所以大家都不得不隨時隨地小心提防。

在中蘇兩國，審判幾乎從來與是否公正無關。在蘇聯，地方法官偶爾會減輕刑期，甚至撤銷莫須有的指控，但從1937年夏季開始，這種情況不再發生。在大規模逮捕中被帶走的人大多數只在特別法庭上出現幾分鐘，便由分別代表內務人民委員會、檢察官和共產黨的三人法官判決。其他人甚至連法庭都沒有去，就缺席判決，而且不通知本

人，包括「死刑」在內。三人法官的判決通常是由上級法庭先行閉門決定。這裏應該提到一個上級法庭的法官愛德華・薩林（Edward Salyn），他是鄂木斯克州內務人民委員會的負責人。1937年7月，他在斯大林和葉佐夫（Yezhov）召開的會議上發言，認為本地區沒有多少托洛茨基分子和人民公敵，不需要發動鎮壓行動，而且事先決定逮捕和處決人數也極不合理。他立刻遭到逮捕、判決和槍斃，淪為那些人當中的一員。

中國沒有三人法官制度，但結果一樣。法官沒有獨立於共產黨之外，都是先判後審，判決由上級事先決定。律師亦缺乏獨立地位，與法官一樣。廖亦武的律師勸他與政府合作，承認罪行。鮑若望的律師寫的辯護詞只有兩句話：「被告自願承認犯罪。因此不需要任何辯護。」鮑若望的確寫了自我認罪的供詞，他認為那些上訴的人真是太天真了。他們還沒有認識到，上訴就是表示他們還沒有改造好！所以法官就會按照毛主席「懲前毖後，治病救人」的教導，很快加重判刑。[27]這種辦法適用於被判勞改的人。但是，前面已經提到，地方的警察或管理人員可以自行決定把人送去勞教，不需要任何審判。

與蘇聯相比，中國把犯人從收容所移送勞改營的過程比較短，殘酷的程度也少些；蘇聯的犯人很多死在途中，少數人活着到達目的地時已經精疲力竭。[28]移送站也是骯髒擁擠，食物難以下嚥，但是對普通刑事犯一般來說不是那麼殘暴。中國關於移送勞改營過程的描述比較少，不像蘇聯有那麼多無休無止穿越西伯利亞的令人刻骨銘心故事（金茲堡與同伴坐着貨車從雅羅斯拉夫爾〔Yaroslavl〕到海參崴走了一個月）。犯人在途中只有乾魚或鯡魚尾巴煮的鹹湯，每天只能喝一杯水。差別只是程度上的不同。韓渭田坐貨車從上海到甘肅，也是飢寒交迫，骯髒不堪，一車廂七、八十個犯人，人疊人地擠着。十天之後，轉到去西寧的火車。然後徒步三天，去100公里外的集中營修路。[29]不管是從移送站到集中營，還是從集中營到集中營，中國和蘇聯的犯人一樣，從來不知道自己要被送去哪裏。[30]

在我看來，蘇聯移送犯人去古拉格的過程比中國可怕得多，不過，等我們看到關於中國勞改營的更多資料，也許可以拿來與蘇聯方面以下

一些故事相比較。例如，在酷暑下把犯人從移送站送上船，再運往科
雷馬，不給食物，對落後者又踢又打，或視為「企圖逃跑」，當場槍殺。
或者在酷寒下用敞篷貨車把犯人從馬加丹（Magadan）送去埃爾根
（Elgen）。大清洗之後，犯人人數大增，管理當局決定讓犯人徒步從馬
加丹走去北方的金礦。這段路長達500公里，出發時有500人，到達時
剩下30至40人，其他人都在路上凍死、餓死或被槍殺。[31]

　　1939年，一艘運載犯人的船在北海道海岸觸礁，雖然很容易要求
附近的外國船隻營救，卻決定毫不聲張，讓船上逾1,000名犯人淹死；
因為運送犯人的事絕對不准公布。中國大躍進餓死人的事也是絕頂機
密，洩露之後會使國家丟臉。1957至1961年，夾邊溝勞改營大約囚禁
了3,000名右派分子，最後釋放時剩下約500名倖存者。一名醫師被迫
多留了六個月，負責把餓死者的檔案都改為病死，例如心臟衰竭、肝硬
化、痢疾、胃癌等等。[32]

古拉格和勞改營

　　兩個國家的集中營的管理方法和改造犯人手段極為相似，因為中國
公安大量借鑑了內務人民委員會的制度。為了節省人事開支，而且由
於管理人員短缺，許多工作包括監管任務在內，都由犯人擔任。犯人
按照軍隊編制編成分隊和中隊，由熟悉管理工作的犯人擔任組長、分隊
長或中隊長。在蘇聯方面，這些人原來是白軍或契卡（前蘇聯秘密警察
組織），因為違規或犯罪而被送去索洛韋茨基（Solovki）古拉格；在中國
方面，這些人原來是國民黨軍官或日本間諜。小組組長、分隊長以及
中隊長享有一些小小特權，讓他們有權分配工作，負責完成規定的指
標。一些殘暴的組長動輒舉報組員的錯誤。中國在1950年代時，這種
情況或許少些，通常是由積極分子或告密者幹這種事。[33]

　　犯人在古拉格或勞改營必須完成的勞動指標很重，即使健康、熟練
的人都很吃力。[34]對於不擅長體力勞動的知識分子和城市居民來說，尤

其在營養不良和環境惡劣的情況下，這幾乎是不可能完成的任務，很快
造成犯人死亡。

饑寒交迫和精疲力竭

「我對勞改改造的感覺是甚麼？就一個字：餓。」[35]古拉格和勞改營
的倖存者在這一點上完全一樣。管理人員按照每天完成的勞動指標分
配口糧。古拉格犯人的口糧按照工作的難易和犯人完成指標的程度，
分為四等：加強、工作、基本和懲罰。金茲堡和她的獄友加利亞
(Galya)第一天只完成指標的18%，就只能餓肚子。她們以後學會了用
欺騙的方法求生，因為科雷馬的看守相當懶惰。中國1950年代的看守
就不那麼容易受騙。[36]勞改營的制度與古拉格一樣，[37]只是口糧更少(北
京地區每月定量是13.5至22.5公斤由玉米和高粱混合的雜糧)，不過普
通中國人吃的也比蘇聯人少。中國犯人在監獄中體重下跌的速度比外
國人慢，例如Pollio神父在六個月內下跌了30公斤，巴斯克斯(Vasquez)
牧師在監獄18個月，體重掉了34公斤(從72跌到38公斤)。張賢亮出
身富裕家庭，所以比較像西方人，在勞改營三年後體重掉到44公斤。
他每次挑的泥土比他的體重還重，但他寧願挑土。[38]

科雷馬的每一個礦工和伐木工最在意、最嚮往、最珍惜的就是每天
分到的麵包，甚至死了之後還要遺贈給別人。當然，要能夠遺贈，就
必須盡量隱瞞立遺囑人的死訊，以便繼續收到他的口糧。死者的屍體
被放在雙層床的上鋪，點名時由兩個獄友在兩邊扶他坐起來，代替他回
答問題。[39]關於勞改營和勞教營的飢餓情況更是慘不堪言，尤其是在
1960和1961年的大躍進饑荒時期。1961年5月，一個犯人收到通知
說，他被判刑三年，卻毫無感覺：「我根本顧不到三年以後的事，只想
到下一頓的窩頭。……我不知道是不是能夠活到下個月。」[40]他後來能
夠恢復體力，是因為學會了到田裏去找東西吃，比如說，大白菜的菜
根、凍土裏面沒有長熟的胡蘿蔔。一個胡蘿蔔只挖出土一半，他就趴
在地上啃起來。此外，他還有過兩次重要發現。第一次，他用洋鎬和

鐵鍬在田埂上挖到了六尺深的田鼠窩。窩裏差不多有兩斤玉米、兩斤黃豆和一斤多稻穀。還有一次更有營養價值的發現：一窩冬眠的蛇，大約十二、三條纏在一起。他把一條條冬眠中的蛇拿在手裏，一口咬掉了蛇頭，蛇肉煮了吃掉。他身邊放着一把鐵鍬，警告人家不要來搶。其他不夠機靈或身體太弱拿不動鐵鍬的犯人，只能吃牙膏來充飢。這樣不久就會腿部浮腫，逐漸蔓延到腰部，最後倒在廁所裏。痢疾和一點點皮膚傷口引起的破傷風也會使身體衰弱的犯人一命嗚呼。

1960年1月，戈壁沙漠兩個勞改營的口糧進一步削減。犯人們不再需要出工，可以自己到田野裏去找田鼠、昆蟲和野菜充飢。有人去扒馬糞找裏面沒有消化掉的豆子。有些犯人喜歡去裝卸土豆，但偷吃土豆太多之後往往腹痛如絞，甚至有一個人死掉。另外一個人獲得釋放之後，管理幹部請他大吃一頓慶祝，竟然因此脹死。從屍體上挖肉吃的事常有發生。一個泌尿科醫師被劃為右派分子，妻子從上海到戈壁沙漠的勞改營來看他，卻不知道他在九天前去世了。大家想盡辦法，不讓她看到丈夫的遺體，因為屍體的屁股和大小腿上的肉都被人割走了。[41]

在古拉格，即使在沒有饑荒時飢餓也很嚴重。古拉格的犯人有無數致死的原因，包括工傷事故、疾病（治療無效或沒有治療）、傳染病一再蔓延、以及嚴寒和毫不費力的自殺（任何人走到圍欄外面的「死亡區」就立即射殺），但死於飢餓的人最多。飢餓的折磨剝奪了人的最後一絲尊嚴，他們滿目凶光在廚房附近徘徊，舔吸掉在地上羹湯，圍在垃圾溝邊尋找丟棄的菜葉；魚頭、魚骨或蔬果皮都成為搶奪的目標。垂死的人最害怕的卻是，如果在排隊點名時突然倒在地上，馬上就會湧上一些禿鷹似的獄友，剝下他的外套，讓他在沒有餓死之前就已經凍死。[42]

西伯利亞的冬天，裸手碰到金屬會掉皮，睡覺時頭髮會凍結在床上。天寒地凍不是俄國人的錯，但他們沒有任何措施來減輕痛苦或減少死亡。唯一採取的常識性（不是人道主義）措施是氣溫降到攝氏零下50度時犯人不用去林場或礦場出工。但是古拉格的管理幹部卻不斷讓犯人在空地上排隊點名。犯人沒有禦寒的衣褲，營房沒有暖氣，「床上沒有床墊，牆壁到處裂縫，犯人睡在雪堆裏，蓋着破布，穿着破鞋，沒

有手套。」[43] 以上是一個看守在巡視古拉格後給自己留下的記錄，卻不敢讓管理當局知道。

這裏沒有同情憐憫。古拉格與1950年代的勞改營比較，看守的暴行似乎更普遍，勞動強度也更大。古拉格的犯人比較喜歡去農場勞動或養牛，認為那是比較清閒的工作。勞改營的犯人卻討厭農場工作，儘管氣候沒有那麼寒冷。古拉格的其他勞動，比如採石、築路、蓋房、挖礦和各種工廠，都使用極為簡單的工具，但比到針葉林伐木或到科雷馬挖礦要輕鬆一些。勞改營的營房當然不會比古拉格的暖和，而且黑龍江、青海和新疆的氣候也非常冷（攝氏零下30度）。青海和新疆的大型勞改營地處沙漠之中，犯人無處可逃，所以很少排隊點名。像賴穎所在的新生活聯合企業，雖然氣候沒那麼冷，排隊點名比較頻繁，也比不上在舒霍夫（Shukhov）古拉格一天的點名次數。[44]

古拉格與勞改營的差別其實不重要，重要是其特有的共同點——寢食難安、刻骨銘心的飢餓。勞改營裏經常為了搶奪糧食、金錢、香煙或任何能夠充飢的東西打架。張賢亮看得很清楚：「不是勞改讓人失去人性，是飢餓。」他舉出一個犯人的故事：這個犯人把妻子和年幼女兒長途跋涉帶來的食物一口氣吃光，又當着她們的面用鐮刀割開血管自殺。他的一些獄友認為，這是因為他突然想起妻子和孩子都還餓着肚子。[45]

醫療衛生、擁擠不堪和死亡

可能因為氣候不同以及勞動強度稍微輕一些，勞改營死亡的人數似乎略低於古拉格—— 1949至1952年與1959至1961年大躍進時期可能例外。張賢亮估計，大躍進時期，他所在的勞改營犯人大約死了三分之一。除了最糟糕的那幾年，從1950年代中期到1970年代，勞改營的年死亡率可能從3.5%下降到2%。我們對死亡率所知不多，只知道在不同的時間和地點很不一樣。除了上面提到的建國初期和大躍進時期，死亡率在毛澤東去世之後大為減少，青海的勞改營在1994和1995年死亡率是0.1%，但新疆的鈾礦基地死亡率高達10%。[46]

　　古拉格的死亡率也是一樣有高有低，但因為可以看到官方統計，所以比較知道詳情。官方統計數字主要提供了醫務室或醫院的死亡人數。被看守虐待致死的人數就比較不可靠。這裏註明的死因往往是「企圖逃亡槍殺」，但沒有列入去古拉格途中或在轉運途中死亡的人數。古拉格的死亡率太高會被扣分或處罰，因此管理當局往往少報死亡人數。他們甚至把垂死的人釋放，以降低所管理古拉格的死亡率。不過，由於偽造的數字不能太少，所以總的來說還是比較可信，或者說與蘇聯國內一般使用的秘密數字一樣可靠，比蘇聯公開的數字要靠譜得多。至於勞改營的統計數字就少得多。在蘇聯，有些年份古拉格的死亡率低得離譜（1950至1953年低於1%，也低於蘇聯全國人口的死亡率）。這並不是完全不可能，因為全國人口中大多數是年輕成年人。古拉格在1979年的死亡率下降時，中國勞改營的死亡率卻在上升。不過，總的來說，古拉格在1930和1945年的死亡率似乎高於1954和1976年的勞改營，當然不能把1958至1962年時期計算在內。[47]

　　在衛生方面，勞改營比古拉格更糟。跳蚤和臭蟲幾乎在兩邊所有的集中營都無所不在，北極圈的蚊子不比熱帶地區少，骯髒污穢和擁擠不堪也是一樣。中國的犯人有時候頭對腳睡在泥地上。古拉格的情況好不到哪裏去，剛出生的嬰兒吃喝拉撒都在地上，大人有時候人疊人地睡，梅毒病人與結核病人相鄰而臥。勞改營的自來水可能比古拉格少，犯人有時候在死水潭洗浴，往往是許多人共用一小桶髒水。[48] 1938年1月，烏赫塔─伯朝拉（Ukhta–Pechora）古拉格擠在一起的犯人再也受不了營房裏的臭味，因為他們從來沒有洗過澡，內衣褲好幾個月沒有換洗。大清洗帶來的新犯人太多，使得牢房、衣服、床單、肥皂、鞋子都供不應求。根據衛生部門1939至1941年的正式報告，這些情況毫無改善。中國的勞改營很少有醫院，僅有的一些醫療設施只能應付小病痛，對害蟲造成的皮膚病以及痢疾、便秘、結核、肝炎、腳氣和水腫等重病幾乎都束手無策。古拉格一再出現斑疹傷寒和壞血病等傳染病，除了馬加丹和遠東地區勞改營這樣的大型古拉格，其他古拉格的醫院或醫務室都像中國勞改營那樣的簡陋水平。合格的醫師極為罕見，多半

只學會了替垂死的病人掛上葡萄糖滴注。男性護士主要由享有特權的犯人充任，沒有受過訓練，不管病人的情況如何，只會讓人排隊拿藥。金茲堡在古拉格意外地成為護士，據她回憶，這些男性護士發藥還要收賄，但他們不敢向刑事犯要錢。[49]

生存之道

在中國的勞改營，能夠做一些輕鬆的工作，不去挖礦、伐木、築路或鋤地，就最容易倖存下來。在蘇聯，刑期很長還能活下來的犯人大多曾經是「信得過的人」。他們之中最有名的人包括：作家和詩人沙拉莫夫、作家金茲堡、新聞工作者拉茲貢（Lev Razgon）和作家索爾仁尼琴。這些人是否叫人看不起，曾經引起爭論。拉茲貢表示，當一個伐木工人的口糧只夠他活幾個月，抓住機會爭取變成一個信得過的人不算甚麼，只不過是選擇了生存而已。犯人從事體力勞動工作遲早會累死，不得不找一些輕鬆的工作，例如洗碗碟、洗衣、照顧犯人的小孩、烹調、理髮、記帳、磨刀、護士或護士助手、醫師、在隊裏分配工作、在牢房維持秩序的組長。這種輕鬆工作通常讓刑事犯擔任，但許多工作也交給受過教育的犯人，甚至交給政治犯。醫師屬於例外情況，但是在經濟發展計劃的壓力下，不能再讓目不識丁的小偷做會計工作，必須找到有經驗的工程師或老實的商店店主來做。於是，犯人中出現了一批專職人員，任何人曾經分配過工作，或曾經做過文化教育方面的工作，只要撐過體力勞動階段，遲早都有機會獲得輕鬆的工作。即使是體力勞動工作，也有一些比較輕鬆的（例如移植捲心菜或收集松針來熬煮據說可以治療壞血症的中藥），不像挖礦或伐木那麼辛苦。[50]

勞改營裏面當然也有輕鬆的工作。許多工作讓犯人來做，比讓管理人員做省錢得多；除了像古拉格裏面的那些工作，在勞改營裏還包括書寫、收集糞肥、灌溉、看守倉庫或牲畜棚等等。有技術的人或具備專業知識的人才能夠做這樣的工作。1954年，青海西部勞改營裏面，「犯過錯誤的」共產黨員被視為頭等犯人，只有他們才能做這些事。吳

弘達獲得一些輕鬆工作，因為他是個學生，知道如何管理檔案；張賢亮是個作家，奉命寫出一篇讚揚共產黨書記的文章。張賢亮甚至認為，勞改營外面的政府當局比較不放心政治異議分子（例如右派、反革命等等），勞改營的管理當局卻比較依靠這些人，因為他們認為刑事犯很難改變根深蒂固的壞習氣。張賢亮先後擔任過有12個犯人的小組組長和64個犯人的隊長，給他的勞動量也比較輕，比如挑土而不是敲石頭，或者去摘野菜（還可以趁機偷吃）。國民黨軍官韓渭田的運氣好，在廚房裏燒開水燒了好多年。賴穎的運氣更好，在勞改營五年的時間幾乎有一半在文藝宣傳隊。由於她會畫畫、吹笛子和唱歌，因此被派去畫海報、設計布景、甚至上舞台演出革命京劇。「勞改營的裁縫給我做了兩套衣服，到農村演出時穿着與外面人一樣。我們享有特權，吃的與幹部一樣。」[51]

俄國流亡畫家瓦西里·舒哈耶夫（Vasily Shukhaev）的經歷恰好與賴穎相反。他不幸在1935年回歸祖國，1937年被送去科雷馬，成為馬加丹劇團的舞台設計師。1943年11月30日，流行歌手瓦迪姆·科津（Vadim Kozin）曾經被斯大林用專機從莫斯科飛到德黑蘭，為邱吉爾慶生。不到六個月，他被逮捕，判刑八年。科雷馬古拉格主管的夫人（綽號「科雷馬的皇后」）同情他，把他從莫斯科接到馬加丹。他在古拉格過着相當特權的生活，因為「表現好」就提前兩年釋放了。[52]能像這位歌手那樣受到優待的犯人少之又少，古拉格是個等級森嚴的組織，正如作家馬爾戈林說的：「蘇聯社會的不平等現象沒有比古拉格更嚴重的，在那裏，一個廚子與普通犯人之間的差別，遠比紐約的一個百萬富翁與擦鞋童之間的差別大得多。」

輕鬆的工作雖然多，但擔任這樣工作的只是少數人。其他人怎樣存活呢？首先要感謝的是，從莫斯科到海參崴到科雷馬到胡志明市，有集中營的地方都必然會出現的怠工情況。就是說工作盡量少做、假裝做工或瞞過工頭和監管者。1940年代末，在北烏拉爾山的一個採石場，一個囚犯隊長盡量把工作量公平分配。他讓犯人輪流到看守員看得見的地方敲石頭，把其餘的人調到看不見的地方休息一下，只需要把

榔頭敲出聲音而不需要出力。怠工無處不在，大家都知道怎樣做。分配工作量的人知道如何把定額調低或假裝已經完成定額（例如每天挖出5噸煤！）。會計人員會擺弄生產數字。結果，集中營的官方數字都比真正的生產量誇大許多。伊凡・傑尼索維奇（Ivan Denisovich，一個蘇聯農民因為曾是德軍俘虜而被判通敵，在古拉格住了八年）說：「這樣的工作連馬都會累死。」[53]

監管人員

伊凡・傑尼索維奇信任他的團夥頭目秋林（Tyurin），相信秋林不會檢舉他。他們都是古拉格的犯人，而秋林是犯人頭目。張賢亮在他的《綠化樹》一書裏也寫相信姓謝的共產黨幹部，因為他派人追捕逃犯時故意忽略了逃犯可能走的那條路。除了姓謝的幹部，張賢亮還因為在回憶錄裏對另外一些幹部表示好感而受到責備。中國許多從勞改營中倖存下來的犯人也會記得一些好幹部，例如卜寧書中的老沈和韓渭田書中姓徐的工頭。[54] 管理幹部與犯人之間的鴻溝在 1950 年代之後似乎已經縮小，因為大家都是全國性災害的受害者。中國的勞改營在第一個五年計劃期間是極盛時期，在大饑荒和文化大革命之後逐漸式微。[55]

在蘇聯，這樣子的敍述要少得多。犯人記得的極少數好幹部都是監獄而不是古拉格的幹部。比如，索爾仁尼琴作為例外提到的是馬菲諾（Marfino）特別監獄的監獄長；他很快就被撤職。拉茲貢感到同情的幹部是格奧爾吉耶夫斯克（Georgievsk）監獄的監獄長和斯達夫波爾（Stavropol）監獄的女監管員。[56]

管理人員基本上都仇視「階級敵人」，好看守是極少數。伊凡・奇斯嘉科夫（Ivan Chistiakov）自己承認，由於越來越多犯人受不了惡劣生活條件逃走，他必須半夜起來追捕，因此失去了對他們的同情心。殘暴、嗜血的看守或主管比好的看守或主管多。在安澤爾（Anzer）島上的古拉格，秘密警察萬卡・波塔波夫（Vanka Potapov）誇口說，他親手殺掉了 400 多名犯人。延長勞改營的場長梁若般成天穿着馬靴、拿着皮

鞭，號稱一年內殺死或活埋了 1,320 名犯人。他後來因為霸佔一名犯人的妻子被那犯人殺死。被他霸佔和強姦的人幾乎與被他殺害的人一樣多。古拉格和勞改營裏的虐待狂比比皆是。波格丹諾夫（Bogdanov）在1938 年被內務人民委員會派去科雷馬的一個煤礦場，他對妻子和犯人的毆打是家常便飯。他到任之後的第一件事就是建造一個禁閉室。沙拉莫夫的妻子寫給丈夫的一封信被他撕毀燒掉，沙拉莫夫因此有兩年完全失去了妻子和女兒的音訊。波格丹諾夫對生產一竅不通，因此完全不顧勞動定額。另一個古拉格的指揮官塔拉蘇克（Tarasiuk）上校剛好相反，他只知道增加產量，把犯人當作奴隸。古拉格的醫師告訴他，應該給正在康復的犯人營養口糧，以免發生糙皮症，導致脫皮和腹瀉。他的回答是：「有多少人能夠回去伐木？甚麼時候能夠回去？」醫師說：「沒有一個人，但他們可以活下來，康復後能夠做一些輕體力工作。」塔拉蘇克告訴他：「那就不要管糙皮症，給他們傷殘口糧就行了。」於是，246 名在康復期的病人在一個月內全部死亡。這個上校既不貪污，也不是虐待狂，甚至可以說相當公正，但他也是大家最憎恨的對象。[57]

　　古拉格不顧犯人死活的情況比勞改營嚴重，貪污腐敗兩邊一個樣，至少 1960 年代的勞改營是如此。兩邊的看守都把集中營的糧食扣下相當多供自己享用，寄給犯人的包裹他們也要分享，拿去做交易。犯人到古拉格時如果穿着好一點的衣服，或者身上藏着一些錢，很可能以「企圖逃跑」罪名被開槍打死。[58]

　　夾邊溝負責醫務室的人，在犯人死去後把他們的財產據為己有（比如一個手錶的價值是他月薪的三倍），而且往往把垂死的人先送去停屍房，認為是理所當然。犯人在必要時幹些壞事，但會與他們的頭目分贓，比如看羊的右派每星期都報告有一隻羊被豺狼吃了。犯人們大吃一頓之後，把剩下的羊肉帶給隊長，由他平分給大家，彼此心照不宣。還有人送一瓶酒，換得去鄰鎮逛一逛的機會。毛澤東去世後，幹部普遍變得腐敗，看守也開始偷竊農業和工業設備。看守被抓到偷竊，受到的處罰比犯人輕。不過，我們不要過分誇大古拉格與勞改營之間、或勞改營在過去與現在的差別。早在 1960 年代初，賴穎去勞改營的場

長家打掃清潔時就對公寓的豪華感到吃驚。可是，這種豪華與1939至
1948古拉格主管的公寓相比只是小巫見大巫。蘇聯的古拉格主管們享
受着魚子醬，相互攀比的是如何炫耀財富。

　　古拉格和勞改營都誇耀自己的文化教育活動，甚至組織劇團演出。
滿洲國的廢帝溥儀在勞改營演出歷史劇時扮演自己。古拉格演出的戲
劇中，除了高爾基和其他一些路線正確的劇作家作品，以及一些歌曲和
舞蹈，偶爾也包括契訶夫的《萬尼亞舅舅》和《海鷗》，甚至亞歷山大·
杜馬斯的《卡米爾》。外國貴賓也可以觀賞這些戲劇和芭蕾舞演出。美
國副總統華萊士(Henry Wallace)在參加一次成功的演出後宣稱，蘇聯的
勞改營都是「虛構捏造」。華萊士的特別顧問拉鐵摩爾讚揚這樣的文化
演出，認為它是「兼具美國哈德遜灣公司和田納西流域管理局長處的綜
合體」。[59]

　　中國幾乎每一個省都要設立一個模範監獄，所以每一個勞改營都有
一個禁閉室(在古拉格叫隔離懲罰)，但盡量不讓外人知道。在地處卡
累利阿(Karelia)和阿爾漢格爾斯克(Arkhangelsk)之間的第48號古拉格，
1940至1941年冬季，每晚都有40到50個人被隔離關押在那裏。1939
年10月，在鄰近的克拉斯諾雅斯克(Krasnoyarsk)古拉格，800個犯人中
有285個嘗過隔離關押的滋味。禁閉室一片黑暗，無窗無門，潮濕酷
冷。床鋪緊鄰着門旁的坑廁。有些禁閉室就是一個沒有屋頂遮蓋的深
坑。吳弘達1956年被關過禁閉，房間長1.8公尺、寬80公分，比棺材
稍微大一點。他被關了九天，有三天不給吃喝，六天不准去廁所。其
他犯人住在崗哨大的棚子裏，沒有椅子、床鋪或燈火。還有人住的房
間像個櫥櫃，無法躺下睡覺。韓渭田被關在一口枯井下面差不多兩年
(1966–1968)，他後來用手在井壁上挖了一個洞，才避免與糞便為伍。
他沒有水洗浴，每天三次打開井蓋給他吊下口糧時，他才能看到天光。
他最後被放出枯井時，蓬頭垢面、骨瘦如柴，像鬼一樣。他的視覺過
了一年才恢復。[60]

　　賴穎在宣傳隊的輕鬆工作做了28個月，算是一項紀錄。韓渭田在
禁閉室的關押時間雖然長，卻沒有打破懲罰紀錄。[61]還有一種更厲害的

處罰是木頭做的井，關進去的人活不過一天。這種井沒有門，只有一個圓蓋，犯人被從圓洞放下去，蓋上蓋子，犯人的頭靠着膝蓋蜷成一團。冬天時候，洞裏的犯人一兩個鐘頭就凍成冰棍。蜷曲的屍體只需要在地上挖個圓洞就掩埋了。犯人在勞改營的第一個冬天最害怕聽到的就是：「看我不把你送進圓洞！」

犯人最害怕的懲罰是帶着手銬關進禁閉室。在中國的牢房內外，可以把帶着手銬的一隻手穿過腋下，連接綁在腰上的另一隻手，或連接在枷板上，或者戴上5到20斤重的鐵手銬。對犯人可以用馬鞭來抽打，或在頸子套上皮帶像拖狗一樣。張賢亮受過「照相」懲罰，就是把犯人脫掉上衣或裸體綁在樹上或石柱上，讓太陽暴曬或蚊子叮咬，不給吃不給喝好幾天。[62] 犯人也可能睡覺不給毯子，或兩天兩夜站着不讓睡覺。犯人還可能被綁着雙手像雞鴨一樣倒吊着，或雙手綁在背後吊起來。比懲罰更糟糕的是把刑期無限期延長。服滿刑期的工人可以像犯人一樣隨時被公開處決。一個名叫楊寶英的犯人被執行死刑，行刑者把腦漿送去給隊長的父親，因為相信吃腦可以補腦。

為甚麼犯人從來不反抗？這個問題被問了無數次，甚至隱含着譴責那些被送往煤氣室的猶太人之意。對提出這種問題的人，我只要請他們去看一下安妮‧阿普爾鮑姆（Anne Applebaum）關於古拉格回憶綜合調查中第十四章以及瑪莎‧克拉維里（Martha Craveri）的研究結論。[63] 在特雷布林卡（Treblinka）和索比堡（Sobibor）發生重大反抗事件之後十年，古拉格也受到影響。斯大林去世、貝利亞的改革和下台、東柏林的大罷工以及犯人中烏克蘭人、波羅的海各國人和波蘭人的大聯合，引起了一系列反抗運動，其中一些運動甚至持續到1954年5至6月哈薩克斯坦肯吉爾（Kengir）古拉格的反抗活動。[64] 在中國方面，也爆發過規模小得多的反抗和暴動，特別是在共產黨建政之前，在中共控制的東北地區；在實施雙百方針時期和文革時期。魏京生頑強地拒絕接受洗腦，是反抗精神的最高體現。[65] 這就必須了解甚麼是思想改造。

思想改造[66]

我可能會給讀者一種印象，認為勞改營的生活條件比古拉格稍微好一點，犯人可以活得久一點。這是因為我在閱讀張賢亮、吳弘達、廖亦武和卜寧等人的著作時，會拿勞改營與古拉格比較。我有時候告訴自己：「這有點像沙拉莫夫和金茨堡的科雷馬」；或者更常說：「這其實沒有古拉格那樣恐怖」；或者偶爾會說：「這裏更糟」。可是，唯一的例外可能就是中國的思想改造，或者直截了當地說：洗腦。

改革、再教育、改造或勞動改造等用語，在布爾什維克的宣傳和其創始人的著作中已經出現。馬克思和恩格斯在《哥達綱領批判》中認為強迫勞動是使罪犯獲得改進的唯一手段。契卡的創始人捷爾任斯基立即表示同意：古拉格與資本主義的監獄和罪犯流放地完全不一樣，它們是「勞動學校」。在捷爾任斯基去世前，波格丹諾夫提出關於古拉格的道德理論：「早期的刑事政策是再教育，而不是懲罰，至少對一般刑事犯和輕微罪犯是如此。」[67]大轉彎之後，這種偉大的抱負逐漸褪色，但宣傳的調門仍然很高。就在大轉彎的那一年 (1929)，高爾基訪問索洛維茨基群島後寫出文章，認為那裏是教育和更生機構，不是集中營。高爾基當然只看到最美好的一面，他表示如果資本主義的歐洲採取這樣的制度，長此以往就不需要監獄了。蘇聯的對外宣傳強調集中營的「改造人性」作用。在蘇聯內部，安全部首腦雅哥達 (Yagoda) 卻是說得直截了當：「蘇聯的政策不容許建造新監獄……建造大型集中營以便合理使用勞力是另外一回事。我們的北邊領土很難找到工人。如果數以千計的犯人送去那裏就能夠開採資源。索洛維茨基群島的經驗告訴我們在這方面可以做些甚麼。」[68]

這些集中營的首要任務很快變成自負盈虧和為國家生產 (對不起，我的意思是「社會主義建設」) 作出貢獻。不過，古拉格犯人在精神上轉變為蘇維埃新人仍然是各種文宣大肆宣傳的主題，其中最聲名狼藉的就是高爾基主編的集體創作，書名是《白海－波羅的海運河》。這是一條完全由犯人挖掘的運河，一些犯人表現尤其出眾，被授予「先進工人」稱號，可以多分到一點糧食。

這條運河完工後，12,000多名工人獲得提前釋放，媒體大肆宣傳斯大林如何在以他的名字命名的運河上勝利航行。這是媒體最後一次如此熱烈報道這樣的事件。自此之後，集中營仍然被稱為勞動改造營，甚至鼓勵工人以斯達漢諾夫為榜樣，爭取成為紅旗大隊，但宣傳重點不再是從精神上改變「法西斯墮落分子」和其他「托洛茨基恐怖分子」。在宣傳上反而是盡量隱瞞集中營的存在。

不過，不能說改造犯人是中國的發明。就同許多其他想法一樣，改造犯人也是從蘇聯進口的。但是，古拉格的勞動改造的目的是把「劣質的人力資源」改造成完全的、積極的的社會主義建設者。[69] 中國的勞動改造目的要偉大得多，儘管在再教育的幌子下免不了許多虛偽做作。這個蘇聯模式被賦予兩種中國本土的影響。第一，中國關於人性可以通過教化得到鍛煉的想法，讓學生經由諄諄教誨學習和奉行儒家倫理。第二，除了悠久的儒家傳統，中共還吸取了清末和民初一些破除傳統的思想家的想法。梁啟超早在1906年就主張，中國國民的陋習根深蒂固，必須清洗重建。過了十年，五四運動的先驅（後來成為中國共產黨的創始人）陳獨秀也強調，中國青年必須具有「新鮮活潑之價值與責任」，排除「陳腐朽敗」的思維。這兩個人都沒有主張使用暴力來實現目的。中共增加了強制手段，把布爾什維克的方法與中國的倫理道德結合在一起。

古拉格（GULAG）的俄文是勞動改造營管理總局的縮寫。中國比較直截了當，就叫勞改營，目的是通過勞動來改造或重鑄思想。這就是說，要思想改造，必須讓犯人了解他們的罪行。經過改造成為新人之後，可以重新做人。在勞改營裏面，牢房的隊長或小組長會得到學習組長的協助，這是古拉格沒有的辦法。[70]

蘇聯的監獄可能是人間地獄，[71] 但中國的思想改造平均每天至少要七、八個小時。在勞改營裏，晚飯之後還要學習30分鐘到兩個小時。犯人的思想在監獄裏改造好之後，認識了自己的錯誤，他們在學習課時可以稍微休息一下。在監獄的大部分時間除了進行思想改造，就是學習。刑事犯也是學生，要學習理論。學習理論的方法包括根據時局，

朗讀和討論馬克思、恩格斯和毛澤東的經典著作、中國共產黨黨史、各種宣傳小冊子、報紙上的文章、政治局最新文件等等。學生的教育程度參差不齊，所以一個文件可以一再重複閱讀，直到每一個人都耳熟能詳。

學習固然沉悶冗長，但只是整個思想改造過程的一個必要組成部分，那個過程包括：批評、自我批評和相互批評，以改正錯誤。這種所謂的「相互幫助」是監獄生活中最難受的一種折磨。如果犯人沒有立即承認和認識自己的罪行，牢房的小組長會不斷提醒他：「承認你的罪行！」接着，其他犯人繼續吼叫威脅，不斷責問。罪犯是個病人，所以承認錯誤還不夠，必須改變自己的觀念、道德或信仰，改變自己的「良心」。換句話說，犯人必須摧毀自己的人格。[72] 你可能會說，這對政治犯來說不算是壞事，可是對小偷或扒手這樣的一般犯人呢？他們也必須認識到，他們行為的基本性質是資本主義的、反社會的、反革命的。有害的意識形態是一切犯罪的根源，在勞改時偷懶懈怠或漠不關心就表明犯人仍然積習未改。

罪犯一旦坦白認錯，經過層層檢討「過關」，前面就是比較輕鬆的坦途。[73] 他們這時才能夠以走過場的方式接受審判。中國同蘇聯一樣，判決是事先決定的。被告只是回顧自己的罪行，感謝政府挽救他們的錯誤，消滅舊我，獲得新的生命。如果他們否認或低估他們罪行的嚴重性，法官就會立即提醒他們甚麼是「正確的」觀點，警告他們說要從重判刑。被告理論上可以上訴，但這樣做就等於證明，他們還需要再教育，因此必須加重刑期。

表面上看起來，人格解體的工作很成功。個人像麵團一樣被揉捏成規定的形狀，放棄原有的價值，擁抱新的觀念，或者假裝成這個樣子。賴穎在服刑期間滿口招供：「我認為政治與宗教之間毫無關係是錯誤的；天主教會是帝國主義的秘密武器」。法官對她的正確回答很滿意，要她繼續檢舉揭發教會的神父和教友，她卻令他們大失所望。吳弘達的回憶錄描述他自己和他的獄友為了求生，如何馴服低頭，熱烈讚揚共產黨的新成就，毫不留情地迫害別人。劉賓雁描述在批鬥會中人

人相互批評。但是 開完批鬥會，大家立刻快樂地聚在一起，像是寬容可親的同謀，又像是同受折磨的老友。里索夫曾經坐過國民黨和共產黨的牢房，他在自傳裏寫道：「中國人的抵抗力是無限的。他們能像樹枝一樣彎而不斷，忍受得住任何折磨。他們比西方人更有韌性、更能承受壓力，完美地扮演批評和自我批評的角色，必要時喊叫辱罵，卻又能對受批評的人發出難以察覺的友好信號。」[74]

以上所說的一些人表面上屈服，在強制脅迫下表態，但人格完整不受影響。但是，張賢亮（當然不只是他一個人）的情況，可能是個例外。[75]他對共產黨當局使用暴力手段所做的一些事，譴責不遺餘力，這些事包括：強制招供最私密的想法；把坦白招供放在顯微鏡下檢查；甚至狠批吃老鼠充飢的犯人是臭不可聞的資本主義沾沾自喜。張賢亮還描述，勞改營使用一種思想「排隊」辦法。根據犯人的思想進步程度，每隔一、兩個月重新編隊。思想最糟糕的犯人被排到最後位置，直到被下一個更糟糕的人取代。張賢亮很同情一個穆斯林獄友，那個人認為他有宗教信仰，所以不可能輕易屈服。他說：「像我這樣的人一輩子也改造不了。……我永遠不會同他們那樣去狗咬狗。」另一方面，張賢亮自傳式小說的男主角章永璘卻有着不同的反應。由於作者只是客觀地、超脫地描述男主角的心理，所以讀者無法知道張賢亮自己真正的內心世界。他曾經逃離勞改營，但當天就回到營房。「我的思想告訴我，應該回去勞改營。經過這麼多學習之後，我的思想水平提高了，不願意承認把我送去勞動改造是錯誤的。」儘管他是因為在1957年響應毛澤東「言者無罪」的號召發表長詩《大風歌》而入獄，「但我的思想告訴我不願意勞改是錯誤的。」一回到勞改營，他馬上想到要寫一份自我檢查。

張賢亮的勞改營回憶和小說，[76]對自己出身自被歷史拋棄的特權階級以及作為一個扭曲的知識分子，充滿了罪惡感，不知是覺得羞恥、反諷還是懺悔？關於車把式和勞動者等普通老百姓的善良本性，他的描述其實十分感人，符合毛澤東的要求，比官方推崇的那些暢銷作品更有說服力。讀者有時候覺得，張賢亮好像把資本主義等壞傾向看作虱子或

爛泥，要把它從自己的身體上清理出去。到底哪一個是真正的張賢亮，是那個洞察人情世故、反抗落入窠臼思維的諷刺大師，還是那個被改造成功、自虐自憐的可憐蟲？我覺得他應該比較像前一種人，具有超人的記憶和作家的敏感，把他20年囚禁中受到的苦難和當時的感覺說得清清楚楚。吳燕娜（Yenna Wu）的診斷認為，正如法國著名文學理論家和歷史學家茨維坦·托多洛夫（Tzvetan Todorov）所說的那樣，張賢亮書中的施刑者人格分裂，「把他們的生活分割成密封的小隔間」。[77] 但作者張賢亮本人也因此支離破碎，像列維（Primo Levi）一樣，自以為因此對人性以及人與人之間的關係有了更深刻的理解。

有些西方人在中共建政之初坐過牢，也認為自己在監獄裏面得到改造和重生。例如美國學者李克（Allyn Rickett）夫婦於1948年10月共產黨勝利前到達北京，看到舊政權的崩潰，對蔣介石和國民政府沒有好感。他們拿着傅爾布萊特獎學金在清華大學留學，目睹學生對革命的熱情以及自由主義教授和知識分子對新政權的擁護。他們把所見所聞以及學生的艱苦生活報告給美國領事館，美國撤離後又報告給英國領事館。他們的「間諜活動」就是這些，也是美國海軍情報署交代給他的任務。李克在朝鮮戰爭期間被捕，在監獄裏關了四年，他的妻子李又安（Adele A. Rickett）先被軟禁14個月，然後下獄兩年半。出獄之後，他們不僅相信自己曾經犯罪（干涉中國內政），並且認為自己驕傲自大，生活在知識分子的象牙塔裏。他們後來在1957年出版了《解放的囚徒》，在書中感謝囚禁的經驗把他們改變成更好、更快樂的人。

他們是不是遭到徹底的洗腦，至少有相當長一段時間？的確是相當長一段時間，該書1973年二版時他們並沒有修改，但有一些微妙的差別。他們說，在重讀我們的書之後，「我們都覺得震撼，竟然仍舊同意該書的大部分內容」；[78]「我們坐牢的經驗使得我們變得更快樂、更積極向上。」[79] 他們在第一版裏一再描述，監獄的管理員雖然是無神論者，卻像是傳播基督教教義的教士，而且自己身體力行。李又安寫道：「我從小上教堂，自認為是個基督徒……可是，我現在開始懷疑：我是否活得像個基督徒？……新中國的每一個人都要學着把公共利益放在個

人利益前面。我們在監獄裏的思想改造就是以此為基礎。我在自己的國家從來沒有看到這樣地把基督教義付諸實行。」[80]

我在本書裏會忍不住不時流露出譏諷嘲笑的語氣。儘管我覺得這兩位作者的話有時候十分荒謬可笑，[81] 但是，我必須承認他們是真誠的。他們也非常勇敢，因為那時候美國才剛剛擺脫麥卡錫主義的陰影。我甚至還願意承認，在中共建國的最初幾年，許多中國人在民族主義情緒和「為人民服務」理想的感染下，可能真心相信開始了一個新的生活。看到中共建國之初的朝氣蓬勃在半個世紀之後變成弄虛作假成風，其實令我痛心。我寧願相信張賢亮筆下那些恐怖沮喪的故事。

我承認了哪些事實？首先，是一些同樣適用於俄國革命的老生常談。早些年以前，許多俄國人，包括帕斯捷爾納克自己在內，都相信這種老生常談，並以不同方式熱情加以擁抱。對於中國革命，我從一開始就表明，「它是密切受到蘇聯模式的啟發。……中國極權主義必然要與斯大林極權主義比較，它更公開也更內在化。」[82] 因此，中國革命的目標更加宏偉，它是真的想改變人，而不只是要裝腔作勢。然而，野心越大，跌得越重。我曾經指出，毛澤東作為「偉大的導師」，像大躍進的官方數據那樣很快地教導出一群尖刻的、懷疑一切的人民。今天中國的熱情喪失和憤世嫉俗，恰好與早年時的樂觀進取形成對比。像李克這樣的犯人，由於在入獄前幾個星期的待遇而產生好印象，完全可以理解。但是好印象會持續四年以上嗎？這些人看不見大躍進造成的生民塗炭，難道也看不見文化大革命的陰謀詭計、反復無常和殘忍暴虐？

不過，極權主義在一定程度上成功了一段時期。[83] 極權主義甚至在古拉格行之有效，金茲堡在那裏看到一些犯人，他們堅決相信自己是錯誤政策的犧牲者，而斯大林毫不知情。這些人是那種永不反悔的死硬派，索爾仁尼琴認為，「他們進去鐵窗走了一圈，出來的時候與進去時一樣一無所知。」[84] 在中國更是如此，無論在勞改營內外都有這樣的人。古拉格的犯人彼此開玩笑說，古拉格是「小圈」，設立在蘇聯自由公民居住的「大圈」裏面；而法國漢學家杜明指出，中國對「自由」的限制比蘇聯要嚴格得多。中國的單位對每一個公民實施控制的範圍和效

率，是蘇聯模式無法想像的。中國對全體人民無微不至的控制，在勞
改營更為加強。杜明認為，勞改營實施的控制比古拉格厲害得多，例
如勞改營的犯人不准交談有關彼此的罪行，而且從來沒有發生過像古拉
格1953至1954年期間那樣的反抗行動。杜明承認勞改營剝奪人權的制
度儘管在開始時相當成功，最終還是失敗了，但他認為勞改營比古拉格
更壞，因為它的範圍更廣，對個人的影響更深，造成的結果更恐怖。
杜明的研究很有價值，但在這一點上我很難苟同。不過，我也不認為
古拉格比勞改營更糟。這兩個制度都在不斷演變。1923至1930年，古
拉格以前的集中營比後來的古拉格或勞改營要好得多。真正應該比較
的是1930至1953年（甚至1956年）與1950至1978年這兩段時期。評價
這兩段時期好壞的決定性標準是飢餓、恐怖、戰爭，尤其是思想改造。
就蘇聯來說，最壞的時期是1933、1938以及1942至1943年，就中國來
說，是1950至1952年，特別是1959至1962年。講清楚這一點之後，
我願意承認，那個「讓犯人覺得不苟且偷生就只能死亡」、與外界完全
隔絕的古拉格，遠不如1952至1959年中國的勞改營。[85]杜明還告訴我
們，勞改營發生的危機，以及在1960年代和1970年代毛澤東治下勞改
營的逐漸衰微。兩個獨裁者去世之後，集中營雖然存在（中國現在取消
了勞教，仍然有勞改營），但殘暴的性質沖淡了許多。

* * *

除了比較古拉格和勞改營哪一個更糟，另一個引起嚴重爭議的問題
是從事「輕鬆」工作的犯人是否在道德上有瑕疵。在這一點上，索爾仁
尼琴與大多數從古拉格倖存的人意見完全不同。幾乎所有的人都同意
沙拉莫夫長期坐牢的體驗：「古拉格是生活的反面教材；……犯人學會
了討厭工作；……他學會了如何奉承撒謊，卑鄙下作，自私自利；
……他只顧自己卑劣的原始利益。道德的拘束蕩然無存。」金茲堡在
1949年10月第二次被捕時也有同樣的感覺：「我在37歲時，第一次認
識到我應該對自己所有的罪行負責，希望通過受苦洗清自己的罪惡。

現在我49歲了，要洗清罪惡只能受苦到一定程度。如果受苦幾十年，成了你生活的必要部分，就不再能洗清你的罪惡。受苦把你變成了一塊木頭。」在中國的一個勞改營，金花覺得我可憐，但也感到厭惡。我也覺得自己一無是處。我與那些小偷、殺人犯和強姦犯生活在一起那麼多年，早已變了個人。簡單地說，「道德個屁，勞改營中沒有道德可言！」讓我們回到古拉格倖存者馬爾戈林提出的一個荒謬論斷：「一個人進古拉格，不必一定犯下任何罪行；一個人只要進了古拉格，就使得我們都是罪犯。」BAM（貝加爾－阿穆爾的簡稱）古拉格的一個看守說：「BAM再教育了我。我看事情的眼光不一樣了……這個工作使人犯罪……我像是做了一場夢。我甚至不相信我曾經住在莫斯科，曾經自由過。」這些話好像是說，他也是個囚犯。最後，回到古拉格出現之前的那個年代，一個最有名的囚犯說過：「有誰曾經被苦工改造好過？」或者看一看這樣的極權主義地獄：比克瑙（Birkenau）古拉格的女囚犯每人發一個搪瓷盆，這個盆有三個用處：吃飯的湯碗、夜間的尿罐和洗澡的水盆。奧斯威辛集中營的倖存者列維指出：「人正在被變成野獸……一個沒有人性的政權會把非人性擴大，除非遇到反抗或特別堅強的人格，會把受害者和反對者都變成野獸。」[86]

　　列維說的「特別堅強的人格」正是索爾仁尼琴的主張。索爾仁尼琴承認說：「古拉格裏面的腐化墮落無所不在」；「犯人學到的教訓是，求生的最好辦法是撒謊」；「滿腦子貪婪算計」；古拉格「腐化靈魂」；「如果一個人被當作豬養了七年，他最後就會像豬一樣呼嚕」。索爾仁尼琴認為，「一個具有充實內在生命的人不用擔心喪失自由」，因為「拘留是供人思考的好地方」，被剝奪一切之後就得到「基本自由：你已經失去一切，再沒有人能夠剝奪你的家庭或財產」，「你從前乾枯的靈魂得到苦難的灌溉」，「你不再無條件地做出判斷，……你已經考慮到你的弱點，所以你可以理解別人的弱點。」索爾仁尼琴認為，囚禁可以使少數一些人獲益，「使得人徹底獲得新生」，「使生命得到充實」。居住在以色列的蘇聯流亡作家庫茲涅佐夫好像也同意這個觀點，他在古拉格寫信給未婚妻說：「這裏少了許多浮躁和喧譁，我覺得自己真正改變了。我在

這裏可以聽到自己內心的聲音，那是被外界的舒適和野心掩蓋了的聲音。」[87]

　　我想到法國歷史學家尼古拉·韋爾特 (Nicolas Werth) 引述的一個古拉格犯人的話：「古拉格是個使所有人腐爛變質的學校，從那裏出來的人都被徹底毀滅，無藥可救。」我仍然覺得，所有上述這些古拉格囚犯的話是真誠的。他們知道自己在說甚麼，我們有甚麼資格可以反對？我們憑甚麼反駁索爾仁尼琴，當他告訴我們，他在古拉格的歲月使他變得更好，沒有古拉格，他可能仍然是個渾渾噩噩的蘇聯人？「在我進古拉格以前的有意識的生命裏，我既不了解自己的本質，也不了解自己的志向。……我能夠用大道理說服自己，我的所作所為是對的。……當人們告訴我高官的冥頑無知或虐待者的殘忍兇暴，我看到自己率領士兵穿過戰火蹂躪的普魯士土地，告訴自己：感謝你監獄，感謝你塑造了我的生命！」不管我們是否同意，可是我更喜歡他下面的一句話：「但是墳墓裏面有一個聲音回答道，你能說話，因為你還活着！」這使我們想到列維，他認為好人無法從納粹的集中營倖存下來。列維的觀點是大多數人同意的，但他有一點與索爾仁尼琴一樣，提到奧斯威辛集中營給他造成的好影響。「我的遭遇使得我內在的靈魂得到充實，變得更為堅強。……倖存下來之後，寫下和思索這一經驗，讓我對人和世界有了更深的了解。」是這種深刻的了解讓他自殺的嗎？[88]

　　因為提到列維，我不得不糾正我可能引起的誤解。古拉格和勞改營都不是納粹的滅絕種族的集中營。納粹的集中營的特點不是「勞動使人自由」，而是「用勞動來消滅肉體」。[89]納粹的集中營是組織嚴密的大屠殺體系，蘇聯的集中營則像旋轉門一樣運作。在斯大林治下，數百萬人死在古拉格，但即使在最惡劣的時期，仍然有數百萬人倖存下來，從1934到1953年，每年有20%至40%的囚犯獲得釋放。[90]儘管古拉格裏死亡的人數有時候是平民死亡人數的十倍，但平均來說，古拉格的死亡率只是蘇聯公民死亡率的四倍。「垂死的人有的時候會得到醫療照顧，讓他們延長生命乃至康復。」[91]古拉格或勞改營沒有像納粹集中營那樣，採用把羸弱和生病的人挑出來消滅的辦法。

　　納粹的集中營沒有「毋須看守」的犯人，但在二次大戰之後，蘇聯的一個古拉格中至少有10%的犯人獲得這樣的待遇，在幾個大型古拉格中，甚至高達30%至40%。享有這樣待遇的犯人「可以毋須看守到古拉格以外活動，通常是按照規定的路徑」（貝爾〔Bell〕）。比如說，他們可以去附近的大聯合收割機工廠。「一些人認為這是享受一下自由的滋味，暫時脫離古拉格的嚴酷現實；還有些人去附近的村鎮做黑市買賣或其他勾當。毋須看守的身份也使他們有機會逃走。」[92]

　　古拉格的犯人人數在1938年激增，加上戰爭期間許多看守者加入紅軍，使得管理人員短缺，是產生毋須看守犯人的一個原因。總的來說，「戰前的蘇聯官僚體制談不上現代化，毫無效率，疊床架屋，既無策略，也無想法。」[93]古拉格與德國的森嚴等級、嚴明紀律和高度效率不可同日而語？這是理所當然，因為它也沒有雅利安優秀種族不把斯拉夫人、猶太人或吉卜賽人等劣等民族當人看的歧視。

第九章

獨裁者

「馬克思列寧主義者認為領導人物在歷史上有很大的作用。否認個人的作用，否認先進人物和領導人物的作用，這是完全錯誤的。」(《人民日報》1956年4月5日)。這是中共對赫魯曉夫在蘇聯共產黨二十次代表大會的演講的答覆，如果不是毛澤東口授，也是由他授意。[1]毛澤東既為他自己辯護，也重申他的一切主張歸結於馬列理論，而不是甚麼偉人，並認為推動歷史前進的是人民群眾。

這裏暫且不談馬克思的理論。我是法國年鑑學派的學徒，素來不重視帝王將相的作用，自然不會效法希臘歷史學家布魯塔克(Plutarch)的做法。但是，我還是要在這一章裏專門談一談兩個著名的獨裁者。首先說一下他們的外貌和儀態。毛澤東的身材比他的大多數對手高一個頭，他在中年以前的凌厲眼神、滿頭長髮和瘦削的身材，給人浪漫多情的印象。斯大林身材矮小，天花病留下滿臉的凹痕，左臂由於年輕時的一次意外而有殘疾。[2]他的正式相片和肖像都對這些缺陷做了修飾，使他看上去比列寧高大，像一個溫和慈祥的「人民之父」。

兩個人都是夜貓子。他們喜歡白天睡覺，讓扈從跟着他們的作息時間運轉。毛澤東可以隨便在半夜召開會議，整夜閱讀和寫作，然後睡到下午兩、三點鐘才起來。他也可以整天不睡覺，然後隨時倒頭就睡。斯大林有時候徹夜喝酒到酩酊大醉(伏羅希洛夫、米高揚(Anastas Mikoyan)和其他一些人喝醉時可能會真情流露)，毛澤東則會在北京中南海、各省的別墅或在他的專列上縱情女色。[3]毛澤東生長在南方，不喜歡北京和當地氣候。他喜歡到各省巡視，但很少去北方，往往在杭

州一住幾個月，尤其是在他不願意批准下屬採取的措施時。要不然就是他在籌劃對策，比如在文化大革命前夕，他從1965年11月到1966年7月都不在北京。斯大林出生在格魯吉亞，比毛澤東更像南方人，但他旅行不如毛澤東頻繁。他夏天離開莫斯科，喜歡去黑海一邊度假一邊工作。這兩個領導人的旅行和他們在不同住宅的生活方式都與老百姓的日常生活脫節，他們也不想與老百姓接觸。斯大林從來不去集體農莊和工廠視察，毛澤東的「實地調查」則更像俄國沙皇時期的波特金（Potemkin）式訪問，[4] 只揀他喜歡的聽，以至後來他也不再訪問公社或工廠。不過，他並沒有完全放棄旅行，到77歲時還視察五個省會，試探他選定的接班人林彪與地方官員和軍頭的關係，挖林彪的牆角。

兩個人都不擅長演講，都有很重的口音（格魯吉亞話和湖南話），讓人不容易聽懂。斯大林喜歡當面斥責人，至少讓人可以聽懂。他偶爾會抓住聽眾的心理，鼓動群眾行動起來，例如他1931年2月4日發表著名的演說，一再強調他的主旨，「放慢腳步就會掉隊，落後就會失敗……我們已經比先進國家落後50到100年。我們必須在十年內縮小這個差距。做不到這一點就死無葬身之地。」[5] 中國人則不喜歡承認他們的國家比俄國還落後，但毛澤東一時興起時也會這樣承認。

布爾什維克早期的領導人大多數會同意，他們之中最傑出、最驕傲的托洛茨基對斯大林的評語：[6]「斯大林？我們黨裏最有名的平庸人物。」這句話雖然經典，但不算公正，而且這些領導人將會發現要為此付出代價。幾年之後，1919年，毛澤東在北京大學圖書館擔任助理，遇見一些知名的教授和學者時顯得有點手足無措，因為他早在湖南鄉下時就讀過他們的文章。後來，一些從莫斯科受訓回來的共產黨人炫耀他們的理論素養，使得毛澤東努力在延安補課，研讀譯成中文的馬克思主義經典。斯大林研讀馬克思主義比毛澤東更久，也更勤奮，他們都努力從書本獲取知識，卻被他們的對手低估了，因為那些對手年輕時的學歷都比較高。斯大林在故鄉戈里上學前要先學會俄語，他就讀的第比利斯神學院招收的都是最傑出的格魯吉亞學生，他受到的教育比毛澤東好得多。毛澤東25歲時從湖南第一師範學校畢業，17歲時才第一次

聽到美國的名字，18歲到省會長沙時才讀到第一份報紙。在托洛茨基已經寫出《總結與前瞻》(*Results and Prospects*) 的年紀，毛澤東卻還在布爾什維克主義、無政府主義和自由主義之間徘徊不決；他甚至想過要爭取湖南獨立。[7]

儘管如此，兩個人雖然不是理論家，卻自認是能夠建立理論的知識分子。斯大林反復大量閱讀，從閱讀中學到許多方面的知識。毛澤東年紀越大，越受到他狹隘的中國教育背景限制，但他寧願回到中國的典籍去找答案，不願意擴大自己的知識範圍。斯大林和毛澤東的思想都受到限制而且僵化，造成他們脫離實際，最主要的原因是他們固執地遵循教條，並因為他們的成功經驗而變得過分自信。兩個人都一直努力想尋求人生的意義，提出一些他們下屬和同僚沒有想過的問題。像劉少奇這樣的黨政機構出身的幹部可以根據常識從災難中學到教訓，比冥頑固執、手握大權的理論家看得更清楚。斯大林不斷學習新知和技能，使他能夠掌握許多方面的情況，[8] 雖然沒有能改變他根深蒂固的一些想法，但那不是因為他缺乏知識。托洛茨基就是這樣的典型，從他1934至1935年在法國的日記可以看到他如何形成了堅定不移的世界觀。斯大林是格魯吉亞補鞋匠的兒子，受教育的機會比那個湖南農民的兒子好得多，但兩個人都喜歡從理論上探討共產主義運動的發展，研究世界未來的趨勢。

馬克思可能會認為，斯大林、特別是毛澤東都算得上流氓知識分子，但是這種知識分子執着於教條的傲慢會造成多少的災難和悲劇！兩個人對外國都所知甚少，毛澤東訪問外國的次數更比斯大林少。他們對自己國家的情況比較了解 (斯大林又比毛澤東好些，因為政治警察經常提供詳細的報告)，但他們閱讀的文件充滿了歪曲的數據和任意編造的價格等資訊。因此，兩個獨裁者往往帶着意識形態的有色眼鏡看問題，從意識形態出發推行脫離實際情況的計劃。在1929和1958年，他們都在計劃經濟中無視任何障礙，制訂意志高於理性的目標。領導人因為意識形態而改變對現實的認識，毛澤東在這方面比斯大林嚴重，時間也更久。毛澤東是馬克思理論和蘇聯模式下的雙重奴隸。毛澤東全

盤照抄斯大林的一切，連斯大林已經修改和改變的教條也照樣重複。他越來越脫離蘇聯模式，因為他認為自己做得更好。斯大林的參照系是他要追趕和超越的先進資本主義國家。毛澤東的參照系主要是蘇聯老大哥，但他十分樂觀和自大，認為可以超越老大哥，並糾正老大哥的錯誤。斯大林的幻想使他無法看清現實，例如他在1929年制訂的第一個五年計劃的目標就是如此。[9]儘管他非常狡猾並在現實政治中迂迴前進，但他也是馬列主義的忠實信徒，絕對相信他是在創建世界的未來。兩個人都篤信必須掌握絕對權力，但他們並不是為權力而權力。他們相信自己的使命，認為雖然造成苦難和死亡，但前途是光明的。列寧已經認為，每一次挫折和失敗的背後都有敵人的黑手；而斯大林則相信，背後必定一定有叛徒，必須加以懲罰。每一個事後必須糾正的決定和行動，必定是有人破壞，或者有人執行命令過了頭，因為獨裁者是永遠不會錯的。毛澤東也從來不承認錯誤。他總是能找到替罪羊，譬如把大躍進的失敗歸咎於地方幹部。

由於唯意志論橫行，急於創造出一個新世界，那些被布爾什維克譴責或者被五四運動時代先驅者咒罵的舊時代一些現象再度出現。這種現象在斯大林治下比較明顯，因為斯大林私下欽佩的，是恐怖的伊凡和彼得大帝，而且這是他在1930年代以後越來越中央集權的統治方法必然帶來的後果，因為獨裁政治必須靠軍隊和秘密警察來維持。[10]毛澤東沒有像斯大林那樣訴諸民族光榮和傳統，但他的所作所為就像個皇帝。常有人提出這種不一定正確的解釋，認為是他們想改造的社會太原始了，他們才不得不採用舊社會的辦法。毛澤東從來不怕採取極端措施。根據同情革命的美國女記者史沫特萊（Agnes Smedley）描述，毛澤東「像騾子一樣倔強，有着鋼鐵般的意志和自豪」。斯大林是毛澤東想學習的模範，他更加肆無忌憚；據他的自傳作者瑟維斯（Robert Service）描述，他在行動時「蠻不講理的決心無與倫比」。[11]

區別這兩個人的異同有甚麼意義？首先，斯大林的「邪惡是史無前例的」，[12]但是這兩個政權來自同一源頭，有着緊密的關係，換任何一個人到這個體系之中都同樣會被塑造成獨裁者。托洛茨基在1904年就

頂言，按照列寧的邏輯，列寧式的政權會演變成：「獨裁者最終將取代中央委員會」，以至於領導層的其他成員不再能稱為「寡頭政治執政者」。一把手一旦取得最高權力，他就會終身任職，即使有着「列寧式規範」，也是會越來越為所欲為（泰偉斯〔Frederick Teiwes〕）。意識形態賦予他無可置疑的威望，可以與過去的沙皇或天子匹敵。

對獨裁者的崇拜表面上是個人崇拜，其實只是崇拜他們佔據的職位；崇拜的對象是一把手，不論他是誰。可是，對斯大林的崇拜誇張得要去貶低列寧，例如在官方的畫像中把斯大林畫得比列寧高一些（其實兩人幾乎一樣身高），讓列寧凝神聆聽斯大林講解政治策略，全然不顧斯大林在抽着煙斗（其實列寧最討厭有人在他面前抽煙）。《真理報》每天刊登斯大林語錄，每次公共集會首先要讚揚斯大林，住家、工廠和辦公室到處掛着斯大林光輝的畫像，兒童在節日、生日或紀念日收到的禮物是斯大林的自傳，就像虔誠的信徒在履行宗教儀式。「斯大林自封為神，只差沒有稱他為現世的上帝」（瑟維斯〔Robert Service〕）。他成為超凡入聖的偶像，是世界上最偉大的天才和最仁慈的善人。他還非常謙遜有禮。這個有着「學者頭腦、工人體格、穿着士兵軍服的男子」（亨利‧巴比塞〔Henri Barbusse〕）不是一再要求不要過分對他搞個人崇拜嗎？瑟維斯指出，「這是有史以來規模最大的個人崇拜。」[13] 這位斯大林自傳的作者顯然沒有看到對毛澤東、甚至對毛澤東思想更為狂熱的崇拜。思想是不朽的，因此創作思想的人死後，崇拜仍然繼續。[14] 對偶像的崇拜已經深深進入千百萬中國人的腦袋中，以至於戴晴（後來成為著名的持不同政見者）在年輕時願意犧牲自己的性命來延長毛主席一分鐘的壽命，另一個年輕人在唐山地震的瓦礫中沒有拯救母親而是先挖出毛主席的寶像。我必須重申，這種現象不是對哪一個人物的個人崇拜，而是對坐在那個職位上的任何人物的崇拜。

對毛澤東的崇拜一開始並非如此。回溯對毛澤東的崇拜，是始於延安時期，着意模仿斯大林的模式，因為毛澤東具有像列寧那樣的戰略眼光。除此之外，毛澤東還具備斯大林所沒有的優勢，就是他不需要策劃和爭奪權力，更不需要剷除老資格的革命黨人。而且，在斯大林

取得最高權力之前10年或20年，俄國革命有一段相當自由的時期，而這是中國革命所沒有的。中國革命具有優勢，那就是它一開始就是個斯大林式的革命黨。

在討論斯大林和毛澤東的異同之前，我先談一談這兩個人之間通常相當困難的關係，因為他們的道路曾經交叉相遇（見方框7）。

方框 7

一把手和仿效者

乍看，值得稱道的應該是那個目光遠大的游擊戰士毛澤東，他雖然受到斯大林控制下的共產國際的干擾，最後仍然脫穎而出。事實上，兩者之間的是非曲直不是那麼清楚。這取決於蘇聯要優先考慮哪些利益，也要看斯大林得到的訊息是否完整，*所以他有時候支持毛澤東，有時候支持毛澤東的上級或對手。斯大林看清楚希特勒和日本的威脅之後，決定成立反法西斯人民陣線，這時候中共是勉強同意了。毛澤東首先提出抗日統一戰線的設想，但把蔣介石排除在外，而斯大林卻認為蔣介石是阻擋日本在亞洲侵略的最好壁壘。蔣介石知道中國衰弱，必須加強軍備，先安內，後攘外。1936年12月，張學良發動西安事變，要求蔣介石停止內戰，共同抗日。毛澤東先是十分欣喜。中共讚揚張學良的愛國精神，但莫斯科認為張學良被日本人利用了。蔣介石最後作出口頭承諾獲釋，而在日本帝國主義的侵略越來越忍無可忍的情況下，中日戰爭在七個月後爆發。

抗日戰爭曠日持久，斯大林全神貫注的是如何確保蘇聯遠東地區的安全，而不是如何支持中國革命。他依靠當時的國民

---

* 1930年3月，共產國際的《國際通信》（*Inprecorr*）周刊登載了關於農民領袖毛澤東的訃聞。

政府來對付日本的威脅。1945年8月14日，戰爭結束後，他與國民政府簽訂了《中蘇友好同盟條約》，而毛澤東認為，這是對中國革命的背叛。條約簽訂一周之後，毛澤東又接到斯大林發來的兩份電報，要求他與蔣介石談判。三個月後，蘇聯紅軍要求中共軍隊撤出中東鐵路兩側蘇聯控制的土地，撤出中共佔領的東北大城市。蘇聯紅軍繼續佔領這些城市到1946年，直到國民政府的軍隊就要進駐時，才秘密把武器彈藥移交給中共軍隊。兩年半之後，中共即將贏得內戰，斯大林派米高揚去見毛澤東，勸告毛澤東不要越過長江，與蔣介石劃江分治。對斯大林來説，防止美國可能的軍事干預，比傳播共產主義到世界上人口最多的國家更為重要。國民政府在最後關頭從南京撤退到廣州時，外交使團中只有蘇聯大使隨行。毛澤東取得勝利後，立即決定向社會主義陣營一邊倒。他別無選擇，因為中國的軍隊和經濟都太弱，必須在蘇聯保護下，才能抵抗美國攻擊。1949年12月8日，在宣布成立中華人民共和國之後兩個月，毛澤東乘火車前往莫斯科（這是他第一次出國）。可是，斯大林先是拒絕廢除與蔣介石1945年簽訂的條約，不願意用兩個共產主義兄弟國家之間的友好同盟條約來取代。毛澤東在莫斯科滯留了三個星期，每日無所事事，向蘇聯的陪同人員抱怨説：「天天只能吃飯、拉屎、睡覺。」斯大林最後讓步，可能是因為他看到英國在1950年1月6日承認了中華人民共和國。1950年2月14日，終於簽訂了《中蘇友好同盟條約》，但毛澤東為此抱怨了很久，説是在虎口奪食。至少，老大哥提供了相當大的技術和財務援助，使毛澤東得以開展雄心勃勃的第一個五年計劃。1950年初，斯大林允許金日成向南韓進攻，答應提供武器，但不派遣軍隊。進攻遭到挫敗之後，斯大林發電報給毛澤東，要求他提供軍隊。斯大林在中共尚未站定腳跟的時候就把它推入國外的戰爭，而且本來答應提供給中國志願軍的空軍支援也遲遲沒有兌現。

斯大林去世之後,毛澤東認為自己已經成為全世界最有聲望的革命領袖。1956年初,蘇聯人沒有事先通知就揭發斯大林的過失,已經引起毛澤東的批評。同年,毛澤東召開中共第八次代表大會,特別指出「蘇共第二十次代表大會……批評了它的不足之處」。不過,中國人認為,對斯大林死後的批評不適用於其他在世的共產黨領袖!毛澤東現在想成為世界共產主義運動的主要思想家。這裏不必詳細列舉毛澤東對赫魯曉夫「修正主義」的批判,其中斯大林也在受批判的行列,包括在斯大林主持下出版的政治經濟學手冊和為第二個五年計劃制訂的發展戰略。本書第二章裏面提到對這個戰略做了不點名的批評:「我們不能亦步亦趨地追隨別國經濟發展的老路。」1964至1965年冬季,毛澤東已經不再滿足於指出具有中國特色的道路,而是要向全人類宣示真正共產主義必須走的道路。文化大革命就是這樣明白清楚地向全世界宣告。

毛澤東對斯大林的態度不論是尷尬、保留或尊敬,主要還是怨恨斯大林的背信棄義(儘管他並不了解全部情況),尤其是斯大林只把蘇聯的利益放在第一位。毛澤東覺得自己是比斯大林更徹底的國際主義者,因此佔在道德的制高點上。他甚至覺得自己可以與斯大林匹敵,在民族方面可以與蘇聯抗衡。斯大林對毛澤東比較關注的似乎是:他會不會像別的共產黨領袖那樣恭敬順從?會不會成為另一個鐵托?

資料來源: Roux, 2009, pp. 418–425, 535–538, 541–545, 593, 732; Pantsov, 2012, pp. 299–301, 369–371, 376–381, 426; Chen Jian, 2001, pp. 21–28, 32, 36, 49–61, 85–90; Short, [1999] 2005, pp. 367–376; Westad, 2003, pp. 310–325; Li Huayu, 2006, pp. 3 和各處; Lüthi, 2010, pp. 35, 38. 關於韓國事務詳見Chen Jian, 1994.

殘酷無情

詩人阿赫瑪托娃寫道：「斯大林是有史以來最壞的虐待狂。成吉思汗和希特勒與他相比只算得上祭壇上的輔祭男孩。」[15]我不知道能不能這樣說希特勒，但毛澤東與斯大林相比絕對算得上是輔祭男孩。我和阿赫瑪托娃的話都有點誇張，但我相信康生（見附錄）絕對可以與秘密警察頭子葉佐夫或貝利亞相比擬。我的許多漢學家同僚並不同意我的看法，所以我也可能無法說服我的讀者。毛澤東給中國人民帶來難以形容的苦難，他在中國最後20年的統治絕對是個巨大災禍。在這裏有必要說明一下我常常看到或聽到的一個等式：毛澤東＝斯大林＝希特勒＝波爾布特。要解釋清楚毛澤東與斯大林的比較，需要費一番唇舌。毛澤東要對大饑荒時期千百萬人的死亡負責。如果他沒有因為彭德懷為民請命的萬言書而在1959年夏季再次發動大躍進，死亡的人數可能會減少三分之二。文化大革命殺害的人數超過100萬，受到迫害的人有好幾千萬。除了被紅衛兵打死的教師、「資產階級」和黨政官員之外，還有被紅衛兵自己或被軍隊打死的紅衛兵，以及1967至1968年被民兵屠殺的「階級敵人」。毛澤東雖然沒有親自下令，但他負有最終責任。他還要承擔以下的責任：1958至1959年時四川西部發生反抗行動後，按照城市和地區人口的一定比例遭處決的藏人等少數民族，[16]以及在土改期間普遍遭到殺害的地主和富農。他自己承認這是他的責任，甚至有時候還引以為榮，比如他在1958年5月8日的著名講話中，要共產黨負起集體責任，並且說：「秦始皇算甚麼？他只坑了460個儒，我們坑了46,000個儒。我們鎮反，還沒有殺掉一些反革命知識分子嘛！我與民主人士辯論過，你罵我們是秦始皇，不對，我們超過了秦始皇一百倍，罵我們是秦始皇，是獨裁者，我們一貫承認，可惜的是你們說的不夠，往往要我們加以補充。」[17]

可見毛澤東的殘酷無情，是不容置疑的。他這種性格早在創建江西蘇維埃共和國農村根據地時期（1931–1934）就展現出來了。中共正式的黨史一直隱瞞或捏造1930年12月富田事變的原因和事後鎮壓的真相。富田是江西的一個鎮，那裏的紅軍軍官為了抗議毛澤東的剛愎自用和大

權獨攬發動兵變，處決了大約100名毛澤東的部下。促成兵變的部分原因是江西本地的共產黨員與來自湖南的毛澤東的部下之間出現矛盾。對兵變的鎮壓行動到1932年春季才結束，紅軍軍官和士兵約有十分之一、政治幹部約有四分之一遭處決，他們大多數是無辜的。這些人全都在酷刑逼供下承認是AB團，或者由於遭到其他被逼供的人誣陷。毛澤東自己在整個事件中並沒有直接插手，但是被來自上海的黨中央領導人（包括周恩來）取代了他在江西根據地的領導職務。在事件前後，毛澤東似乎是讓他的手下採用「斯大林式」的辦法對付敵人和對手。[18]

　　以上談的是青年時代的毛澤東，以下方框8談的是老年的毛澤東。

方框 8

共和國主席下台

　　　　1966年8月5日，毛澤東用鉛筆在一張報紙的邊角上寫了《炮打司令部（我的一張大字報）》。這張大字報立即在全國傳抄、複製和散播。大字報鼓動全黨和人民群眾炮打司令部，打倒滲透到共產黨中央的資產階級專政。毛澤東藉此告訴人民，他與第二號領導人劉少奇決裂，因為劉少奇派工作組鎮壓學生在校園裏的活動，企圖破壞偉大的無產階級文化大革命。派遣工作組其實是中共政府一貫的做法，用來解決人民不滿或開展正式運動。劉少奇在派工作組之前曾經用電報向毛澤東請示（毛從1965年11月起就不在北京），但毛沒有回答。7月，劉少奇與周恩來、鄧小平等人到杭州面見毛澤東，請他親自回北京主持。但毛寧願要劉少奇去解決。毛澤東在7月19日突然回到北京，23日召開會議，公開批評劉少奇和鄧小平派遣的工作組破壞正在進行的偉大革命。在8月12日結束的八屆十一中全會上，林彪取代劉少奇成為黨的第二號領導人。劉少奇被排到第八位，自請辭職，但被毛拒絕。文化大革命需要一個活的鬥爭靶子。

從1966年8月開始，劉少奇所能做的就是自我批評，接受革命群眾或周圍人員（包括他的服務員和女兒）的批判。劉少奇的女兒劉濤在江青的逼迫下，寫了揭露父親的大字報。1967年1月13日，劉少奇最後一次見到毛澤東，要求解除他所有職務，讓他去延安或湖南老家的人民公社種地。毛沒有說話。1967年8月，劉少奇被押到一個大型會場，回答革命群眾的審問，在那裏最後一次見到妻子王光美。王光美接着被關進監牢，直到毛澤東去世後兩年才在1978年12月獲得釋放。1967年9月，他們的子女成為無人照顧的孤兒，其中有兩個在文革中喪命。1968年夏季，劉少奇在軟禁中感染肺炎，10月被告知，他被第十二屆中全會開除出黨，革除所有職位。因為需要留下活生生的的鬥爭對象，他獲得醫藥治療，但到1969年4月共產黨第九次代表大會時治療突然終止，糖尿病和高血壓使他的肺炎惡化。他在病榻苟延殘喘，遍體褥瘡，被送去開封監禁。改名換姓，不准醫師治療，1969年11月死於肺炎。

這個被千百萬中國人唾棄的惡魔化身究竟是甚麼人？劉少奇一輩子從事黨政工作，為人並不特別和藹可親，但在1917年以來參加革命的老幹部中很受尊重。他多次對毛澤東表示忠心，擁護毛成為黨的領袖。毛具有領袖魅力，關注大局而不顧細節。劉善於組織和管理工作，條理井然，謹慎小心。他工作勤奮，生活簡樸，在高級幹部中卓有聲望，因此引起毛澤東極大的不安。這個中國的赫魯曉夫會不會得到黨內大多數官僚階層支持，變成勃列日涅夫式的人物？其實劉少奇從來沒有背叛過毛澤東。毛澤東在1959年遭到彭德懷批評時，曾經表示說：你解放軍不跟我走？我就到井岡山上找紅軍去！

劉少奇對一切指責只是沉默不語，其實他的錯誤是過分服從聽話。他大部分時間都是在「一線」工作，無法事事執行毛從「二線」發出的命令，實現毛要求的或夢想的結果。我相信

毛真心認為，劉少奇和鄧小平從大躍進結束到文化大革命實行的政策是右傾路線。[*]

劉少奇是甚麼人，他想幹甚麼？[†]美國學者羅德明（Dittmer）認為：「他其實很正統，並不像文化大革命譴責的那樣背離馬列主義。」他也比「文革前和1980年代以後媒體所說的」更為靈活務實。劉少奇在1949年盲目推崇生產資料社會主義化，在意識形態和政治方面是正統的列寧主義信徒，但他試圖調和秩序與革命、效率與平等。他是工程師出身，注重技術工作。他設立機構，努力使機構有效運作。他主持「一線」工作時，推行可以實現的目標。他一開始支持大躍進，但災害和饑荒使他變得比較靈活，在經濟方面試行新的辦法。這是他能夠率領全國度過難關的原因。毛澤東放手讓他推行比較靈活的政策，但隨即痛斥由此帶來的社會後果。可是劉少奇直到下台都堅持原則，遵守在文革中被徹底取消的標準。他必須提出自我批評，接受黨的任何處分，俯首認罪。集體利益高於個人利益，劉少奇毫無怨言。

歸根結底，他的真正錯誤（除了比他過於激進的領袖更為溫和之外）是坐在第二把手的位子上；隨後坐上這個位子的人也是如此。文化大革命同法國革命一樣，突出了軍隊的作用，於是也產生拿破崙式的人物。但林彪做不成拿破崙，他自己也可能並不想做。林彪很早就與毛澤東共事，知道毛決心要除掉他自己指定的接班人，匆忙外逃，墜機身亡。

資料來源：Above all Dittmer, [1974] 1998, 1981, then MacFarquhar and Schoenhals, 2006. 關於林彪，Teiwes and Sun, 1996; Jin, 1999.

---

[*]　毛澤東喜歡稱之為兩條路線的鬥爭，是無產階級與資產階級之間的鬥爭。其實根本不存在這樣的鬥爭，因為只有一條失敗的毛澤東的政治路線。

[†]　本段大量引述 Dittmer, [1974] 1998，特別是 pp. 23, 99, 153, 289。

　　毛澤東與斯大林相比，難道就是我說的那樣　個祭壇上的輔祭男孩！毛澤東30多歲時，聽任他的下屬嚴刑逼供，以子虛烏有的罪名處決對手。七十年代初，毛澤東坐在權力的巔峰，以凌遲的手法殺死劉少奇。另一個老戰友賀龍元帥與劉少奇同一年死在監牢裏面。1967年，毛澤東在接見在京學習班時講了一席話，促成賀龍早死。他說：「賀龍這個人，我先是保他的，但後來知道他搞陰謀，……搞顛覆，我就不保他了。」他所說的陰謀，就是有人誣告賀龍要顛覆人民解放軍。於是賀龍被長期迫害致死。與斯大林消滅對手肉體的方式相比，毛澤東不喜歡自己動手，寧願讓別人做劊子手，置自己的老戰友於死地。[19]

　　我需要費一些唇舌，解釋為甚麼我認為毛澤東不如斯大林可怕。在這裏我採取了一個很主觀、也容易引起爭議的方式，就是拿這兩個人的性格做個比較。美國學者白魯洵 (Lucian Pye) 認為毛澤東「自戀自負，屬於邊緣性人格。」[20]他指出，毛對批評和對抗十分敏感，記恨在心，缺少溫情，無法以寬恕慈悲待人。斯大林的性格更不「正常」，白魯洵提到的毛澤東許多特質都適用於斯大林：孤獨、驕傲、懷才不遇、[21]憤怒、積怨記恨、心存報復。斯大林對人懷疑的程度比毛澤東更嚴重，以致要「清除」所有他不信任的人。列寧早在1922年就看出斯大林的這些毛病，再加上斯大林粗魯無禮、殘暴和背信棄義，對他頗為排斥。毛澤東是故意粗俗不文，以表明他對禮貌和傳統的不屑。最後，據我所知，毛澤東從來沒有斯大林那樣的虐待狂性格；斯大林喜歡閱讀秘密警察關於死刑囚犯臨終時的報告。總的來說，兩個人都是偏執狂（也許還不到不可救藥的程度），克里姆林宮的那位可能比中南海的那位病情稍微嚴重一些。

　　要比較兩個人的性格、行為和屠殺記錄，我必須承認，中國對人民的洗腦功夫更為可怕。法國知名漢學家杜明認為，勞改比古拉格更恐怖。歷史學家蘇伊里 (Pierre Souyri) 說得好：「毛澤東思想是官僚操縱群眾、和國家控制思想的最極端的極權主義形式。」我承認，毛澤東式的無休無止的思想改造，清除反動思想來治病救人，往往淪落為普遍的犬儒主義。病人假裝靈魂得救，醫生假裝相信病人不在說謊。而斯大林

的秘密警察一開始就只相信苟且偷生的道理。他們並不想塑造「新人」，只想製造出「馴服的殘廢人」，「一隻聽話、遲鈍、俯首帖耳的狗」（馬爾特·格里斯〔Malte Griesse〕）。德國格里斯教授寫道：「敲詐勒索從來不是公然進行，但人民心領神會。斯大林式的政權不需要一個自覺的自由人出於信念與政權合作。它喜歡的是一個因為害怕被掀開面具和受到懲罰而委曲求全的人。它依靠的是人的弱點和腐敗，不是人的高尚品德。」[22]

中國早年在土改時期經常把一定比例的人處死。這比較像列寧在1918年的做法，把十分之一的人質殺死，而不像斯大林在1938年那樣，每天簽署死刑名單。俄國在1918年與中國在1950年一樣，領導人冷酷無情，因為這是維護脆弱新政權的必要手段。到1938年，經過20年之後，蘇聯採取這種手段是為了鞏固個人權力，消滅可能的對手和敵人。可是，中國在建立政權大約20年之後，為甚麼仍然要屠殺人民？我在上文提到，為甚麼大批原來地主的子女遭到殺害？這是因為文革挑起的動亂無法停止，毛澤東不得不動用軍隊來結束無政府狀態，用革命委員會來立即取代被打倒的黨委。在廣東和廣西的省會和一些主要城市，造反派組織都聲稱擁護毛主席，嚴重對立，拖慢了革命委員會的成立速度。於是，中央政府憑空虛構，説是有秘密的反革命武力在策劃蔣介石復辟。這些反革命分子必然就是階級敵人，所以民兵就必須消滅這些敵人和他們的子孫。[23]這個既愚蠢又恐怖的罪行，是毛澤東首先造成的混亂所帶來的後果。執行屠殺的人殺害階級敵人的子孫後代，因為他們擔心有一天會遭到打擊報復，就像是斯大林的擁護者為了防止將來假設的危險而採取的預防措施。我們如何分辨這兩種罪行的異同？我認為毛澤東沒有能夠防止屠殺，是因為當時的局勢太過混亂，而斯大林的屠殺是經過冷血的精心策劃的結果。毛澤東當然要負起最終責任，但我們不妨設想一個沒有具體證據的情況，就是説毛命令周恩來和康生向廣東和廣西的負責當局吹風，説是有軍隊秘密企圖復辟蔣介石政權。正被城市裏面的造反派弄得焦頭爛額的省級領導人於是把清除和鎮壓反革命分子的任務交給地方當局。接着，地方民兵配合狂熱分子和乘機煽風點火的積

極分子到村莊大肆搜捕和屠殺歷次政治運動的替罪羔羊，也就是那些出身不好的鄰居。他們下手不留情，因為他們擔心這些人的子孫長大之後會回來討回血債。以上這些純粹是我的設想，所根據的是蘇陽關於文革時期中國農村集體殺戮的研究，以及我們所了解的中國在1967至1968年時期的無政府狀態。另一方面，按照真憑實據，斯大林在莫斯科公審時交代檢察長維辛斯基 (Andrey Vyshinsky) 如何提出簡報，親自擬訂公開審判時拉科西 (Mátyás Rákosi) 對拉依克 (László Rajk) 的指控，並撰寫了《真理報》關於〈猶太醫生陰謀〉的社論。[24] 對於受害者來說，結果其實都是一樣。

但要對兩個獨裁者進行比較，他們各自採用了甚麼方法還是很重要的考量。斯大林的殺戮是由他一個人發動和操控，預先精心策劃，並雷厲風行地執行 (不過，1937至1938年實地執行其命令和葉佐夫的指示時很快失控，由於蘇聯政權的性質，使得各州和基層領導人爭相攀比，超出原來的定額)。另一方面，中國政府的處境岌岌可危，它自己挑起的天下大亂已經失控，地方當局自行其是，使得偉大的舵手既惱怒又不耐煩地責怪：「甚麼事都做不成的廢物。」[25]

歷史學家韋爾特認為：「在1930年代，蘇聯推行激進的社會工程政策，使用暴力來徹底改變蘇聯社會，也使用暴力來應對這種政策引起的一連串危機。」毛澤東使用的暴力恰恰就是為了應對一連串始料未及的危機而緊急採取的行動。可是，毛澤東並沒有像斯大林那樣，策劃推行社會工程政策來清洗社會。斯大林的目的，是未雨綢繆地消滅所有為害社會的人和可疑的少數族裔，因為這些人都可能參加並不存在的「第五縱隊」。斯大林清洗作為社會主義展示櫥窗的城市，把城市裏面討厭的渣滓送去荒蕪的西部西伯利亞、北方地區、烏拉爾山區和哈薩克斯坦。流氓、囚犯、城裏無業的農民、年紀大的殘疾人、以及忘了攜帶護照的普通公民，都被成批送去北方地區荒無人煙的小島，甚至不讓他們有時間攜帶糧食和寒衣。[26]

除了為害社會分子，斯大林還緊盯着可能的敵人 (例如在卡廷森林被集體殺害的波蘭軍官) 不放，為了保衛社會主義祖國而防患於未然。

1939年9月以後，在被佔領的西部烏克蘭，秘密警察在戰爭爆發前過濾學校的學生名單和成績單，「擬訂準備要逮捕的名單，首先是那些他們認為具有才華但可能對蘇聯政府懷有敵意的學生」（尼古拉·韋爾特〔Nicolas Werth〕）。毛澤東關注人的靈魂和良心，也造成痛苦和災難，但他沒有擬訂像斯大林那樣的計劃，未雨綢繆地消滅任何在將來可能造成危害的人。中國也有類似的措施，但沒有成為系統，規模也小得多。[27]

上文提到的「特殊人口」，譬如1930至1931年收容第二類富農的（並不存在的）「特殊村落」，還有那些社會不良分子和不受歡迎的少數族裔被送去墾荒的偏遠荒蕪地區，組成了第二類古拉格，[28] 人數也不比第一類古拉格少。從1930到1953年，每六個成年人就有一個去過古拉格，這個比例比中國的勞改和勞教人口大得多。

兩個政權推行的激進政策都帶來危機，其中災情最慘重的就是饑荒。兩個政權在饑荒處理方面十分相似，譬如都不准農民逃荒，把他們攔截回去等死。不過，我在前面已經指出，兩者之間有一個很大的區別。大多數專家同意，斯大林利用饑荒或使其惡化來讓更多烏克蘭農民死亡，因為他懷疑烏克蘭農民有分離主義的傾向。斯大林邪惡，毛澤東恐怖，這似乎體現了兩個人不同的性格和歷史背景。斯大林去世，可能使蘇聯逃過另一次大清洗災難，可是人民群眾卻痛哭流涕地表示哀悼。莫洛托夫的妻子波琳娜被斯大林流放到西伯利亞，也在聽到死訊後流下眼淚。在斯大林統治下，很難想像會發生林彪事件或1976年4月5日群眾紀念周恩來的活動。四五運動的抗議目標自然是轉彎抹角地指向毛澤東，毛也認定這是「反革命政治事件」。但是，這個事件發生在毛澤東的治下，足以說明毛澤東與斯大林的恐怖統治性質不同。四五運動與柳汀（Ryutin）事件不同；[29] 它是普通公民的抗議活動。在表面上悼念周恩來的無數祭文、花圈和詩詞中，有「秦始皇的時代一去不復返了」的大字標語，還有人指出，毛澤東自誇殺掉的知識分子超過了秦始皇一百倍。

在此大約20年前，在「百花齊放、百家爭鳴」運動時，毛澤東讚揚南京學生的遊行示威很有紀律，列隊通過政府大樓，高呼打倒官僚的口號！[30] 如果這些學生是對斯大林示威，能夠想像人頭不會落地嗎？

　　除了人民群眾的活動[31]（中國在195/和19/6年，而蘇聯是萬馬齊喑），還應該談一下兩個獨裁者的副手和下屬。1944年，毛澤東對1943年搶救運動中犯下的錯誤，公開表示賠禮道歉；不過他並沒有責備整人最兇的康生。康生只是被暫時閒置，到文化大革命時又發揮重要作用。毛澤東與斯大林相比，被他殺害的拷問者（例如安全部首腦雅哥達和秘密警察頭子葉佐夫）和無辜者都比較少。

　　斯大林不是草菅人命，而是服膺俄國的一句老話：鋸木頭時難免木屑四濺，寧願錯殺十人，不能放走一個。[32]被他處死的人都是其堅決忠誠的擁護者，而不是那些可能與他爭奪權力的老布爾什維克。許多在他周圍的人都像是生活在緩期死刑之中，所以對他愈加諂媚逢迎。例如卡岡諾維奇（Kaganovich）的三個兄弟都被處死。柯西金（Alexei Kosygin）在1948至1950年期間，每天早晨與妻子告別時都提醒她，如果他晚上沒有回來，她要做哪些事。蘇聯共和國主席加里寧（Mikhail Kalinin）在斯大林面前卑躬屈膝，懇求釋放他的妻子（她在古拉格待了十年，1946年戰爭結束後才獲釋，剛好與丈夫見到最後一面）。[33]

　　莫洛托夫的妻子波琳娜要等到斯大林去世之後才離開古拉格。政治局投票把波琳娜開除出黨時，莫洛托夫因為愛自己的妻子，投了棄權票。他隨即反悔，懇求斯大林寬恕，接着宣稱：「我宣布對這個問題想清楚了，我應該投票贊成中央委員會的決定，因為這符合黨和國家的利益。……而且，我承認犯了大錯，沒有阻止我最親近的人走上錯誤的路。」[34]斯大林去世，不僅讓波琳娜和其他好幾千人獲得自由，也很可能救了莫洛托夫、貝利亞和米高揚等一些大人物的命。我本來也想按照關於劉少奇的方框8的做法，專門為布哈林編一個方框9（第252頁），但被斯大林殺害的人太多了，如果掛一漏萬，反而顯得劉少奇的遭遇微不足道。

　　這樣看來，是不是可以說毛澤東是個和藹可親的暴君？當然不是，但是與斯大林比較起來，文化大革命中不贊成毛澤東政策的許多領導人，包括鄧小平、陳雲、彭真等等，都比毛澤東活得長。歷史將如何評價這兩個獨裁者？斯大林可能比毛澤東殘酷有效，但鄧小平在毛澤東

死後改變了中國，也改變了世界，歷史將會記下，鄧小平的功績比毛澤東大，過失比毛澤東小。[35]歷史會感謝鄧小平，也會感謝毛澤東，因為毛讓鄧活了下來。如果是斯大林，一個屢教不改、一再復辟資本主義的鄧小平能夠僥倖活下來嗎？

終結矛盾

從沈從文的筆下認識中國。

方框 9
沈從文小說裏面的砍頭場景

「打從兒時開始，沈從文就看過成千上百顆砍下的人頭。這些人頭有的掛在城牆上示眾，有的隨意扔在河邊等待家人撿拾。更駭人聽聞的是，他記得士兵時常為了湊足每日砍頭的配額而隨意逮捕無辜農民。要是人數夠了，士兵就以一種類似抽籤的儀式，讓俘虜試試手氣，拿自己的性命作賭注。贏的人獲得自由，輸的人只好聽任命運的宰割。沈從文的小說因此不時出現這類場景：一個倒楣的農民和獄友訣別，交代他們幫忙料理家中後事（〈黃昏〉）；一個悲傷的男孩扛着裝有父兄腦袋的擔子，沿着山路走回家（〈黔小景〉與《從文自傳》）；或更恐怖的：許多已經腐爛的屍體被丟在河邊，任由成群野狗搶奪爭食（《從文自傳》）。」

資料來源：David Der-wei Wang, 2004, p. 25, 其中引述沈從文小說中關於這類場景的描述。

　　沈從文對他的國家的現代悲慘命運驚駭不已，這不難理解。這樣的悲慘事件一再重複發生就必然導致革命，這也不難理解。我們不能忽視，1949 至 1976 年的中國革命就是在這樣的背景下產生的。王德威的《歷史與怪獸》的第一章專門談到殺人砍頭的事，後面的幾章也一樣殘酷。由於對毛澤東 1949 年以後、尤其是 1955 年以後的評價太糟，許多歷史學家為了公正，覺得應該舉出革命給中國帶來的好處，包括：獨立、統一、秩序、以及樹立中央政府的權威。關於秩序和權威，毛澤東治下的政府得到的是服從而不是尊敬，主要是因為害怕而不得不服從。不過，毛澤東留下的遺產的確豐富，歷史學家把中國革命的成就歸功於毛澤東，主要是認為他在中共奪取政權的過程中發揮了決定性的作用。在中共取得權力之前的 20 年期間，毛澤東好幾次比別的領導人更為清醒明智。他擬訂和實施的戰略推動中共和整個革命運動前進。儘管中國的人口結構、經濟條件和環境（城市裏面的白色恐怖）迫使中共不得不在 1927 年轉向農村鬥爭，但毛澤東的作用絕不比任何人小（1929 年被槍殺的彭湃可能是唯一例外）。而且，毛很早就看到「槍桿子裏面出政權」，警告他的同志們，共產主義運動必須有自己的軍隊。在決定性的中日戰爭期間（1937–1945），他出於私心保存中共實力的決定效果顯著，使中共在戰後得以與國民黨的軍隊抗衡。不僅如此，他迅速派軍隊進入被日本軍隊佔領的國民政府行政區，建立了廣大的敵後根據地。這些小型的斯大林式國家就是以後的全國政權的雛形。打贏內戰之後，這些根據地的規模擴大了，但結構沒有變。

　　我並不是說，毛澤東在 1949 年的貢獻比斯大林在 1917 年的貢獻大，不然的話，我應該拿毛澤東與列寧比較。我這裏要做的，是比較斯大林和毛澤東的政績，看一看他們的成績是不是抵得上他們將近四分之一世紀的暴政。斯大林讓列寧留下的破船沒有沉沒。他不僅推動蘇聯前進，而且建立了現代化的工業和軍隊，雖然最初犯下大錯，卻終於擋住了德國大軍的進攻。終毛澤東一生，中國與西方帝國主義國家之間的距離反而擴大，中國人民始終一窮二白。中國在擺脫了他的專橫統治之後才開始發展，數以億計的人民生活才得到改善。斯大林比較

有效率(但蘇聯的農業與中國一樣停滯不前),部分原因可能在於他的任務難度比較小。中國在1949年的經濟不發達程度比1917年的俄國大得多。俄國在開始經濟現代化方面顯然佔據優勢。這項工作可能違背了革命的初衷,就是說建設大樓、工廠和城市,而不是建立公正平等的社會,但這些都是必不可少的。

斯大林更為認真有效

以下詳細比較俄國與中國兩大革命的成敗得失。斯大林奠定了現代經濟的基礎,而毛澤東治下的中國與西方國家的距離越來越大。毛澤東的性格和脾氣是導致他失敗的部分原因。他的私人醫生李志綏在回憶錄裏面稍微透露了一些毛澤東的混亂生活。矛盾不僅是毛澤東著名文章的標題,也是他的生活方式。他痛恨因循守舊,也討厭循規蹈矩和謹慎小心。他任性妄為,高居廟堂之上,不知民間疾苦。他清晨入睡,過午才起床。他的生活像個孤家寡人,不信任任何人。他自信而且固執,隨意做出決定。他聰穎過人,不相信專家,有時援引小時候學到的儒家經典,有時引述後來學到的馬列主義。他根據意識形態,拒絕接受安徽省委書記曾希聖根據實際經驗提出的「責任田」辦法(這個辦法直到他死後才在全國推行),卻根據儒家的格言來解決先進的技術問題。「是故德成而上,藝成而下」(禮記)。於是,古典的紅優於專的格言奇妙地把馬列主義的革命性與中國的傳統智慧結合在一起。[36]

斯大林也一樣會因為他的意識形態、自大傲慢和盲目樂觀而犯錯誤。他的名言是:「沒有工人階級和布爾什維克不能克服的堡壘。」[37] 1929和1958年,在意識形態指導下,經濟計劃讓位給唯意志論的目標,任何障礙都不在話下。斯大林跟毛澤東一樣,過分相信自己的直覺。這導致他犯下極為嚴重的錯誤,並由於他的偏執頑固造成大災難,例如在德國入侵前後那段時間的錯誤。[38] 他對農業其實一無所知,1928年以後就不再去農場視察。斯大林的錯誤和缺點可以列出一長

串，但與毛澤東相比可能是小巫見大巫。他經常勤奮工作，比較注意細節，更為實事求是。他也會因為意識形態走上極端歧路，也會自以為是，但他除了固執，也會小心謹慎，而這正是毛澤東缺少的。毛澤東每次都是事後才知道事實真相，但由於沉迷於幻想而不能糾正。雖然斯大林也不止一次被號稱包含真理的意識形態誤導，但他還是知道如何實事求是，比毛澤東要果斷並前後一致。蘇聯文學評論家維拉‧鄧納姆（Vera Dunham）說得好，斯大林關注的是他的行動取得甚麼樣的成果。與毛澤東比較，斯大林「不關心其子民的思想改造，而只要改造他們的條件反射、行動和反應能力。……他不想塑造新人，只想拼命鑄造斯大林式的社會秩序。」他是成功了，卻把革命丟進了垃圾堆，而且預示了在毛澤東死後、現代中國由鄧小平率領下從毛澤東的災難中學會務實前進的道理。斯大林的雄心壯志是建立新的政權、改變社會和發展經濟，比毛澤東想塑造新人的理想要實際一些。因此，斯大林關注的不是教育，而是官僚階層和組織。斯大林的理想也帶來苦難，但是避免了毛澤東式的大災難。[39]

一線二線

前面第三章提到，中共中央領導層分為一線二線，毛澤東退居二線，不主持日常工作。這是典型的毛澤東方式，統治而不管理，但一線二線的分工始終沒有正式成為制度，因為提出這個想法的毛澤東本人沒有遵守自己的規定。毛遇到他不想承擔責任的政策就退居二線，因為這些政策雖然必要，但他的意識形態讓他不願意接受。然後他就指責那些努力彌補過錯的下屬。[40]

斯大林沒有設立二線，都是自己處理政府的日常工作，這從他在夏天度假期間不斷給莫洛托夫和卡岡諾維奇寫信可以看出。斯大林與忠心於他的下屬之間的關係比毛澤東好一些，但他的絕對權力也是在十年之後打倒另一個喜馬拉雅山峰——布哈林才取得的。[41]1929年，布哈林被解除中央政治局委員和《真理報》主編職務。1931年，經中央政治局

幾乎一致同意（斯大林投了唯一的反對票），被任為蘇聯最高國民經濟委員會科學技術管理局局長。斯大林在1930年代初期的權力顯然比不上毛澤東，毛可以迫使他的同僚以莫須有的罪名打倒彭德懷。蘇聯的中央政治局是集體領導，但是總書記的地位在眾人之上。布哈林失勢後，只剩下斯大林一人獨大。然而，1934年初，蘇聯共產黨召開第十七次全國代表大會，布哈林在被迫作自我批評時，仍然在外交政策上提出與斯大林完全相反的意見。布哈林認為，蘇聯主要的敵人是希特勒，不是法國或英國以及它們的資本家和「社會叛徒」。重新入黨的前托洛茨基分子普列奧布拉任斯基（Preobrazhensky）自我批評時也嘲笑那些盲目聽從斯大林教條的人。那些在這次大會上笑出聲來的代表，在五年後的下一次代表大會上都後悔莫及。[42]

1959年在盧山會議上卻沒有人敢發出笑聲，這表示斯大林在1934年初的權力趕不上毛澤東在大躍進時的權力，也比斯大林自己在大清洗時的權力小。斯大林是在1930年代鞏固了他的權力，毛澤東則因為把領導層分為一線二線，大權旁落，直到文化大革命才重掌大權。斯大林剷除對手中的老布爾什維克，奪取權力，卻削弱了他自己心腹下屬的權力。毛澤東的權力在1960年代前半期逐漸削弱，連想扳倒劉少奇和鄧小平都不容易，這表明他根據夢想形成的主要政策和措施遭到嚴重挫折。

意識形態

毛澤東的性格和工作方法並不是他遭到挫折的唯一原因。他討厭循規蹈矩和遵守紀律，加上他靠自我奮鬥成功的經歷，使他覺得掌握了基本道理，更加相信自己在理論上的正確性。他關於知識分子的名言是「書越讀越蠢」和「書念多了要害死人」，說明了他不喜歡知識分子。[43]因為他年輕時被知識分子看不起，到雙百方針時他覺得知識分子想教訓他。他不信任書讀得太多的人，更不相信專業知識，認為這些人住在城市裏會重新成為特權階層。他往往相信群眾的創造力可以克服困難，甚至會產生科學發明，因此主張平等主義。在毛澤東統治的最後

二分之二時期，他越來越同意列寧的為達目的、不擇手段的説法，相信他自己的平等主義理想。不過，他的目的沒有變，手段卻可以變。在毛澤東看來，黨內享有特權的人太多，他們不了解人民群眾自發的社會主義。

這裏需要我稍作解釋。中國革命者原來的目的是強國，而不是富民。他們的原始動機是希特勒式的，不是馬克思或列寧式的——不要忘記，中國是帝國主義列強的俎上肉，因此策略上處於守勢，而希特勒德國的策略是採取攻勢。中國革命者的關注點不像馬克思、恩格斯和列寧那樣是全世界性的，而只是關注中國一個國家。他們不必等到看見世界革命失敗，就已經修改原來的目的，改為在「一個國家」建設社會主義。少數一些革命者沒有修改他們原來就不太了解的馬克思主義，卻選擇了列寧式的取得政權和進行發展的道路，因為據說這個道路已經在另一個經濟落後國家成功實現。這些人吸收了馬克思主義關於終結人剝削人制度的處方和抱負，卻沒有放棄原有的民族主義。

毛澤東正確地把馬克思主義中國化，依靠農民而不是依靠人數不多的工人階級取得政權。建立政權之後，他亦步亦趨地遵循斯大林的第一個發展戰略。可是，中國的人口和經濟狀況不同，在蘇聯行之有效的處方卻在中國行不通，引起了更多意想不到的困難。毛澤東也沒有繼續堅持，因為他比斯大林更加看重平等主義的理想。他固然譴責城鄉差距，卻沒有甚麼實際措施，但他關心的不是收入不平等，而是醫療衛生和教育不平等。今天看來，這兩個部門是在不平等現代化情況下犧牲最大的部門，他完全有理由感到關心。我們至少必須承認，毛澤東譴責這些社會不平等現象是對的。他作為一個革命家不滿意自己的工作，堅持共產黨人自詡的社會平等理想，的確值得表揚。問題在於：毛澤東並沒有背棄共產主義，甚至竭力維護革命的火種。中國的革命本來是民族主義的，後來出於偶然機遇正式變成共產主義革命，但是毛澤東過於強調共產主義的蛻變，加劇了對共產主義的誤解。他把中國革命帶離了原來的軌道。他與別人一樣，尋求中國的富強之道，在接觸馬列主義之後，發現必須致力於讓農民擺脫貧困。可是，由於

他在任何情況下都始終強調平等主義，結果是兩頭落空。中國始終貧困，人民依然一窮二白。

另一方面，眼前的不平等現代化卻使得人民脫離貧困，比只是空口譴責社會不平等更為有效。毛澤東聲稱兼顧了原來的民族革命目的和後來的社會革命目標，卻使得革命脫離了軌道。這不只是因為毛澤東過於強調意識形態，也是因為他有時候過於驕傲，認為革命熱情比改善民生更重要。其實人民群眾更關心物質生活的改善，他們不再是那張讓革命家繪畫更新更美圖畫或實現他的夢想的白紙。[44] 在這裏我有必要做一些具體説明。在一五計劃期間和之後一段時期，毛澤東像斯大林一樣，甚至比斯大林更為堅決，採取普列奧布拉任斯基的辦法，剝削農民來進行原始社會主義積累。在1953年對糧食進行統購統銷之後，部分為了這個原因，毛澤東在1955年開始加快進行農業合作化，希望藉此徵收農民不願意交出的糧食。他曾經依靠農民的不滿推翻了國民政府，現在卻無情地剝削農民，以求建設國家。不過，毛澤東加快進行農業合作化，不只是基於他的民族主義目的，也是基於他的社會主義理想。儘管他接受了國家對最貧窮階層農民的剝削，讓城市居民的收入比農村居民多兩倍，但毛澤東心目中的平等理想是防止農村出現新的社會分化，避免讓富農剝削貧農。

在這方面，他是成功的，在他的統治下不再有富農出現。第一批新富農是在毛澤東去世之後六年才出現的，因為那時撤銷了實施已久的均貧政策。毛澤東一貫強調革命熱情比改善人民生活重要，平等的現代化比不平等的現代化重要。結果是，1977年（毛澤東去世後一年），有1.5億農村居民生活在貧窮線以下，農村人均收入略低於國民政府時期（1933年）的水平。我現在只提出農民的生活，因為他們是人數最多、也是最不幸的一群，但在毛澤東去見馬克思時，整個中國人口都是一貧如洗，這也為以後的經濟繁榮鋪平了道路。

斯大林的統治按照傳統的方式逐漸趨於殘暴。歐洲革命的失敗並不是表示原來的經濟現代化道路將會成功，但的確鼓勵走向這條路。從落後狀態盡快趕超先進意味着不一定要採取帝國主義的侵略方式。

列寧去世後幾個月，斯人林決定在一個國家建成社會主義，但是列寧早已指出革命就是現代化，他的名言是：「社會主義是蘇維埃政權加全國電氣化。」蘇維埃只具有象徵意義，迅速發展才最為重要。即使我們考慮到教育和醫療衛生方面的進展，還有其他一些社會方面與平等方面的措施，仍然可以明顯地看出，社會主義革命者建立的社會比他們竭力譴責的資本主義社會更不公平。蘇聯式的馬克思主義沒有預計到毛澤東後來提出的警告：「經濟發展和社會主義生產關係的存在並不能自動保證共產主義一定到來。」[45]

十月革命的理想在1920年代初盛極一時，到1930年代逐漸引起懷疑或遭到忽視。從一五計劃開始，發展壓倒一切。斯大林與毛澤東的想法不一樣，他認為發展是實現目的之手段。他不僅接受了社會階層化，而且從工人和農民中培養出知識階層，特別是技術階層。另一個必要條件是建立強大的國家，所以斯大林使得國家越來越專制（其實在內戰時就已經開始），並把他自己變成了現代的彼得大帝：「斯大林自認與俄國歷代的沙皇暴君一樣，所以不需要實現原來建立社會主義社會的承諾，特別是要結束布爾什維克這一章歷史，因為那些老布爾什維克都已經成為他的敵人」（摩西‧列文〔Moshe Lewin〕，美國學者，專研俄國和蘇聯歷史）。列寧曾說斯大林是俄羅斯的野蠻人，這個野蠻人的確名副其實，他改變了意識形態。[46]在二五計劃結束前，斯大林除了拋棄了平等主義，又拋棄了國際主義。為了填補空缺，他恢復了傳統價值觀、家庭以及布爾什維克曾經否定或反對的所有東西。

毛澤東對於十月革命的理想要執着得多。他既有執着又前後矛盾，因為他要建立的國家既要強大，又要平等。他仿效蘇聯1929年的大轉彎，卻漠視蘇聯第二次轉折回到了「成熟的」斯大林主義，認為那是赫魯曉夫造成的惡果。他把那些企圖改革卻不夠徹底的人都視為修正主義分子。中國革命與蘇聯不同還因為革命階段的落差。毛澤東在嘲笑「土豆燒牛肉共產主義」的時候，蘇聯的建設已經相當現代化，而中國才剛剛起步。在毛澤東有生之年，中國不但沒有迎頭趕上，反而把差距拉大。毛澤東跟斯大林不一樣，沒有用發展來壓倒社會平等，

反而是因為強調社會平等而犧牲發展。他往往相信「世上無難事，只要肯登攀」，卻因為兩頭兼顧，變成兩頭落空。

「在所有極權主義政權裏面，維護教條的理論家都會與比較實際的政治家衝突」（卜米安〔Krzysztof Pomian〕，波蘭哲學家和歷史學家）。[47] 斯大林與毛澤東相比，顯然更注重實際，儘管他也要維護教條和追求平等主義理想。另一方面，由於斯大林的驕傲和固執，他那些更為實事求是的同僚不得不聽從他的一些愚蠢想法。在列寧設想和制訂的制度下，斯大林的同僚在斯大林生前都只能俯首聽命；在毛澤東的領導下也是如此。然而斯大林越來越偏執妄想，扭曲了現實，也更加殘忍暴虐。

大清洗與文化大革命

兩個獨裁者犯下的最嚴重罪行，也最能說明他們在脾氣和政治選擇方面的差別。大清洗和文化大革命是兩個完全相反的事件。文革煽動起千百萬盲目狂熱的群眾，但很難想像大清洗會引起群眾的激情，即使在莫斯科公審期間也是如此。文化大革命是一個老革命家為了恢復革命的純潔性而對自己一生的努力發起的革命。[48] 這是史無前例的，的確令人難以想像。這是從革命內部造革命的反，推翻現有的成就，回到已經失去的革命目標。毛澤東對他自己創立的政權不滿，原因在於他看到社會不平等現象，這也是他對致力於解決饑荒的下屬的批評。他雖然不滿，卻沒有根本解決問題，只是指出革命退化變質會導致資本主義復辟，就如赫魯曉夫的「假共產主義」背叛了蘇聯的革命。他很謹慎，沒有批評共產政權本身，而是要還原政權的本質。他斥責的官僚主義不限於中國共產黨，因此使得毛澤東思想具有普世性質。他對共產黨官僚主義的批評很嚴厲，但不激進，沒有甚麼新意。這些批評早已由自由主義者、無政府主義者和托洛茨基分子提出，天真無知的人會相信毛澤東的話，是因為毛本人就坐在官僚體制的金字塔頂端。

事實上，毛澤東的立場就令人起疑。他直接批評的目標不是共產黨政權，而是中共領導層裏面的對手，或者擴大來說，終極目標是官僚階層或共產黨的官僚階層；而討厭他們的不只是毛澤東和斯大林，也包括所有獨裁者。毛澤東雖然對政權無情批評，但暗中留有餘地，每次他發起政治運動，都會在危及既有秩序時突然叫停。他置身事外，對於他給政權造成的危害，對於那些努力維繫政權的領導人動輒得咎，他都拒絕承擔責任。

毛澤東的行動已經表明，為了防止中國革命退化變質，他寧願推遲實現讓中國變得富強的原有目標。畢竟，窮人比富人更要革命，他認為保持中國人的革命熱情比改善人民的生活更重要。他發動文革，是從個人向普世跨出了一大步。既然蘇聯已經失敗，現在應該由毛澤東高舉火炬，把革命原來要富國強兵的目的改為普世的平等價值奮鬥。這可能是比毛澤東早一代人的革命目的，現在卻是時移世易了。

為達目的，不擇手段。毛澤東為了實現他的偉大目的，開始籌劃部署。他的妻子江青秘密聯繫在上海的筆桿子姚文元寫了〈評新編歷史劇《海瑞罷官》〉，經毛澤東修改了三次，在上海《文匯報》發表。這篇文章批判北京副市長吳晗，通過吳晗批判北京市長彭真，最後批判到國家主席劉少奇。從1965年11月文章發表，經過許多曲折迂迴、陰謀詭計，到1966年夏季掀起學生的遊行示威運動，全世界才知道北京出了大事。學生運動是由北京大學的一張大字報引起的。帶頭寫大字報的是哲學系黨總支部書記聶元梓，它攻擊北大領導人是走資本主義道路的當權派。這張大字報引來400多張大字報反擊。但毛澤東立即表示支持，評價說「這張大字報是二十世紀六十年代北京公社的宣言，比巴黎公社意義更大」。當時沒有人知道的是，聶元梓等人的大字報是由康生的妻子曹軼歐在背後授意指使。她告訴聶元梓，會有非常高層的領導人給予支持。後來，紅衛兵在有人指使之下從批評教師提高到推翻復辟資本主義的司令部，也就是毛澤東原定的接班人劉少奇。這一切都是毛澤東一手策劃的。[49]

所有這些算得上是另一場大清洗嗎？我必須承認，文革和大清洗是無法比擬的。文革激動人心，使得毛澤東時代成為「世界史上一次偉大

的烏托邦事件」。[50] 像大清洗那樣的一場經過精心策劃的冷血屠殺能夠
激發人們的理想嗎？首先要説的是，這兩大事件的性質顯然不同。歷
史學家韋爾特指出，斯大林的社會工程行動被多年來的清洗精英分子的
表象遮蓋了 (而這是唯一受到赫魯曉夫秘密報告批評的一點)。這種工
程也包含清洗和丟棄斯大林希望消滅的所有東西，差別在於要清洗的不
只是共產黨的領導幹部，而是整個社會。第一批要清洗的是斯大林在
1937年7月2日「富農行動」的對象，所謂的共產政權敵人。大清洗是在
這個行動幾個星期之後才開始的。富農只是個統稱，除了前富農，它
還包括「過去的人物」(貴族、沙皇官僚和前政權的精英分子) 和「社會
害蟲」(例如流氓和惡棍)。此外，還要加上僧侶和教士、白軍軍官、曾
經參加農民造反的人以及曾經參加非布爾什維克政黨的人 (特別是社會
主義革命黨成員，他們的罪名是在1918年1月沒有召開成功的製憲會
議上人數遠多於布爾什維克黨人)。總之，是一大批人。這些人已經很
長時間沒有説話，不再活動，但為了保險起見，最好徹底予以消滅。
富農行動是大清洗的秘密行動中處死最多人的一個行動。

　　這也不是唯一的行動。為了清洗富農採取了一系列全國行動；有
一些針對外國人的行動，是擔心這些人成為外國間諜或支持外國入侵。
這種行動也必須盡量撒開羅網，把居住在邊境、有可能私通波蘭的俄國
人、在第一次世界大戰時被德國俘虜的人、與國外親戚通信的人，或收
到國外包裹的人都包括在內。在1937至1938年列強爭霸的國際局勢
下，「德國行動」很可能是最血腥的行動。曾經受俄國沙皇凱瑟琳二世
僱用的那些德國殖民者的後代，及他們居住在俄國的同胞付出了慘痛代
價，55,000人被判刑，其中四分之三以上 (約42,000人) 遭到處決。在
「波蘭行動」中死亡的人更多，140,000人被判刑，其中110,000人是死
刑。這不是因為波蘭特別危險，而只是因為它是鄰國強權的俎上肉，
是《德蘇互不侵犯條約》的犧牲品。斯大林在一封信中寫道：「好極了，
葉佐夫同志！繼續進行，清除這些波蘭污穢。為了蘇聯的利益，徹底
消滅它們。」[51] 基於同樣的理由，還必須進行芬蘭、愛沙尼亞、拉脱維
亞、羅馬尼亞和希臘行動等共十個國家的行動。那麼日本呢？日本不

是蘇聯遠東的鄰國嗎，而且日本還簽署了《防共協定》？由於在蘇聯的日本居民不多，特別制訂了針對「哈爾濱人」的行動。所謂哈爾濱人，是指原來在哈爾濱為俄國中東鐵路工作的鐵路工人和其他職員。這條鐵路移交給日本後，這些工人被遣送回蘇聯。葉佐夫和斯大林都認為，這些人中間必定潛伏着日本間諜，所以必須再一次撒開羅網。[52] 還有一些大清洗的犧牲者是外國共產黨人，他們或者在共產國際工作，或者是應斯大林召喚去莫斯科的。不過，這些人應該是屬於受到清洗的精英分子一類。

這應該就是大清洗與文化大革命之間的共同點，但除此之外，中國沒有經歷過斯大林式的社會工程和「淨化」。毛澤東沒有特別針對地主、歷史反革命或少數民族進行清洗，儘管這些人的日子並不好過。

斯大林在1937至1938年受到的外國威脅，並不比中國在1966年或此前五年或十年更嚴重。日本、印度和美國並沒有採取希特勒那樣的政策。毛澤東因為與蘇聯為敵，在文革結束時反而與美國親近。莫斯科在1937年和北京在1966年都在整肅精英分子，但除此之外，目標並不一樣，採取的手段更是不同。斯大林的大清洗儘管做得過分，[53] 但比起文革來，還是比較受到控制，比較按照官僚機構的程序進行，也比較井然有序。換句話說，比較像納粹的形式體系。斯大林絕不會冒險讓人民群眾攻擊自己領導的黨，絕不會讓任何別人殺害共產黨員（他自己控制的內務人民委員會除外）。斯大林決定大清洗開始的時間，也決定要在16個月內結束。毛澤東發動文革，給自己創建的政權帶來無法無天和內戰狀態，費盡力氣仍然無法收場。面對失控情況，他不得不轉而使用傳統的軍隊，然後使用民兵和重新啟用的共產黨幹部。軍隊在原則上可以控制，[54] 但民兵不然，結果造成文革中幾次最嚴重的屠殺。紅衛兵之間的自相殘殺廣為人知，但因此致死的人，其實往往比不上文革中其他一些不為人知卻極其殘忍的行為。[55]

毛澤東採取了曲折迂迴、出奇制勝的方式，這是文革失敗的部分原因。更重要原因是他想實現的目標彼此衝突矛盾。另一個原因是，毛澤東不像斯大林那麼殘酷。一方面，毛往往前後矛盾，另一方面，他

不得不重新使用許多被關押或下放的老幹部。這一切表明，毛澤東沒有像斯大林那樣把所有可能反對他的人都「清算掉」。

乍看之下，文革的受害人數比大清洗多。1937年8月至1938年11月期間，大約有75萬蘇聯人被處死，而文革造成的死亡人數在110萬到160萬之間。[56] 關於文革死亡人數的估計只是個近似值，其中涵蓋好幾類死於暴力的人，包括死於嚴刑逼供的人；而關於大清洗的估計則包括1937至1938年古拉格中超額死亡的人，以及在遣送到蘇聯遠東地區時死於途中的人。蘇聯在1937年的人口只有中國文革時人口的四分之一。用歷史學家韋爾特的話來說：「在大清洗時，每一百個蘇聯成人中就有一個是被槍決」，平均每天有1,600次處決，不到一分鐘槍決一個人。[57] 在文革期間，處決和屠殺不是在控制下進行，也不是經常發生。有幾個死亡的高峰期，包括1966年8月和9月紅衛兵肆虐，1967年發生內戰時，以及1968年各地成立革命委員會時。[58] 而且，大清洗遣送去古拉格的人數（超過80萬人被判處十年強迫勞役）比文革送去勞改的人多得多。

最後，除了大清洗在1937年的冷血殺人與文革不同之外，斯大林和毛澤東還有兩個基本差別。第一（這一點尤為重要），儘管歷史學家以事後之明譴責文革的發生毫無道理，但毛澤東認為這是至關重要的大事。斯大林在宣稱革命取得勝利、人民生活已經改善之後發動清洗，因為他要求行政機構更有效地執行莫斯科的命令，強化並維持他個人的權力。而毛澤東認為，中國革命受到了威脅，他甘冒大不韙也要防止革命退化變質到修正主義，並避免資本主義復辟。他相信歷史可能走回頭路，沒有甚麼東西是永遠不變的。他的目的不只是要維護他自己的權力，而為此目的，他不惜犧牲一切。他同許多革命家一樣，認為政治就是作戰，必須戰鬥到最後一刻，直到對手徹底滅亡。第二個基本差別是，毛澤東雖然對他自己造成的苦難漠不關心，卻沒有自以為是，也不像斯大林那樣事必躬親。他的方法是高高在上，隨意頤指氣使。

我不是要為毛澤東找藉口。毛澤東儘管不能與斯大林相提並論，卻同樣可以列入二十世紀的那些混世魔王之列。不過，關於文化大革命的想法的確值得討論，至少可以把它視為馬列主義的一個異端。這

個異端理念攻擊神聖不可侵犯的列寧主義政黨，甚至攻擊像列寧那樣的精英分子，因為這些精英分子認為，人民群眾的革命自發性是有限度的。我們可以為大清洗找出各種不同的理由，但那些是屬於另外一個範疇，那就是暴君使用的手段和方法。

儘管有上面所說的這些基本差別，文革也重現了大清洗的一些特質。下面就舉出一些兩者之間相似之處。首先，它們都是在預防一些事情發生。文革在這方面尤其明顯，莫里斯‧邁斯納 (Maurice Meisner) 認為是「反面烏托邦的部分拉力」。大躍進是烏托邦性質，因為它的目標是盡快進入共產主義。大躍進失敗，共產黨的官僚階層重新復職，對毛澤東來說，這是比以前更嚴重的威脅。不過，這本來就是事物的本質，「不平衡是經常的，絕對的；平衡是暫時的，相對的。」矛盾是經常存在的，每一代人都要重新發動自己的文化大革命。[59]大清洗的目的也是要預防來自假想的國內外敵人的威脅。斯大林與毛澤東相比，更能夠控制國內情勢，但也面對更迫切的戰爭威脅。

大清洗與文革在發生之前的局勢也有相似之處：在蘇聯是農業集體化、去富農化和饑荒，在中國是大躍進和饑荒。帕斯捷爾納克在《齊瓦哥醫生》中寫道 (韋爾特〔Nicolas Werth〕)，大清洗的史無前例的殘酷是「被詛咒的十年的特殊暴行」的一部分，包括強制徵收、把千百萬農民遣送到荒涼的偏遠地區、用軍隊封鎖災區不讓飢民逃亡、統計數字至上、政治套話越來越脫離實際、國家與社會的關係日益不講道理——這些做法和趨勢已經在1930至1933年動亂時出現，在1937至1938年再次發生。中國的饑荒規模至少與蘇聯相當，國家與共產黨幹部的作為也相似，但有時候殘忍的程度稍低。不過，有一點重要的差別：毛澤東作為饑荒的主要負責人，權威稍有減損，但也只限於在其下屬和知情的少數政府高層領導人中間。然而，毛澤東因此更有理由打倒所有違背他的意旨的人，這些人的主要罪行就是認為黨中央應該承擔饑荒的責任，而毛澤東始終不承認發生了饑荒，遲遲不採取救助措施。斯大林儘管在大清洗之前製造出一些令人不安的事件 (例如柳汀事件)，他的權威並沒有因大清洗而受到影響。

　　毛澤東發動文革的一個原因是要打倒他的下屬、尤其是劉少奇，這是大清洗所沒有的情況。[60]具體來說，共產黨官僚體制的責任以及兩個獨裁者對官僚責任的看法發揮了相似的作用。兩個獨裁者對官僚作風的譴責都追溯到事件發生前的時期。莫斯科在一五計劃提出的目標，以及北京在大躍進時的目標，都同樣不切實際，但又不能質疑，因此地區和低層基層領導人只能說謊、掩飾和編造數據。在蘇聯，斯大林越來越不信任各州的官員，認為他們陽奉陰違、口是心非，30年後毛澤東在文革之前和之中也有同感。甚至「文化革命」一詞在1920年代末期已經在蘇聯廣泛使用，其含義與北京和全世界35年到40年之後的用法一樣：反對官僚體制的例行公事和享有特權，舞台上的帝王將相、才子佳人，以及文化的精英主義。如果說兩者有甚麼差別，我覺得斯大林的妄想偏執要多一些（例如他總以為各州的小集團在破壞經濟），而毛澤東則是喜歡做抽象的理論分析，不會對個別人斥責咆哮。不過，大多數情況下，毛澤東的文章也是重複斯大林的民粹主義訴求，站在基層激進分子和官僚主義受害者的一邊。領袖（到毛澤東時又是導師）會像沙皇一樣照顧卑微的子民，懲罰壓迫人民的邪惡特權貴族。

　　兩個「運動」的運作手法也有一些相似之處，儘管斯大林為了盡量不讓公眾知道，根本沒有給大清洗命名，而毛澤東則稱之為革命。雖然如此，毛澤東採用的方法風險比較大，讓高中生和大學生來整黨，而斯大林的方法比較安全，讓秘密警察捏造證據，由秘密警察、檢察長和公安局長組成的「三方特別法庭」來審判和事先判刑。[61]最重要的相似處是恐怖清洗來自最高層，由獨裁者發動，除此之外，其他的共同點在時間順序上稍有不同。比如說，最高領袖煽動年輕人打破傳統和仇視權威是文革的做法，蘇聯大清洗時沒有這樣做，而是八、九年前在發起文化革命時採用的。另一方面，各地區的秘密警察為了競相攀比，都超額完成逮捕、判刑和處決任務，甚至要求中央增加定額（往往都獲得批准），就是說為了誇大成績而增加受害人數（這種情況中國在大躍進時比文革時更為惡劣）。蘇聯在1930年代早期已經出現這種情況，誇大集體農莊的紙面數字，後來又誇大一五計劃的鋼鐵產量。在兩個政權

下，假話空話習以為常，導致下級官僚不斷攀比，以討好或取悅上級。這種瘋狂1937年春季在蘇聯終於失控，在中國則是在1959年秋季。重要的是，斯大林並不在乎究竟有多少人頭落地，就如同毛澤東並不在乎產量是增加還是下降、文盲人數是否減少、瘧疾有沒有消滅、麻雀是不是殺光或有沒有拆穿右派分子的真面目。[62]

兩個獨裁者的另一個共同特點是他們都趁機打擊報復，新帳舊帳一起算。大躍進時，數千名前托洛茨基分子、右派分子和其他富農在集中營裏被當場槍決，留出空位給新犯人；在文革時，前反革命分子或彭德懷式的右派、階級敵人和其他人則被拖出來批判、逮捕、酷刑或打死。所有發動群眾的運動都會使鬥爭狂熱和政治迫害變本加厲，大清洗和文革讓參與者有機會去翻出以前的嫌疑犯名單或找出當地現成的替罪羊。內務人民委員會為了完成規定的逮捕數額，預先搜查長期存在的敵人名單，例如內戰或1920至1921年農民造反時的敵人。[63]在中國也是一樣，民兵首先在當地找出地、富、反、壞、右的黑五類分子，其中包括那些敢於説實話的流氓或造反派。

大清洗和文革都實行集體責任制，不放過所有與罪犯有關的人，首先是家屬。「五年要消滅所有的國家敵人……我們也要消滅他們的家屬和子女！」（斯大林1937年11月7日在十月革命20周年的講話，見韋爾特）。大約有20萬大清洗受害人的妻子被判刑長期留在集中營。中國流行的一句話是：「老子英雄兒好漢，老子反動兒混蛋。」文革剛開始時，一個出身不好的年輕人遇羅克（他的父親是個工程師）寫了一篇反駁血統論的《出身論》。他在1968年1月被捕並判刑，兩年後因「拒不認錯」遭到處決。還有一個悲慘事件説明文革時期如何追查階級敵人和他們的子女。1968年，廣西有一個前地主被迫帶着一歲和三歲的子女跳下懸崖。他的妻子因為是貧農出身，沒有被判刑。他苦苦哀求民兵隊長説：「政府能不能考慮兩個孩子中有一個是我老婆的？這樣我就只帶一個跳下去。」他的要求被拒絕了。[64]

這兩大災難的得益者命運不太一樣，因為文化大革命沒有按照毛澤東的原來計劃走到底。許多在文革時期晉升到高位、左派理論家或像

王洪文那樣的工人最後都進了監獄。另一方面，勃列日涅夫、柯西金、格羅米柯等人接替了那些在1937至1938年被處決者的職位，始終置身高層領導。

大清洗「成功」，文革失敗，這是兩者之間最大的差別。最後，還要指出兩者之間的一個相似處，那就是1929年的「第二次革命」和大躍進都是敢於挑戰和創新的政權的特徵。清洗好幾萬斯大林的幹部固然荒謬，拆除毛澤東的專政工具卻更是荒唐可笑。

* * *

我並不想為兩個獨裁者推卸責任，但不得不承認，他們是政治上翻雲覆雨的高手。斯大林在1920年代，毛澤東在1930年代，都是靠著這種手段脫穎而出（到他們成為最高領導之後就可以隨心所欲了）。還必須承認，他們對自己的最終目標堅信不疑。美國歷史學家羅伯特·塔克（Robert Tucker）認為斯大林的去世是上天賜福，但他馬上指出，「斯大林的手段雖然可怕，但他始終是個革命者，儘管是由上而下的革命」。毛澤東也是一樣，甚至更勝一籌。他到死都是個革命者。德國政治學家漢娜·阿倫特認為：「這些領導人極為認真地看待意識形態」，這些意識形態「總是假定，單憑一個想法就足以從一個前提解釋世間萬物。」[65] 阿倫特說的是希特勒和斯大林，但同樣適用於列寧和毛澤東。他們相信並認為自己知道最終答案，而他們的確信不疑讓人民付出了代價。羅馬尼亞哲學家西奧蘭（Cioran）說得好：「與一個自認擁有真理的人相比，魔王也要自歎不如。」

結 論

　　斯大林主義和毛主義不是列寧主義的畸變，而是它的具體表現；是
「怎麼辦？」的結果，雖然不是必然的結果，卻也不在意料之外。兩個
獨裁者，特別是斯大林的性格，都在列寧的體制上留下烙印。對毛澤
東來說，是列寧造成的絕對權力使體制變形，至少使其缺點更為突出。
毛澤東從開始就靠權謀和殺人起家，但是我在《中國革命的起源》那本
書裏稱讚了他是具備常識的戰略家和農民革命的實踐者。不過，我的
一個學生很快就指出，毛澤東在文革的所作所為完全脫離常識。乍看
之下，我們似乎面對着兩個完全相反的人。[1]當然，1960年代那個頑固
倔強的暴君在1920和1930年代的游擊戰士身上已經現出端倪。然而，
在毛澤東性格的毀滅性發展過程中，諂媚奉承、獨斷專行、率意衝動和
急躁妄為都是決定性的因素，給革命、國家和人民都帶來慘痛災難。

列寧……

　　索爾仁尼琴和法國哲學家勒弗 (Claude Lefort) 讓大家認識了 Egocrat
這個字，意思是獨斷專行的掌權者。這個字被認為是屬於列寧的，部
分原因在於這是列寧的統治方式，更因為這是他創立的制度。羅莎·
盧森堡和托洛茨基早在二十世紀初就預見了這個制度未來的發展情況，
儘管後者在1917年的緊要關頭仍然與列寧站在一起。[2]至於列寧的統治
方式，很容易看出與斯大林和毛澤東的統治方式不同，但也同樣容易看

出它是斯大林和毛澤東鞏固獨裁統治的堅實基礎。一方面,波蘭作家多伊徹(Isaac Deutscher)在關於列寧的傳記中認為列寧高居眾人之首。儘管1919年3月蘇共第八次代表大會把列寧的政策批評得體無完膚,1921年5月的黨代表大會更是如此。他費盡力氣才在1918年簽署了《布列斯特和約》(他的批評者考慮要把他趕出蘇聯人民委員會),三年之後又費盡力氣實施新經濟政策。他與托洛茨基、斯大林、布哈林等人的矛盾衝突令他精疲力竭,但他也不是每次都能夠佔上風。

其次,從這些對手也可以看到列寧的另一面。科倫泰(Alexandra Kollontai)和什利亞普尼科夫(Alexander Shliapnikov)的攻擊迫使列寧禁止黨內的派系活動(斯大林後來藉以整人)。除了成立契卡(秘密警察組織),還解散了製憲大會,建立第一個集中營,處決人質,殘忍地實施戰時共產主義,由國家控制經濟(範圍比列寧1917年10月以前的建議大得多),沒收教會財產和處決大主教,審判社會主義革命黨人(列寧沒有要求判處死刑,也沒有組織關於孟什維克的審判,但斯大林後來做到了),流放作家和知識分子等等。這些都是獨裁政治的典型特徵,列寧自己也直認不諱。不僅如此,列寧一身兼任政治局、中央委員會和蘇聯人民委員會的主席。他有時候不經過政治局成員就自行做出決定,甚至直接向下屬下達命令(成為斯大林和毛澤東模仿的先例),並由於過於樂觀,脫離現實(這一點也很像斯大林和毛澤東),導致進攻波蘭這樣的冒險行動。他不願意為自己的錯誤承擔責任,頑固到荒謬可笑的地步。列寧的這些特質後來也同樣出現在斯大林和毛澤東身上。

列寧的所作所為毫無疑問是個獨裁者,但是早期列寧式的革命與後期斯大林式的革命天差地別,就如同毛主義與二十一世紀的中國獨裁政權的差別一樣大。這並不是因為列寧相對來說比較具有人性,而是因為獨裁體制的基礎還沒有鞏固。舉例來說,人民教育委員會的一個職員告訴列寧妻子她不想去上班了,因為現在既然工人當家做主了,她決定留在家裏。列寧有一次把大衣忘在辦公室了,大衣裏面一把勃朗寧手槍被警衛偷走,列寧大發雷霆才把手槍拿了回來。[3]最後,不妨比較一下兩個獨裁者臨終前的待遇。蘇共政治局通過了著名的決定:「第

一，列寧每天可以口授五至十分鐘，但這不應該帶有通訊的性質。禁止會客。第二，無論朋友還是家屬都不要向列寧報告任何政治生活中的事情，以免引起他的思索和激動。」[4]當然，1922年12月這一決定的目的是保護列寧的健康。但是很難想像，中國的領導人會在1976年毛澤東病危時做出同樣的決定，那時候只有毛澤東的侄兒毛遠新可以見到他，他含糊不清的聲音只有情婦張玉鳳能夠聽懂，然後立刻傳達下去，成為黨的命令和決定。

病危的列寧擔心他的繼承問題，利用每天的五至十分鐘口授信函、文章和遺囑。十天之後，他在遺囑上增加一段著名的話：「斯大林太粗暴，這個缺點在我們中間，在我們共產黨人相互交往中是完全可以容忍的，但是在總書記的職位上就成為不可容忍的了。因此，我建議同志們仔細想個辦法把斯大林從這個職位上調開，任命另一個人擔任這個職位，這個人在所有其他方面只要有一點強過斯大林同志，那就是較為耐心、較為忠誠、較有禮貌、較能關心同志，而較少任性等等。除忠誠以外，這幾點都好像並不嚴重，但是我想，從防止分裂來看，從我前面所說的斯大林和托洛茨基的相互關係來看，這不是小事，或者說，這是一種可能具有決定意義的小事。」[5]

關鍵在於他在認可斯大林總書記的職位八個月後，提議予以解除。列寧提出補救辦法是針對一個實際問題，就是政權的性質及其官僚體制。研究蘇聯歷史的學者列文認為，這已經成為蘇聯政府真正的社會基礎，即使列寧的同僚同意執行，也已經行不通了。[6]儘管列寧知道俄國在經濟、文化等各個方面落後，使得革命事業從一開始就注定要失敗，但他從來不懷疑革命事業及其策略的正確性（一個唯一的、專橫的工人階級先鋒隊陷入革命自發性的困境），即使與他的夢想背道而馳。雖然斯大林的性格最終使列寧感到不安，但列寧主義其實就是斯大林主義的淵源，間接地也是毛主義的淵源。[7]法國學者多米尼克‧科拉斯（Dominique Colas）清楚地闡述了列寧的觀點，認為1917年的革命是「帝國主義之間戰爭產生的奇跡」，是「政治超越了經濟，樂觀地期待生產力的發展」。因此，「斯大林主義可以視為是生產力落後的負面影響，或

者視為使生產力迎頭趕上的壯舉。在這個意義上，斯大林的野蠻行為是歷史的要求，使得俄國能夠按照列寧自己所說的原則：毫不猶豫地以野蠻對付野蠻，從而擺脱野蠻狀態。」[8]

以上關於列寧與斯大林/毛澤東的統治方法的比較已經說得太多。這就不免要談到列寧名著《國家與革命》那無法兑現的承諾。1917年4月到10月，列寧開始奪取權力和煽動群眾，《國家與革命》就是在該段時期寫成。這本書宣布國家衰亡，但列寧立即着手強化國家的權力。列寧的演説和文章宣揚群眾的革命自發性，但他自己並不相信。他對群眾的不信任成為他的異端説法的一部分。列寧不承認馬克思賦予無產階級的歷史能力，因此他把這個任務交給一個由專業革命家組成的政黨。就這樣，他在1902年《怎麼辦？》這本書裏奠定了「現代極權主義的基礎」(科斯塔斯・帕帕約阿努〔Kostas Papaioannou〕)。[9]如果説這個黨的卓越不凡之處似乎是從社會(馬克思)轉向政治(列寧)，那不過是個錯覺，因為「它的組織結構使它完全喪失了政治性……以教條式的意識形態與教會結盟，以中央集權和等級組織與官僚體制結盟，以基層激進分子的絕對服從與軍隊結盟」。[10]即使這位躺在陵墓中的主人詛咒從莫斯科到北京、從平壤到布拉格、以他的名義實施的暴政，他也不能否認這些人都是他的子孫後裔。

……和馬克思

斯大林的一些追隨者可能認為他是黑格爾式的英雄，是推動歷史的動力，「必然壓碎無數無辜的花朵，毀滅沿途的許多事物。」[11]從黑格爾到馬克思的異端門徒列寧，中間插進一個青年黑格爾主義者，他只部分了解到，必須實踐哲學才能改變世界，而不只是解釋世界。馬克思也是其中一員。馬克思比列寧更厭惡奴性和反抗不公正，隨時準備挑戰一切宗教、社會和政治權威，為思想和革命而生，完全無視物質享受。我們可以想像，他會厭惡和譴責斯大林和毛澤東的一切，包括那些阿諛

奉承之徒和高官大吏。[12] 我們也不難想像，馬克思會反駁列寧關於孟什維克的看法，因為社會主義革命怎麼可能在一個資本主義生產力不發達的國家發生？而且，一個反對巴枯寧、布朗基主義和恐怖主義的人，竟然可能接受一個自稱是他門徒的人創建、由陰謀者組成的精英分子政黨，並自稱有權代表無產階級做出決定，這將是多大的諷刺。不難想像，如果馬克思看到一個強大的恐怖主義國家強制人民盲目服從正統馬克思主義，將會驚駭到甚麼程度。

無論如何，馬克思要承擔的責任不會比列寧輕。他把提出的預言和歷史哲學當成科學，以階級鬥爭來解釋人類歷史。這個理論不能適用於過去的歷史，因為奴隸和封建社會不能不考慮到軍事力量、征服和政治，資本主義的迅速發展也很快就駁倒這個理論，因為並沒有看到《資本論》所說的越來越嚴重的無法調和的階級矛盾。除此之外，無產階級並沒有變得越來越貧困和革命——這一點列寧比馬克思正確。因此，馬克思從假設性推論中得出結論，無產階級必須以革命為職業。至於在史前時期結束時國家消亡，就是說變成沒有階級的社會，難道本書第三章和常識不足以駁倒《反杜林論》？[13] 更好的是，讀一下哥穆爾卡（Gomulka）禁止波蘭人閱讀、波蘭哲學家柯拉柯夫斯基（Leszek Kolakowski）對馬克思主義的批評。他認為社會主義不是下面這樣的國家：

> 一個讓鄰國抱怨過於靠近的國家；……一個不能區別社會革命和武裝侵略的國家；……一個把整個族裔不管他們是否願意從一處搬到另一處的國家；……一個領導人自己任命自己的社會；一個要求全體公民對哲學、外交政策、經濟、文學和道德都只有一個看法的國家；……一個總是能夠準確預測議會選舉結果的國家；一個總是沾沾自喜的國家；一個能夠生產極好的噴氣式飛機但鞋子粗製濫造的國家；一個人民不得不說謊的國家；……一個懦夫比勇士過得好的國家；……一個令人悲傷喪氣的社會。[14]

以上這些例證和事件表明，馬克思比列寧更厭惡以他的名義取得的成就，但是根據柯拉柯夫斯基「從斯大林主義追溯到馬克思主義」的研究，馬克思本人也不是沒有責任。[15]

　　這裏暫時放下列寧，說一說列寧在中國的繼承人：斯大林主義的毛
澤東式翻版。馬列主義在兩個非常不同的國家孵化出兩個相關的革
命。在這兩個革命的滋生地總是可以找出一些相似之處，本書第一章
已經提到一些，法國政治學者巴蒂（Bertrand Badie）又提出另外一些。
巴蒂並不認為存在着極權主義之前的淵源，他用雷蒙·阿隆（Raymond
Aron）提出的標準來衡量儒家思想和東正教傳統。儒家傳統不認為上天
與世俗皇權之間有任何衝突。中國沒有甚麼問題，那麼基督教的俄國
呢？巴蒂指出，按照拜占庭傳統，東正教文化不像羅馬教廷那樣堅決反
對世俗和精神權威。俄國與蘇聯歷史另一個相同之處是兩者都沒有獨
立於政治權力之外的司法體系。不過，巴蒂承認，馬克思主義發源的
文化傳統不屬於第三羅馬的價值體系，更與儒家思想毫不相干。[16]

評價

　　虔誠的信徒會說，滋生地的傳統不重要，重要的是排除萬難，終結
史前時代的一切。既然革命成功之後，人剝削人的制度不但沒有消
除，反而更加惡化，所以我們必須找出革命的一些其他成就。中蘇兩
國都很早就在醫療衛生和教育方面取得進展，中國甚至超過蘇聯。當
然，時間先後是一個因素（例如全世界防治傳染性疾病，1950年代比
1920年代更有效率），但也是因為毛澤東的政府持續努力，果斷地降低
了死亡率（尤其是嬰兒死亡率）和文盲率。至於性別平等，實際改變並
不如預期，但在傳統觀念的抗拒下仍然取得了一些成績。這裏暫時略
過蘇聯在斯大林統治下立法方面的倒退，但中國1950年制訂的婚姻法
可以躋身任何改革或現代化計劃的行列。

　　醫療衛生和教育提高了工人的生產力，既代表着現代化，也脫離了
史前時代。所以我在第二章中談到這些，不只是談無產階級的歷史責任
（從史前時代拯救人類），而且談到使得國家擺脫落後狀態的先決條件
（就是說「資本原始積累」）。我們必須承認，這是蘇聯的主要成就。南

斯拉夫作家西里加取笑說：「如果用工廠數目做標準，社會主義早已在美國實現。」他同意蘇聯的一五計劃具有進步性，「但那絕不是社會主義」。一五計劃掀起的狂熱活動使得人們更對機器、運動和建設着迷。這種着迷在新經濟計劃的前幾年已經有目共睹，一個世代之後，蘇聯作家杜金采夫（Dudintsev）的小說《不只為麵包活着》中的英雄再次確認，他說：「我與大家一起創造出物質價值。我們這個時代的主要精神價值就是知道如何辛勤工作，盡量生產出更多的有用產品。」其實在小說出版前12到15年，美國政治學家紐曼（Sigmund Neumann）已經指出：「十九世紀時已經出現了對技術進展的近乎幼稚的崇拜。列寧變成了二十世紀的彼得大帝。列寧、尤其是斯大林的現代化可能不用追溯到那麼遠，他們的現代化其實已經由沙皇尼古拉二世的財政大臣維特伯爵啟動。」[17]

加拿大歷史學家維奧拉（Lynne Viola）認為蘇聯就像「一個穿着韌皮鞋子的龐然巨獸」：「蘇聯的現代化總是被它的農業傳統綁住手腳。」儘管如此，斯大林的成就比毛澤東大得多，雖然由於中國更為落後，毛澤東的任務要艱巨得多。不過，我們必須承認，即使毛澤東在一開始覺得不得不「模仿蘇聯」時，他就認為工業革命並不是他心目中的社會主義革命。由於對現狀感到不滿，他試圖推動一心嚮往的社會主義革命，但結果也如工業革命一樣蹣跚而行。現在的中國領導人擔心會破壞毛澤東的形象，又不能把毛去世之後取得的經濟發展和民生活改善歸功於毛，就只能說他實現了中國的獨立和統一。這就是說，中國革命的性質是民族主義多於馬克思主義。美國政治學家哈丁（Harry Harding）就認為，毛澤東領導的共產黨取得的成就，在於把一盤散沙的中國社會「凝結成全世界組織最嚴密的社會」。[18]

有人說，中國經濟過去35年來的驚人成長是針對文化大革命的虛耗的反應，文革的功績在於表明了那是一條走不通的死路。對於這位走上歧途的革命締造者，我們要怎樣才能為他評功擺好！我願意承認，毛澤東在有生之年為後來的工業發展奠定了一些基礎，包括在大躍進時的一些轟轟烈烈的活動。顯然沒有人會否認，大躍進的鹵莽躁進留下一些東西，有助於中國在二十世紀終了時的經濟飛躍。我甚至願意承

認，毛澤東的躍進雖然誤入歧途，但動機和信念是謀人民福利，儘管結果帶來大饑荒。

這就是革命經驗帶來的悲痛教訓。今天，極權主義之後的中國領導人看穿了一切，只相信民族主義和掌握大權，他們給中國人民帶來的福利遠超過毛澤東，甚至超過斯大林，雖然後者堅決相信，他們是在為全人類的未來奮鬥。對列寧來說也是如此：「馬基雅維利認為君王頭腦清楚，因為他知道甚麼是真理，而列寧被意識形態蒙蔽了眼睛，只看到假的真理……；他自己騙了自己。」[19]

古拉格倖存者金茲堡回憶她作為青年共產黨員的真摯情懷說：「我們是那個充滿幻想時代的孩子……徹底的理想主義者，儘管年輕人的雄心壯志是要冷靜地建設辯證唯物主義。」她滿心厭惡地回顧自己的一生，對於自己要分擔一份謀殺和屠殺的責任表示遺憾，因為她曾經不經思考就重複危險的理論套話，只會舉起右手表決而不會大聲說不，還怯弱地寫了一些半真半假的東西。「即使在地獄裏關了18年也不足以抵罪。」[20]這樣的退化墮落是怎樣發生的：「赤金是怎樣變成廢鐵的！」[21]

謊言、恐懼和墮落

第一個原因是美國政治哲學家阿倫特所說的謊言：「絕不讓絲毫真理來擾亂一個完全想像的世界的可怕寧靜。」[22]我們還可以引述許多別的人的話，包括金茲堡、格羅斯曼、曼德爾斯塔姆和米沃什等等，[23]但我只要再引述俄國作家畢力涅克（Boris Pilniak）的一句話：「俄羅斯只有慾望，不想看事實。」畢力涅克認為這是全世界獨一無二的一種謊言，但我認為這句話更適合毛澤東，唯意志論的人根本拒絕看事實。[24]

列寧的繼承者對工人不抱任何希望，比列寧本人更甚，他們認為工人「粗俗、任性、酗酒、毆打妻子，對共產黨冷漠」。這些是格別烏專門為領導人提交的秘密報告中對工人的描述。而這些領導人卻大肆宣傳，讚揚無產階級革命大軍在階級意識鼓舞下，是跟隨共產黨前進的祖

國好兒女。從那個時候開始，這些領導人就生活在謊言中，是心甘情願的精神分裂患者。格別烏向他們報告，工人的生活條件豬狗不如，往往不顧一切地發動罷工，而由於在工人的祖國不可能有罷工，他們認為這是孟什維克、白軍和其他階級敵人的反革命挑釁。因此，罷工者必定是秘密孟什維克，要組織工會的農民一定是富農，批評官僚的學生就是暴徒。這些領導人並不認為這種說法符合事實，人民也不再相信這種說法。話語分三個層次：官方話語，用於慶祝勝利和揭露敵人；格別烏的秘密報告，用於向一小撮領導人提供第一手資料；家人或好友間的私密談話，用來在大量宣傳的謊言中找出一點點真實情況。[25]

　　隨着秘密警察的羅網越來越大，到1930年代時第三層次的謊言逐漸減少甚至消失。人們信得過的朋友頂多只能有一個或兩個，最好沒有。父母當着子女的面不再說話，或者只說謊話，以免他們向莫羅佐夫 (Pavlik Morozov) 學習，告發自己的父母，要不然就是把謊言當作真理告訴子女，讓他們生活得容易一點。[26] 斯大林去世之後，蘇聯詩人葉夫圖申科 (Yevtushenko) 宣告：「恐懼就像過去歲月的幽靈，正在俄國消逝」；但是如果我們相信齊齊巴賓 (Chichibabin) 的說法，四分之一世紀以來要求每一個人說謊的恐懼，不會那麼容易消失：

只要我們不停止說謊
而且沒有忘記恐懼
斯大林就還沒有死[27]

　　在極權主義之後的階段，捷克作家和政治家哈維爾 (Václav Havel) 認為：「一個人沒有任何義務去相信所有這些騙人的把戲」，他可以做的是「假裝相信，或至少沉默地予以容忍」。所以說，虛偽和說謊還沒有結束。1978年，戈爾巴喬夫向莫斯科提交報告，讚揚勃列日涅夫的過人精力，儘管大家都知道後者已經完全停止工作。這個戈爾巴喬夫還真誠地宣稱：「我要使蘇聯人民成為正常的人。」他做了嘗試，結果使得蘇聯瓦解。領導階層的那幾個人至少彼此之間是誠實的，他們承認，「我們身陷謊言之中，互相頒發勳章」。[28] 事實上，戈爾巴喬夫希望開放

能夠填補蘇聯歷史的空白，結果一個接一個的揭露讓謊言説不下去，也讓政權無法繼續存在。

中國還沒有發展到這個階段，謊言仍然無所不在。只要父母或祖父母不敢説真話，中國的年輕人對文革、大躍進和饑荒的了解就比不上西方的年輕人，等於是一無所知。謊言不但越説越長，越説越早，而且越説越大、越來越浮誇荒誕。大躍進期間，雲南某一個角落據説打破世界紀錄，一分鐘建造一所廠房，成本只要人民幣兩元；北邊的鄰省甘肅在兩個星期內建造了一萬所廠房。田地裏的人造衛星到處升起，爭相報告奇跡般的產量。[29] 這個生產記錄成為共產黨領導人制訂糧食徵收定額的根據，導致農民在那年冬季和次年春季餓死。有些地方領導人説謊是為了與鄰居攀比，有些領導人是擔心如果不虛報數字會被打死或受刑。説謊變成求生之道。同烏克蘭在 1933 年的情況一樣，中國的警察和軍隊禁止飢民離開災區，以免災情洩漏出去；求救的信都被扣下，寫信的人被抓起來。河南信陽就是這種情況，八萬人口中有一萬多人餓死。即使在信陽到處餓死人和人吃人的時候，《河南日報》連續發表七篇文章，宣布形勢一片大好，要「跑步進入共產主義」。到最後再也無法掩蓋災情時，毛澤東批示：「這是階級敵人的猖狂報復，是掛着共產黨招牌的國民黨進行階級報復，實行階級復辟，是敵人篡奪了領導權。」[30]

對付謊言的辦法其實很簡單，但經過 50 多年之後才有人敢於提出來。1974 年，索爾仁尼琴呼籲知識分子和全國人民要「生活在謊言之外」。「即使謊言無所不在、主宰一切，也沒有關係，我們至少在這一點上絕不妥協：謊言不是從我開始的。」2003 年，劉曉波説：「在極權主義之後的中國，這個體制唯一賴以存在的手段就是説謊。」解決的辦法只有一個，「拒絕説謊……不參加説謊，也不為求生使用謊言。」[31]

這兩位諾貝爾文學獎得主顯然都很有勇氣，但其他人仍然無所適從，陷於根深蒂固的恐懼之中。1937 到 1938 年，莫斯科的居民幾乎每晚都擔心會被逮捕，於是盡量避免被謊言沾上身。蘇聯作家特里福諾夫 (Yuri Trifonov) 的小説《解渴》諷刺蘇聯公民都有一顆「兔子的心」，引

起格羅斯曼詢問,「是哪一個小丑說過:人!這個字叫人自豪!」那個小丑就是高爾基,格羅斯曼後悔自己竟然曾經崇拜過他。[32]那些感到羞愧的人對於說謊這件事,既感到心情沉重,又覺得比較安慰。他們固然無法原諒自己的怯弱膽小,但又覺得自己能夠懺悔證明良知尚存。在俄國作家東布洛夫斯基(Yuri Dombrovski)的筆下,可以看到另外一類人的嘴臉:「記住你的證人。他們證實你說的一切。他們提出你要求的一切……別人的生命,這些人的榮譽,等等。他們甘心情願,卑躬屈膝,匍匐在地。只要讓他們逃出陷阱,可以不計代價。一旦逃出,就欣喜若狂。我還活着,自由了!」[33]社會主義的理想是使人昇華到新的高度,但無數人歎息人性的退化墮落。[34]他們譴責苟且偷生,殘忍自私,乾枯僵化(東布洛夫斯基〔Dombrovski〕)。

我敢說中國也是同樣情況,雖然自問「能不能不說謊?」的人並不多。要活命就要說謊,這是不爭的事實。生活朝不保夕,大家只能力求自保。這裏有一個例子,在共產黨取得政權時,一個出身特權階層的留美學生為了愛國決定回國服務,在上海一所大學教書。政府定性他是民族資本家,要他擔任三家麵粉廠的董事長。1951年鎮壓反革命運動讓他學到教訓。朋友不得不出賣朋友,彼此之間形同陌路。於是,他決定爭取共產黨的信任,讓他可以去香港探親。他在自傳中附和官方的說法,捏造美國警察屠殺罷工工人和黑人的事件。他不斷唾面自乾,貶低自己,終於獲得了前往香港的通行證。[35]

一個脫逃者對自己國家的譴責之詞,我們能夠相信嗎?有必要捏造出警察屠殺工人和黑人的事件嗎?另一方面,我們對著名漢學家傅高義(Ezra F. Vogel)立論精闢的文章《從友誼到同志:共產中國人際關係的改變》似乎沒有理由懷疑。傅高義分析友誼衰落,為另一種神聖的普遍友誼取代,但這種友誼不包括地主、資本家及他們的子孫在內。友誼在缺乏信任的氛圍中越來越難以生存。你向一個人推心置腹,他日後就可能在審訊時不得不交代出你的資料。人們不再請朋友到家裏來吃飯,因為客人可能以後必須描述你家的家具和菜餚,而家具和菜餚被認為是資產階級的特徵。[36]

　　每個人都生活在這種氛圍中，包括領導人在內。1971年的國慶活動取消了，以免洩漏了毛主席的親密戰友和接班人叛逃的消息。洩漏機密是極為嚴重的罪行，沒有哪一個領導人敢這樣做。向外國洩密更是罪不容赦。領導人都這樣害怕，一般老百姓更不在話下。鄧小平1975年復出時表示：「每個人都害怕，年輕人如此，年紀大的更是這樣。」[37]

　　這種情況使人想起斯大林時代的恐怖，「服從繞過大腦，傳達到下面的器官。服從變成盲目的、反射的、出於本能的」（維拉‧鄧納姆，研究蘇聯文學的美國教授）。這種恐懼也傳遞到農民。每個人在開會時，都學會了說一些模稜兩可的官話。[38]

＊　＊　＊

　　這本書似乎旨在打破關於革命的任何幻想。面對這個世界上令人髮指的不公不義、無休無止的貧困苦難和權勢人物的陰謀詭計，這是我自然產生的反應。這些情況不斷促使人傾向革命，而我認為應該設法避免。作為一個喜歡潑人冷水的老派歷史學者，我同意中國當代歷史學家黎澍的話：「革命這事，若有可能，頂好還是不革。」[39]俄國哲學家別爾嘉耶夫（Berdyaev）說得好：「評價俄國革命意味着評價一切革命。」──如果把中國革命也包括在內，這句話就更為準確了。

附錄

延安整風，1942–1943

本〈附錄〉只談到中國（因為蘇聯在1917年革命之前並沒有一個布爾什維克政府），目的在展示中國在人民共和國建立之前，在1930年代就已經在忠實地模仿蘇聯的模式。

毛澤東在1942年2月兩次講話，要求「整頓黨的作風」。他尤其批評教條主義和體現教條主義的一批人，即曾在莫斯科中山大學學習的那些學生。毛澤東到延安之後才開始研讀和學習馬克思著作。[1] 這裏先不談他的馬克思理論的架構，直接介紹那批莫斯科訓練出來的共產黨員，稱為「28個布爾什維克」或國際派，他們曾經奪取了毛澤東在江西蘇維埃的權力。長征期間和到延安之後，毛澤東重新掌權，但國際派在幹部培訓機構和宣傳部門仍然具有雄厚基礎。於是，毛為了鞏固自己的地位，決定發動一場「思想」革命，批判不符合事實、誤導人民的教條主義。批判的對象特別針對那些可能與他爭奪最高權力的領導人，也順便清理抗戰開始後紛紛投奔延安的一些作家和知識分子。毛澤東需要這批人才，但必須先整頓他們的紀律，加強他們的無產階級的階級意識。

毛澤東讓那些從蘇聯回來的學生從此噤聲，但作家和知識分子還沒有緘默。1942年3月和4月，《解放日報》和其他出版物上出現了一系列批判或諷刺文章、隨筆、短篇小說和詩歌。文藝版的主編丁玲（1904–1986）首先開火，刊出〈三八節有感〉，為延安婦女的處境抱屈，說她們如果不結婚會受譏諷，結婚後堅持工作、不在家帶孩子又受批評。如果她們放棄工作、在家帶孩子，又被嘲笑為「落後」。這篇文章還引出了王實味（1906–1947）後來發表的批評領導特權的文章。王實味在〈野

百合花〉中批評延安社會的不平等現象，諷刺共產黨高級幹部沒有身體力行理想。王實味的第二篇文章〈政治家、藝術家〉指出兩者的區別。政治家的任務偏重於改造社會制度，是革命的物質力量的指揮者；藝術家的任務偏重於改造人的靈魂，是革命的精神力量的激發者。詩人艾青 (1910–1996) 的文章〈了解作家，尊重作家〉也提出同樣的觀點。還有其他一些共產黨員或同路人發表類似文章。但在1942年4月初，這些文章都戛然而止。

這些麻煩製造者帶來的危險使得毛澤東和其他領導人暫時調整了整風的對象。於是，再教育的優先目標改為具有小資產階級心態的知識分子。新的指示糾正了整風的目標和方法。首先必須統一黨員的思想，讓他們進行自我批評，不再批評他們的領導。這些人都立即否定自己在幾星期前發表的東西，只有王實味堅持不改，還在壁報上發表反駁的文章。王實味拒絕承認錯誤的做法惹來大禍。他在《矢與的》壁報上的文章引起許多人圍觀，這已經是犯了大錯。他在年輕人中散布的毒素必須清除。1942年5月27日至6月24日，幾乎每天召開會議，先是相當無關緊要地討論黨內民主問題，隨後變成了對王實味的公審，把王實味定性為隱藏的托派分子和國民黨奸細。為了肅清王實味的行為和思想毒素，捏造出王實味和中央政治研究室的其他四個人組成了「五人反黨集團」，其目的在顛覆共產黨及其歷史使命。王實味所屬的中央研究院一致投票把他開除出黨。

共產黨的歷史學家歷來迴避這段插曲，不斷宣揚在此之前的「延安文藝座談會」。他們強調的是，毛澤東在5月2日和23日為座談會的引言和結論做了兩次講話。講話的對象是參加座談會的作家和負責文藝工作的幹部，共有100多人，目的在反駁王實味的言論，糾正受到王實味影響的錯誤思想。文藝工作的對象是人民大眾，文藝必須服從於政治。「我們要戰勝敵人，首先要依靠手裏拿槍的軍隊。但是僅僅有這種軍隊是不夠的，我們還要有文化的軍隊，這是團結自己、戰勝敵人必不可少的一支軍隊。」毛澤東一錘定音地決定了藝術家和作家可以寫甚麼、畫甚麼，尤其是不可以寫甚麼、畫甚麼。關於這一點其實不需要詳細說

明，任何人只要熟悉蘇聯從1934年實施的社會主義現實主義和斯大林對「靈魂工程師」的指示，就不難想像毛澤東兩個講話的內容是甚麼，從1949到1980年，兩個講話就是中國文藝政策的最高指導原則。

以上不厭其煩地說明關於中共與作家之間關係的這一事件，是基於兩個理由。第一，它清楚顯示了蘇聯的先例對中國文化政策的影響，尤其是表明了兩者之間的密切關係。第二，它成為後來歷次關於意識形態運動或文化運動的原型。

首先，蘇聯的先例和兩個政權的共同淵源。毛澤東自詡使馬克思主義中國化，但也吸取了斯大林的教訓。他制訂了原則，讓別人去指控和判決。他的特務頭子康生（1899–1975），原來是1937年跟隨王明從莫斯科回來的國際派。康生在莫斯科先是學習蘇聯情報系統，然後在共產國際擔任王明的副手。在延安時，毛澤東讓康生擔任中央社會部部長，負責情報和秘密警察工作。延安整風開始後，中央成立總學習委員會來指導整風運動，康生是總學委的副主任兼秘書長，主任是毛澤東。康生認為王實味是托派分子，編造出共產國際奸細的故事，還說王實味曾經參加蔣介石的嫡系秘密組織藍衣社；對王實味批判的主調越來越聚焦在他的托洛茨基主義，從他的檔案裏去找證據。王實味1937年剛到延安時交代過，像許多中共黨員一樣，他認為共產國際要為中共1927年革命的失敗負責。他與兩個中國的托派朋友都批評斯大林的中國策略。他翻譯過列寧的遺囑和托洛茨基自傳的兩章（但只是為了賺取稿費，因為他還翻譯過英國小說家哈代〔Hardy〕、美國劇作家奧尼爾〔Eugene O'Neill〕和法國小說家都德〔Alphonse Daudet〕的《薩芙》）。那兩個托派朋友中，一個已經在抗戰時犧牲，另一個寫了書面證詞，說王實味並沒有參加托派組織，因為他不願意看到共產黨分裂。[2] 王實味的問題在於他過於坦率，對所有指控都毫不猶豫地當面反駁。是的，他承認曾經相信托洛茨基的想法並不是一無是處，對季諾維耶夫的指控缺乏證據，莫斯科對共產黨員的清洗做過了頭，斯大林過於殘酷——所有這些話使得他的聽眾憤慨不已：「他竟然讚揚托洛茨基，毀謗斯大林同志。」這正是中共要消除王實味的影響所需要的。王實味也十分配合，竟然參加了一次對於他的批

判大會。但是，此後的公審大會沒有讓這個被告參加，使得他沒有機會聽到對他林林總總的指控、謊言、污衊和辱罵。王實味的朋友艾青和丁玲為了保護自己，也不得不反戈一擊。只有作家蕭軍（1908–1988）看不下去，向毛澤東表示不同意這樣對待王實味。[3]結果共產黨記下了這筆帳；蕭軍和王實味一樣不肯認錯，他隨後在東北以「反蘇、反共、反人民」的罪名受到批判，被發配到撫順煤礦去體驗生活。他的著名小說《八月的鄉村》被禁止在學校、工廠和群眾中傳閱。

以上這些充分表明，中國與蘇聯是一丘之貉。對王實味的批判，毛澤東雖然沒有直接參與，但批判從意識形態問題發展為反革命行動，還編造出藍衣社和五人反黨集團等謊言作為證據，都帶着毛澤東在幕後操縱的痕跡。批判的聲調從關心同志思想偏激變成全面的憤怒和辱罵。後來擔任毛澤東秘書的陳伯達責罵王實味是沒有骨氣的吸血鬼。五人反黨集團的其他四個人後來都被釋放，只剩下王實味在共產黨撤出延安時，被押解的人用斧頭砍死（1947年7月1日）。毛澤東雖然表示不贊成殺掉，但對口頭批准殺人者、當時的政治局委員康生，也沒有任何懲罰。

1942年2月的整風運動成為後來歷次運動的典型。1956和1957年，毛澤東也是鼓勵黨外知識分子提出批評，幫助共產黨整風。[4]這先後兩次整風運動的結果驚人地相似。1942年的整風，導致在1943年數以千計的黨員或支持者受到審訊、騷擾、排斥、關押或自殺。1957年，在整頓黨的作風失敗之後，毛澤東認為知識分子的惡意誹謗是源於他們的資產階級背景。1942年的首要異議分子丁玲和艾青都被劃為右派分子，儘管他們因為吃過苦頭，在雙百運動中已經是兢兢業業，不敢多話。

在1942年批判丁玲〈三八節有感〉的會議上，帶頭開炮的是康生的妻子曹軼歐。24年之後，又是曹軼歐慫恿北大學生貼出批評北大校長的大字報。從這裏不難看出，1942年與1966年之間的關係。另一個兩者之間的聯繫是大字報。王實味和他的友人在1942年貼出的《矢與的》的壁報，無疑就是北大大字報的前身。重要的差別在於：1942年的壁報表現出真誠的批評，而1966至1967年的大字報表現的憤怒，是在上級操縱下經過精心設計的。

　　更重要的是，康生在1942年指控王實味並隨後在整風運動中指導整人工作，到文革時繼續擔任毛澤東的打手。1943年8月，康生在負責培訓秘密警察幹部時，詳細說明了他對付王實味的各個階段。首先是鼓勵王實味的同志說出自己的想法（他認為中央研究院的同志在整風開始時有95%都同意〈野百合花〉），接着找出異議分子，然後集中火力調查王實味的行為和舉動，在適當時機揭發他的托派思想。康生指導下的整風運動在黨內抓出了太多國民黨的奸細和特務，終於引起許多人質疑。康生最後承認，招供是叛徒的人，當中90%以上是無辜的，都必須平反，不過有些人是死後才獲得平反。

　　1942至1943年在延安使用的方法後來在人民共和國普遍實施，例如指控思想不同者是陰謀顛覆或叛徒，用公開批鬥的方式攻擊和譴責被批判者，散發關於受批評者的書面材料（例如廬山會議時彭德懷給毛澤東的信）。另一個方法是把同志和需要再教育的人放在一個學習小組，閱讀和背誦一些文件，然後自我批評和相互批評。再一個方法是編造出不存在的反黨組織，例如1942年的五人反黨集團。另一個例子是1955年指控胡風領導一個反革命集團為國民黨和帝國主義服務。有些方法甚至遺留到毛澤東去世之後。例如，2009年12月以「煽動顛覆國家政權」的罪名對劉曉波起訴。總之，1942年絕不講理的辯論，標誌着人民共和國與它的作家、藝術家和知識分子之間的一個關鍵時刻。這個辯論發生在雙百方針之前15年，就如同列寧發表《怎麼辦？》之後引起的辯論。用法國馬克思主義者蘇瓦林（Boris Souvarine）和法國哲學家勒弗（Claude Lefort）的話來說：「在這個政黨發動革命之前15年的發展過程中，它的胚胎就已經具備了所有基本的特點。」[5]

資料來源：最重要的來源是 Dai, 1994，包括 Apter and Cheek 的極好的引言。另見 Fabre, 1990; Seybolt, 1986; Teiwes, 1993, pp. 58–60; 1995, pp. 362–365, 370–377; 以及 Barmé, 1991; Goldman, 1967, chapter 2, 和各處; Kuo, 1971, pp. 557–594, 610–647; Leys, 1974, pp. 183–189; Mao (I'm afraid so!), 1959, pp. 34–113; Roux, 2009, pp. 430–450; Rubin, 1981, pp. 508–510; Saich, 1996, pp. 978–985, 1240; Wylie, 1980, pp. 162–194.

我感謝杜明（Jean-Luc Domenach）給了我一本 2013 年 6 月的《炎黃春秋》，其中李維民的文章〈檔案中的王實味死因〉揭露，王實味被殺是由康生代表政治局口頭傳達的命令。《炎黃春秋》刊登過不少文章，糾正官方歷史記錄的一些錯誤。後因管理層遭撤換，原製作班底於 2016 年 7 月 17 日宣布《炎黃春秋》停刊。

註釋

導 讀

1　陳瀟、郭冬:〈法國知識界認識文革的歷程 —— 專訪法國漢學家畢仰高先生〉,《炎黃春秋》,2007 年第 6 期,頁 78–80。

2　"Reform in China: Sluggish or Dynamic? An Interview with Lucien Bianco," *Books and Ideas*, 19th November 2013. 原法文版初刊於 2013 年 2 月 8 日法文雜誌 *La Vie des idées*。

3　Benoît Peeters, trans. by Andrew Brown, *Deridda: A Biography* (Cambridge: Polity Press, 2013), pp. 66–68, 70–71, 78。畢仰高雖然是激烈左派,但對斯大林革命已不盲目信仰和崇拜,對法國共產黨也有保留態度,固然不會正面與法共衝突,卻也堅決不肯加入其組織,見該書第 62–63 頁。

4　Benoit Peeters, *Deridda: A Biography*, p. 225.

5　Lucien Bianco, Jean-Paul Brisson, Jacques Brunschwig, Claude Cadart, and Gérard Chaliand, et al., "A Manifesto," *The New York Review of Books*, 18 October 1973.

6　魯林著,穆蕾譯:《毛澤東傳》(香港:香港中文大學出版社,2017),頁 xxiv。

7　新湖大革命造反臨時委員會宣傳部:《戰無不勝的毛澤東思想萬歲》(內部資料,1967),頁 226–257。

8　毛澤東:〈新民主主義論〉,《毛澤東選集》(北京:人民出版社,1952,1966),頁 655–704。

9　參見陳永發:〈延安的「革命鴉片:毛澤東的秘密武器〉,《二十一世紀》雙月刊,2018 年 8 月號,頁 43–71。

10　〈毛澤東等關於公布戰績應用實數給八路軍車總部等的電報〉(1944 年 3 月 21),中央文獻研究室、中央檔案館編:《建黨以來重要文獻選編》(北京:中央文獻出版社,2011),第 21 冊,頁 106。

11　中共中央黨史研究室第一研究部譯:《聯共(布)共產國際與抗日戰爭時期的共產黨主席,1937–1943 年 5 月》(北京:中共黨史出版社,2018),第 18 冊,頁 67。

12　當時在場者還有中央書記處書記李雪峰、河北省委書記張承先和萬曉塘，見中
共中央文獻研究室、中共四川省委編著：《鄧小平畫傳》（北京：中央文獻出版
社，2014），上卷，頁224；中共中央文獻研究室鄧小平研究組編著：《鄧小平
畫傳》（成都：四川人民出版社，2004），頁124；《中央負責同志視察各地時的
講話》（上海：上海人民出版社，1958），頁66–69。早在同一個月初一，鄧小平
在天津市東郊新立村留下同樣的照片，見茅民：《復興記》（電子書，2014），中
冊，第六篇，頁245。

13　參見秋實：〈「力糾」還是「力倡」?——評《毛澤東力糾「五風」》〉，見http://www.
yhcw.net/famine/BBS/qiushi014.html（上網時間：2019年8月27日）。張宏志指
出，毛澤東要求《人民日報》敢於抵制虛假宣傳一事提出商榷，承認劉少奇、鄧
小平和周恩來當時過左，要為浮誇風負責，也承認毛澤東當時在二線，對一線
執行者劉、鄧、周等鼓勵出來的弄虛作假風不以為然，但強調毛澤東本人對浮
誇風也有難以推卸的更大責任。見張宏志：《還清白於毛澤東》（國際炎黃出版
社，2004），第五章。

14　邱會作：《邱會作回憶錄》（香港：新世紀出版社，2011），上冊，頁320–322。
邱在1959年10月任中央軍委總後方勤務部部長，1960年5月曾奉周恩來密令，
到廣西橫縣調查缺糧問題。

15　任偉：〈革命暴力的源起與特質 —— 以紅色恐怖為中心的探討〉，《台灣師大歷
史學報》，第51期（2014年6月），頁51–86。

16　參見陳永發：〈中共早期肅反的檢討：AB團案〉，《中央研究院近史研究所集
刊》，1988年第17期，上冊，頁193–276。

17　何方：《劉英談黨史》（手稿，2018年），頁9–10。

導 言

1　我以法文出版過關於這個問題的著作：Depretto, 1997。

2　Blum, 1994, p. 120; Yang Jisheng [2008], 2012, p. 194. 英文版（*Tombstone*, 2012），
頁24。

3　Lewin, 2003 (a), p. 367.

4　Gauchet, 2010, p. 304（有關「聯邦主義外牆」見頁302）。詳細討論見Martin,
2001。

第一章

1　這些估計數在使用時必須謹慎，見Vichnevski, pp. 15–16。其他數據取自同書第
一章和Nove第一章。

2 村社往往與鄉重疊，是一個法律組織，一個在成員間分配土地和稅負的集體安排（Pipes）。教士和學校老師等非農民的居民不屬村社成員。村社偶爾會涵蓋幾個小鄉，或只代表一個大鄉的一部分（見Pipes, 1990, pp. 90, 97–99）。

3 見Dumont, 1977, pp. 12–13。另一方面，本書前兩章的標題是〈落後者〉和〈迎頭趕上〉，說明我的內心接受了現代社會的價值觀。

4 Figes, 2007a, pp. 143–145; Berelowitch, 2005, p. 106; Werth [1990], 2004, p. 64.

5 維特（Witte）總理顯然看到這一點。他在（1899）送呈尼古拉二世的備忘錄中指出，引入外國資本不會破壞國家獨立：「只有腐敗的國家才害怕受到外國人奴役〔……〕。但俄國不是中國」（引自同書，頁14）。

6 S. A. Smith, 2008, p. 6.

7 例如，見Smith, 1983, 2000和2002。

8 見Moussa, 1959，他把當時的一些不發達國家稱為「無產階級國家」。

9 Berelowitch, 2005的書題。

10 見同書，p. 137；陳獨秀的原文是：「固有之倫理、法律、學術、禮俗，無一非封建制度之遺，持較晳種之所為，以並世之人，而思想差遲幾及千載。」參見陳獨秀，《敬告青年》，《青年雜誌》第一卷第一期（1915年），頁3。

11 除了梁漱溟，還有其他一些學者更能代表對五四運動西化主張的反對立場。事實上，梁漱溟本人一向堅決拒絕承認自己是反對西化的人，反而多次稱讚陳獨秀的明確立場。梁漱溟在年輕時參加過孫中山領導的同盟會。可是，我選擇梁漱溟作為中國文化派（這是我借鑑俄羅斯派自創的詞彙）的代表，因為他的書在那個時代內容最詳細，影響也最大。

12 Alitto, 1979, pp. 82–125.

13 「大海對岸那邊有好幾萬萬人，愁着物質文明破產，哀哀欲絕的喊救命，等着你來超拔他哩。」（梁啟超：《歐遊心影錄》，見沈鵬等主編《梁啟超全集》第五冊，北京出版社，1999，頁2987。）我在Bianco [1967], 2007, pp. 329–331中簡單介紹了梁啟超。

14 Berelowitch, 2005, pp. 138–139.

15 Berdiaev [1938], 1951, p. 140.

16 引自Figes, 2007 (a), p. 190.

17 Bianco引自Schwartz, 1964, pp. 146–147。中文譯文直接引用王蘧常，《嚴幾道年譜》（上海：商務印書館，1936），頁74–75。

18 同上，頁182–183。嚴復的原文引自甄克思〔Edward Jenks〕著，嚴復譯，《社會通詮》(A History of Politics)（上海：商務印書館，1931），頁155。孫中山的原話引自《中山全書·三民主義·民族主義·第六講》（1924年3月2日）（上海：三民圖書公司1940年藏版），頁59–60。

19 楊憲益、戴乃迭英譯，由北京外文出版社於1957年出版。法文版由張馥蕊翻譯成 *Chroniqueindiscrète des mandarins*。吳敬梓寫作這本書的時間大約為1750年，在該作者去世一百多年後才引起人注意。那時的明朝已經逐漸沒落，日趨腐敗，相反果戈里在有生之年已經毀譽接踵而至。

20 Figes, 2007a, pp. 29–130.

21 Holquist, 2002, 第一章。

22 同上，p. 46和各處。

23 細節在 Coquin, 1965, p. 21 和 Figes, 2007a, p. 362。

第二章

1 其他相關數字的百分比見 Nove, 1992, p. 62。

2 Lewin [1966] 1976, p. 29 及 2003a, p. 371. 埃及法老時代是院士瓦維洛夫 (Vavilov) 的評語，他因為反對李森科 (Lyssenko) 理論，於1934年死於監獄中。

3 Ciliga, [1938] 1977, pp. 24–25.

4 Bergère, 2000, p. 44.

5 鄧小平後來也是同樣的想法，甚至說「讓一部分人先富起來」，等於是至少接受暫時的不平等。他就這樣決定了中國革命的命運，既使得中國人民高興，又實現了革命黨人原來的目的，讓中國富強起來。

6 引自 Nove, 1992, p. 190 以及 Werth, [1990] 2004, p. 247.

7 除了普列奧布拉任斯基和布哈林，許多其他領導人和理論家也參加了這場著名的重要辯論，見 Nove, 1992, 第五章和 Cohen, Stephen, [1971] 1980, 第六章。與 Werth [1990] 2004, pp. 207–209; Vichenevski, 2000, pp. 61–63 比較。

8 斯大林自稱是不偏不倚的中間派，超越派系爭吵，但他在新經濟政策火熱執行期間（1924–1925）實施的溫和政策大受托洛茨基左派的攻擊。

9 Kotkin, 1995, pp. 47, 66. 有關兩人主導的政治，參 Cohen, Stephen, [1971] 1980, 第七章。

10 這方面的資料或研究不勝枚舉：生產目標：Werth, [1995] 1998, p. 54；無法實現和完成到目標：Nove, 1992, pp. 190–191；向自然宣戰：Vichnevski, 2000, p. 82, 和 Kotkin, 1995, pp. 31, 50, 他把斯大林經濟比擬為「和平時期的戰時經濟」；向時間宣戰：「我們必須在十年內迎頭趕上」（同上，p. 69；「根據目標制訂計劃」：Cohen, Stephen, [1971] 1980, p. 319；世上無難事，沒有甚麼事不可能：Lewin, 2003a, p. 57, Schapiro, 1967, p. 412；沒有不能攻克的堡壘：Nove, 1992, p. 146; Cohen, Stephen, [1971] 1980, pp. 266, 314.

11 專家成為數字奴隸：Nove, 1992, pp. 191–192；停止科學討論及其他：Service, 2005, pp. 300, 309, 317。

12 人數極少、不能幹的一群人：Kotkin, 1995, p. 41；不負責任的獨裁政體：Lewin, 2003a, p. 52；新經濟計劃後期的錯誤：Nove, 1992, pp. 137, 146和各處。

13 Kotkin, 1995, pp. 58–59, 67–69.

14 同上，pp. 45, 65–65, 422。

15 同上，pp. 89, 92, 420, 424，這一段全文。但關於工人數量，有人認為增加了一倍多，見Werth, [1990] 2004, p. 249。

16 Kotkin, 1995, pp. 35, 93, 215和後記。後記所說史蒂芬・考特金 (Stephen Kotkin) 的主題 (斯大林主義文明) 沒有立刻指出事實背後的陰暗面，但他關於1930年代一個具有象徵意義的產業基地研究，說明了在這個熱火朝天的工廠中生活的各方面。

17 同上，pp. 50–51。我不由得想起35年前從廣州到海豐訪問的經驗。我們碰到東江大橋的通車典禮，使我們的陪同人員興奮無比。陪同人員都熱烈鼓掌，但外國客人不免私下抱怨耽誤了一小時行程。滿街都是行人、車輛、豬狗和家禽，還有幾輛幹部乘坐的大客車，他們都耐心地等待，直到渡船把客人送到對岸。

18 年均增長超過10%：Werth, [1990] 2004, p. 280；從布斯特到海參崴：Lewin, 2003a, p. 467；餘下一段文字：Nove, 1992, pp. 194, 196, 224, 228, 231–232, 260。

19 到達新階段：Lewin, 2003a, p. 97；生活水平下降：Nove, 1992, p. 210；社會主義建設與合法性：Kotkin, 1995, pp. 70–71；「我們是金屬、發動機和拖拉機的國家」：Figes, 2007b, p. 111；亦見Gauchet, 2010, p. 315；彼得大帝和重寫沙皇時代：同上，pp. 296, 314；Bruneteau, 2010, p. 483。全段尤其引述：Brovkin, 1998, pp. 15, 214, 217。

20 保守型現代化：Vichnevski, 2000的副題；農業停滯不前，但經濟作物除外：Nove, 1992, pp. 194, 242–243；Werth, [1990] 2004, p. 280；與農業遺產掛鉤：Viola, 2007, p. 192。

21 1955年：Lüthi, in Bernstein and Li, 2010, p. 36；1964年12月：Roux, 2009, p. 732.

22 斯大林的二五計劃戰略：Nove, 1992, p. 226, 第九章和各處；毛澤東從1930年代初起熟讀蘇聯的經典著作：Wylie, 1980；對1934年後「官僚斯大林主義」的批評：Lüthi, in Bernstein and Li, 2010, p. 35。

23 Li Choh-ming, 1962.

24 Aubert, 1990.

25 這是Kotkin, 1995年名著第3章的標題：〈城市生活的愚蠢行為〉。

26 Werth, [1990] 2004, p. 281; Vichnevski, 2000, pp. 123, 126, 128.

27 Filtzer, 2010, pp. 56–57, 337–340。關於居住空間窄小，也見Fitzpatrick, 2002, pp. 75–81。

28 Smith, Mark B., 2010. 我是從在第三者的書評中知道這本書。

29 關於城市生活的悲慘情況，見Fitzpatrick, 2002, pp. 82–86；Figes, 2007b, pp. 119–120；Graziosi, 2010, p. 101；Nove, 1992, p. 200；Werth [1990] 2004, pp. 281–282。

30 本引文和上一引文見 Vichnevski, 2000, pp. 159, 451。

31 Banister, 1987, p. 56，本段以下部分參見該書全段。

32 一些中國人口學家擔心人口老化、勞動力減少、以及父母因為渴望子嗣進行選擇性人工流產造成的性別比例失衡，他們認為這些都是獨生子女政策造成的嚴重錯誤，甚至會帶來災難性後果 (Wang, Cai and Gu, 2013)。由於在執行政策時使用恐怖措施造成慘劇，後果的確悲慘。印度今後幾十年將享受勞動力年輕而且充裕的好處，有一天可能成為全球人口最多的國家，即使如此，也不表示民主制度取得成功。正好相反，我寧願認為，1970 年代採取的限制性方法（儘管沒有像中國獨生子女政策那樣嚴厲）促成了最重要的人口轉型。中國的獨生子女政策在 1979 年出台，原來計劃實施一個世代。該政策於 2015 年廢止，時在本書法文版出版之後。

33 Bergère, 2000, pp. 34–35.

34 主要死因是酗酒和橫死（與酒精有關的自殺、凶殺和意外事件）。赫魯曉夫 1985 年的禁酒令不受民眾歡迎，也減少了財政收入，但預期壽命因此上升，直到 1988 年。蘇聯垮台後，預期壽命又一路下跌 (Graziosi, 2010, p. 509)。

35 這三段的主要來源是 Blum, 2004。還零星參考了另一位人口學家：Vichnevski, 2000, pp. 167–169, 183 以及最近關於他的新著的書評：Wood, 2013。關於 1920 年代的其他細節見 Graziosi, 2010, pp. 50–51；關於最後人口下降和政府 1985 年頒布的禁酒令，見同上，pp. 508–509；關於醫生和病床數，見 Nove, 1992, p. 259；關於農村短缺情況，見 Fitzpatrick, 1994, p. 217.

36 例如見 Vichnevski, 2000, pp. 178–180, 191–192, 219。

37 43% 兒童識字，書籍在農村流行：Berelowitch, 2005, pp. 106–107；北方農村沒有學校：Bertaux and Garros, 1998, p. 45；學校預算十年內 (1928–1938) 增加 17 倍與 81% 識字率：Laran and Regemorter, 1996, p. 312；Fitzpatrick, 2002, pp. 109, 354；到 1930 年代末，掃盲幾乎全面成功：Werth [1990] 2004, p. 206; Nove, 1992, p. 250；馬格尼托哥爾斯克到讀書風氣：Kotkin, 1995, p. 191。

38 1930 年代初農村的中學數目減少和工人技術培訓速成班增加：Nove , 1992, pp. 198–199, 234；學生人數增加和「新階級」成員增加：Werth [1990] 2004, p. 285；赫魯曉夫的學歷：Taubman, 2003, pp. 72–73。

39 Vichnevski, 2000, pp. 262–264; 亦見 Linz, 2000, pp. 44, 69.

40 關於中國教育的飛躍進步，見：Pepper, 1987 及 1991；Hayhoe, 1984；Andreas, 2009；亦見 Bastid-Bruguière, 2009。

41 Andreas, 2009, pp. 44, 166.

42 *Far Eastern Economic Review*, 1999, p. 60.

43 Lewin, 1987, p. 379. 上面：Lefort, 1971, p. 124.

第三章

1 Li, 2006, pp. 48, 175 及各處。

2 Khlevniouk, 1996, p. 29. 1932年，莫斯科的地方幹部馬丁姆‧柳汀（Martemyan Ryutin，一個老布爾什維克）在朋友間傳遞宣言，要求革除斯大林的總書記職位。儘管斯大林要求把他槍決，他最後只被判刑勞改十年。然而在大清洗中他未能倖免。

3 Bernstein, "Introduction," Bernstein and Li, 2010, p. 1.

4 Li Hua-yu, 2006 和 2010. 高饒事件是建國之後的第一個黨內政治鬥爭。高崗和饒漱石都是1952年由省調到中央的幹部，他們被控結成聯盟，企圖推翻劉少奇和周恩來，策劃成為黨內的第二號領袖。高崗一開始似乎得到毛澤東的鼓勵，失敗後於1954年自殺。

5 Rozman, 2010, p. 517.

6 這一點十分明顯，自漢娜‧鄂蘭（Hannah Arendt）以來已經有許多作者指出，甚至在鄂蘭以前的1930年代，就知道必須對不同形式的極權主義進行比較（Bruneteau, 2010）。

7 參見Aron, 1965, p. 287, 以及基謝列夫（V. Kiselev）關於「斯大林主義鼎盛期」（high Stalinism）的定義，引述自Nove, 1993, p. 10。

8 關於「實際」和「正式」機構，見Cabestan, 1994, p. 275。

9 27年內召開了三次：1956、1969和1973年。毛澤東死後，中共全國代表大會才開始每五年召開一次，從1977年十一大，到2012年十八大。蘇共的兩次「斯大林式」黨代會（1939–1952）和中共第八和第九次黨代會（1956–1969）之間都相隔13年，蘇共還可以用「偉大的愛國戰爭」為藉口，毛澤東在發動大躍進和文化大革命之前根本沒有想到要召開黨代會。要不然就是違反黨章召開會議。他在1958年5月召開八大二次會議，要求核准通過的，與1956年八大通過的決定完全相反。

10 尤見Huang, 2000, p. 257；關於中國，見Macfarquhar and Schoenhals, 2006；有關蘇聯，見Khlevniouk, 1996, pp. 123, 138, 231–243, 314–315。

11 Gauchet, 2010, p. 545.

12 中國共產黨名義上不是唯一的政黨，另外還有八個「民主的聯合戰線」的小黨，但它們毫無權力，只是政治花瓶。

13 Khlevniouk, 1996, pp. 82, 227.

14 Bruneteau, 2010, p. 194; Bianco, 2005, pp. 449–452.

15 Graziosi, 2010, p. 60. 我在回頭細談這個問題之前應該強調，蘇聯的階級意識強於中國；中國從1960年代開始，關於階級的定義越來越納入主觀的標準。

16 必須指出，隨着情況變動，這些賤民或嫌犯可以包括許多其他人，特別是屬於政治性質的，例如在蘇聯是前社會革命黨或孟什維克（後來又包括前托洛茨基分

子）。在中國，這些人被稱為五類分子，根據社會和政治以及法律的混雜標準，其中包括地主及其子女、富農、資本家、反革命分子和「壞分子」，壞分子可以是抗議者之類的異議分子。1957年以後，這份名單往往又列入「右派分子」。

17　Besançon, 1977, p. 298.

18　Bruneteau, 2011, p. 145. 從1970年代開始，由希拉‧菲茨帕特里克（Sheila Fitzpatrick）等人帶領的修正主義歷史學就強調重新注重社會史，而不是像當時的「極權主義」歷史學那樣只看到領導權的鬥爭。我想到的這位學生是羅蘭‧盧（Roland Lew，1944–2004），他不僅在政治上執着，而且是一位真正的知識分子，不只是專家而已。我多麼希望他能夠是這本書的第一位讀者，並提出嚴格的批評。

19　引述Davies, 1993, p 67。另見Getty, 1993, pp. 127–129。

20　例如，見Bruneteau, 2011, pp. 144–145; Edele, 2012; Gauchet, 2010, pp. 324, 522; Graziosi, 2010, p. 440; Pomian, 1995, p. 20; Viola, 2007, p. 190.

21　Lih, Naumov and Khlevniouk, 1995, p. 59.

22　例如，給卡岡諾維奇（Kaganovitch）的信，見Cohen, Yves, 1997, p. 329。

23　Getty and Naumov, 1999, pp. 266–267. 亦見Gauche, 2010, pp. 331, 334; Khlevniouk, 1996, p. 235.

24　在1926年黨代表大會的發言，載於給斯大林的第29封信，見Lih, Naumov, and Khlevniouk, 1995, pp. 53–54。本段其餘部分見同上, pp. 45, 47, 48, 62, 63。

25　Bruneteau, 2010, p. 30.

26　舉例如下：1921年反孟什維克和社會革命黨運動，以迫使同盟國撤銷對第一個「工人和農民國家」的制裁，或1922年沒收東正教會財物的運動。1923年的新運動包括：反對社會革命黨，以及「日常生活中的新道德」、「掃盲」、徵召「列寧一代人」入黨、反對「托洛茨基異端邪說」等運動，最後才是新經濟計劃末期經典的促進生產運動和所謂的「合理化」運動。運動的目的是提高生產力但不增加工人工資（例如，見Brovkin, 1998, pp. 86, 122; Gatrell, 2006, pp. 385, 394–395, 402）。中國開展了一連串運動，包括：土地改革、「抗美援朝」、鎮反和肅反兩次清除反革命分子運動、針對政府幹部的「三反」和針對資本家的「五反」運動、思想改造（針對知識分子）、農業集體化以及工商業國有化運動（見Bianco, 1973, pp. 866–868; Roderick MacFarquhar, in Cheek, 2010, p. 348; Schram, 1974, pp. 106–107）。

27　Davies, 1980, p. 218. 有關指標，尤其參看同上，p. 402; Blum, 1994, p. 112; Khlevniouk, 1996, pp. 208 and 210; Lewin, 2003a, pp. 140, 144; Sokoloff, 2000, pp. 30, 210, 251; Viola, 2007, pp. 35, 98–99, 165; Werth, 1997, pp. 165, 206, 209–213; Werth and Berelowitch, 2011, pp. 244, 246, 601. 中國的情況此處無法引述更多資料，但我要強調楊繼繩關於大饑荒的詳細報告。

28　參見 Davies, 1980, p. 408; Fainsod, [1958] 1963, p. 142; Viola, 2007, p. 21; Teiwes and Sun, 1999; Teiwes, 2010, p. 38.

29　除了 Fitzpatrick, 1978，還可參見 Brovkin, 1998, p. 106; Davies, 1980, p. 414; Davies, 1993, p. 55; Fainsod [1958] 1963, pp. 270, 305; Mallia, 1995, p. 268; Werth, 1984, pp. 174–175, 241–242, 273. 這些資料只提到蘇聯使用的詞彙。我在這裏說的是研究毛澤東時代中國的人最熟悉的一些詞彙的淵源。對於一些最耳熟能詳的用語和稱呼，我依照慣例，省去了誇大的形容詞（「偉大的」）和無所不在的修飾語（「無產階級」）。我只在第一次使用時照錄原名，例如：偉大的無產階級文化大革命。

30　Bianco, 1973, p. 866.

31　簡單地說，列寧不承認的理由是：革命的知識分子多半出身小資產階級，如果他們不把革命和社會主義的思想帶給工人，這些工人就只會看到一些小恩小惠，永遠無法超越傳統工會主義的限制。

32　關於毛澤東思想的最好介紹是斯圖爾特‧施拉姆（Stuart Schram）的書，見 Schram, 1991, pp. 3–7。還可參見姜義華（Jiang Yihua, 2010），p. 338。

33　Bianco, 1970, 再現於 2010, pp. 17–52；Bianco, 1973, p. 875; Schram, 1991, pp. 20, 38.

34　Meisner, 1982, p. 100（引述），詳見 pp. 28, 35, 63–65, 67–68, 177, 和各處。亦見 Dunham, [1976] 1990。

35　彭德懷 1940 年 8 月發動的百團大戰引起日軍的血腥報復，極大地削減了共產黨在華北的根據地，顯然引起毛澤東的不滿。關於毛澤東思想在 1949 年以前的發展，見 Schram, 1986, 特別 pp. 818–870。有興趣的讀者可參閱 *Mao's Road to Power, Revolutionary Writings 1912–1949*, edited by Stuart Schram, Armonk, N.Y.: M.E. Sharpe.

36　毛澤東把大多數中農分類為贊成「我們」的「下中農」和「破壞集體化」的「上中農」。

37　Schram, 1991, pp. 25, 27, 32, 68–71.

38　我將在下文加以分析。關於影響老黨員（就像布爾什維克的「老黨員」）的「卡普阿綜合症」（Capua syndrome），見 Domenach, 2012。

39　格羅斯曼（Grossman）的著名小說（1980）《生活與命運》（*Life and Fate*）強調納粹黨人與布爾什維克的相似之處。往往更多比較的是納粹和共產黨的極權主義體制。亦見 Schram, 1974, pp. 2, 20, 48, 75–76; Cheek, 2010, p. 13.

40　Schram, 1974, pp. 208, 215, 225.

41　Schram, 1991, pp. 42–43, 49–52, 67, 97（引自國際歌，頁 101）。

42　甚至這本書也沒有讀完。毛在 1940 年代承認，沒有讀完《簡明教程》，只讀了每一章的結論部分，作為他行動的指導（Li Hua-yu, 2006, p. 101）。關於毛對這本書的讚賞，見同上，第三章；Li Hua-yu, 2010, 第四章；Jiang Yihua, 2010, p. 340. 關於本段的開始部分，參見 Bianco, [1994] 1997, p. 93.

43　Huang, 2000, pp. 12–13.

44　Andres, 2009, p. 103 和各處。

45　Dunhan [1976] 1990. 該書作者分析官方文學中的資產階級痕跡，就「斯大林後期」文學與1920年代的文學進行比較。

46　Viola, 2007, p. 18; Davies, 1980, p. 231. 關於使人腐化的資本主義精神滲入共產黨本身的問題，見Besançon , 1977, pp. 239–240; Besançon, [1998] 2005, p. 155.

47　他當然也指責，(在1937年2月至3月中央委員會全會中)聲稱主要危險是拿著黨證的敵人，作為日後殺害共產黨人的藉口。毛澤東在30年後說的也是同樣的話。引自Heller and Nekrich, 1982, p. 252. 亦見Getty, 1993, pp. 131–132.

48　Berdyaev [1938], 1951, p. 264; Bukharin: Cohen, Stephen, [1971] 1980, p. 367. 當然，布哈林只是隱晦地提到斯大林的統治。Zamiatine: Heller, Leonid, 1988, p. 469. 在雷鋒一心想成為偉大社會主義機器的螺絲釘之前，斯大林早已不帶感情地談到螺絲釘和社會主義建設的必要犧牲：「要砍伐樹木，木屑自然橫飛。」(Besançon, 1998, p. 55.)

49　Tucker, 1963, p. 37. 秦始皇帝統一中國，建立帝國，在法家幫助下，以專制暴虐的手段治國。儒家視之為暴君，毛澤東卻認為應該為他恢復名譽。

50　同上, 導言, p. x .

51　Li Hua-yu, 2006, p. 7.

52　Walder, 1991.

53　Meisner, 1982, p. 26.

54　這是格雷戈爾 (A. James Gregor) 分析列寧的異端馬克思主義的主要結論。見Gregor, 2009, pp. 129, 166–167.

55　Cohen, Stephen [1971], 1980, pp. 253, 258, 440. 布哈林是正常地引用列寧的著作《帝國主義是資本主義的最高階段》。關於林彪的文章是怎樣寫出來的，見Teiwes and Sun, 1996, pp. 27, 208。

56　Besançon, 1977, 第十三、十五章。

第四章

1　Lewin [1966], 1976, p. 22, 關於高爾基；及p. 296, 關於馬克思。

2　同上，p. 39. Lewin, [1966] 1976，即使在1991年的檔案開放之後，Lewin的看法也沒有過時。這前面幾頁的描述(直到新經濟政策)主要取自Brovkin, 1995, pp. 129, 134–140, 145–148, 318, 323–325, 327–388, 418及各處；Davies, 1980, pp. 1–3, 51; Evans, 1988; Figes, 2007a, pp. 749–767, 814–815, 922–931; Holquis, 2002, pp. 16–46; Shanin, 1971, pp. 369–371; Viola, 1996, pp. 13, 30–31; Werth, 2007, pp. 50, 509–510; 亦見Lewin [1966] 1976, p. 34.

3　Graziosi, 1994, pp. 438–439，把（1918–1922 和 1929–1933）這兩段時間的事件相提並論，特別是烏克蘭和內戰的南方前線。他認為「這是二十世紀規模最大的針對歐洲農民戰爭中不可分割的兩件事。」

4　關於新經濟政策，我是根據以下資料：Brovkin, 1995, p. 421; Davies, 1980, pp. 4–55, 419–420; Fainsod, [1958] 1963, pp. 138–141; Fitzpatrick, 1994, pp. 28–33; Lewin, [1966] 1976, pp. 29, 66–74, 157–160, 196–222; Lewin, 1987, pp. 167, 174–207, 214, 426–428, 431–432; Nove, 1992, pp. 102, 106; Viola, et al., 2005, pp. 11, 18–19, 21–22, 56–64, 89–91.

5　見 Nove, 1992, p. 106。

6　Lewin [1966] 1976, p. 159. Nove, 1992, p. 102 的評估稍有不同，但趨勢一樣：1917 年以前有 1,700–1,800 萬農場，1927 年有 2,500 萬農場。

7　Stalin, 引自 Viola, et al., 2005, p. 56; 亦見 Lewin [1966] 1976, p. 196.

8　除另有說明外，關於集體化和去富農化的敘述是根據以下資料：Davies, 1980, pp. 147–275, 442–443; Fainsod, [1958] 1963, pp. 141–152, 238–264; Fitzpatrick, 1994, pp. 64–65; Fitzpatrick, 1999, p. 52; Graziosi, 1994; Lewin, [1966] 1976, pp. 223–229, 323, 332, 342–351, 367, 387, 402–403, 第十七章全部 (pp. 423–452, 引述：p. 443); Khlevniuk, 2004, pp. 12–18; Nove, 1992; Viola, 1996, pp. 23–24, 70, 78; Viola, 2007; Viola, et al., 2005, pp. 118–122, 175–176, 205, 215, 217, 259, 266, 268–279, 283–285, 313–314, 316–318, 345–346; Werth, 2011.

9　Lewin, [1966] 1976, p. 383.

10　Grazisoi, 1994, p. 449.

11　1932 年初，一些地方 8 歲以下兒童的月死亡率達到 10%。(Khlevniuk, 2004, p. 18.)

12　根據格別烏的統計數字，1931 年頭九個月共有 124.4 萬名被放逐者，是 1930 年的 56 萬名的一倍 (Werth and Berelowitch, 2011, p. 440)。關於克里米亞的放逐家庭只有 20 分鐘的準備時間，見 Khlevniuk, 2004, pp. 12–13。

13　Viola, et al., 2005, pp. 313–314.

14　加里寧出身農民，在蘇聯領導人中以保護農民著稱。他開始時反對使用暴力和非常措施，但在關鍵時刻同許多人一樣 180 度轉彎，反對布加林，支持斯大林。

15　關於母親反對乳牛集體化，見 Graziosi, 1994, p. 456, 和同上。

16　Viola, et al., 2005, 第六章，詳見 pp. 276–277。

17　這是該書第五章的標題，Viola, 1996。

18　Lewin 1987, pp. 431–433.

19　Davies, 1980, p. 312; 亦見 p. 410.

20　Graziosi, 1994, pp. 437, 459–460, 462, 471, 註 69. 關於在喬治亞打人耳光，見 Service, 2012, p. 496。關於奧爾忠尼啟則 (Ordzhonikidze) 在 1937 年 2 月與斯大林大吵之後自殺，他的副手次日被判死刑，見 Service, 2005, p. 349。

21 他們更加聽天由命，因為饑荒已經降臨。這一段主要根據Fainsod [1958] 1963, 第十三、十四章；Fitzpatrick, 1994, 第四至七章；Lewin, 1987, pp. 226–273, 384–389。

22 Lewin, 1987, p. 265.

23 同上，pp. 262, 267–268.

24 這裏的根據是Han, 2005, pp. 19–27。關於奪得政權之前的時期，我主要是根據：Benton, 1999; Bianco, 1986, 2005; Chen Yung-fa, 1986; Han, 2005; Hartford, 1980; Hayford, 1990; Hinton, 1971; Johnson, 1962。陳獨秀2003年5月的演講，引自Han, 2005, p. 20。

25 援引自Han, 2005, p. 20。

26 這是指蔣介石的「妥協政策」。蔣的愛國熱情不會比批評他的人差，但他比任何人更加了解雙方的實力對比。他是想爭取時間，盡量推遲最後決戰，以便整軍經武，鞏固對國家的控制。他希望日本的軍國主義會給中國帶來一些盟友，幫助中國解決與日本的分歧。蔣的估計沒有錯，只不過時間沒有站在他的一邊。

27 取自Han, 2005, p. 33。

28 魯迅三篇著名短篇小說中的人物。

29 晏陽初在1925年說：「愚昧對貧農的為害，遠遠超過貧窮的為害。」(Hayford, 1990, p. 57.)

30 Hayford, 1990, pp. 94–95.

31 Han, 2005, p. 59.

32 Bianco, 1986, p. 305.

33 Bianco, 2005, pp. 431–432.

34 Benton, 1999, p. 729.

35 Chen Yung-fa, 1986, p. 220.

36 同上，p. 187。

37 Bianco, 2005, pp. 449–452.

38 Hartford, 1980, p. 41，引文在p. 56。

39 這是關於此問題的最佳著作的書名：陳永發的《製造革命》(*Making Revolution*, 〔1986〕)。

40 Bernstein, 1967.

41 Yang Jisheng [2008] 2012, p. 70. 英文版(Tombstone), 2012, p. 157.

42 Li Hua-yu, 2006, p. 121.

43 Li Huaiyin, 2006. 關於鄧子恢的大膽抵制，見Teiwes and Sun, 1993。這種抵制持續到大躍進時期：見Rohlf, 2010, pp. 201–203, 207; Xiao-Planes, 2013.

44 殘酷程度少很多。白思鼎(Thomas Bernstein)差不多半個世紀前首先對這個問題所作的比較研究現在仍然站得住腳。(Bernstein, 1967.)

45 1930年初派了25,000名工人到農村替代失敗的積極分子了，加快集體化速度。見 Lewin [1966] 1976, pp. 409–410; Graziosi, 1994, p. 453; Bernstein, 1967, pp. 29–30.

46 法文著作 Roux, 2009 有詳盡的描述（我引用的幾段見 pp. 636, 642, 644–645）。

47 Aubert, 1990, pp. 163–165.

48 以上各段，最好參看 Zweig, 1989。

49 Bianco, 2005, p. 476.

50 「獲得解放」來自我個人的回憶。1981年夏，我在南京檔案館做研究，每到星期日就坐公共汽車四處亂逛，往往跑到安徽鄰省，傍晚才回來，因為以我的身份，只能到招待外賓的旅館住宿。第一個星期日，我在公車站下車後，走了好幾里路，遇到一群在田裏快樂工作的村民。我很驚訝，他們居然在星期日下午如此努力工作，一點沒有在中國的田地和大樓裏看到的懶散漠然模樣。他們讓我想起在台灣高雄碰到那些賣魚的婦女，她們一邊唱歌，一邊清洗前一晚捕到的魚，準備清晨六點到市場去賣。我可能是那群村民看到的第一個「外國大鼻子」，但他們熱情地給我打招呼，倒了杯熱水給我。他們問我是哪國人，然後詢問法國農民是不是像他們一樣獲得了解放。

51 Feuerwerker, 1998, 細緻地分析了中國知識分子對他們一無所知的農民的迷戀。在俄國，1873和1874年間，數以千計的民粹分子走到農村，以教師、會計師、護士、助產士和長工的身份為農民提供服務。農民對他們既不歡迎、也不感激，有時候甚至向警察報告，說他們煽動叛亂（見 Laran, 1973, pp. 18–19）。這些貧困、骯髒、遲鈍的農民，就是小說中描述的可憐的「英雄」，見 "The Power of the Land" by Gleb Uspensky (1843–1902), "Chekhov's "The Mujiks" (1897), and Ivan Bunin's "The Village" (1909) (Bunin, 2011).

52 Domenach, 1992, p. 120. 關於1955至1956年的迅速集體化，見 Bernstein, 1967。

53 Li Hua-yu, 2006. 詳細記錄了毛澤東「使中國的經濟斯大林化」的過程。

54 彭德懷在1959年，陳雲在1960年代初，引述自 Domenach, 2012, p. 225。

55 第一首：Yang Jisheng, [2008] 2012, p. 417, 英語譯本：*Tombstone*, 2012, p. 315; 第二首：Hinton, 1983, p. 250.

第五章

1 對中國超額死亡人數的估計從1,500萬到4,600萬不等，最常引用的數字是3,000萬到3,600萬之間。

2 1963年的出生率破紀錄（根據官方記錄在43%到44%之間），1964和1965年也很高，開始彌補前幾年出生率的不足（見 Manning and Wemheuer, 2011, pp. 1, 21–22; Banister, 1987, p. 235）。蘇聯的出生率到1934年春季還沒有恢復到正常出生率的一半，烏克蘭和北高加索更低（Davies and Wheatcroft, 2004, p. 411）。

3　關於中國的死亡率，見 Yang Dali, 1996, p. 38; Lardy, 1987, pp. 374, 377；破紀錄出生率見 Bramall, 2011, pp. 1004–1005（四川有三個縣每六人死一人）和 Yang Jisheng [2008] 2012, p. 286 / 英文版 *Tombstone*, 2012, p. 137（甘肅通渭縣幾乎每三人死一人）。蘇聯的死亡率見 Blum, 2004, pp. 102, 106; Graziosi, 2005, p. 461; Graziosi, 2013, p. 18; Davies and Wheatcroft, 2004, p. 511。

4　關於烏克蘭，見 Sokoloff 2000；家庭和村莊滅絕或消失：pp. 206, 225, 239, 241, 299, 402 各處；交換：pp. 308–309；兒童遺棄：pp. 288, 312, 315；未埋葬的屍體：p. 369；活埋：pp. 279, 359, 379, 381。關於中國，見 Yang Jisheng, [2008] 2012, p. 354; Becker, 1998；全村死光，無一活口：p. 171；遺棄小孩：pp. 216–217；藏匿屍體：p. 173。

5　關於蘇聯，見 Sokoloff, 2000, pp. 204, 217, 403. 關於中國，見 Gao Hua, 2011; Becker, 1998, pp. 165–166, 243, 290–291; Yang Jisheng, [2008] 2012, pp. 209, 485–487; Dikötter, 2010, p. 284。

6　Becker, 1998, pp. 196–197. 還要指出，中國幾個世紀以來被稱為「饑荒之國」(Mallory, 1926)，但實際發生饑荒的次數並不是那麼多。常被引述的吃人肉的故事是一個烏克蘭母親作為被告關於吃自己小孩的供詞：「我把小孩放在砧板上，他問我，『媽咪，你要做甚麼？』」(Sokoloff, 2000, p. 105)；還有甘肅一對夫婦叫七歲的女兒燒開水，把她的弟弟煮來吃。吃完弟弟後，又叫女兒燒開水。小女孩知道輪到她了，跪下來求父親說，「不要吃我，我會很乖聽你的話。」(Becker, 1998, p. 226)〔譯者注：此處的說明應該是出自報告文學作家沙青的《依稀大地灣》第三章（最早刊載於《十月》文學雙月刊 1988 年第 5 期），原文如下：「死亡的感覺在饑餓的軀體裏膨脹。這一戶農家只剩下父親和兩個娃。父親一動不動地偎在炕上，苟延殘喘。娃娃們的忍耐力並不一定比大人強，但最後一點可以吃的東西是盡娃娃們吃。現在，只有他們還能動彈。女娃比男娃似乎更多一點氣力。

終於，整天整天死閉雙眼再不說話的父親這一天從炕上歪歪斜斜地撐起了身。他給鍋裏添上水，又在竈膛點了把火。女娃被趕了出去。臨走她看見弟弟躺在床上。等她回來，弟弟不見了。鍋裏是一層白花花油乎乎的東西。她嚇壞了，整日呆在院子裏不敢進屋。她看見了，竈邊扔着一具白白的骨頭。她不明白這是怎麼回事。她只是怕極了。

隔了幾日，父親又從炕上歪歪斜斜地撐起了身。這一回他幾乎是爬著給鍋裏添上水，又在竈膛點了把火。然後，他招招手，用女娃從沒聽見過的聲音，斷斷續續地喚：『來，來。』女娃嚇得渾身發抖，躲在門外大聲哭。父親還在喚她。女娃哭着說：『大大，別吃我，我給你摟草、燒火。吃了我沒人給你做活……』。」〕還有很多人吃人的案例見 Werth and Berelowitch, 2011, pp. 498, 501, 510, 534; Yang Jisheng, [2008] 2012, pp. 212, 283, 290, 292, 323, 371, 384–385, 399–404, 412, 425, 437, 455, 457, 492; Zhou, 2012, pp. 61–64 and 67. 關於 1933 年出售人肉的事，見

Sokoloff, 2000, p. 264；1959年湖南，見Yang Jisheng, [2008] 2012, p. 215。關於夏爾奇夫（Kharkov）、基輔（Kiev）和文尼察（Vinnitsa）地區在1933年春季的部分數據，見Davies and Wheatcroft, 2004, p. 423，關於中國，見Dikötter, 2010, p. 322；Zhou, 2012, pp. 59–71。

7　「媽媽對我說，『女兒啊，我們說再見了，我就要死了』。她躺在椅子上，我爬到炕上。我沒覺得可憐，也不害怕，只覺得餓。早上，一個男人把我叫醒，『醒一醒，你媽媽死了』。」（Sokoloff, 2000, p. 221）另見Werth, 2007, p. 131; ID., 1997, p. 187; Dikötter, 2010, pp. 225–226。

8　Sokoloff, 2000, p. 443.

9　詳情見Yang Jisheng, [2008] 2012, pp. 541–544。

10　Davies and Wheatcroft, 2004, pp. 119–123, 437, 439, 458; Wheatcroft, 2008, pp. 5, 28–30; Penner, 1998, pp. 29–30; Yang, Jisheng [2008], 2012, p. 541; Bramall, 2011, pp. 999–1001.

11　Dikötter, 2010, p. 111.

12　關於中國，見Banister, 1987, pp. 56, 352；關於蘇聯，見Blum, [1994] 2004, pp. 90–97; Nove, 1992, pp. 12, 110; Sokoloff, 2000, p. 16; Wheatcroft, 2008, pp. 20–22。

13　關於蘇聯，見Davies and Wheatcroft, 2004, p. 434, 註；Wheatcroft, 2008, pp. 22–24；關於中國，見Banister, 1987, pp. 330–331; Lardy, 1987, p. 369; Yang Jisheng, [2008] 2012, pp. 461, 484, 531。

14　這是兩個饑荒合併發生，城市的饑荒發生在內戰期間和內戰之後（1918–1920），農村的饑荒在1920至1922年。饑荒之後，死於斑疹傷寒和其他傳染病的人比餓死的人還多，因為營養不良的人喪失了抵抗疾病的能力。（見Davies and Wheatcroft, 2004, pp. 403–405, 431; Blum, 2004, pp.93–96.）

15　Bensidoun, 1975, p. 3及第五章。革命學生烏里揚諾夫（後來改名為列寧）拒絕支援1891至1892年的饑荒，因為他認為饑荒可以有助於進步（Service, [2000], 2012, pp. 105–106）。

16　Li, Lillian, 2007, p. 304.

17　Kupferman, 2007, pp. 73–75. 亦見Cœuré, 1999, pp. 171–182; Klid and Motyl, 2012, pp. 146–149; Mazuy, 2002, p. 163; Snyder [2010], 2012, pp. 107–109.

18　其他詳情見Sokoloff, 2000, pp. 16–17; Wheatcroft, 2008, pp. 15–16。

19　Service, 2005, pp. 257–258; Sokoloff, 2000, pp. 21–25; Werth, 1997, p. 178.

20　見Sokoloff, 2000, pp. 26–32; Wheatcroft, 2008, p. 29.

21　Ohayon, 2006, pp. 179–206.

22　Lewin [1966], 1976, pp. 453–454.

23　Davies and Wheatcroft, 2004, pp. 48–78, 471.

24　1929年，在遊牧和半遊牧區，每家平均擁有41.6頭牲畜；1933年，平均只有2.2頭(Pianciola, 2004, p. 165)。關於哈薩克饑荒，見同上，pp. 137–191; Ohayon, 2006. 亦見Davies and Wheatcroft, 2004, pp. 321–326, 391, 408–409, 412, 414; Naimark, 2010, pp. 75–76; Service, 2005, pp. 326–328; Werth, 2003, pp. 42–43; Werth, 2010a, pp. 144–145.

25　Sokoloff, 2000, p. 38，描述饑荒從1932年夏季開始「最後擴大」。我借用他的擴大一詞，但認為擴大分為兩個階段，資料來源是同上；Werth and Berelowitch, 2011, pp. 280–283。

26　Davies and Wheatcroft, 2004, pp. 79–123, 448, 471; Sokoloff, 2000, pp. 33–38; Werth, 2007, pp. 116–118; Wheatcroft, 2008, p. 30.

27　著名的「7/8命令」沒有一律執行，原因很簡單：過分殘酷，幾乎無法執行，除非處決幾十個、甚至成千上百個飢民。儘管如此，1932年8月至1933年12月期間，仍然有20萬人以上因此被關進集中營5年到10年，至少5,400人被判死刑（Ellman, 2007, pp. 668–669: Sokoloff, 2000, p. 38; Davies and Wheatcroft, 2004, pp. 162, 167, 198, 202; Werth, 1997, p. 181）。

28　1932年9月22日，烏克蘭有446個村蘇維埃拒絕接受指派給它們的徵購計劃（Davies and Wheatcroft, 2004, pp. 153–154）。詳情見同上，pp. 152–159，關於農村抵制的分析，以及關於地方當局、集體農莊莊員和個別農民，見Penner, 1998, pp. 37–42，總結見Werth, 2007。另見Werth, 1997 and 2003; Werth and Moulhec, 1994, pp. 91–92 and 151–159; Werth and Berelowitch, 2011, pp. 539–542, 549, 562–565。

29　內戰時期，彼得留拉(Petliura)曾經在烏克蘭短暫與紅軍作戰，見 *The White Guard* (Bulgakov, 1970)。 斯大林信函的摘錄見Werth, 2007, pp. 120–121; Davies and Wheatcroft, 2004, pp. 169–170。格別烏的「嫌犯名單」見Davies and Wheatcroft, 2011, p. 283。

30　Werth, 2007, p. 121; Davies and Wheatcroft, 2004, pp. 170–171, 444–446 and 448–449.

31　Davies and Wheatcroft, 2004, pp. 108–123, 127–133, 434–439, 449–452; Wheatcroft, 2008, pp. 30–31.

32　1932年11月23日給莫洛托夫的信，見Werth, 2007, p. 125以及Davies and Wheatcroft, 2004, p. 150。莫洛托夫斷然予以拒絕：「你的立場根本錯誤，違反了布爾什維克立場」。

33　Davies and Wheatcroft, 2004, pp. 181, 185.

34　烏克蘭共有385個區，其中88個區全區受到這樣的抵制（Davies and Wheatcroft, 2004, p. 175；又見Werth, 2010a, p. 147以及Snyder, [2010] 2012, pp. 85–90, 其中提到在1932年底和1933年初採取的更加致命的措施）。

35 在庫班，遭到處決的包括黨書記的半數(716名中的358名)，以及25,000名黨員當中的46%。在烏克蘭，三個星期內法院作出34,000宗關於偷竊或沒有交出糧食的判決，其中包括480宗死刑，近20,000人被放逐到古拉格(Davies and Wheatcroft, 2004, pp. 173, 178, 198)。

36 Werth, 2010 (a), p. 147.

37 Graziosi, 1989, pp. 59–60. 另見Werth, 1997, p. 184; Werth, 2003, pp. 38–39; Werth, 2007, pp. 126–127; Werth, 2010a, p. 147; Penner, 1998, p. 49; Davies and Wheatcroft, 2004, pp. 426–428; Sokoloff, 2000, p. 326.

38 關於危機的嚴重時期，可參見Blum, 2004, p. 153; Davies and Wheatcroft, 2004, pp. 413–416, 511; Graziosi, 1989; Penner, 1998; Werth, 1997, p. 185; Werth, 2008, p. 13; Werth, 2010a, pp. 144, 149。也見Werth and Berelowitch, 2011, pp. 284–288, 496, 498, 533, 535–536。

39 Macfarquhar, 1983, pp. 89–90.

40 Yang Jisheng, [2008] 2012, pp. 95, 198, 309.

41 Becker, 1998, pp. 157, 160.

42 Bianco, 1970; 再版於Bianco, 2010, pp. 18–51.

43 Becker, 1998, p. 119.

44 Macfarquhar, 1983, pp. 119–120.

45 Ash, 2006, p. 970

46 八屆六中全會公報，武昌，1958年12月，見Becker, 1998, pp. 125–126。

47 Li Zhisui, 1994, p. 302. 在此之前的情況，見Bernstein, 1984, p. 354(河南西安); Becker, 1998, pp. 110, 121–122, 176; Teiwes and Sun, 1999, p. 123(南瓜和玉米穗，毛視察徐水); Macfarquhar, 1983, p. 127(衛星田：鄧小平自己相信了一個農民的報告，説一畝地收穫了 3,500 斤稻米)。中國畫報1958年登了一張騙人的相片，轉載於 Manning and Wemheuer, 2011, p. 55，稻穗上站着四個而不是三個小孩(稻穗下面的凳子被巧妙地藏了起來)。

48 1959年3月5日的講話，見Dikötter, 2010, p. 86。

49 Macfarquhar, 1983, pp. 148, 154–155, 162.

50 為了討毛的歡心，又提高了幾個月前制訂的指標限額。見Macfarquhar, 1983. pp. 169, 171。

51 同上，p. 194. 至少有三本書指出盧山會議是重大的轉折點：Macfarquhar, 1983, pp. 187–251; Teiwes and Sun, 1999, p. 202–212; Yang Jisheng, [2008] 2012, pp. 145–190。

52 彭德懷有理由相信，毛澤東並不真的想糾正錯誤，因為即使他要求下級官員要實事求是，但仍然堅持需要糾正的是「工作方式」，而大躍進必須繼續下去。他認為「大躍進的大方向是正確的，不能改變，雖然承認存在一些問題，這只是

九個指頭與一個指頭的關係。怎麼能因為一個指頭的問題就否認九個指頭的成就。」(Teiwes and Sun, 1999, pp. 119–164, 詳見pp. 121, 141–142, 151–152, 160, 163.) 另見Yang Jisheng, [2008] 2012, p. 147。

53 Teiwes and Sun,1999, pp. 202–212; Macfarquhar, 1983, pp. 212–216; Yang Jisheng, [2008], 2012, pp. 153–156; Union Research Institute, 1968, pp. 7–13.

54 我摘要或改述了毛澤東的話，引述自 Macfarquhar,1983, p. 221。另見 Teiwes and Sun, 1999, p. 206; Yang Jisheng, [2008] 2012, pp. 161–164。

55 Dikötter, 2010, p. 103, Yang Jisheng, [2008] 2012, p. 145，認為，由於盧山會議，饑荒的死亡人數可能多了三倍，從1,000多萬增加到3,600萬。

56 我是摘要引述 Macfarquhar, 1983, p. 249。

57 Dikötter, 2010, p. 54; Xin, 2011, p. 139.

58 Becker, 1998, pp. 164–167; Yang Jisheng, [2008] 2012, p. 361.

59 舉例，見Yang Jisheng, [2008] 2012, pp. 232–239, 266及各處；又見Thaxton, 2008, pp. 191, 193.

60 Dikötter, 2010, pp. xi, 304，估計1958至1962年期間有250萬人被殺或死於酷刑，至少100萬人自殺。不過，他是根據地方或地區的檔案數據推斷出來的，並不絕對可靠。

61 Thaxton, 2008, pp. 232–234; Dikötter, 2010, p. 193; Gao Hua, 2011, p. 192. 另見 Zhou, 2012, pp. 115–124; Yang Jisheng, [2008] 2012, p. 117.

62 Dikötter, 2010, pp. 248, 264, 301–302, 304; Wemheuer, 2011, p. 126; Thaxton, 2008, p. 335; Yang Jisheng, [2008] 2012, pp. 109–111.

63 Gao Hua, 2011, pp. 184–185, 188, 190; Yang Jisheng, [2008] 2012, pp. 209, 485–487. 另見 Dikötter, 2010, p. 140.

64 Scott, 1989, p. 15.

65 Scott, 1985.「農民反抗的日常形式」為該經典著作的副標題。

66 Gao Wangling, 2011, pp. 272–294 (引言, p. 285). 高王凌為此寫了專書，見Gao Wangling, 2006。

67 Thaxton, 2008, pp. 199–230; Thaxton, 2011, pp. 259–263. 烏克蘭在1932年，北高加索在1933年，許多飢餓的農民也割未成熟的玉米來吃 (Dolot, 1985, p. 156; Werth and Berelowitch, 2011, p. 540)。

68 Gao, Wangling, 2011, pp. 285–289.

69 Ash, 2006, pp. 970–973.

70 最近發表了兩個對比的估計數字：Yang Jisheng, [2008] 2012.pp.498–501;英文版（*Tombstone*），pp. 411–415; Li Che, 2012. 楊繼繩根據各省市數據收集的「非正常死亡」人數比李澈的估計少很多。楊繼繩估計的死亡總人數約為3,600萬（p. 516, *Tombstone*, p. 430），他知道這個數字偏低。不過，兩個估計

都同意，餓死的人中大約有一半死於1960年，就是說，根據楊的計算，1958至1962年20,980,000「非正常死亡」的人中，有11,090,000人死於1960年，而根據李濬的估計，饑荒受害者共計34,568,000人，其中17,002,000人死於1960年。

71 Wemheuer, 2014, 第四章。這是該作者尚未出版的書其中一章，2013年10月，在東方語言和文明國家研究所於巴黎舉行的研討會上，與會者讀到這一章。

72 詳細說明見 Stephen Cohen [1971], 1980, pp. 163–165; Nove, 1992, 第五章。

73 Becker, 1998, pp. 167, 238; Sokoloff, 2000, p. 306. 另見 Yang Jisheng, [2008] 2012, p. 296.

74 1960年，四川領導人一再表示：「寧願在四川餓死人，而不是在北京、天津和上海。」見 Yang Jisheng, [2008] 2012, p. 322；另見同上，p. 484。天津及其鄰近地區的情況見 Jeremy Brown, 2011。1933年也是一樣，基輔或哈爾科夫餓死的人少於烏克蘭農村。

75 Sokoloff, 2000, p. 301; Yang Xianhui, 2010, pp. 368–369. 在中國，只要計算死亡人數就被認為是政治犯罪 (Becker, 1998, pp. 273, 279 及各處)。

76 進口數量到1961年才開始超過出口 (Ash, 2006, pp. 972, 982)；蘇聯的情況見 Davies and Wheatcroft, 2004, pp. 85–86, 185, 440, 471。另見 Werth, 2007, p. 130；出口的災害性影響，見 Wemheuer, 2014, pp. 61, 247。

77 Li Huaiyin, 2006; Yang Jisheng, [2008] 2012, pp. 72–75, 463, 477.

78 Becker, 1998, pp. 202–203; Yang Jisheng, [2008] 2012, pp. 381, 394; 關於蘇聯：Davies and Wheatcroft, 2004, pp. 426–429; Werth, 2007, pp. 126–128。

79 例如，見 Yang Jisheng, [2008] 2012, pp.232–239, 266 (英文版 Tombstone, 2012, pp. 61–68, 118); Thaxton, 2008, pp. 191, 193。在蘇聯，科托夫 (Kotov) 因為預先發給集體農莊莊員糧食而被處決。

80 這只能是我們的假定，在1960年饑荒的高峰時期，四川成都平原上有三個鄰近的縣，富裕程度相近，都位於鐵路線旁邊 (因此都便於徵購糧食)，但由於幹部的態度不同，死亡率大有差別：郫縣175%，灌縣50%，雙流37%。四川另一個貧窮地區在1960年遭遇嚴重乾旱，也出現類似的對比：三個縣的死亡率分別是31%、41%和55%，鄰近兩個縣的比率則是163%和168% (Bramall, 2011, pp. 1004–1005)。

81 Werth, 2007, pp. 124–125, 131; Davies and Wheatcroft, 2004, pp. 150, 152, 193.

82 同上，2004, pp. 151–152, 190, 193, 197, 199–200.

83 同上，pp. 157, 177–178.

84 一般來說，出身本省市的領導人比來自外省市的領導人更在意本地人民的生死。江西省委書記及其屬下三個左右手都是江西人，該省餓死了180,000人，佔人口的1.06%。安徽的第一把手是湖南人，該省餓死了6,330,000人，佔人

口的18.37%；四川的第一把手是江西人，該省餓死了9,400,000人（另一説是10,000,000人），佔人口的13.07% (Chen Yixin, 2011, pp. 197, 212–220)。

85 曾希聖後來改變主意，實施「右傾」政策，在1962年被撤職，1967年被紅衛兵打死（Yang Jisheng [2008], 2012, pp. 416–422; Teiwes and Sun, 1999, pp. 216–217; Teiwes, 1993, p. 367; Becker, 1998, pp. 210–211）。

86 烏克蘭的災荒也影響到住在庫班的烏克蘭人，原因見下文。這裏提到的中國三個省，只有四川一向出口糧食，但並不是富省。安徽人幾百年來都難得吃飽過。

87 Becker, 1998, pp. 173–174, 325–326; Dikötter, 2010, pp. 119–120

88 忍不住要説一説我個人遇到的事。1979年9月，我在廣西從事計劃生育的研究，地點是柳州附近的一個人民公社，它是計劃生育的一個先進單位。根據該公社的記錄，1978年出生了161個孩子，1979年1月至8月出生了148個孩子；我問我的英語翻譯，1979年的出生率是不是可以提高一點。我説得比較婉轉，解釋説解放後越來越多的小孩受到比較好的照顧，達到結婚年齡的年齡組也可能越來越多，所以生育力雖然降低，出生率卻可能提高。這番話等於白説。翻譯感到為難，問我怎麼可能預測未來的發展，怎麼可能知道到今年年底時的出生率。其實計劃生育委員會對於懷孕五個月或六個月的人數都有詳細記錄，因此可以估計到年底的出生率；但這句話我沒有説出口。我轉頭詢問委員會的女主任；但這句話也等於白説，因為她説的是方言，我聽不懂。房間裏只有一個人説普通話，她是個解放後南下的老幹部，級別最高。她很快聽懂了我的問題和意思，回答我説：「我們預計今年會有180個小孩出生，比起去年的190個是相當大的進步。」為了證明給我看，她走到這個模範公社的黑板前（目的是用來教育群眾和我這樣喜歡挑剔的外國人的！），把1978年的161個改成190個。(Bianco, 1981, p. 128.)

89 Kung and Chen, 2011. 兩位作者認為，大躍進期間省委第一書記都已經是中央委員，進一步提升的機會不大。少數幾位沒有參加過長征的政治局成員都具備多年游擊戰的經驗，因此不可能更動（文化大革命作出了改變）。所以，革命後入黨的幹部不管如何狂熱都比不上老幹部。另一方面，中央委員會的候補委員都希望成為正式委員。兩個作者比較了24個省及其他變數（例如各省的自然資源、農業生產、工業化、水文地理學、自然災害等），估算出這些候補中央委員徵徵購和出口到別省的糧食比較多，修建毛澤東喜歡的大型水利和其他工程也比較多，因此提高了這些省的超額死亡率。

90 Khlevniouk, 1996, 第一、二章。

91 Yang Jisheng, [2008] 2012, pp. 164, 174 及各處；Teiwes and Sun, 1999, p. 212.

92 Teiwes, 1993, p. 341; Teiwes and Sun, 1999, pp. 227–228. 應該指出，薄一波在毛澤東去世後出版回憶錄中，提到毛澤東無數次的脱序行為和堅持到底的「左傾」主張。鄧小平「不管黑貓白貓，捉到老鼠就是好貓」的名言才説出口不久，就趕緊收回了。

93 Blum [1994], 2004, p. 104.

94 關於民族問題，見 Martin, 2001, pp. 292–308。關於以前的情況，見 Graziosi, 2005, pp. 459, 464 及各處。另見 Werth, 2008, pp. 6–10, 15–17; Werth, 2007, p. 133。關於人口比例，見 Snyder [2010] 2012, p. 100。

95 Penner, 1998 (引述：p. 39). 該作者的研究範圍不是烏克蘭，而是鄰近的頓河地區。這是被高加索最北地區，包括一部分庫班，那裏有許多來自烏克蘭的村民。政府送去庫班的移民人數最多。

96 Davies and Wheatcroft, 2004, p. 441; Wheatcroft, 2008, pp. 3, 34; Werth, 2010a, pp. 146–151.

97 尤其在 *Europe-Asia Studies* in 2005 (vol. 57, no. 6, pp. 823–841), 2006 (vol. 58, no. 4, pp. 625–633; no. 6, pp. 973–984; no. 7, pp. 1141–1156), 2007 (vol. 59, no. 4, pp. 663–693) and 2008 (vol. 60, no. 4, pp. 663–675).

98 Graziosi, 2005; 2010, p. 115; 2013, pp. 16, 19, 24. 我還參加了格拉齊奧西 (Graziosi) 2014年9月27日的公開講演，題目是〈斯大林和饑餓作為滅國工具〉("Stalin and Hunger as a Nation-Destroying Tool")，地點在多倫多「共產主義與飢餓：烏克蘭、中國、哈薩克斯坦與蘇聯饑荒的比較觀點」會議 ("Communism and Hunger: The Ukrainian, Chinese, Kazakh, and Soviet Famines in Comparative Perspective")。

99 Yang Jisheng, [2008] 2012, pp. 217, 537–538, 英文版 (*Tombstone*), pp. 48, 449–450.

100 Li Zhisui, 1994, p. 360; Roux, 2009, p. 676. 該作者 (尤其 pp. 675, 682–683, 687) 舉出一些發人深思的例子，說明毛澤東在最悲慘時期 (1959–1961) 的不負責任、過分樂觀和沾沾自喜的談話。關於毛澤東1960年底和1961年「以素代葷」的菜單，見 Yang Jisheng, [2008] 2012, p. 550 關於毛的廚子提出的細節。

101 許多集體農莊「沒有犁地，只在土地表面挖幾下」(Khataevich, 16 August 1932, 引自 Davies and Wheatcroft, 2004. p. 108)。另見同上，p. 438。

102 Becker, 1998, pp. 107, 113–114; Yang Jisheng, [2008] 2012, pp. 133-134, 249, 268，提到甘肅的犁溝深達五尺。

103 Davies and Wheatcroft, 2004, pp. 436–437, 452.

104 Yang Jisheng, [2008], 2012, p. 111.

105 Garnaut, 2014，描述了經濟因素，Chen Yixin, 2011，描述了地區領導人的行為。

106 Davies and Wheatcroft, 2004, pp. 400, 421, 433, 註129, 503–504; Gao Hua, 2011, pp. 182–196. 另見 Yang Jisheng, [2008] 2012, pp. 485–490.

107 Teiwe, 1993, p. 348; Yang Dali, 1996, 第三、六章; Becker, 1998, pp. 330, 334; Yang Jisheng, [2008] 2012, pp. 528–530.

108 Wemheuer, 2014, pp. 26–33, 221–239. 作者推演馬羅立 (Walter Mallory) 經典之作《中國：饑荒之邦》(*China land of Famine*, 1926) 至蘇聯。

109 Klid and Motyl, 2012, p. 310.

第六章

1 這段導論的主要根據是：Djilas, [1957] 1962, pp. 37, 44–45, 58及各處；詳見
   Courtois, 2007, p. 123; Fitzpatrick, 2002, p. 65; Lewin, [1966] 1976, p. 304; Stephen
   Cohen, [1971] 1980, pp. 320–321。本章關於蘇聯部分的主要來源是：Ciliga,
   [1938, 1950] 1977; Djilas, [1957] 1962; Dunham, [1976] 1990; Fainsod, [1958]
   1963; Ferro, 1980; Figes, 2007a and 2007b; Filtzer, 2014; Fitzpatrick, 1992, pp. 149–
   182; 2002; Kotkin, 1995; Lewin, [1966] 1976; 1987; 2003a and 2003b; Voslensky,
   1980. 另見部分來源：Berdaiaev, [1938] 1951; Blum and Mespoulet, 2003; Brovkin,
   1998; Bruneteau, 2011; Graziosi, 2010; Grossman, 2008; Haupt, 1972; Heller and
   Nekrich, 1982, Kriegel, 1972; Lefort, 1971; 1999; Solzenitsyn, 1968, 1970, 1975;
   Sumpf, 2013; Svirski, 1981; Tucker, 1963; Werth, [1990] 2004。我在下面將提到引
   文的作者或少見的資料來源。如果引文相當長，我也會説明參考的文獻。

2 Ferro, 1980, pp. 121, 124–127.

3 Figes, 2007 b, p. 32; 2007 a, p. 845

4 Filtzer, 2014, p. 508.

5 馬格尼托哥爾斯克：Kotkin, 1995, pp. 86–87, 286–293; Smolensk: Fainsod [1958]
   1963, pp. 62–66.

6 Walder, 2015, pp. 100, 103.

7 Link, 2000, p. 268. 本段的主要根據是：Kau, 1971。除非另外提出參考來源，關
   於中國新階級的發展都是根據：Harding, 1981; Kau, 1971; Kraus, 1981; Lü, 2000;
   關於具體事例，見：Andreas, 2009; Barnett, 1967; Bernstein, 1970; Bernstein and
   Li, 2010; Bianco, [1994] 1997; Dikötter, 2010; *The Economist*, 2012; Huang, 2000;
   Lew, 1986, 1997; Leys, 1974; Li Zhisui, 1994; Link, 2000; Macfarquhar, [1960] 1974;
   McGregor, 2010; Oksenberg, 1968; Scalapino, 1972; Schram, 1991; Schurmann,
   1968; Townsend, 1969; Tung and Evans, 1967; Vogel, 1967a and 1967b; Walder,
   2015; Xiao-Planès, 2013a; Yang Jisheng, [2008] 2012; Zhou, 2012.

8 具體材料見Ferro, 1980, p. 72；本段其餘部分見：pp. 59, 119, 121, 124, 129–
   130, 138–140, 151–153, 157, 160, 174, 236–238。

9 Lewin, 1987, p. 351; Courtois, 2007, p. 123.

10 Figes, 2007a, pp. 849–851. 本段其餘部分主要根據Fitzpatrick, 1992, pp. 149–182。

11 Heller and Nekrich, 1982, p. 400. 另見Sumpf, 2013, p. 474; Figes, 2007b, p.155.

12 本段根據Dunham, [1976] 1990。

13 除了文章中提到的資料，本段主要根據Kraus, 1981，只是我對毛的批判比他來
   得多，但他的深刻透徹的分析給我很多啟發。

14 Li Zhishui, 1994.

15 我雖然是在嘲諷，但結論是一樣的：在毛澤東的語境裏，兩條路線包括社會主義路線和資本主義路線，只能支持毛主席指定的正確社會主義路線。

16 Schram, 1991, p. 80. 毛在生命的最後幾年，毫不猶豫地認為「新階級」就在共產黨內。見同上, pp. 93–94; Xian, 2010, p. 282; Pantsov, [2007] 2012, p. 492.

17 Kraus, 1981, p. 67; Schram, 1991, p. 71.

18 按照敘述的順序，Lew, 1986, pp. 47–53; Walder, 2015, p. 340; Bianco, [1994] 1997, p. 96.

19 Bianco, [1994] 1997, p. 93.

20 Leys, 1974, p. 289. 在他之前，還有 Harding, 1981, pp. 348–349; Macfarquhar, [1960] 1974, pp. 44, 68。

21 Fitzpatrick, 2002, pp. 54–55.

22 同上，p. 58；*Pravda*, 3 July 1929，引自 Lewin, [1966] 1976, p. 208.

23 Anton Ciliga 引自 Lefort, 1971, p. 128; Grossman, 2008, p. 634. 腐敗的案例見 Fainsod, [1958] 1963, pp. 201–205; 自大和等級意識見 Figes, 2007b, pp. 32–33。

24 以下的簡短描述是根據 Ciliga, [1938, 1950] 1977, pp. 98–102. Kotkin, 1995, pp. 123–127. 還可以參看馬格尼托哥爾斯克一般工人的住屋情況。

25 黨幹部和其他官員的工資詳情見 Kraus, 1981, p. 186. 另見 Vogel, 1967a, p. 51。

26 Macfarquhar, [1960] 1974, pp. 55, 65–66, 93, 211, 222, 230.

27 Xiao-Planès, 2013a.

28 Leys, 1974, pp. 172–173. 紅衛兵在福建省委第一書記的車房裏發現兩輛這樣的黑色轎車。他的房子是普通工人居所的 20 倍 (Ken Ling, 1972, p. 136). 關於入學標準見 Kraus, 1981, p. 128。

29 關係學是指在中國人人必須學會如何建立人與人之間的關係網絡，相當於蘇聯人說的 *blat*。

30 Link, 2000, p. 23.

31 同上，p. 265。

32 Lü, 2000, pp. 106, 140, 229. 對我來說，他比較謙虛的提法更有說服力：「共產政權官員腐敗的可能原因，但不一定是唯一的原因」。(p. 228)

33 《人妖之間》1981 年由白夏〔Jean-Philippe Béja〕和沃伊切赫‧撒凡諾尼〔Wojtek Zafanolli〕譯成法文 *La Face cachée de la Chine* (Béjà and Zafanolli, 1981)。本段的其餘部分見 Link, 2000, p. 263; Svirski, 1981, p. 162。

34 Fainsod, [1958] 1963, p. 85.

35 本段主要根據 Lewin, 2003b.

36 Figes, 2007b, p. 470.

37 根據 1960 年代中在列寧格勒進行的一項調查，父母的工作需經高等教育的兒童，如果成績等於或高於 3.5 (總分是 5)，有 89% 升學到 9 年級；如果成績低

於3.5，有77%升學到9年級。反之，父母是不熟練工人的兒童，如果成績等於或高於3.5，有41%升學到9年級；如果成績低於3.5，有19%升學到9年級 (Filtzer, 2014, p. 511及表29.1)。

38 同上，p. 510。

39 Figes, 2007b, p. 470.

40 整段內容主要根據Andreas, 2009，第10章 (pp. 233–247)。

41 「屬於知識分子的新黨員1979年佔8%，1985年佔50%」(同上，p. 235)。

42 同上，p. 238。

43 同上，pp. 241–242；前句：同上，p. 246。

44 Li and White, 1990, pp. 15–16, 引自Andreas, 2009, p. 239.

45 以下這一段是根據Voslensky, 1980, pp. 217–282。

46 在中國，家庭出身好的學生享有的特權沒這麼制度化，但一樣令人矚目。例如一個將軍的兒子在上海的學校裏算不上好學生，但俄文成績名列前茅，幾年之後，他雖然所有功課都不及格，卻被錄取到中國最好的大學。(Tung and Evans, 1967, pp. 44, 62–63.)

47 可以用買賣職位價格在一個世代內增加的數額來比較腐敗案件的情況，見 Voslensky, 1980, pp. 229, 231–232, 以及 Fainsod, [1958] 1963, pp. 201–205。

48 McGregor, 2010, p. 139; Bergère, 2013, p. 195. 另見McGregor, 2010, pp.135–169; Wedeman, 2012; Bergère, 2013, pp. 194–203.

49 Ko and Weng, 2012. 另見Osburg, 2013.

50 Kriegel, 1972, p. 50.

51 我可以猜到會有這樣的抗議：這些新階級的暴發戶雖然喜歡炫富，他們能留下甚麼高貴舉止和精緻文化。例如上海那位犯罪入獄的地產大亨周正毅，浴室的馬桶是純金的，卻不知道他兒子的寄宿學校的英文名字，只知道那間學校的學費最貴 (McGregor, 2010, pp. 157–158)。Solzenitsyn (1974, vol. 2, p. 206) 感歎不已的是：「這種目空一切的自吹自擂已經被第一代的蘇聯將軍模仿學會。」

52 Dumont, 1966, p. 269.

53 Dubois, Lozac'h, and Rowell, 2005. 我必須承認，平心靜氣的分析取得了好成績，例如，以下兩篇文章：對斯大林去世前後關於統計機構和工會進行的預算調查的聯合分析 (Moine, 2005)，以及德國統一之後東德官員對西德同僚「官僚作風」的意見 (Lozac'h, 2005)。這兩篇文章都採用了樊尚‧杜布瓦 (Vincent Dubois) 及其同僚推薦的方法。

54 Djilas, [1957] 1963; Aron, 1962; Aron, 1965; Lefort, 1971; Castoriadis, 1973.

55 Swedberg, Richard, 2005, p. 253.

第七章

1　換言之，真正的「社會主義浪漫主義」最好拿來形容理想的蘇聯作家寫作時能夠發揮多大的想像力，因為「社會主義是一種目的、嚮往和希望」(Dobrenko, 2011, p. 109)。又見 Strada, 1990, p. 26; Aucouturier, 1998。

2　關於勞教的定義，見第八章。

3　趙樹理 (1906–1970) 就是一個例子。趙出身貧農家庭，從小下田勞動。主管文化的部門稱讚他關於農民的敘述方式，講述簡單的故事，讓不識字的人都能聽懂。可是現在他們批評趙讚揚錯誤的政治方針，寫作「中間人物」(就是説不夠革命)。最終他們把一個忠實描述歷史的作家迫害至死，因為他已經被烏托邦的喧譁取代和否定。

4　瓦西里·格羅斯曼 (Vassili Grossman) 的《為了正義事業》戰後才出版就遭到嚴厲批判，但他其他一些預見未來的文章和比較符合政策的小説《人民不朽》因為遵循反侵略的統一戰線，卻沒有受到太多審查挑剔。

5　Pasternak, [1958] 2009, p. 647. Alsolink, 2000, p. 67.

6　《文學的真誠》發表在 1953 年 12 月的俄國文學雜誌《新世界》(Novy Mir)，愛倫堡 (Ehrenburg) 的《解凍》於次年發表。盧新華的《傷痕》於 1978 年出版，毛澤東去世後的第一批解放思想的作品因此被取名為傷痕文學。劉心武的短篇小説《班主任》也是帶領了傷痕文學的浪潮。

7　Link, 2000, pp. 39, 126, 203, 253. 林培瑞的這本傑作給我很多啟發，讓我學到許多。這位卓越漢學家的知識、敏鋭和文化修養令我欽佩，他現在拿不到中國簽證也在人意料之中。

8　Simonov: Figes, 2007a, p. 484; Tolstoy: Fitzpatrick, 2002, p. 169. 亦見 Dobrenko, 2011, p. 99; Vaissié, pp. 97–101, 374–375.

9　1979 年底，葉劍英在國慶大會發表的講話只在北京就印了 245 萬份 (許多放在個單位人員的桌子上，根本沒有拆開)。幾個星期之後，1980 年 1 月，三個年輕劇作家寫的《假如我是真的》的劇本既不能出版，也不能演出，儘管在報紙上引起了熱烈的討論。劇本講的是一個年輕人冒充高幹子弟，立即得到各地官僚的招待和禮物 (Link, 2000, pp. 23, 186)。本段其餘部分見同上，pp. 130–131, 124, 137。

10　Dununham, [1976] 1990，對這一點作了詳細的説明。之前的內容見 Birch, 1991, pp. 790–791; Giafferri-Huang, 1991, p. 145; Zhang, 2003, pp. 49–68。

11　Link, 2000, pp. 56, 65, 101.

12　有少許差別：中國作家協會只包括詩歌和小説，是中國文學藝術界聯合會的一部分 (此外還有電影、音樂、舞蹈、美術等工作者的協會)。

13 除少數幾處借用自 Michel Heller, 1990, p. 161; 與 Dobrenko, 2011, p. 105，其餘大部分參見 He, 2010。

14 He, 2010, p. 410.

15 Miłosz, 1953, p. 90.

16 見上。年輕的戰士雷鋒於1962年因公殉職。他被樹立為人民要模仿的革命典範。他是公而忘私的無名英雄，努力學習毛主席著作，一心要成為為人民服務、為革命服務的一顆螺絲釘。至少這是他的日記（真偽難論）以及1963年學雷鋒運動給我們的印象。雷鋒：見 Pantsov, [2007] 2012, p. 488; 接着句子詳見 Solzhenitsyn, 1974, vol. I, p. 131.

17 Vaissié, 2008, p. 125.

18 Giafferri-Huang, 1991, pp. 87–90; Hong, 2007, pp. 135–139. 關於托爾斯泰的厄運，見 Svirski, 1990, pp. 348–349。

19 關於伊里夫在巴黎：愛倫堡的回憶錄，引自 Ilyia Serman, in Etkind, et al., 1990, p. 174;「批評會」(prorabotka)：Vaissié, 2008, pp. 56–57, 75–77。

20 Goldman, 1967, pp. 90–93; Giafferri-Huang, 1991, pp. 21–22.

21 Fitzpatrick, 1992, pp. 183–215; 高爾基引自 p. 199，關於馬雅科夫斯基死後的可能命運，見 p. 214. 亦見 Roziner, 1990, pp. 269–272.

22 1936年3月（在《真理報》發表煽動性社論之後兩個月），梅耶荷德兩次公開讚揚蕭斯塔科維奇 (Fitzpatrick, 1992, pp. 200–201, 208)。聽眾一開始驚訝到不知道如何反應，隨即報以如雷掌聲。梅耶荷德在1939年被捕，1940年處決，這可能是個因素，但不是唯一的原因，因為斯大林早已注意到這個「形式主義者」。見 Figes, 2003, p. 480。

23 同樣的案例還有：胡風及受到牽連的馮雪峰、路翎和柳青；百花齊放、百家爭鳴時的王蒙和劉賓雁，其後的丁玲和艾青；再後來的趙樹理和周立波。邵荃麟是周揚的得力助手，在周揚倒台前已經受到批判，因為他提出要「寫中間人物」，讓「現實主義深化」和「寫真實」。

24 關於蕭斯塔科維奇與卡爾・馬洛（德國科學家和國家社會主義者）門徒的關係，一般而言關於藝術與權力的衝突以及由此產生的有害妥協和怯弱，Barnes最近的小說 (2016) 既令人煩心，也令人振奮。

25 Fitzpartick, 1992, pp. 210–213; Roziner, 1990, pp. 284–285; Figes, 2003, pp. 494–495, 503–504, 510.

26 Vaissié, 2008, pp. 103–108.

27 Link, 2000, p. 130; Giafferri-Huang, 1991, pp. 28–30; David Derwei Wang, in Chi and Wang, 2000, pp. 42–44; Hong, 2007, pp. 123–124.

28 Link, 2000, p. 95.

29 甚至像蕭斯塔科維奇這樣的作曲家 (Figes, 2003, p. 511)。

30 索爾仁尼琴在《橡樹和小牛》一書中生動地描述了被開除出作家協會的經過 (Solzhenitsyn, 1975, pp. 255–261, 471–480)。

31 同上，p. 445; Michel Heller, 1990, p. 155; Vaissié, 2008, p. 46; Aucouturier, 1998, p. 83.

32 老舍在1951年寫了一篇預示自己未來的文章《新社會就是一座大學校》，其中描述知識分子進行自我批評和接受再教育的過程：「我和我旁邊的知識分子，也不知不覺地喊出來：打！為甚麼不打呢？警士攔住去打惡霸的人，我的嘴和幾百個嘴一齊喊：『該打！該打！』這一喊哪，教我變成了另一個人！」紅衛兵圍攻老舍時也喊同樣的話，逼得他跳湖自盡。(Su, Wei, 2000, pp. 71–72.)（中文版原文引自1951年10月1日《人民文學》文章〈新社會就是一座大學校〉）

33 Hong, 2007, pp. 56, 214; Dobrenko and Balina, 2011, pp. 100, 259–260. 關於知識分子面對當權者的問題，沒有誰比索爾仁尼琴的書(1975)説得更好。劉曉波(Liu Xiaobo, 2011, [2003] 2012a, 2012b)的書沒有那麼辛辣，但幾乎同樣具有啟發性。

34 關於李森科的資料主要來自Schneider, 2010，其中壓縮了Schneider, 2003，第四、五章。也參見Pollock, 2009（照抄pp. 100, 110）及Courtois, 2007, p. 509; Graziosi, 2010, pp. 82, 122, 461; Service, 2005, p. 307; Figes, 2007b, p. 488; Becker, 1996, pp. 102–113; Roux, 2009, p. 632; Rohlf, 2010, pp. 200, 220; Tucker, 1963, pp. 91–101.

35 Holloway, 2006, pp. 559, 569. 大衛 · 荷路威 (David Holloway) 在 *The Cambridge History of Russia* (同上，pp. 549–578) 的文章是本段的主要資料來源。

36 見卡捷夫尼科夫 (Alexey Kojevnikov) 故意挑釁的書名：《斯大林的偉大科學：蘇維埃物理學家的時代與歷程 (*Stalin's Great Science: the Times and Adventures of Soviet Physicists*, 2004)。我只讀過該書的書評。

37 普拉東諾夫 (Platonov)、左琴科 (Zoshchenko)、伊里夫和彼得羅夫 (Ilf and Petrov)、曼德爾施塔姆 (Mandelstam) 和帕斯捷爾納克 (Pasternak) 秘密的、或不那麼秘密的詩歌，阿赫瑪托娃 (Akhmatova) 的安魂曲，甚至包括肖洛霍夫 (Sholokhov) 等人。

38 King, 2011, pp. 58–61, 66.

39 Vaissié, 2008, pp. 49, 80–82, 104–105, 107, 139–140. 由塞西爾 · 瓦西 (Cécile Vaissié) 譯成法文 (同上，pp. 187–188)，法捷耶夫的遺書想説的，是怨恨多於懊悔。

40 「我們不為宣傳寫作。藝術像生活一樣，是真實存在的。同生活一樣，既沒有目的，也沒有意義。」(Vaissié引述的宣言，2008, p. 29) 這一段關於費定的描述全是根據該書。

41 *Russkaia Literatoura,* No.1, 1998, p. 171, 引述同上 p. 61.

42 同上，pp. 77–78。

43 同上，p. 63。

44 同上，p. 63。

45 同上，p. 217。

46 同上，p. 413。

47 關於扎米亞京，見 Heller, Leonid, 1988, pp. 457–474 (引自 p. 457); Bullock, 2011, pp. 79–96; Brown, Edward J., 1969, pp. 69–83; Vaissié, 2008; pp. 28, 30；有關切除幻想的手術，見法文版 Zamyatin, 1971, pp. 169–171。

48 圍城法文版 *La Forteresseassiégée* 由塞爾望‧許來伯 (Servan-Schreiber) 和王魯翻譯 (Qian, 1987a)。(英文版 *Fortress Besieged* 由珍妮‧凱利〔Jeanne Kelly〕和茅國權翻譯，Penguin Classics，2004。) 關於本段其餘部分，見查普伊斯 (Nicolas Chapuis) 為 Qian, 1987b 寫的導言，p. 16；Yang Jiang, 1983, p. 14。

49 Wang Xiaojue, 2011, p. 134. 關於沈從文 1949 年以後的苦惱掙扎，我主要根據這本書。以下引用的話見該書頁 140。關於沈從文的生平和作品，見 Kinkley, 1987; Wang, David Der-wei, 1992, 2000, 各處；Hsia, 1961, 第八章, pp. 189–211。

50 Link, 2000, pp. 162–163. 從維熙在此後又被關進勞改營裏好多年。

51 伊麗莎白‧沃羅尼恩斯卡亞 (Elisabeth Voronianskaya) 被克格勃審問五天五夜之後招供，把《古拉格群島》的原稿藏在甚麼地方，那是索爾仁尼琴去年交代她燒掉的，但她實在下不了手。她被釋放後，上吊自殺 (1973 年 8 月 23 日)，因為她自認背叛了索爾仁尼琴 (Sarakina, 2010, pp. 688–689; Solzhenistyn, 1975, pp. 339–340, 523)。

52 「他一輩子都在彎腰、屈膝、害怕、擔心挨餓、酷刑或到西伯利亞做苦工⋯⋯他年輕時的夢想現在都為這種可恥的害怕服務⋯⋯他其實不該懷疑，應該義無反顧地投票、簽名。是的，他曾經為自己害怕，這種害怕增強了他的信念」(Grossman, 1972, p. 52)。里姆斯基—科薩科夫就伊凡 (Ivan) 探望的表親，那個斯大林死後獲釋的囚犯。本段其餘地方主要參考 Etkind, et al., 1990, pp. 235 (曼德爾施塔姆), 268 (蕭斯塔科維奇), 370, 376 (特瓦爾多夫斯基), 778 (季諾維也夫), 816 (伯格霍爾茲), 833 (東布羅夫斯基)；其次參考 Svirski, 1981, p. 442 (馬克西莫夫)。在陀思妥耶夫斯基的《卡拉馬佐夫兄弟》中，司米爾加可夫 (Smerdiakov) 是費奧多爾‧卡拉馬助夫 (Fyodor Karamazov) 的私生子，也是弒父者。關於蕭斯塔科維奇 (Shostakovich) (以及怯弱)，見 Barnes, 2016, pp. 157–158 及各處。

53 Vidal, 2006, pp. 177–179, 307.

54 奧西普‧曼德爾施塔姆 (Ossip Mandelstam) 在 1933 年 11 月寫的關於斯大林的著名諷刺詩，使得他在 1934 年 5 月第一次被捕。這首詩經常被複製，特別是娜傑日達‧曼德爾施塔姆 (Nadezhda Mandelstam) 在 1972 年回憶錄的第一卷，頁 415。關於前一句，見 Dombrovsky, 2005, p. 208. 然而，濟賓 (Zybin) 補充道：「我的信仰體系中悄悄地出現了越來越多的懷疑裂痕。」("With increasing frequency, a timorous doubt wormed its way into my faith.")

55 「感時憂國精神」來自夏志清的一篇文章。他把這種精神追溯到五四運動時期，甚至到二十世紀初。「感時憂國」歷經毛澤東統治和文化大革命的磨練，仍然在白樺

的身上體現出來。白樺在1984年宣稱:「真正的中國作家首先必定是真正的中國之子。」白樺先後受到軍隊和政府的批判,甚至在解凍時期也被批為「資產階級自由主義」。白樺關於一個畫家一生的劇本《苦戀》被鄧小平點名批判。白樺在毛澤東治下逃過了批判,是因為他的詩集一直不能出版,就似布爾加科夫(Bulgakov)的《大師和瑪格麗特》(*The Master and Margarita*)一樣隱秘。見 Link, 2000, p. 140。

56 Dutrait, 2006, pp. 27–28; Yang Xiaobin, 2000, pp. 195–196. 關於傷痕文學,見 Link, 2000, p. 51; Wang, David Der-wei, 2000, pp. 53–54。

57 我還是比較喜歡魯迅。

58 我不是文學評論家,但忍不住要把閻連科的《四書》與布爾加科夫的《大師和瑪格麗特》比較。不過,前者是在毛澤東死後30多年出版,而後者是在斯大林在世時寫成。Bulgakov, 1968; Yan, [2010], 2012.

59 Link, 2000, pp. 45, 54.

60 Wang, David Der-wei, 2000, p. xxvi. 前面句子見 Dutrait, 2006, pp. 35–36; Link, 2000, p. 33.

61 我立刻對出席第一次蘇聯作家大會的代表感到同情,他們在給外賓的說明書上簽名,「蘇聯像妓女一樣出賣思想」。「我們出於必要像妓女一樣出賣自己,而你們……」。(Graziosi, 2010, pp. 124–125) 我雖然一輩子研究中國,看見一個中國學生大雨傾盆下穿過校園,卻沒有與同行的女學生共撐一把傘,大惑不解。那個學生解釋說:「如果我們共撐一把傘,大家就會以為我們在談戀愛,這會特別令那位女同學為難。」(Link, 2000, pp. 311–312.) 前一句見同上, pp. 61–62.

62 Kinkley, 2014, p. 198. 在作者分析的一個作品中,有人取笑大躍進時的著名口號「只有想不到,沒有做不到」,故意說反話:沒有做不到的壞事。(同上, p. 85。)

63 我在這裏簡述 Veg, 2014, pp. 9–10 所述情況,添加了我自己的一些細節,但魏簡(Sebastian Veg)不一定會同意我添加的意思。

64 在後毛澤東的解凍時期,好幾個文學作品都以此為主題 (Link, 2000, pp. 254–255),最好的作品是閻連科2011年出版的《四書》,楊繼繩被公認為是關於大饑荒問題的最全面的歷史學家,電影方面有楊顯惠和王兵的《夾邊溝》。分別見 Yan, [2010] 2012; Yang, [2008] 2012: Yang, 2010。

65 Kinkley, 2014.

66 應該指出,金介甫的書裏沒有列入像閻連科《四書》這樣重要的作品。

67 Kinkley, 2014, pp. 67, 175. 沒有道德和意識型態意義的暴力:Kinkley, 2014, pp. 169, 172–173 和各處。

68 Bonnin, [2004] 2013; Bernstein, 1977.

69 金介甫問得好:「為甚麼中國小說裏的故事說到毛澤東時代仍然不提老大哥?」(Kinkley, 2014, p. 123.) 另見同書頁124(「仍然沒有毛澤東的烏托邦以及革命和鬧革命的想法」) 和頁128作者對這個問題的回答。

第八章

1　勞改是勞動改造思想的簡稱，就是通過勞動進行改造，與通過教育和培養進行改造的勞教不同。關於這問題的最好書籍是 Domenach, 1992，此外還有以下三本：Seymour and Anderson, 1998; Williams and Wu, 2004; Kempton and Richardson, 2009. Domenach, 1992, pp. 552–560, 載列了 1992 年以前的資料來源。

2　科雷馬位於西伯利亞東部，是古拉格最顯著標誌之一。見 Applebaum, 2005, pp. 180–188; Chalamov, 2003; Conquest, 1970; Guinzbourg, 1980; Solzhenistsyn, 1974, vol. 2, pp. 101, 289–290, 298; Khlevniuk, 2004; Werth, 2012。夾邊溝位於中國最貧窮的甘肅省西北部戈壁沙漠中，見楊顯惠，《告別夾邊溝》，2010，和王兵導演的故事片《夾邊溝》。

3　Zek (or Z-K or zeka) 是 zaklyuchennyi 簡稱 ，意思是前蘇聯的的囚犯。見 Soljenitsyne, 1974, vol. 2, p. 501, Guinzbourg, 1980, p. 596; Blum Craveri, Nivelon, 2012, p. 301。另見 Chalamov, pp. 599, 601; Khlevniuk; 2004; Margolin, 2010。

4　不過應指出，通常所說的 2,000 萬人只是個估計數。僅 1930 至 1941 年期間，就有約 2,000 萬人被判刑，而同一個人可能被判刑兩次或多次。在其他國家，他們被稱為累犯，但如果一個政治異議人士在 1920 年代末被判入獄三年，在大清洗時又被捕判刑，服刑完畢或之前又被判刑，可以認為他是累犯嗎？瓦爾拉姆·沙拉莫夫 (Varlam Shalamov) 的遭遇就是這樣，他在古拉格服完刑後，又被軟禁在馬加丹 (Magadan) 的家裏。斯大林死後，他才獲准返回歐陸俄羅斯，但直到在二十次代表大會獲平反後才讓他回到莫斯科。蘇聯到底有多少囚犯，沒有人知道，也不知道到底有多少人被流放（首先是富農，然後是朝鮮人、波蘭人、烏克蘭人、白俄羅斯人、摩爾達維亞人、波羅的海地區居民、日耳曼人、車臣人等等）。見 Khlevniuk, 2004, pp. 288–292, 328; Werth, 2012, p. 6。本段其餘部分見 Applebaum, 2005, p. 925，關於中國部分，Domenach, 1992, p. 491; Seymour and Anderson, 1998, p. 206。

5　1995 年是 0.17%：因此更有理由要知道在毛澤東統治的全盛時期有多少勞改犯，特別是到今天只有極少數是政治犯。我們也不要忘記諾貝爾文學獎得主劉曉波和其他許多人，首先是仍被關在監獄的無數人權律師，至少還要加上被控幫助詩人廖亦武逃離中國的地下詩人李必豐，他在 2012 年 11 月被判刑 12 年，他與廖亦武 20 年前在獄中相遇時，已熟讀了廖的著作（見 Liao, 2013, p. 572）。兩個國家在獨裁者去世後，囚犯人數減少的比例相似：中國在 1977 至 1990 年期間從 1,000 萬人下降到 200 萬人，蘇聯在 1953 至 1960 年期間，從 250 萬人下降到 50 萬人。關於囚犯佔總人口的比例，見前引腳註：Domenach, 1992, p. 491; Seymour and Anderson, 1998, p. 206.

6　遠東地區勞改營 (Dalstroy) 工業綜合體利用奴隸勞工來挖掘金礦以及鈷、錫、鎢、鈾等礦產，並要他們使用鶴嘴鋤、鐵鍬和手推車來修築道路（著名的 500 公

里長科雷馬公路)。科米共和國在阿爾漢格爾斯克(Arkhangelsk)東邊,沒有科雷馬那麼冷(冬季有12個月,其餘都是夏季),比較靠近莫斯科和列寧格勒。那裏有鉛礦和鋅礦,更重要的是位於永凍層的沃爾庫塔(Vorkuta)有煤礦。1938年,BAM古拉格派遣20萬囚犯(佔囚犯總數的九分之一)修築連接貝加爾湖與阿穆爾河、長達2,000公里的鐵路。除了上述那些原始工具,還增加了鋸子。築路工程被戰爭中斷,1970年代使用比較有效的工具再度修築,於經濟改革前夕完成。見Werth, 2012, 各處;Khlevniuk, 2004, pp.30–31, 107–108, 203–204, 333–334, 336–337, 359; Applebaum, 2005, pp. 169–180;謝爾巴科娃(Irina Shcherbakova)為Tchistiakov, 2012寫的導言,pp. 40–42, 44。

7 Kempton and Richardson, 2009, p. 63列有現存的909個古拉格名單,但在後極權主義時期對囚犯的管理已比較寬鬆。本段其餘部分見Seymour and Anderson, 1998, pp. 44–174比較;關於新疆和青海的勞改營,見Wu Hongda (Harry), 1992, pp. 161, 183, 185, 205, 209, 211, 218;興凱湖和密山:Domenach, 1992, p. 540; 476 complexes: Applebaum, 2005, pp. 13, 325.

8 Domenach, 1992, pp. 17, 42, 479; Faligot and Kauffer, 1987, pp. 164, 452; Williams and Wu, 2004, pp. 48–49; Seymour and Anderson, 1998, pp. 8, 128及各處.

9 Domenach, 1992, pp. 34–37; Michael, 1962, pp. 124–134.

10 索爾仁尼琴的書中有六章專門談到古拉格的逐漸發展,每一章的名稱都很有啟迪性:「污水處理系統史」、「法律的孩童時期」、「法律成長為大人」、「法律成熟時期」、「古拉格群島浮出海面」、「古拉格群島的變遷」。Soljenitsyne, 1974, vol. 1, pp. 25–75, 219–308;同上,vol. 2, pp. 21–94. Khlevniuk, 2004描述了1930至1941年斯大林統治全盛時期的古拉格浮沉歷史。

11 馬爾戈林(Julius Margolin)被關在第48號Kvadrat古拉格,認為那裏就是一個「普通的蘇聯古拉格」。1940至1947年冬季,他聽到同獄的一個猶太年輕人告訴他:「戰爭爆發前在達豪(Dachau)的生活真是太好了!勞動沒有指標!勞動45分鐘,休息15分鐘;1,300克的麵包、香腸和果醬,晚餐有真正的土豆燒牛肉。每個人還有自己的床!」(Margolin, 2010, pp. 171, 351; p. 240是關於1924年索洛韋茨基(Solovki)「天堂」的故事)。關於逃離索洛韋茨基的故事:Malsagov, 1926, 以及Duguet, [1927] 2004. 關於本段的其餘部分,見Domenach, 1992, pp. 63, 101; Williams and Wu, 2004, pp. 35–47。

12 Kempton and Richardson, 2009, p. 29; 大躍進和文革與中國勞改營的關係:Domenach, 1992, pp. 242, 490; 關於蘇聯的大清洗和貝利亞的「改革」: Khlevniuk, 2004, 第四、五章。

13 1968年以後,許多知識分子、城市幹部和政府公務員被下放到農村兩、三年,在五七幹校從事體力勞動,接受再教育。見 "The Thousand Dollar Pig," Frolic, 1982, 第一章; Yang Jiang, 1983; Barmé and Minford, 1988, p. 888. 本段其餘部

分，見Fu, 2005; Williams and Wu, 2004, pp. 55–58; Zhang Xianliang, 1994, pp. 124–125; Wu Hongda (Harry), 1992, pp. 81–107; 1995, pp. 76, 159, 240–254; Domenach, 1992, pp. 459–467.

14　例如，一個前勞改犯被命令掛上牌子，上面寫着「反革命分子」幾個大字 (令人想起納粹德國的猶太人衣服上的黃星)。在1966年，這意味着她不敢走出家門，因為害怕會被紅衛兵毆打。她被送去勞改，只因為她是天主教徒。不斷有人告訴她，天主教徒為教廷做間諜，而教廷眾所周知是美國帝國主義的間諜 (Lai, 1970, pp. 234和各處)。例如，1967和1968年處決了許多黑五類的兒童和青少年，儘管他們的「地主」父母是已經在共產黨當權後失去了土地 (Su Yang, 2011)。

15　有些人為了找食物跑到城裏。1960年6月某一天，上海街頭抓走了大約3,000個無家可歸的兒童或小學生，一起送去山西。他們留在山西20多年，許多人在山西第4勞改營王莊煤礦做工。沒有在煤礦勞動的兒童，被派去為看守建造辦公室和宿舍 (Kempton and Richardson, 2009, pp. 26–27)。本段其餘部分見Applebaum, 2005, pp. 122, 471–487; Chalamov, 2003, pp. 536, 577, 861–862, 927–929, 936; Domenach, 1992, pp. 73, 81, 500, 502; Kempton and Richardson, 2009, p. 28; Solzhenitsyn, 1974, vol. 1, pp. 352–361, 402; 同上, vol. II, pp. 315–333; Solzhenitsyn, [1976] 2010, pp. 209–210; Williams and Wu, 2004, p. 53.

16　金茲堡 (Eugenia Ginzburg) 在科雷馬古拉格生活了八年，寫下回憶錄 *Journey into the Whirlwind* (Guinzbourg, 1980, pp. 138, 142, 145, 147–149)。

17　今天，普通罪犯在勞改營中佔90%以上，甚至高達99%，但西北地區的勞改營除外，青海有不少藏人，新疆有許多維吾爾人和哈薩克人，都是因為政治原因被關進勞改營。他們往往被控參與「分離主義」或「反革命」陰謀 (Williams and Wu, 2004, pp. 19–20; Seymour and Anderson, 1998, pp. 119, 181–183)。本段其餘部分，見Domenach, 1992, p. 325; Liao, 2013, pp. 27–28, 175–176, 189–199, 207, 448。關於古拉格中犯人的品行和各種故事，首先請參看Chalamov, 2003, pp. 219–223, 869–989; 以及Guinzbourg, 1967, pp. 392–394; 1980, pp. 79–83, 114, 145–149及各處; Margolin, 2010, pp. 382–384, 666–673; Razgon, 1991, p. 127。

18　見Pasqualini, 1975, p. 255; Solzhenitsyn, 1974, vol. 2, pp. 334–349; Wu Hongda (Harry), 1995, pp. 104, 121–123, 140, 219–220; Chalamov, 2003, pp. 221–223.

19　李敦白沒有因為被關而影響他對毛澤東的崇拜，見他的回憶錄 *The Man Who Stayed Behind* (Rittenberg and Bennett, 1993)。本段其餘部分，見Pasqualini, 1975, pp. 68, 274–276; Domenach, 1992, pp. 228, 494–497 (西藏人與外國人); Applebaum, 2005, p. 691 (車臣人)。

20　在1920年代，婦女佔古拉格因犯的比例大約在七分之一到八分之一之間。(Soljenitsyne, 1974, vol. 2, pp. 174–175)。Khlevniuk, 2004, p. 315, 列有1934至

1941年每年女囚犯的人數和所佔比例：1934年是5.9%，1941是7.6%，比例最高的是1939年的8.4%。Applebaum, 2005, p. 517, 所列1942–1952年的比例要高得多，在13%至22%之間，但1945年的婦女比例高達30%。Werth, 2012, p. 115, 認為婦女所佔比例每年不同，在15%至25%之間 (1949)。該書頁313–315特別談到埃爾根 (Elgen) 的婦女古拉格。金茲堡就關在那裏，在她的回憶錄 *Journey Into the Whirlwind* 中專門有一章描述該古拉格 (Guinzbourg [1967] 1997, pp. 438–447法文版)。關於中國勞改營的研究和資料要少得多。見 Domenach, 1992, p. 498; Seymour and Anderson, 1998, p. 10.

21 這種情況至少持續到毛澤東去世。1980至1985年開始大規模釋放囚犯。關於勞教，見 Seymour and Anderson, 1998, pp. 189–198; Williams and Wu, 2004, pp. 58–60, 148; Domenach, 1992, pp. 156–159, 323–324; Wu Hongda (Harry), 1992, pp. 18, 108–118; Pasqualini, 1975, pp. 11, 282, 295; Wu Hongda (Harry), 1995, pp. 306–315和各處; Kempton and Richardson, 2009, p. 86; Yang Xianhui, 2010, p. 189.

22 「為甚麼逮捕他？變成了我們不能問的問題。當我們之中有人被捕時，與阿赫瑪托娃氣憤地喊道：為甚麼？我們必須知道，為甚麼會有人以莫須有的罪名被逮捕？」(Mandelstam, 1972, pp. I, 9.)

23 中國的機關隨意把人送去勞教的手段，其實與蘇聯的差不多。它們都認為寧願錯抓十人，不能放走一個。不過，中國把人送去勞改、監獄和處死的過程比較細緻，對不肯合作的人特別冷酷無情。除了被稱為慣犯的魏京生、徐文立、劉曉波等著名異議人士之外，方框6 (第216頁) 舉出三個不太有名的例子。此外，1951年，有一個高中生從報紙上剪下毛主席的相片，替他畫上斯大林式的小鬍子，使他看來更加威武，卻因此被關到1979年 (Yang Xianhui, 2010, pp. 202–225)。中國像這樣的囚犯不勝枚舉，但與斯大林在列寧格勒、波蘭、烏克蘭、波羅的海各國、中東鐵路等地撒下的天羅地網相比，只是小巫見大巫。這還不包括那些平白無故遭到逮捕和判刑的人 (Chalamov, 2003, p. 610; Soljenitsyne, 1974, vol. 2, pp. 221–233)。

24 見 Applebaum, 2005, p. 243; Figes, 2007b, p. 242; Guinzbourg, 1967, pp. 55–57; Lai, 1970; Soljenitsyne , 1974, vol. 1, pp. 76, 83–92; Pu, 1985, pp. 8–11. 有關被捕的一般情況，參見 Applebaum, 2005, pp. 240–251; Soljenitsyne, 1974, vol. I, pp. 10–24; Williams and Wu, 2004, pp. 62–67; Domenach, 1992, pp. 165–166.

25 蓋世太保和中國的公安都注重證據、線索和推定，內務人民委員會則完全不管這些 (Buber-Neumann, 1986, p. 322)。關於本段，見 Williams and Wu, 2004, p. 67; Applebaum, 2005, pp. 257, 259, 264–268, 271, 280, 285; Pasqualini, 1975, pp. 35, 41, 72–75, 77; Seymour and Anderson, 1998, p. 181; Wu, Hongda (Harry), 1995, pp. 83, 243, 340和各處; Domenach, 1992, p. 180; Rickett [1957], 1973, p. 108; Soljenitsyne, 1974, vol. 1, pp. 76, 83–92; Margolin, 2010, p. 122。

26 「早上發現兩個告密者被人割了喉嚨。接着又有一個無辜犯人的喉嚨被割──下手的人可能摸錯了床鋪。(Solzhenitsyn [1976], 2010, p. 92). 英譯：H. T. Willetts. 另見 Solzhenitsyn, 1974, vol. 2, pp. 267–282; Wu Hongda (Harry), 1995, pp. 220–231; Yang Xianhui, 2010, p. 388; Pasqualini, 1975, p. 289; Applebaum, 2005, p. 281.

27 這種情況只適用於毛澤東治下的中國，一直到1978或1979年。1980年代以後，判刑後可以上訴，偶爾還能勝訴。見 Figes, 2007 (b), pp. 282–283; Liao, 2013, p. 376; Pasqualini, 1975, p. 85.

28 索爾仁尼琴，《古拉格群島》第二部 (Soljenitsyne, 1974, vol. 1, "Perpetual Motion," pp. 346–432法文版) 專講犯人移送過程，包括移送站和監獄。索爾仁尼琴被移送到哈薩克斯坦的一個特別古拉格，途中費時三個月：「比十九世紀時騎馬去還慢」(同上，vol. 3, p. 34)。另見 Williams and Wu, 2004, pp. 76–81; Domenach, 1992, pp. 199–200, 468; Applebaum, 2005, pp. 290, 309.

29 Pu, 1994, pp. 58–63. 國民黨特務韓渭田被關了26年，他在1987年把他的日記交給作家卜寧 (筆名無名氏)，卜寧根據該日記和許多訪談寫成該書。關於移送古拉格的資料，見 Guinzbourg, 1967, pp. 333–334, 341, 365; Razgon, 1991, pp. 101–102; Applebaum, 2005, pp. 296–297。

30 Williams and Wu, 2004, p. 79; Lai, 1970, p. 142; Chalamov (Chalamov), 2003, p. 237.

31 同上，p. 1,015. 另見 Werth, 2012, p. 79, 在此之前，Guinzbourg, 1967, pp. 385, 438。

32 Yang Xianhui, 2010, pp. 9, 353, 368–369; 另見 Pasqualini, 1975, p. 262. 段首，見 Applebaum, 2005, p. 305.

33 張賢亮的小說《男人的一半是女人》中，男主角章永璘擔心在告密者周瑞成面前說話，而周瑞成最後了解自己的卑鄙並表示懺悔時，只是自哀自怨而已 (Zhang, Xianliang, 1986 [a], pp. 192–195)。在所有勞改犯的回憶中，我覺得張賢亮寫的最好。

34 沙拉莫夫換一個角度看問題，把十二月黨人每天必須完成的採礦指標 (49公斤) 與科雷馬古拉格犯人的指標 (13,104.5公斤) 比較。從兩者之間的差額可以看到社會主義勞動指標的飛躍進度 (Chalamov, 2003, p. 533)。

35 Zhang Yihe, 2013, p. 9. 尤參 Soljenitsyne, 1974, vol. II, pp. 160–163。

36 Guinzbourg, [1967] 1997, pp. 452 and 455–456; Guinzbourg, 1980, p. 146. 關於口糧尤見 Applebaum, 2005, p. 320; Soljenitsyne, 1974, vol. 2, pp. 147, 155; Razgon, 1991, pp. 98, 112–113.

37 1961年11月，天津附近的清河農場把勞改犯的糧食定量分為甲、乙、丙三等：甲等每餐兩個半窩窩頭，乙等兩個，丙等一個半 (Wu Hongda [Harry], 1995, p. 135)。在清河西邊好幾千里的一個農場，以及在南方好幾千里廣東的一個採石場，也是這樣分配糧食 (Pu, 1994, pp. 78 , 173; Lai, 1970, p. 136)。也見 Domenach, 1992, p. 208; Williams and Wu, 2004, pp. 87–90, 104–105。

38 Zhang Xianliang, 1994, p. 11, 有關之前一句，見Domenach, 1992, pp. 174, 587; Wu Hongda (Harry), 1992, pp. 37, 65, 103.

39 Guinzbourg, 1980, p. 170. 有人親眼目睹，詩人奧西普．曼德爾施塔姆 (Ossip Mandelstam) 去世後，他的獄友就在點名時舉起他的手答應，多領了兩天口糧 (Werth, 2012, p. 105)。

40 Wu Hongda (Harry), 1995, pp. 150, 159. 本段其餘部分見，同上，pp. 155, 157, 162–163, 187–191。

41 Yang, Xianhui, 2010, pp. 53, 56, 77, 107, 109, 150, 291, 295, 351. 另見Pu, 1994, pp. 185–186; Pasqualini, 1975, pp. 226–228, 236, 252.

42 Applebaum, 2005, pp. 552–558; Soljenitsyne, 1974, vol. 2, p. 160; Guinzbourg, 1980, p. 171.

43 Tchistiakov, 2012, p. 70. 本段前面部分見Applebaum, 2005, pp. 337–338, 348, 385。

44 順序見Pu, 1994, pp. 65–67; Lai, 1970, p. 157; Soljenitsyne, [1976] 2010.

45 Zhang Xianliang, 1994, pp. 227–242. 本段其他例子見 Williams and Wu, 2004, pp. 88, 92, 167; Lai, 1970, p. 137; Pu, 1994, p. 186。

46 Zhang Xianliang, 1996, p. 101; Domenach, 1992, p. 491; Seymour and Anderson, 1998, pp. 10, 165; Williams and Wu, 2004, pp. 141–142, 163.

47 蘇聯幾乎沒有公布1920年代的死亡率，從大轉彎到斯大林去世，1930至1931年的官方死亡率是3%到4%。1932年以後，死亡率由於饑荒而上升，15%的古拉格犯人在1933年是餓死的。1934年，死亡率上升到4.3%，但1935至1937年下降到2%至2.75%之間，1938年又因大清洗急劇上升到6.7% (許多死刑，衛生條件由於新犯人大增而惡化)。接着，短暫恢復到正常死亡率，1939至1940年大約3%。隨着世界大戰爆發，死亡率大增：1942年25%，1943年22.4%，1944年9.2%。經過1945年過渡，1946和1948年恢復到正常死亡率，但1947年因為饑荒比較高。完整統計數字見Applebaum, 2005, p. 929，但我有時候喜歡引用Khlevniuk, 2004關於古拉格的報告，不引用Document 63, p. 211。這兩個是我經常資訊的關於古拉格的最好研究。見Applebaum, 2005, pp. 560, 930，詳見Khlevniuk, 2004, pp. 68, 77, 105–106, 172, 178, 185, 211, 253, 32–327.

48 張賢亮，1994, p. 152說的笑話是：「1958至1976年，我放棄了資本主義的洗臉習慣。」

49 關於衛生條件和擁擠不堪，見Khlevniuk, 2004刊載的許多公開檔案，特別是pp. 173–177, 209–212, 253–255, 276–279。其他無數資料和記載也很有說服力，如Applebaum, 2005, pp. 344, 353–354, 610–613; Soljenitsyne, 1974, vol. 2, pp. 42, 162–166; Chalamov, 2003, p. 1,395; Guinzbourg, 1980, pp. 18, 59 和各處；Razgon, 1991, p. 129。關於勞改，見 Williams and Wu, 2004, pp. 93–98;

Domenach, 1992, pp. 214–216; Seymour and Anderson, 1998, p. 99; Pu, 1994, pp. 83, 97; Lai, 1970, p. 139; Wu Hongda (Harry), 1992, p. 67; Yang Xianhui, 2010, pp. 263, 271, 354。

50 Applebaum, 2005, p. 599; Soljenitsyne, [1976] 2010, pp. 94–96, 176和各處；Razgon, 1991, pp. 236–238; Chalamov, 2003, pp. 59–62, 引自Werth, 2012, pp. 95–96.

51 Lai, 1970, pp. 147–150, 152, 155–157. 本段以前部分見Pu, 1994, pp. 107, 184; Zhang Xianliang, 1994, pp. 42, 48, 52, 72; 1986 (a), pp. 4, 5, 12, 18和各處；Wu Hongda (Harry), 1995, pp. 105–106, 127, 130。

52 Werth, 2012, pp. 65–67. 本段其餘部分見魯巴・尤根森 (Luba Jurgenson) 在給奇斯嘉科夫 (Tchistiakov) 的序，2012, p. 25; Margolin, 2010, p. 177。

53 Soljenitsyne [1976], 2010. 本段其餘部分見Applebaum, 2005, pp. 583, 585–587。

54 我故意引述卜寧 (又名卜乃夫，筆名無名氏，1917–2002)，因為他與張賢亮的敍述恰好相反。Wu, Yenna, 2006, p. 149，認為卜寧比張賢亮真實可靠，因為卜寧的回憶錄是在流亡到台灣之後出版的，而張賢亮的書是在中國出版，必然會有顧忌。我並不同意這一點。我覺得張賢亮的諷刺和保持距離的敍述，加上挖苦嘲笑，比卜寧冗長枯燥的譴責和悲情感傷更有說服力。許多人不同意我的說法。我承認張賢亮情緒激動地回憶許多看守和幹部，甚至提到他們家長式的作風，往往誇大其詞，令人反感。而且，《男人的一半是女人》所說的大部分時期以及在《綠化樹》全書中，男主角已經是服刑完畢的自由身份犯人。因此張賢亮經歷的勞改營生活可能比其他勞改犯好些。關於本段，見Soljenitsyne [1976], 2010, p. 132; Zhang Xianliang, 1986b, pp. 231–235; Zhang Xianliang, 1996, p. 33; Pu, 1985, p. 60; Pu, 1994, pp. 136–140; Lai, 1970, p. 170.

55 見Domenach, 1992書中的對比，他認為「第一個勞改營」(第二卷) 與大躍進以後不同 (第三和第四卷)。

56 Soljenitsyne, 1974, Vol. II, p. 412; Razgon, 1991, pp. 118–121.

57 同上，pp. 109–114. 關於此前的情況，見Tchistiakov, 2012, p. 51; Applebaum, 2005, p. 87; Domenach, 1992, p. 86; Lai, 1970, p. 157; Chalamov, 2003, pp. 599–602. Hooper, 2013, pp. 125, 131 引述了強姦和酷刑的例子。

58 Khlevniuk, 2004, p. 41. 本段其餘部分見Applebaum, 2005, pp. 365, 382, 425, 435, 450–458, 460; Seymour and Anderson, 1998, pp. 97, 101, 176; Wu Hongda (Harry), 1995, p. 269; Yang Xianhui, 2010, pp. 250, 354–368; Domenach, 1992, p. 395; Lai, 1970, p. 154; Razgon, 1991, pp. 12–13, 124–125; Guinzbourg, 1980, pp. 313–314; Werth, 2012, pp. 61–62。

59 Werth, 2012, pp. 61, 67. 關於本段以前的部分，見 Domenach, 1992, p. 207; Lai, 1970, pp. 147–153; Applebaum, 2005, pp. 90, 401; Razgon, 1991, pp. 124–126。

60 順序參，48號Kvadrat古拉格．Margolin, 2010, p. 236; 800個犯人中有285個．Khlevniuk, 2004, p. 233；似棺材的禁閉室：Wu Hongda (Harry), 1995, pp. 247–254；沒有椅子的棚子：Lai, 1970, p. 130；枯井下面：Pu, 1994, pp. 3–18。

61 有一個勞改犯人被關在禁閉室兩年。他獲釋後想站起來走幾步尾椎就斷裂 (Liao, 2013, p. 551)。在赫魯曉夫治下，有一個犯人被關在4×8尺的囚室裏整整一年；那個囚室一共擠了40個人，有10個人死在裏面 (Werth, 2012, p. 54)。關於本段其餘部分，見Margolin, 2010, p. 236; Khlevniuk, 2004, p. 233; Wu, Hongda (Harry), 1995, pp. 247–254; Lai, 1970, p. 130; Pu, 1994, pp. 3–18; 關於本段末凍死人的圓洞，見Razgon, 1991, p. 108。

62 「蚊子懲罰」早在40年前就在滿地沼澤的索洛韋茨基群島上實施 (Duguet [1927], 2004, pp. 199–202)。另見 Applebaum, 2005, pp. 413–420; Soljenitsyne, 1974, vol. 2, p. 312; Guinzbourg, 1967, pp. 92, 241–244; Domenach, 1992, pp. 181–182; Khlevniuk, 2004, p. 233和各處；Williams and Wu, 2004, pp. 122–125。段落其他部分，見同上，pp. 108, 115–116, 128–135; Zhang Xianliang, 1994, pp. 92–95, 205; Wu Hongda (Harry), 1992, pp. 37–38, 69–72; Wu Hongda (Harry), 1995, pp. 222, 326, 329。

63 Applebaum, 2005, pp. 776–808; Craveri, 2003.

64 有關「肯吉爾的四十日」，又見Soljenitsyne, 1974, vol. III, pp. 234–269和Barnes, 2011第六章。有關整體古拉格反抗運動，Applebaum, 2005, and Craveri, 2003，或可由Khlevniuk, 2004, pp. 47–51, 213, 280–281補充；Graziosi, 1992; Werth, 2012, pp. 50–51; Margolin, 2010, pp. 413–417。關於看守的觀點，Tchistiakov, 2012, pp. 239–249，有10頁談到「被拒絕移民」的婦女，她們先是拒絕、然後接受、最後又反悔，赤手光腳地在冰冷的河水裏修建從貝加爾湖到黑龍江的鐵路橋。

65 Domenach, 1992, pp. 98–99, 194–196, 218, 294, 522; Wu, Hongda (Harry), 1992, pp. 73, 116–117; Wei, 1997.

66 關於中國思想改造的最好介紹是Domenach, 1992第五和第十四章。

67 Bell, 2013, p. 126.

68 Applebaum, 2005, p. 127.

69 L. Averbach, 引述Soljenitsyne, 1974, vol. II, p. 81. 關於本段以前部分，見Seymour and Anderson, 1998, p. 17; Applebaum, 2005, pp. 116–119, 126–127, 152–155. Baron, 2001, p. 646。馬爾戈林 (Julius Margolin) 在1941年春季被送去的集中營號稱是「勞動改造營」，「但是知情的人永遠忘不了勞改的恐怖，盡量丟開那些認真的成就」(Margolin, 2010, pp. 373–374, 另見pp. 182, 193)。另見尤根森 (Luba Jurgenson) 為Tchistiakov, 2012寫的序，pp. 20–22, 29。

70 Wu Hongda (Harry), 1995, p. 102和各處。有關之前的，見Williams and Wu, 2004, p. 13, 113；Applebaum, 2005, p. 129。

71 Guinzbourg, 1967, pp. 63–303. 該段落餘下句子及下段，見Rickett [1957], 1973, pp. 94, 128–130; Wu Hongda (Harry), 1995, pp. 95–96, 211, 315–316; 1992, pp. 27–33.

72 Domenach, 1992, p. 170.

73 同上，p. 187. 其餘參見：Pasqualini, 1975, p. 83.

74 Rissvo, 1986, p. 27, 引述 Domenach, 1992, p. 197. 段首參見：Lai, 1970, pp. 187–188, 190, 204–208; Wu Hongda (Harry), 1995, p. 211和各處；劉賓雁引自 Wu Yenna, 2006, p. 44.

75 我盡量只引述張賢亮的回憶錄，不談他的小說，見Zhang Xianliang, 1994, pp. 116, 121, 141, 183, 210, 212, 216, 222, 但也會提到他的作品中的人物。

76 回憶錄：Zhang Xianliang, 1994, 1996；小說：Zhang Xianliang, 1986 (a) 和 (b)。

77 Wu Yenna, 2006, p. 51; Todorov, 1994, p. 182.

78 Rickett [1957], 1973, p. 333.

79 同上，p. 344。

80 同上，p. 255。

81 例如：其他監獄裏的夫婦可以隔天見一次面，但不能交談，而李克和李又安卻不行。李又安依然認為這是善意的措施：「我相信政府當局故意把我們隔開，以免我們、特別是我在見面時情緒衝動。」(同上，p. 299)；他們在後記寫道：「我們生活在兩個國家閱讀報紙的經驗讓我們認為，中國人今天讀到關於美國的新聞比美國人讀到的關於中國新聞要清楚一些。」(同上，p. 331。)

82 Bianco, 1973, p. 866. 我已經引述過這句話，其實我應該引用中國人的話。本段其餘部分見Bianco, "*La révolution fourvoyée*," *Le Monde*, 10 September 1976.

83 見羅伯特‧利夫頓 (Robert Lifton) 的動人描述，一個加拿大傳教士的女兒顯然是改造成功，也因為監禁期間的思想改造心理受到創傷，她後來不但懷疑她的生活方式和理想，也懷疑這個監獄灌輸給她的價值體系。該書作者自然也訪談了一些抗拒思想改造的犯人，但缺乏深入探討 (Lifton, 1961, pp. 144–160 和各處)。

84 Guinzbourg, 1967, pp. 319–320 和各處；Soljenitsyne , 1974, vol. 2, pp. 255, 257. 段落餘下部分，見Domenach, 1992, p. 517; Wu Hongda (Harry), 1995, p. 201.

85 李克曼 (Simon Leys) 引述 Domenach, 1992, p. 164。又見同上，p. 163。有關下句，同上，pp. 227–327, 490. 這是高爾泰的話。這位畫家和藝術批評家在勞改營時，奉命到旅館在宣傳牆上繪畫，伙食很好。他說：「我的身體恢復過來，靈魂卻走向死亡。我失去了自我，變成了別人的馴服工具，變成了另一個人。」(Gao Ertai, 2009, p. 103.)

86 順序參見，沙拉莫夫：Guinzbourg, 1980, p. 404；金花：Liao, 2013, pp. 464–465；道德個屁：Zhang Yihe, 2013, p. 35；Margolin, 2010, p. 373；守衛：Tchistiakov, 2012, p. 164；陀思妥耶夫斯基 (Dostoyevsky) (「有誰曾經被苦工改造好過？」一句出自 Soljenitsyne , 1974, vol. 2, p. 467；Levi, [1987] 1989, p. 111。讀Werth, 2012, p. 177 提醒我《溺死者與獲救者》(*The Drowned and the Saved*) 中那個段落。

87 Soljenitsyne , 1974, vol. 2，順序：pp. 466, 463, 462, 452, 463, 468 (皮薩列夫
〔Pisarev〕語，接着是「特別堅強的人格」在頁466)，469 (「充實內在生命」)，
454 (「思考的好地方」和「基本自由」)，456 (「從前乾枯的靈魂」和「你已經考慮
到你的弱點」)，451(「使得人徹底獲得新生」) 和452 (「使生命得到充實」和家庫
茲涅佐夫句〔Kouznetsov, 1974〕)。

88 Werth, 2012, pp. 24, 177; Soljenitsyne, 1974, vol. 2, pp. 459–460; Levi, [1987]
1993, p. 214. 贊同索爾仁尼琴觀點的還有一個勞改營的「畢業生」張賢亮；他一
向自詡為享有特權的知識分子，但在勞改營認識了甚麼是飢餓，了解到單純貧
苦的老百姓的善良人性以及怎樣做一個完善的人。與此同時，關於勞改營對其
傷害的生動描述也是任何人比不上的。

89 「進了德國集中營就不要想離開。死亡是唯一的出路。」(Levi, 1993, p. 202).

90 Hooper, 2013, p.120.

91 Etkind, Alexander, 2009, p. 628. 此前句子：Wheatcroft, 1996, 引述：同上。

92 Bell, 2013, 最後兩段。詳細參考及引述：pp. 119, 121, 140。

93 Getty and Naumov, 2008, p. 272註39，引述：Bell, 2013, p. 140. 關於看守與因
犯的關係比納粹集中營更沒有人性，見Levi, 1993, p. 202。

第九章

1 Roux, 2009, pp. 585–586. 我引述的是這本詳實傳記的法文版。

2 11歲的索索 (斯大林孩童時的名字) 幾乎因此喪命，也因此豁免在第一次世界大
戰時服兵役。

3 Li Zhisui, 1994. 關於毛澤東夜裏工作、白天睡覺，也見Pantsov, 2012, p. 364。

4 第五章裏提到地方領導人如何為毛澤東的視察做準備。他視察大饑荒獲得的印
象，使得他相信劉少奇和彭德懷這些人視察同樣地區之後不可能會有不良印象。

5 Service, 2005, pp. 272–273.

6 Trotsky. 後來受到斯大林迫害的蘇克漢諾夫 (Nikolai Sukhanov) 回憶道：「雖然布爾
什維克黨有一些偉大的領袖，但斯大林在1917年3月時給人的印象，包括我自己
在內，就是黯然無光，偶爾發出微光，也引不起人注意」(Sukhanov, 1965, p. 115)。

7 尤見Roux, 2009第二章; Schram, 1986, pp. 800–802; Pantsov, 2012, pp. 90–91;
Short, [1999] 2005, p. 97.

8 「斯大林的頭腦是一個蓄電池和反芻機器。」(Service, 2005, p. 570.)

9 見Graziosi, 2010, pp. 76–77：那些主張均衡的人希望對計劃採取系譜式的觀
點，把現有條件列入考慮，但斯大林主張目的論，首先設定要實現的目標，然
後就快速發展。因此負責擬定計劃細節的專家必須捏造出他們自己並不相信的
計劃，拒絕這樣做的人只能靠邊站，等着接受處罰。

10   Lewin, 1987, p. 393.

11   Service, 2005, p. 345. 前一句話見 Smedley, 1944, pp. 121–122, 引述自 Dittmer, [1974] 1998, p. 210, 以及 Leys, 1976, p. 173。

12   Service, 2005, p. 345.

13   同上，pp. 544, 548, 592; 巴比塞引自 Gauchet, 2010, p. 347.

14   Barmé, 1996. 關於戴晴，見附錄。Meisner, 1982 第六章對於毛崇拜有極好的分析。

15   詩人安娜‧阿赫瑪托娃(Anna Akhmatova)的話，載於 Tchoukovskaia, 1980, p. 273。

16   Zhou, 2012, p. 105.

17   毛的反駁已經被引述了無數次。見 Yang Jisheng, [2008] 2012, p. 61, 這是本極為重要的書，英文本，2012, *Tombstone*, p. 105。

18   關於富田事件，見 Chen Yung-fa, 1994; Averill, 1995; Roux, 2009, pp. 277–286; Short, [1999] 2005, pp. 235–251; Pantsov, 2012, pp. 239–245。

19   MacFarquhar and Schoenhals, 2006, pp. 280–281.

20   見 Pye, 1996, p. 108; Pye, 2000, p. 152; 和更泛論的，Pye, 1976。關於斯大林，尤見 Bullock, 1992, pp. 348–351。段末部分，見 Service, 2005, p. 345。

21   這裏並不排斥布哈林強調的一些相反的特殊性格。斯大林「很不高興，因為他沒有說服每一個人，包括他自己在內，讓人相信他比任何人都偉大；這種不高興可能是他最具有人性的特點，也許是他唯一的人性特點。不過，因為這種不高興就對人報復，特別是對那些比他高和比他好的人報復，那就不是人性，而是邪惡」。(引述自 Tucker, 1973, pp. 424–425)

22   Souyri, 1970, p. 95; Griesse, 2010, pp. 98–99.

23   Su Yang, 2011.

24   尤見 Blum and Werth, 2010, pp. 12–13; Khlevniouk, 1996; 其餘見 Kotkin, 1995.

25   我要感謝杜明(Jean-Luc Domenach)給我建議 Helmsman 的立場。

26   1933年，一個名叫 Shpek 的「特殊人口」督察員負責在托木斯克(Tomsk)以北 900公里的河岸設立一個集中營。他想為這些「為害社會分子」準備一些衣服和鞋子，沒有成功，卻接到地區黨委書記的來信如下：「Shpek同志，你對我們國家的政策一無所知，你真的以為這些壞分子是送來這裏接受再教育的嗎？不是的，同志，我們的做法是讓這些人到來春時都死掉。當然，要做得有技巧：給他們一些衣服，讓他們在死去前至少砍伐出一些木材。你自己可以看到，這些人來的時候是甚麼狀況，個個衣衫襤褸或渾身赤裸。如果國家真的要再教育他們，自然會給他們衣服，不需要我們幫忙！」(Werth, 2006, pp. 78, 81.) 關於本段開始時引述的話，見 Werth, 2010b, pp. 132,134, 136。

27   人口稀少的卡累利阿(Karelia)有 14,000 居民被捕，其中超過 12,500 人被處決，因為擔心他們之中可能藏着一個芬蘭間諜。(Werth, 1997, p. 254; Werth, 2009, p. 236)

28 他們　事無成，國家得不償失。原因包括：缺乏計劃，無能，中央與地方缺乏協調，氣候惡劣，以及蘇聯遠東地區的社會和政治情況。儘管如此，負責西伯利亞西部特殊人口的人仍然大吹大擂：「經過65到70天，我們就成功地開拓了納里姆（Narym）地區，做到了沙皇時代350年做不到的事。」這個殖民事業包括把6,000個殖民者送到鄂畢河的一個荒島上，那裏後來被稱為「食人島」，因為被送到那裏的人只能吃人維生。三個月後，只剩下三分之一人口活了下來，這也是沙皇不曾做到的創舉。(Werth, 2006, p. 163和各處。)

29 有關馬丁姆·柳汀（Martemyan Ryutin），見前面第三章註二。

30 Roux, 2009, p. 607.

31 這是官方的用語。這些「群眾」其實人數不多，無論1976年北京的示威或1957年的學生示威都是這樣。

32 斯大林常常引述的一句話。（見 Graziosi, 2005, p. 464.）

33 Lewin, 2003a, pp. 130–131, 150; Razgon, 1991, pp. 9–15.

34 Service, 2005, pp. 374, 523–524.

35 Vogel, 2011描述準確。

36 見Li Zhisui, 1994，石文安（Anne Thurston）關於她與作者合作的有才智的評論，見1996, pp. 98–99, 104–105。也見 Pye, 1996, pp. 108–109; Leys, 1976, pp. 170, 173–175; Teiwes and Sun, 1999, pp. 218–222, 228。

37 被許多人一再引述的口號，都是改寫領袖的談話；例如，見Stephen Cohen, [1971] 1980, pp. 260, 263, 314; Schapiro, 1967, p. 412。

38 Service, 2005, pp. 412, 416.

39 Dunham, [1976] 1990, p. 245; 另見pp. 130, 190.

40 按照泰偉斯（Teiwes）的說法，是「清理垃圾」，2010, p. 138。關於本段其餘部分，見 Huang Jing, 2000; 以及 Schram, 1991, p. 53。

41 斯大林告訴布哈林，他們兩人是政治領導人中的兩個喜馬拉雅峰，其他人都不在話下；這表明斯大林根本看不起他提到政治局的那些斯大林擁護者。

42 Khlevniouk, 1996, pp. 31–32, 108–109及各處。

43 見Andrieu, 2002，其中分析了許多這一類的引語。

44 Bianco, 1970（再版2010, pp. 17–51）. 我也參照Bianco, [1994] 1997, pp. 93–95; Bianco, 2007, p. 324作為依據。我雖然在這裏引用我以前的看法，但認為莫里斯·邁斯納（Maurice Meisner）關於這個問題的著作至關重要。他把毛澤東的理想與自稱是馬克思徒的烏托邦社會主義者和俄國的民粹主義者的理想相提並論。在王政復辟時的法國或亞歷山大二世治下的俄國，資本主義還沒有發展，傅立葉（Fourier）和赫爾岑（Herzen）等一些人也像毛澤東一樣，讚揚農民的德行，不像馬克思那樣賦予城市無產階級革命的天職，特別是因為傅立葉和赫爾岑等人不信任官僚組織和中央集權的國家。他們對歷史決定論的信心，比不上對無私的

唯意志論和以身作則促進社會主義的信心。俄國的民粹主義者和毛澤東一樣，甚至認為落後反而有利於激發革命的使命感。（Meisner, 1982, 第二、三章和各處。）

45 Meisner, 1982, p. 121.

46 Lewin, 2003a, p. 190. 又見Lewin, 1987, pp. 390–400, 407; Dobrenko, 2011, p. 107.

47 Pomian, 1995, p. 20.

48 以下部分使用了Bianco, [1994] 1997, pp. 95–97的分析。

49 MacFarquhar and Schoenhals, 2006的法文版；Roux, 2009第十六章；Short, [1999] 2005第十五章。

50 Meisner, 1982, 序, p. xii.

51 斯大林1937年10月14日的信，引自Werth, 2009, p. 140。也見Blum and Werth, 2010, pp. 7–11。

52 Werth, 2009, pp. 7–11.

53 Kotkin, 1995, chap. 7 有極好的分析，其中描述1937至1938年整肅時人們參加揭發和不斷指控的情況。

54 原則上是這樣：1967年初，毛澤東不得不命令態度搖擺的軍隊「支左」，就是說在武鬥中支持毛自己的派系。六個月之後，他幾乎身陷武漢的一次嚴重兵變。關於這個事件，見MacFarquhar and Schoenhals, 2006第十二章；Roux, 2009, pp. 789–792; Short, [1999] 2005, pp. 489, 493–494。

55 儘管紅衛兵之間的暴力和武鬥與軍隊和民兵的鎮壓相比，傷亡人數少得多，但他們的狂熱行為使得他們成為最高領袖罪行的共犯。不論「群眾」要負起多大的責任，中國人民，就同俄國、北朝鮮等國的人民一樣，都好比是實驗室裏面的白老鼠。

56 這是魏昂德（Andrew Walder）關於1966至1971年的估計數；Walder, 2015, p. 334。

57 Werth, 2009, pp. 16，進一步見pp. 48, 67, 18, 33。

58 1968年死的人最多。四分之三的死亡是軍隊和當權者造成的：Walder, 2015, p. 334.

59 Meisner, 1982, pp. 193–194.

60 斯大林究竟為甚麼要攻擊像莫洛托夫和卡岡諾維奇這樣的既服從又積極的同夥？他後來居然要除掉莫洛托夫，說明問題在斯大林本人，不在他的同夥。

61 三方特別法庭由三名法官組成（原則上來自地區黨領導人、內務人民委員會和法院），往往在幾分鐘內就審理完畢判刑。除了極少數人無罪開釋之外，只有兩種判決：十年古拉格和死刑。

62 「我這才明白蘇聯政府最重視的是計劃……國家的號碼是1，人民是後面的0，把1變成10倍」。（安娜‧舍吉夫娜〔Anna Sergeyevna〕談她關於集體化和饑荒的回憶，見Grossman, 1972, p. 192）

63 Werth, 2009, pp. 161–162, and, further on, 141 and 146.

64 Su Yang, 2006, p. 108.

65 Arendt, 1972, pp. 218, 221. 前一句引語見Tucker, [1977] 2008, p. 108。

結論

1　張戎和喬‧哈利戴 (Jon Halliday) 認為毛澤東從生到死都是個怪物。這本傳記不只是記載下謊言，而且就像蒙田 (Montaigne) 所説的想像力，「並不總是騙人，因此更容易騙人」。(Chang and Halliday, 2006)

2　托洛茨基在1904年的文章提到「政治取代法」：「在共產黨黨內，這種方法讓黨組織取代了黨，中央委員會取代了黨組織，最後由獨裁者取代了中央委員會。」托洛茨基把《我們的政治任務》(*Our Political Tasks*) 這本書獻給孟什維克的領袖巴威爾‧阿克雪里羅德 (Pavel Axelrod)，後者曾經譴責列寧及他的同夥設立的官僚式政治獨裁政權。也看羅莎‧盧森堡 (Rosa Luxembourg) 在 1904 年和帕武斯 (Alexander Parvus) 在 1905 年，參 Lenin (Lénine), [1902] 1966, pp. 259–267, 289–295 (托洛茨基引文在 p. 295)。又見 Papaioannou, 1965, p. 298 和 Meisner, 1982, pp. 91–92。

3　Service, 2012, pp. 434–435.

4　Lewin, 1978, p. 151.

5　關於「遺囑」比較學術化的不同解釋，Colas, 1998, pp. 244–256。

6　Lewin, 1978, 第九章 (引言 p. 127); Carrere d'Encausse, 1972, pp. 151–155; Carrere d'Encausse, 1998, pp. 586–594.

7　列寧在 1913 年寫信給高爾基，稱讚斯大林是「了不起的格魯吉亞人」，可是到 1922 年對斯大林的幻想破滅。(Service, 2005, p. 85)

8　Colas, 1983, p. 181.

9　Papaioannou, 1983, p. 296.

10　同上，p. 347。有關此段落和更多，又見同上，pp. 298, 308, 313, 353, 365–375 和 Colas, 1998 第四章，他認為除了軍隊，管弦樂隊和機器都是共產黨要學習的模式。

11　Hegel, 1965, p. 129. 黑格爾認為，偉人之所以偉大，「正是因為他們不理會大家認可的價值」(同上，p. 128)。也見 Hegel, [1953] 1986, p. 43。

12　雷蒙‧阿隆 (Raymond Aron) 指出了所有這些性格特點 (Aron, 2002, p. 98)。有沒有哪一個斯大林主義者或毛主義者表現出像這位坦白的反對者那樣大方或誠實？

13　「當國家終於真正成為整個社會的代表時，它就使自己成為多餘的了。當不再有需要加以鎮壓的社會階級的時候，當階級統治和根源於至今的生產無政府狀態的生存鬥爭已被消除，而由此產生的衝突和極端行動也隨着被消除了的時候，就不再有甚麼需要鎮壓了，也就不需要國家這種實行鎮壓的特殊力量了。國家真正作為整個社會的代表所採取的第一個行動，即以社會的名義佔有生產資料，同時也是它作為國家所採取的最後一個獨立行動。那時，國家政權對社會關係的干預將先後在各個領域中成為多餘的事情而自行停止下來。那時，對人的統治將由對物的管理和對生產過程的領導所代替。國家不是『被廢除』的，它是自行消

亡的。」《反杜林論》(1877) 是恩格斯撰寫，馬克思只寫了最後一章，但他認可該書的內容。該書的英文本由埃米爾‧伯恩斯 (Emile Burns) 依照1894年版翻譯 (https://www.marxists.org/archive/marx/works/1877/anti-duhring/index.htm)。

14　Papaioannou, 1972, pp. 491–492, 提供了這篇1957年印行的著名文章的摘要。我對馬克思主義的評論主要是依據Papaioannou, 1965, pp. 123, 221; Id., 1983, pp. 16–19, 189, 195, 197, 227, 302–304; Aron, 1983, pp. 93–94, 283, 286, 287, 293–96, 606, 631, 660; Berlin, 1962 and 2011.

15　Kolakowski, [1977] 2008, p. 297. 又見pp. 291, 294和各處。

16　Badie, 1984, pp. 107–110.

17　Ciliga, [1938] 1977, p. 120. 有關新經濟政策初期情況，見Brovkin, 1998, p. 15和各處；杜金采夫 (Doudintsev) 法文譯本為1957, p. 32; 紐曼 (Neumann) 引自Bruneteau, 2010, p. 483.

18　Viola, 2007, p. 192; Schram, 1991, p. 18; Harding, 1981, p. 1. 文學批評家錢理群在毛澤東治下是毛主義者，在鄧小平治下是自由主義派，但始終是一個民族主義者；他在接受卡雷 (Jean-Michel Carré) 訪談時只責備毛澤東沒有改善中國人民的生活水準。

19　Besançon, 1977, pp. 290–291。又見Furet, 2012, pp. 36–37。

20　Guinzbourg, 1980, p. 144, 216. "Looking back at my life with disgust": 金茲堡引述普希金的話，表示「遺憾地回顧自己的一生」。她的18年歲月，有十年在古拉格度過，八年在東部西伯利亞流放。

21　普希金之後，拉辛；這裏是《亞她利雅》(*Athaliah*) 裏的喬德 (Joad) (英文翻譯自唐克斯利〔Donkersley〕的改編〔1873〕)。除了知識分子，還有一般民眾，比如金茲堡的婆婆責罵她：「我的孩子，你很聰明，卻又天真到極點。」(Guinzbourg, [1967] 1997, p. 31) 純金可能是指《鋼鐵是怎樣煉成的》這本書的中國和俄國的千千萬萬讀者。在最好情況下，金子可以變成在覺醒之後對真相的追求。1979至1980年，中國讀者爭相閱讀平庸淺薄作品的熱情，就如1954至1956年的俄國讀者，只是因為這些作品表達了一直遭到禁止的真相。

22　1921年，列寧宣布俄國的工人階級「不再是一個階級」，出身工人的老布爾什維克什利亞普尼科夫 (Shliapnikov) 故意向他祝賀，因為「他以一個不存在的階級的名義實施專政」。(Baynac, 1975, p. 17)

23　不要忘記也有人認為有道理：高爾基說：「群眾絕對需要有益的謊言，一個金色的夢」；日丹諾夫說：「是的，蘇聯文學是宣傳性質⋯⋯但我們以此為榮」。

24　Pilniak, 引述自Heller, Michel, 1990, p. 149.

25　這些例子的詳情見Brovkin, 1998, pp. 173, 186, 220–223。關於格別烏的秘密報告，見Werth and Berelowitch, 2011。1920年，烏克蘭的契卡頭子認為秘密警察的任務如下：「我們不僅是革命的軍事羽翼，也是政府的耳目」。(同上，p. 17)

26 Soljenitsyne, 1974, vol. 2, p. 480. 青年時的莫羅佐夫 (Morozov) 揭發自己的父親是富農，後來被叔父殺死，因而成為英雄。

27 引述自 Applebaum, [2005] 2008, p. 841.

28 Graziosi, 2010, pp. 295, 312；哈維爾引述自 Rupnik, 1984, p. 55；戈爾巴喬夫，引自 Popper, 1993, p. 59.

29 那是指蘇聯在前一年發射的人造衛星，證明了社會主義陣營的優越性。這裏提到的事件詳情都引自關於大饑荒的最詳細研究：Yang Jisheng, [2008] 2012, pp. 127, 202–203, 217, 222, 231, 257, 372, 400, 406–407, 443–444, 469。

30 同上，p. 231。英文版，*Tombstone*, p. 60。

31 索爾仁尼琴 (Solzhenitsyn)「生活在謊言之外」引述自 Besançon, 1977, p. 298；另見 Saraskina, 2010, pp. 710–711；劉曉波，2011，〈用真話顛覆謊言制度〉("Subverting the system of lies with truth")，pp. 139, 141.

32 特里福諾夫 (Trifonov) 引自 Etkind et al., 1990, p. 724；Grossman, 1972, p. 112. 關於對 1937 至 1938 年夜半敲門聲的恐懼，兩個後來也被關進監獄的人養成了每晚互相問候的習慣，以確定對方還在那裏。(Razgon, 1991, pp. 84–85)

33 Dombrovski, 1979, p. 387.

34 對馬克思來說，資本主義使人完全喪失人性，社會主義使人重新找回自己。對托洛茨基來說，他的根據是知識而不是道德，他很有信心地宣布：「普通人都可以成為亞里士多德、歌德或馬克思」(Bruneteau, 2011, p. 117)。東布洛夫斯基 (Dombrovsky)（下句）引自 Etkind, et al., 1990, p. 833.

35 Loh, 1963, pp. 60, 137, 140, 251.

36 Vogel, 1965. 這篇文章是文革前寫的，文革使得人際關係進一步惡化。

37 Domenach, 2012, pp. 74–75, 380; Bianco and Chevrier, 1985, p. 169.

38 Dunham, [1976] 1990, p. 70; Iachine, 引自 Link, 2000, p. 273.

39 黎澍寫於 1986 年，在毛澤東死後十年（見 Barmé, 1999, p. 58）。終毛澤東一生，黎澍擔任歷史研究的編輯 (Goldman, 1981, p. 53)。中文原文據戴晴《我的入獄》（香港：明報出版社，1990），頁 42。下句：Berdiaev, [1938] 1951, p. 255.

附錄

1 毛澤東認為，破壞黨的作風的三個錯誤傾向是：主觀主義、宗派主義和形式主義。主觀主義最為嚴重，又可以分為教條主義和現實主義。

2 Wang Fanxi, 1985, pp. 87–88, 引自 Dai, 1994, p. 76. 關於王凡西的證詞是否誠懇（托洛茨基分子在蘇聯和中國都是罪在不赦），他已經去世，我現在可以為他作證。我曾經花了一年時間，同兩個朋友程映湘和高達樂 (Claude Cadart) 一起訪問中國托派分子彭述之。彭與王凡西意見分歧，在 1941 年分道揚鑣，所以對王

凡西沒有一句好話。我決定自己把問題搞清楚，於是在1985年前往利茲市與王凡西見面。他熱情接待了我，邀請我住在他的小房間裏。他一直談到深夜，誠懇地回顧他的一生，令我深為感動。王凡西在他的回憶錄中提到他與彭述之的分歧和辯論（Wang Fan-hsi, 1980, pp. 234–239）。

3　作家聯盟寫信贊成處決布哈林和李可夫，帕斯捷爾納克是唯一沒有簽名的人。

4　不過，1956和1957年，毛澤東一再表示，希望作家和知識分子提出意見，因為他們都被最近對胡風的迫害嚇壞了。毛在1942年的兩次講話都十分謹慎。王實味和丁玲等人敢於大膽發言，可能是因為他們是先行者，沒有嘗到1957年那種壓制言論自由的滋味。換言之，就如毛澤東所說，他們受的再教育還不夠。(Teiwes, 1993, pp. 59–60)

5　Lefort, 1999, pp. 60–61.

參考著作

Alitto, Guy S. 1979. *The Last Confucian. Liang Shu-ming and the Chinese Dilemma of Modernity.* Berkeley: University of California Press.

Andreas, Joel. 2009. *Rise of the Red Engineers. The Cultural Revolution and the Origins of China's New Class.* Stanford, Calif.: Stanford University Press.

Andrieu, Jacques. 2002. *Psychologie de Mao Tsé-toung.* Brussels: Complexe.

Applebaum, Anne. 2005/2008. *Goulag, une histoire.* Translated by P.-E. Dauzat. Paris: Gallimard, "Folio Histoire."

Arendt, Hannah. 1972. *Le Système totalitaire.* Translated by J.-L. Bourget, R. Davreu, and P. Lévy. Paris: Seuil.

Aron, Raymond. 1962. *Dix-huit leçons sur la société industrielle.* Paris: Gallimard, "Idées."

———. 1965. *Démocratie et totalitarisme.* Paris: Gallimard.

———. 2002. *Le marxisme de Marx, texte établi, préfacé et annoté par J-C. Casanova et C. Bachelier.* Paris: Editions de Fallois.

Ash, Robert B. 2006. "Squeezing the Peasants. Grain Extraction, Food Consumption and Rural Living Standards in Mao's China." *The China Quarterly,* no. 188: pp. 959–998.

Aubert, Claude. 1990. "Économie et société rurales." In M.-C. Bergère, L. Bianco, and J. Domes (eds.), *La Chine au xxe siècle,* vol. 2, *de 1949 à aujourd'hui,* pp. 149–180. Paris: Fayard.

Aucouturier, Michel. 1998. *Le réalisme socialiste.* Paris: PUF, "Que sais-je ?"

Averill, Stephen C. 1995. "The Origins of the Futian Incident." In T. Saich and H. van de Ven (eds.), *New Perspectives on the Chinese Communist Revolution,* pp. 79–115. Armonk, N.Y.: Sharpe.

Badie, Bertrand. 1984. "Les ressorts culturels du totalitarisme." In Hermet, Hassner, and Rupnik (eds.), *Totalitarismes,* pp. 103–118. Banister, Judith. 1987. *China's Changing Population.* Stanford, Calif.: Stanford University Press.

Banister, Judith. 1987. *China's Changing Population.* Stanford, Calif.: Stanford University Press.

Barmé, Geremie R. and John Minford, eds. 1988. *Seeds of Fire. Chinese Voices of Conscience.* New York: Hill & Wang.

———. 1991, "Using the Past to Save the Present: Dai Qing's Historical Dissent." *East Asian History*, 1, June: pp. 141–181.

———. 1996. *Shades of Mao. The Posthumous Cult of the Great Leader.* Armonk, N.Y.: Sharpe.

———. 1999. *In the Red. On Contemporary Chinese Culture.* New York: Columbia University Press.

Barnes, Julian. 2016. *The Noise of Time.* London: Jonathan Cape.

Barnes, Steven A. 2011. *Death and Redemption: The Gulag and the Shaping of Soviet Society.* Princeton, N.J.: Princeton University Press.

Barnett, A. Doak. 1967. *Cadres, Bureaucracy and Political Power in Communist China.* With a contribution by Ezra Vogel. New York: Columbia University Press.

Baron, Nick. 2001. "Conflict and Complicity: The Expansion of the Karelian Gulag, 1923–1933." *Cahiers du Monde russe*, 42, nos. 2–4: pp. 615–647.

Bastid-Bruguière, Marianne. 2006. "Education." In T. Sanjuan (ed.), *Dictionnaire de la Chine contemporaine*, pp. 84–85. Paris: Armand Colin.

Baynac, Jacques, with Alexandre Skirda and Charles Urjewicz. 1975. *La Terreur sous Lénine (1917–1924).* Paris: Le Sagittaire.

Becker, Jasper. 1996/1998. *Hungry Ghosts. China's Secret Famine.* London: John Murray. Quotations from the French edition, *La grande Famine de Mao.* Translated by M. Pencréac'h, Dagorno.

Béja, Jean-Philippe, and Wojtek Zafanolli. 1981. *La face cachée de la Chine. Trois nouvelles traduites du chinois.* Paris: Editions Pierre-Emile.

Bell, Wilson T. 2013. "Was the Gulag an Archipelago? De-convoyed Prisoners and Porous Borders in the Camps of Western Siberia." *The Russian Review*, 72: pp. 116–141.

Bensidoun, Sylvain. 1975. *L'agitation paysanne en Russie de 1881 à 1902.* Paris: Presses de la Fondation nationale des sciences politiques.

Benton, Gregor (ed.). 1982. *Wild Lilies, Poisonous Weeds. Dissident Voices from People's China.* London: Pluto.

———. 1999. *New Fourth Army. Communist Resistance along the Yangtze and the Huai, 1938–1941.* Richmond: Curzon Press.

Benton, Gregor, and Alan Hunter (eds.). 1995. *Wild Lily, Prairie Fire. China's Road to Democracy, Yan'an to Tian'anmen, 1942–1989.* Princeton, N.J.: Princeton University Press.

Berdiaev, Nicolas. 1938/1951. *Les sources et le sens du communisme russe.* Translated by L. Daniel-Mayer Cain. Paris: Gallimard.

Berelowitch, Wladimir. 2005. *Le grand Siècle russe d'Alexandre Ier à Nicolas II.* Paris: Gallimard.

Bergère, Marie-Claire. 1987/2000. *La Chine de 1949 à nos jours.* 3rd ed. Paris: Armand Colin.

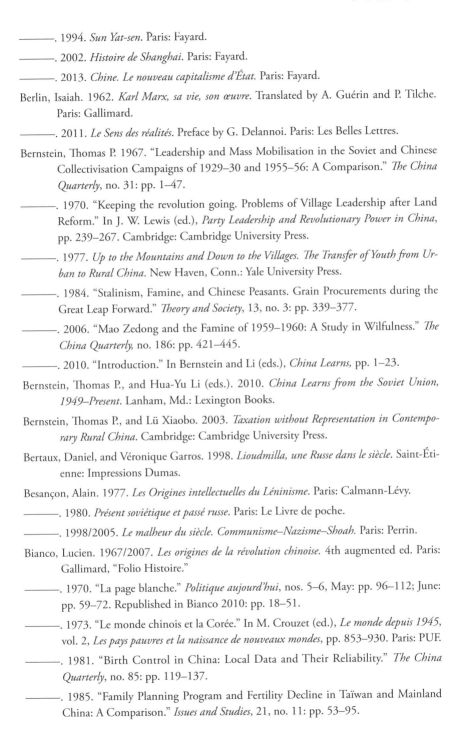

———. 1994. *Sun Yat-sen.* Paris: Fayard.

———. 2002. *Histoire de Shanghai.* Paris: Fayard.

———. 2013. *Chine. Le nouveau capitalisme d'État.* Paris: Fayard.

Berlin, Isaiah. 1962. *Karl Marx, sa vie, son œuvre.* Translated by A. Guérin and P. Tilche. Paris: Gallimard.

———. 2011. *Le Sens des réalités.* Preface by G. Delannoi. Paris: Les Belles Lettres.

Bernstein, Thomas P. 1967. "Leadership and Mass Mobilisation in the Soviet and Chinese Collectivisation Campaigns of 1929–30 and 1955–56: A Comparison." *The China Quarterly*, no. 31: pp. 1–47.

———. 1970. "Keeping the revolution going. Problems of Village Leadership after Land Reform." In J. W. Lewis (ed.), *Party Leadership and Revolutionary Power in China*, pp. 239–267. Cambridge: Cambridge University Press.

———. 1977. *Up to the Mountains and Down to the Villages. The Transfer of Youth from Urban to Rural China.* New Haven, Conn.: Yale University Press.

———. 1984. "Stalinism, Famine, and Chinese Peasants. Grain Procurements during the Great Leap Forward." *Theory and Society*, 13, no. 3: pp. 339–377.

———. 2006. "Mao Zedong and the Famine of 1959–1960: A Study in Wilfulness." *The China Quarterly*, no. 186: pp. 421–445.

———. 2010. "Introduction." In Bernstein and Li (eds.), *China Learns*, pp. 1–23.

Bernstein, Thomas P., and Hua-Yu Li (eds.). 2010. *China Learns from the Soviet Union, 1949–Present.* Lanham, Md.: Lexington Books.

Bernstein, Thomas P., and Lü Xiaobo. 2003. *Taxation without Representation in Contemporary Rural China.* Cambridge: Cambridge University Press.

Bertaux, Daniel, and Véronique Garros. 1998. *Lioudmilla, une Russe dans le siècle.* Saint-Étienne: Impressions Dumas.

Besançon, Alain. 1977. *Les Origines intellectuelles du Léninisme.* Paris: Calmann-Lévy.

———. 1980. *Présent soviétique et passé russe.* Paris: Le Livre de poche.

———. 1998/2005. *Le malheur du siècle. Communisme–Nazisme–Shoah.* Paris: Perrin.

Bianco, Lucien. 1967/2007. *Les origines de la révolution chinoise.* 4th augmented ed. Paris: Gallimard, "Folio Histoire."

———. 1970. "La page blanche." *Politique aujourd'hui*, nos. 5–6, May: pp. 96–112; June: pp. 59–72. Republished in Bianco 2010: pp. 18–51.

———. 1973. "Le monde chinois et la Corée." In M. Crouzet (ed.), *Le monde depuis 1945*, vol. 2, *Les pays pauvres et la naissance de nouveaux mondes*, pp. 853–930. Paris: PUF.

———. 1981. "Birth Control in China: Local Data and Their Reliability." *The China Quarterly*, no. 85: pp. 119–137.

———. 1985. "Family Planning Program and Fertility Decline in Taïwan and Mainland China: A Comparison." *Issues and Studies*, 21, no. 11: pp. 53–95.

———. 1986. "Peasant Movements." In Fairbank and Feuerwerker (eds.), *The Cambridge History of China* (hereafter *CHOC*), vol. 13, pp. 270–328.

———. 1994/1997. *La Chine*. 2nd ed. Paris: Flammarion.

———. 2001. *Peasants without the Party. Grass-roots Movements in Twentieth-Century China*. Armonk, N.Y.: Sharpe.

———. 2005. *Jacqueries et révolution dans la Chine du xxe siècle*. Paris: La Martinière.

———. 2010. *La révolution fourvoyée. Parcours dans la Chine du xxe siècle*. La Tour-d'Aigues: Éd. de L'Aube.

Bianco, Lucien, and Yves Chevrier (eds.). 1985. *Dictionnaire biographique du mouvement ouvrier international. La Chine*. Paris: Les Éditions ouvrières, Presses de la FNSP.

Birch, Cyril. 1991. "Literature under Communism." In MacFarquhar and Fairbank (eds.), *CHOC*, vol. 15: pp. 743–812.

Blum, Alain. 1994/2004. *Naître, vivre et mourir en URSS*. Paris: Payot-Rivages.

Blum, Alain, Marta Craveri, and Valérie Nivelon (eds.). 2012. *Déportés en URSS, Récits d'Européens au goulag*. Paris: Éditions Autrement.

Blum, Alain, and Martine Mespoulet. 2003. *L'anarchie bureaucratique. Statistique et pouvoir sous Staline*. Paris: La Découverte.

Blum, Alain, and Nicolas Werth (eds.). 2010. "La grande terreur en URSS." *Vingtième siècle*, Revue d'histoire, no. 107: pp. 3–113.

Bonnin, Michel. 2004/2013. *Génération perdue. Le mouvement d'envoi des jeunes instruits à la campagne en Chine, 1968–1980*. Paris: Éd. de l'EHESS. English edition. Translated by Krystyna Horko: *The Lost Generation. The Rustication of China's Educated Youth (1968–1980)*. Hong Kong: The Chinese University Press.

Boorman, Howard L. (ed.). 1968. *Biographical Dictionary of Republican China*. Vol. 2. New York: Columbia University Press.

Boulgakov, Mikhaïl. 1968. *Le maître et Marguerite*. Translated by C. Ligny, introduction by S. Ermolinski. Paris: Robert Laffont.

———. 1970. *La garde blanche*. Paris: Robert Laffont.

Bounine, Ivan. 2011. *Le village*. Translated by M. Parijnanine. Paris: Bartillat.

Bramall, Chris. 2011. "Agency and Famine in China's Sichuan Province, 1958–1962." *The China Quarterly*, no. 208: pp. 990–1008.

Brovkin, Vladimir. 1995. *Behind the Front Lines of the Civil War. Political Parties and Social Movements in Russia, 1918–1922*. Princeton, N.J.: Princeton University Press.

———. 1998. *Russia after Lenin. Politics, Culture & Society*. New York: Routledge.

Brown, Edward J. 1969. *Russian Literature since the Revolution*. Corners.

Brown, Jeremy. 2011. "Great Leap City: Surviving the Famine in Tianjin." In Manning and Wemheuer (eds.), *Eating Bitterness*, pp. 226–250.

Bruneteau, Bernard. 2010. *Le totalitarisme. Origines d'un concept, genèse d'un débat, 1930–1942*. Paris: Éd. du Cerf.

———. 2011. *L'âge totalitaire. Idées reçues sur le totalitarisme*. Paris: Le cavalier bleu.

Bu Ning, Pu Ning's Pinyin Transcription; see Wu Mingshi/Ming-shih; real name Bu/Pu Naifu.

Buber-Neumann, Margarete. 1986/1988. *Déportée en Sibérie. Prisonnière de Staline et d'Hitler*. 2 vols. Paris: Éd. du Seuil, "Points."

Bullock, Alan. 1992. *Hitler and Stalin. Parallel Lives.* New York: Knopf.

Bullock, Philip Ross. 2011. "Utopia and the Novel after the Revolution." In Dobrenko and Balina (eds.), *Cambridge Companion*, pp. 79–96.

Bunin: see Bounine.

Cabestan, Jean-Pierre. 1994. *Le système politique de la Chine populaire*. Paris: PUF.

Carrère d'Encausse, Hélène. 1972. *Une révolution, une victoire. L'Union soviétique de Lénine à Staline, 1917–1953*. Paris: Ed. Richelieu.

———. 1998. *Lénine*. Paris: Fayard.

Castoriadis, Cornélius. 1973. *La Société bureaucratique*. 2 vols. Paris: UGE.

Chalamov, Varlam. 2003. *Récits de la Kolyma*. Translated by Sophie Benech, Catherine Fournier, and Luba Jurgenson. Paris: Verdier.

Chang, Jung, and Jon Halliday. 2006. *Mao. L'histoire inconnue*. Paris: Gallimard, "NRF Biographies."

Cheek, Timothy (ed.). 2010. *A Critical Introduction to Mao*. New York: Cambridge University Press.

Chen, Jian. 1994. *China's Road to the Korean War. The Making of the Sino-American Confrontation*. New York: Columbia University Press.

———. 2001. *Mao's China and the Cold War*. Chapel Hill: University of North Carolina Press.

Chen, Yixin. 2011. "Under the Same Maoist sky. Accounting for Death Rate Discrepancies in Anhui and Jiangxi." In Manning and Wemheuer (eds.), *Eating Bitterness*, pp. 197–225.

Chen, Yung-fa. 1986. *Making Revolution. The Communist Movement in Eastern and Central China, 1937–1945*. Berkeley: University of California Press.

———. 1994. "The Futian Incident and the Anti-Bolshevik League: The 'Terror' in the CCP Revolution." *Republican China*, 19, no. 2: pp. 1–51.

Chi, Pang-yuan, and David Der-wei Wang (eds.). 2000. *Chinese Literature in the Second Half of a Modern Century. A Critical Survey*. Bloomington: Indiana University Press.

Cholokhov, Mikhaïl. 1959/1971. *Le Don paisible*. Translated by A. Vitez. 4 vols. Paris: Le Livre de poche.

Ciliga, Anton. 1938/1977. *Au pays du mensonge déconcertant*. Dix ans derrière le rideau de fer. Paris: 10/18.

Clark, Katerina. 2011. "Russian Epic Novels of the Soviet Period." In Dobrenko and Balina (eds.), *Cambridge Companion*, pp. 135–152.

Cœuré, Sophie. 1999. *La grande lueur à l'Est. Les Français et l'Union soviétique 1917–1939.* Paris: Éd. du Seuil.

Cohen, Stephen F. 1971/1980. *Bukharin and the Bolshevik Revolution. A Political Biography, 1888–1938.* Oxford: Oxford University Press.

Cohen, Yves. 1997. "Des lettres comme action. Staline au début des années 1930 vu depuis le fond Kaganovic." *Cahiers du monde russe*, 37, no. 3: pp. 307–346.

Colas, Dominique. 1982/1998. *Le Léninisme.* Paris: PUF.

———. 1983. "Auto-interprétations du stalinisme et interprétations de la révolution russe." In Évelyne Pisier-Kouchner (ed.), *Les Interprétations du stalinisme*, pp. 175–195. Paris: PUF.

Conquest, Robert. 1970. *The Great Terror. Stalin's Purge of the Thirties.* New York: Macmillan.

Coquin, François Xavier. 1965. *La révolution russe.* Paris: PUF, "Que sais-je ?"

Courtois, Stéphane (ed.). 2007. *Dictionnaire du communisme.* Paris: Larousse.

Courtois, Stéphane, Nicolas Werth, Jean-Louis Panné, Andrzej Paczkowski, Karel Bartosek, and Jean-Louis Margolin (eds.). 1997. *Le livre noir du communisme. Crimes, terreur, repression.* Paris: Robert Laffont.

Craveri, Marta. 2003. *Resistenza nel Gulag. Un capitolo inedito della destalinizzazione in Unione Sovietica.* Soveria Mannelli: Rubbettino.

Dai, Qing. 1994. *Wang Shiwei and "Wild Lilies." Rectification and Purges in the Chinese Communist Party, 1942–1944.* Armonk, N.Y.: Sharpe.

Danilov, Viktor, and Alexis Berelowitch. 1994. "Les documents des VCK-OGPU-NKVD sur la campagne soviétique, 1918–1937: documents de l'OGPU, 1923–1930." *Cahiers du monde russe*, 35, no. 3: pp. 633–682.

Davies, Robert W. 1980. *The Socialist Offensive. The Collectivisation of Soviet Agriculture, 1929–1930.* London: Macmillan.

———. 1993. "Economic Aspects of Stalinism." In Alec Nove (ed.), *The Stalin Phenomenon*, pp. 39–74. London: Weidenfeld & Nicolson.

Davies, Robert W., and Stephen G. Wheatcroft. 2004. *The Years of Hunger. Soviet Agriculture, 1931–1933.* New York: Palgrave Macmillan.

Denis, Juliette. 2012. "Les images de l'enfance." In Blum, Craveri, and Nivelon (eds.), *Déportés en URSS*, pp. 109–131.

Depretto, Jean-Paul. 1997. *Les Ouvriers en URSS, 1928–1941.* Paris: Publications de la Sorbonne, Institut d'études slaves.

Dikötter, Frank. 2010. *Mao's Great Famine. The History of China's Most Devastating Catastrophe, 1958–1962.* London: Bloomsbury.

———. 2013. *The Tragedy of Liberation: A History of the Chinese Revolution, 1945–1957.* London: Bloomsbury.

Dittmer, Lowell. 1974/1998. *Liu Shaoqi and the Chinese Cultural Revolution*. Rev. ed. Armonk, N.Y.: Sharpe.

———. 1981. "Death and Transfiguration: Liu Shaoqi's Rehabilitation and Contemporary Chinese Politics." *Journal of Asian Studies,* 40, no. 3: pp. 455–479.

Djilas, Milovan. 1957/1962. *The New Class. An Analysis of the Communist System.* New York: Praeger.

Dobrenko, Evgeny. 2011. "Socialist Realism." In Dobrenko and Balina (eds.). *Cambridge Companion*, pp. 97–114.

Dobrenko, Evgeny, and Marina Balina (eds.). 2011. *The Cambridge Companion to Twentieth-Century Russian Literature.* Cambridge: Cambridge University Press.

Dolot, Miron. 1985. *Execution by Hunger: The Hidden Holocaust.* New York: Norton.

Dombrovski, Iouri (Yuri). 1979. *La Faculté de l'inutile.* Translated by D. Seseman. Paris: Albin Michel.

———. 2005. *Le conservateur des antiquités.* Translated by J. Cathala. Paris: La Découverte.

Domenach, Jean-Luc. 1992. *Chine. l'archipel oublié.* Paris: Fayard.

———. 2012. *Mao, sa cour et ses complots. Derrière les murs rouges.* Paris: Fayard.

Doolin, Dennis J. 1964. *Communist China. The Politics of Student Opposition.* Stanford, Calif.: Hoover Institution on War, Revolution, and Peace.

Dossier. 2010. "Quel rôle pour la littérature chinoise aujourd'hui ? L'exemple de Gao Xingjian." *Perspectives chinoises*, no. 2: pp. 2–57.

Doudintsev, Vladimir. 1957. *l'homme ne vit pas seulement de pain.* Paris: Julliard.

Dubois, Vincent, Valérie Lozac'h, and Jay Rowell. 2005. "Jeux bureaucratiques en régime communiste." *Sociétés contemporaines*, 1, no. 57: pp. 5–19.

Duguet, Raymond. 1927/2004. *Un bagne en Russie rouge. Solovki, l'île de la faim, des supplices, de la mort.* Edited with a preface by N. Werth. Paris: Balland.

Dumont, Louis. 1966. *Homo hierarchicus. Essai sur le système des castes.* Paris: Gallimard, "Bibliothèque des sciences humaines."

———. 1977. *Homo aequalis. Genèse et épanouissement de l'idéologie économique.* Paris: Gallimard, "Bibliothèque des sciences humaines."

Dunham, Vera S. 1976/1990. *In Stalin's Time. Middleclass Values in Soviet Fiction.* Durham, N.C.: Duke University Press.

Dutrait, Noël. 2006. *Petit précis à l'usage de l'amateur de littérature chinoise contemporaine.* Paris: Éd. Philippe Picquier.

———. 2010. "Ne pas avoir de -isme, un -isme pour un homme seul." *Perspectives chinoises,* no. 2: pp. 8–14.

Economist. 2012, 26 May.

Edele, Mark. 2012. "Stalinism as a Totalitarian Society. Geoffrey Hosking's Socio-cultural History." *Kritika*, 13, no. 2: pp. 441–452.

Edgerton-Tarpley, Kathryn. 2008. *Tears from Iron. Cultural Responses to Famine in Nineteenth-Century China*. Berkeley: University of California Press.

Ellman, Michael. 2007. "Discussion Article: Stalin and the Soviet Famine of 1932–1933 Revisited." *Europe-Asia Studies*, 59, no. 4: pp. 663–693.

Ermolaev, Herman. 1990. "Mikhaïl Cholokhov (1905–1984)." In Etkind et al., *Histoire de la littérature russe*, vol. 3: pp. 82–96.

Etkind, Alexander. 2009. "A Parable of Misrecognition: *Anagnorisis* and the Return of the Repressed from the Gulag." *Russian Review,* 68: pp. 623–640.

Etkind, Efim, Georges Nivat, Ilya Serman, and Vittorio Strada (eds.). 1987/1988/1990. *Histoire de la littérature russe. Le xxᵉ siècle*. Vol. 1, *L'âge d'argent*; vol. 2, *La révolution et les années vingt*; vol. 3, *Gels et dégels*. Paris: Fayard.

Evans, Grant. 1988. "The Accursed Problem: Communists and Peasants." *Peasant Studies*, 15, no. 2: pp. 73–102.

Fabre, Guilhem, 1990. *Génèse du pouvoir et de l'oppoition en Chine. Le printemps de Yan'an: 1942*. Paris, Edition L'Harmattan.

Fainsod, Merle. 1958/1963. *Smolensk Under Soviet Rule*. New York: Vintage.

Fairbank, John K. (ed.). 1983. *The Cambridge History of China*, vol. 12, *Republican China, 1912–1949,* pt. 1. Cambridge: Cambridge University Press.

Fairbank, John K., and Albert Feuerwerker (eds.). 1986. Vol. 13, *Republican China 1912–1949,* pt. 2. Cambridge: Cambridge University Press.

Faligot, Roger, and Rémi Kauffer. 1987. *Kang Sheng et les services secrets chinois (1927–1987)*. Paris: Robert Laffont.

Far Eastern Economic Review. 1999. Hong Kong: 10 October.

Ferro, Marc. 1980. *Des soviets au communisme bureaucratique. Les mécanismes d'une subversion*. Paris: Gallimard/Julliard, "Archives."

Feuerwerker, Mei Yi-tsi. 1998. *Ideology, Power, Text. Self-Representation and the Peasant "Other" in Modern Chinese Literature*. Stanford, Calif.: Stanford University Press.

Figes, Orlando. 2003. *Natasha's Dance: A Cultural History of Russia*. London: Penguin.

——. 2007a. *La révolution russe, 1891–1924. la tragédie d'un peuple*. Translated by P.-E. Dauzat. Paris: Denoël.

——. 2007b. *The Whisperers. Private Life in Stalin's Russia*. New York: Metropolitan Books.

Filtzer, Donald. 2010. *The Hazards of Urban Life in Late Stalinist Russia. Health, Hygiene, and Living Standards, 1943–1953*. New York: Cambridge University Press.

——. 2014. "Privilege and Inequality in Communist Society." In Stephen A. Smith (ed.), *The Oxford Handbook of the History of Communism*, pp. 505–521. Oxford: Oxford University Press.

Fitzpatrick, Sheila (ed.). 1978. *Cultural Revolution in Russia, 1928–1931*. Bloomington: Indiana University Press.

———. 1979. *Education and Social Mobility in the Soviet Union, 1921–1934.* Cambridge: Cambridge University Press.

———. 1992. *The Cultural Front. Power and Culture in Revolutionary Russia*, Ithaca, N.Y.: Cornell University Press.

———. 1994. *Stalin's Peasants. Resistance and Survival in the Russian Village after Collectivization.* New York: Oxford University Press.

———. 1999/2002. *Le stalinisme au quotidien. La Russie soviétique dans les années 30.* Translated by J.-P. Ricard and F.-X. Nérard. Paris: Flammarion.

Friedman, Edward, Paul G. Pickowicz, and Mark Selden. 2005. *Revolution, Resistance, and Reform in Village China.* New Haven, Conn.: Yale University Press.

Frolic, Michael B. 1982. *Le people de Mao. Scènes de la vie en Chine révolutionnaire.* Translated by J. Reclus. Paris: Gallimard, "Témoins."

Fu, Hualing. 2005. "Re-education through Labour in Historical Perspective." *The China Quarterly,* no. 184: pp. 811–830.

Furet, François. 1995. *Le passé d'une illusion. Essai sur l'idée communiste au xxe siècle.* Paris: Robert Laffont/Calmann-Lévy.

———. 2012. *Inventaires du communisme*, C. Prochasson (ed.). Paris: Éd. de l'EHESS.

Gao, Ertai. 2009. *In Search of My Homeland. A Memoir of a Chinese Labor Camp.* Translated by Robert Dorsett and David Pollard. New York: HarperCollins.

Gao, Hua. 2011. "Food Augmentation Methods and Food Substitutes during the Great Famine." In Manning and Wemheuer (eds.), *Eating Bitterness*, pp. 171–196.

Gao, Wangling. 2006. *Renmin gongshe shiqi Zhongguo nongmin "fanxingwei" diaocha* [Investigations on the "Counter-Actions" by Chinese Peasants in the Era of the People's Communes]. Beijing: Zhonggongdangshi chubanshe.

———. 2011. "A Study of Chinese Peasant 'Counter-Action.'" In Manning and Wemheuer (eds.), *Eating Bitterness*, pp. 272–294.

Gao, Xingjian. 2000. *Le Livre d'un homme seul.* Translated by N. and L. Dutrait. La Tour-d'Aigues: Éd. de l'Aube.

———. 2004. *Le Témoignage de la littérature.* Translated by N. and L. Dutrait. Paris: Éd. du Seuil.

———. 2010. "Limitée et illimitée: l'esthétique de la création." Translated by N. and L. Dutrait. *Perspectives chinoises*, no. 2: pp. 51–57.

Garnaut, Anthony. 2014. "The Geography of the Great Leap Famine." *Modern China*, 40, no. 3: pp. 315–348.

Gatrell, Peter. 2006. "Economic and Demographic Change. Russia's Age of Economic Extremes." In Suny, *Cambridge History of Russia*, pp. 383–410.

Gauchet, Marcel. 2010. *L'Avènement de la démocratie, III. À l'épreuve des totalitarismes, 1914–1974.* Paris: Gallimard, "Bibliothèque des sciences humaines."

Getty, J. Arch. 1993. "The Politics of Stalinism." In Alec Nove (ed.), *The Stalin Phenomenon*, pp. 100–151. London: Weidenfeld & Nicolson.

Getty, J. Arch, and Oleg V. Naumov. 1999. *The Road to Terror. Stalin and the Self-Destruction of the Bolsheviks, 1932–1939.* New Haven, Conn.: Yale University Press.

———. 2008. *Yezhov: The Rise of Stalin's "Iron Fist."* New Haven, Conn.: Yale University Press.

Giafferri-Huang, Xiaomin. 1991. *Le roman chinois depuis 1949.* Paris: PUF, "Écriture."

Goldman, Merle. 1966. "The Fall of Chou Yang." *The China Quarterly,* no. 27: pp. 132–148.

———. 1967. *Literary Dissent in Communist China.* Cambridge, Mass.: Harvard University Press.

——— (ed.). 1977. *Modern Chinese Literature in the May Fourth Era.* Cambridge, Mass.: Harvard University Press.

———. 1981. *China's Intellectuals Advise and Dissent.* Cambridge, Mass.: Harvard University Press.

———. 1987a. "The Party and the Intellectuals." In MacFarquhar and Fairbank (eds.), *CHOC,* vol. 14: pp. 218–258.

———. 1987b. "The Party and the Intellectuals. Phase Two." In MacFarquhar and Fairbank (eds.), *CHOC,* vol. 14: pp. 432–477.

Graziosi, Andrea. 1989/2013. "'Lettres de Kharkov.' La famine en Ukraine et dans le Caucase du Nord à travers les rapports des diplomates italiens, 1932–1934." *Cahiers du monde russe et soviétique,* 30, nos. 1–2: pp. 5–106. New, updated, and enlarged edition: Graziosi, Andrea, with the collaboration of Iryna Dmytrychyn (eds.), *Lettres de Kharkov, La famine en Ukraine.* Lausanne: Les Éditions Noir sur Blanc.

———. 1992. "The Great Strikes of 1953 in Soviet Labor Camps in the Accounts of Their Participants. A Review." *Cahiers du Monde russe et soviétique,* 33, no. 4: pp. 419–446.

———. 1994. "Collectivisation, révoltes paysannes et politiques gouvernementales à travers les rapports du GPU d'Ukraine de février-mars 1930." *Cahiers du monde russe,* 35, no. 3: pp. 437–472.

———. 1996. *The Great Soviet Peasant War. Bolsheviks and Peasants, 1917–1933.* Cambridge, Mass.: Harvard University Press.

———. 2005. "Les famines soviétiques de 1931–1933 et le Holodomor ukrainien: une nouvelle interprétation est-elle possible et quelles en seraient les conséquences?" *Cahiers du monde russe,* 46, no. 3: pp. 453–472.

———. 2010. *Histoire de l'URSS.* Paris: PUF.

———. 2015. "The Uses of Hunger: Stalin's Solution of the Peasant and National Question in Ukraine, 1932–1933." In Declan Curran, Lubomyr Luciuk, and Andrew G. Newby (eds.), *Famines in European Economic History: The Last Great European Famines Reconsidered,* pp. 223–260. London: Routledge.

Gregor, A. James. 2009. *Marxism, Fascism, and Totalitarianism: Chapters in the Intellectual History of Radicalism*. Stanford, Calif.: Stanford University Press.

Griesse, Malte. 2010. "Journal intime, identité et espaces communicationnels pendant la Grande Terreur." In Blum and Werth (eds.), "La grande terreur en URSS": pp. 83–100.

Grossman, Vasily. 1972. *Tout passe*. Translated by J. Lafond. Paris: Stock.

————. 1980. *Vie et destin*. Translated by A. Berelowitch. Lausanne: l'Âge d'homme.

————. 2008. *Pour une juste cause*. Translated by L. Jurgenson. Lausanne: l'Âge d'homme.

Guinzbourg, Evguénia S. 1967/1997. *Le vertige, I. Chronique des temps du culte de la personnalité*. Paris: Éd. du Seuil.

————. 1980. *Le vertige, II. Le ciel de la Kolyma*. Paris: Éd. du Seuil.

Han, Xiaorong. 2005. *Chinese Discourses on the Peasant, 1900–1949*. Albany: State University of New York Press.

Harding, Harry. 1981. *Organizing China. The Problem of Bureaucracy, 1949–1976*. Stanford, Calif.: Stanford University Press.

Hartford, Kathleen J. 1980. "Step by Step: Reform, Resistance, and Revolution in Chin-Ch'a-Chi Border Region, 1937–1945." Ph.D. diss. Stanford University.

Hartford, Kathleen J., and Steven M. Goldstein (eds.). 1989. *Single Sparks. China's Rural Revolutions*. Armonk, N.Y.: Sharpe.

Haupt, Georges. 1972. Preface to Roy Medvedev. *Le Stalinisme. Origines, histoire, conséquences*. Paris: Éd. du Seuil.

Hayford, Charles W. 1990. *To the People. James Yen and Village China*. New York: Columbia University Press.

Hayhoe, Ruth, ed. 1984. *Contemporary Chinese Education*. London: Croom Helm.

He, Donghui. 2010. "Coming of Age in the Brave New World. The Changing Reception of the Soviet Novel *How the Steel Was Tempered* in the People's Republic of China." In Bernstein and Li (eds.), *China Learns*, pp. 393–420.

Hegel, Georg W. F. 1953/1986. *Reason in History. A General Introduction to the Philosophy of History*. Translated and introduced by R. S. Hartman. New York: Macmillan.

————. 1965. *La Raison dans l'Histoire. Introduction aux leçons sur la philosophie de l'Histoire*. Translated, introduced, and annotated by K. Papaioannou. Paris: Plon.

Heller, Leonid. 1988. "Evguéni Zamiatine, 1884–1937." In Etkind et al., *Histoire de la littérature russe*, vol. 2: pp. 457–474.

Heller, Michel. 1990. "Les années trente." In Etkind et al., *Histoire de la littérature russe*, vol. 3, pp. 140–167.

Heller, Michel, and Aleksandr Nekrich. 1982. *L'utopie au pouvoir. Histoire de l'URSS de 1917 à nos jours*. Translated by W. Berelowitch. Paris: Calmann-Lévy.

Hermet, Guy, Pierre Hassner, and Jacques Rupnik (eds.). 1984. *Totalitarismes*. Paris: Economica, "Politique comparée."

Hinton, William. 1971. *Fanshen. La révolution communiste dans un village chinois*. Translated by J.-R. Major. Paris: Plon.

———. 1983. *Shenfan. The Continuing Revolution in a Chinese Village*. New York: Random House.

Hippius, Zinaïda. 2006. *Journal sous la Terreur*. Translated by M. Gourg, O. Melnik-Ardin, and I. Sokologorsky. Monaco: Éd. du Rocher.

Holloway, David. 2006. "Science, Technology and Modernity." In Suny (ed.), *Cambridge History of Russia*, pp. 549–578.

Holquist, Peter. 2002. *Making War, Forging Revolution. Russia's Continuum of Crisis, 1914–1921*. Cambridge, Mass.: Harvard University Press.

Hong, Zicheng. 2007. *A History of Contemporary Chinese Literature*. Translated by M. M. Day. Boston: Brill.

Hooper, Cynthia V. 2013. "Bosses in Captivity? On the Limitations of Gulag Memoir." *Kritika*, 14, no. 1: pp. 117–142.

Hsia, Chih-tsing. 1961. *A History of Modern Chinese Fiction, 1917–1957*. New Haven, Conn.: Yale University Press.

Huang, Jing. 2000. *Factionalism in Chinese Communist Politics*. Cambridge: Cambridge University Press.

Jiang, Yihua. 2010. "Perspective I. On Mao Zedong." In Cheek (ed.), *A Critical Introduction to Mao*, pp. 332–343.

Jin, Qiu. 1999. *The Culture of Power. The Lin Biao Incident in the Cultural Revolution*. Stanford, Calif.: Stanford University Press.

Johnson, Chalmers A. 1962/1969. *Peasant Nationalism and Communist Power. The Emergence of Revolutionary China 1937–1945*. Stanford, Calif.: Stanford University Press. French translation by L. Jospin, *Nationalisme paysan et pouvoir communiste. Les débuts de la révolution chinoise (1937–1945)*. Paris: Payot.

Joseph, William A., Christine P. W. Wong, and David Zweig (eds.). 1991. *New Perspectives on the Cultural Revolution*. Cambridge, Mass.: Harvard University Press.

Kau, Ying-Mao. 1971. "Patterns of Recruitment and Mobility of Urban Cadres." In John Lewis (ed.), *The City in Communist China*, pp. 97–122. Stanford, Calif.: Stanford University Press.

Kempton, Nicole, and Nan Richardson (eds.). 2009. *Laogai. The Machinery of Repression in China*. Preface by A. Nathan. New York: Umbrage/London: Turnaround.

Ken, Ling. 1972. *The Revenge of Heaven: Journal of a Young Chinese*. English Text prepared by Miriam London and Ta-Ling Lee. New York: Ballantine Books.

Kerblay, Basile. 1964. "A.V. Cajanov, un carrefour dans l'évolution de la pensée agraire en Russie de 1908 à 1930." *Cahiers du monde russe et soviétique*, 5, no. 4: pp. 411–460.

Khlevniouk, Oleg. 1996. *Le cercle du Kremlin. Staline et le Bureau politique dans les années 30: les jeux du pouvoir*. P. Forgues and N. Werth (trans.). Paris: Éd. du Seuil.

————— (Khlevniuk). 2004. *The History of the Gulag. From Collectivization to the Great Terror*. New Haven, Conn.: Yale University Press.

King, Richard. 2010. *Heroes of China's Great Leap Forward. Two Stories*. Honolulu: University of Hawaii Press.

—————. 2011. "Romancing the Leap: Euphoria in the Moment before Disaster." In Manning and Wemheuer (eds.), *Eating Bitterness*, pp. 51–71.

Kinkley, Jeffrey C. 1987. *The Odyssey of Shen Congwen*. Stanford, Calif.: Stanford University Press.

—————. 2014. *Visions of Dystopia in China's New Historical Novels*. New York: Columbia University Press.

Klid, Bohdan, and Alexander J. Motyl (eds.). 2012. *The Holodomor Reader: A Sourcebook on the Famine of 1932–1933 in Ukraine*. Edmonton: Canadian Institute of Ukrainian Studies Press.

Ko, Kilkon, and Cuifen Weng. 2012. "Structural Changes in Chinese Corruption." *The China Quarterly*, no. 211: pp. 718–740.

Kolakowski, Leszek. [1977] 2008. "Stalinism Versus Marxism? Marxist Roots of Stalinim." In Robert Tucker (ed.), *Stalinism, Essays in Historical Interpretation*, pp. 283–298. New Brunswick, N. J.: Transaction Publishers.

Kotkin, Stephen. 1995. *Magnetic Mountain. Stalinism as a Civilization*. Berkeley: University of California Press.

Kouo, Mo-jo. 1970. *Autobiographie. Mes années d'enfance*. Translated by P. Ryckmans. Paris: Gallimard.

Kouznetsov, Edouard. 1974. *Journal d'un condamné à mort*. Translated and prefaced by J. Cathala. Paris: Gallimard, "Témoins."

Kraus, Richard Curt. 1981. *Class Conflict in Chinese Socialism*. New York: Columbia University Press.

Kriegel, Annie. 1972 *Les grands procès dans les systèmes communistes. La pédagogie infernale*. Paris: Gallimard, "Idées."

Kung, James Kai-sing, and Shih Chen. 2011. "The Tragedy of the Nomenklatura. Career Incentives and Political Radicalism during the Great Leap Famine." *American Political Science Review*, 105, no. 1: pp. 27–45.

Kuo, Warren. 1971. *Analytical History of the Chinese Communist Party*, Book 4. Taipei: Institute of International Relations.

Kupferman, Fred. 1979/2007. *Au pays des Soviets. Le voyage français en Union soviétique, 1913–1939*. Paris: Tallandier.

Lai, Ying. 1970. *Les prisons de Mao. Une femme dans l'enfer rouge*. Translated and presented by Edward Behr and Sidney Liu. Paris: Raoul Solar.

Laran, Michel. 1973. *Russie-URSS. 1870–1970*. Paris: Masson.

Laran, Michel, and Jean-Louis Van Regemorter. 1996. *La Russie et l'ex-URSS de 1914 à nos jours*. Paris: Armand Colin.

Lardy, Nicholas R. 1987. "The Chinese Economy under Stress, 1958–1965." In MacFarquhar and Fairbank (eds.), *CHOC*, vol. 14: pp. 360–397.

Lee, Leo Ou-Fan. 1986. "Literary Trends. The Road to Revolution, 1927–1949." In Fairbank and Feuerwerker (eds.), *CHOC*, vol. 13: pp. 421–491.

Lefort, Claude. 1971. *Éléments d'une critique de la bureaucratie.* Geneva: Droz.

———. 1999. *La Complication. Retour sur le communisme.* Paris: Fayard.

Lénine. 1902/1966. *Que faire?* Introduced and annotated by J.-J. Marie. Paris: Éd. du Seuil, "Points Politique."

Levi, Primo. 1987/1993. *Si c'est un homme.* Paris: Presses Pocket.

———. 1989. *Les naufragés et les rescapés. Quarante ans après Auschwitz.* Paris: Gallimard.

Lew, Roland. 1986. "Etat et bureaucratie dans la Chine contemporaine." In R. Lew and F. Thierry (eds.), *Bureaucraties chinoises*, pp. 43–65. Paris: L'Harmattan.

Lewin, Moshe. 1966/1976. *La paysannerie et le pouvoir soviétique, 1928–1930.* 2nd ed. Paris/La Haye: Mouton.

———. 1978. *Le dernier combat de Lénine.* Paris: Éd. de minuit, "Arguments."

———. 1987. *La formation du système soviétique. Essais sur l'histoire sociale de la Russie dans l'entre-deux-guerres.* Translated by P.-E. Dauzat. Paris: Gallimard.

———. 2003a. *Le siècle soviétique.* Translated by D. Paillard and F. Prudhomme. Paris: Fayard/Le Monde diplomatique.

———. 2003b. "Rebuilding the Soviet Nomenklatura, 1945–1948." *Cahiers du monde russe*, 44, nos. 2–3: pp. 219–252.

Lewis, John Wilson (ed.). 1971. *The City in Communist China.* Stanford, Calif.: Stanford University Press.

Leys, Simon. 1974. *Ombres chinoises.* 10–18. UGE.

———. 1976. *Images brisées. Confucius, Lin Piao, Chou En-lai, Mao Tse-tung & Li Yi-che.* Paris: Robert Laffont.

———. 1998. *Essais sur la Chine.* Paris: Robert Laffont.

Li, Che. 2012. "Dajihuang niandai fei zhengchang siwang de ling yizhong jisuan" [A New Estimate of the Number of Abnormal Deaths at the Time of the Great Famine]. *Yanhuang chunqiu*, no. 7: pp. 46–52.

Li, Cheng, and Lynn White. 1990. "Elite Transformation and Modern Change in Mainland China and Taiwan: Empirical Data and the Theory of Technocracy." *The China Quarterly*, no. 121: pp. 1–35.

Li, Choh-ming. 1962. *The Statistical System of Communist China.* Berkeley: University of California Press.

Li, Huaiyin. 2006. "The First Encounter. Peasant Resistance to State Control of Grain in East China in the mid-1950s." *The China Quarterly*, no. 185: pp. 145–162.

Li, Hua-yu. 2006. *Mao and the Economic Stalinization of China, 1948–1953.* Lanham, Md.: Rowman & Littlefield.

———. 2010. "Instilling Stalinism in Chinese Party Members. Absorbing Stalin's Short Course in the 1950s." In Bernstein and Li, *China Learns*, pp. 107–130.

Li, Lillian. 2007. *Fighting famine in North China.* Stanford, Calif.: Stanford University Press.

Li, Zhisui. 1994. *The Private Life of Chairman Mao.* New York: Random House. Quoted from the French edition *La vie privée du président Mao.* Translated by H. Marcel, F. Straschitz, and M. Leroi-Batistelli. Paris: Plon.

Liao, Yiwu. 2013. *Dans l'Empire des ténèbres. Un écrivain dans les geôles chinoises.* Preface by Marie Holzman and Jean-François Bouthors, postface by Herta Müller. Paris: François Bourin.

Lifton, Robert Jay. 1961. *Thought Reform and the Psychology of Totalism. A Study of "Brain-washing" in China.* London: Penguin.

Lih, Lars T., Oleg V. Naumov, and Oleg Khlevniouk (eds.). 1995. *Stalin's Letters to Molotov, 1925–1936.* New Haven, Conn.: Yale University Press.

Link, Perry (ed.). 1983. *Stubborn Weeds. Popular and Controversial Chinese Literature after the Cultural Revolution.* Bloomington: Indiana University Press.

———. 2000. *The Uses of Literature. Life in the Socialist Chinese Literary System.* Princeton, N.J.: Princeton University Press.

Linz, Juan, J. 2006. *Régimes totalitaires et autoritaires.* Translated by M. S. Darviche and W. Genieys. Paris: Armand Colin.

Liu, Qing. 1982. *J'accuse devant le tribunal de la société.* Translated by Collectif pour l'étude du mouvement démocratique en Chine. Paris: Robert Laffont.

Liu, Xiaobo. 2011. *La philosophie du porc et autres essais,* translated and introduced by J.-Ph. Béja. Paris: Gallimard, "Bleu de Chine."

———. 2012a. *Vivre dans la vérité,* textes choisis. Translated by J.-Ph. Béja, J. Bonnin, H. Denès, G. Fabre, M. Holzman, G. Imbot-Bichet, C. Lévi, and J. Lévi, edited by Geneviève Imbot-Bichet. Paris: Gallimard.

———. 2012b. *No Enemies, No Hatred. Selected Essays and Poems.* P. Link, T. Martin-Liao, and Liu Xia (eds.). Cambridge, Mass.: Harvard University Press.

Liu, Zaifu. 2000. "Farewell to the Gods. Contemporary Chinese Literary Theory's Fin-de-siècle Struggle." In Chi and Wang (eds.), *Chinese Literature,* pp. 1–13.

Loh, Robert, with H. Evans. 1963. *Je suis un évadé de la Chine rouge.* Paris: Plon.

Lozac'h, Valérie. 2005. "Jeux de miroir dans l'administration est-allemande: les usages croisés du stéréotype bureaucratique après l'unification." *Sociétés contemporaines,* 1, no. 57: pp. 83–104.

Lü, Xiaobo. 2000. *Cadres and Corruption. The Organizational Involution of the Chinese Communist Party.* Stanford, Calif.: Stanford University Press.

Lüthi, Lorenz M. 2010. "Sino-Soviet Relations during the Mao Years, 1949–1969." In Bernstein and Li (eds.), *China Learns,* pp. 27–59.

MacFarquhar, Roderick. 1960/1974. *The Hundred Flowers Campaign and the Chinese Intellectuals.* New York: Octagon Books.

—————. 1983. *The Origins of the Cultural Revolution, II. The Great Leap Forward, 1958–1960*. New York: Columbia University Press.

MacFarquhar, Roderick, and John K. Fairbank (eds.). 1987. *The Cambridge History of China* (or *CHOC*), vol. 14, *The People's Republic, Part I, The Emergence of Revolutionary China 1949–1965*. Cambridge: Cambridge University Press.

—————. 1991. *CHOC*, vol. 15, *The People's Republic, Part II, Revolutions within the Chinese Revolution, 1966–1982*. Cambridge: Cambridge University Press.

MacFarquhar, Roderick, and Michael Schoenhals. 2006. *Mao's Last Revolution*. Cambridge, Mass.: Belknap.

Malia, Martin. 1995. *La tragédie soviétique. Histoire du socialisme en Russie 1917–1991*. Paris: Éd. du Seuil.

Mallory, Walter H. 1926. *China, Land of Famine*. New York: American Geographical Society.

Malsagov, Sozerko (Serge). 1926. *An Island Hell: A Soviet Prison in the Far North*. London: A.-M. Philpot.

Mandelstam, Nadejda. 1972–1975. *Contre tout espoir. Souvenirs*. Translated by M. Minoustchine. 3 vols. Paris: Gallimard.

Manning, Kimberley Ens, and Felix Wemheuer (eds.). 2011. *Eating Bitterness. New Perspectives on China's Great Leap Forward and Famine*. Vancouver: University of British Columbia Press.

Mao, Tsé-toung. 1959. *Oeuvres choisies*, T. 4 (1941–1945). Paris: Editions sociales.

Margolin, Julius. 2010. *Voyage au pays des Ze-Ka*. Paris: Le bruit du temps.

Martin, Terry. 2001. *The Affirmative Action Empire*. Ithaca, N.Y.: Cornell University Press.

Marx, Karl. 1948. *Les luttes de classes en France (1848–1850). Le 18 brumaire de Louis Bonaparte*. Paris: Éditions sociales.

Mayer, Françoise. 2012. "L'URSS, terre de promesses?" In Blum, Craveri, and Nivelon (eds.), *Déportés en URSS*: pp. 29–47.

Mazuy, Rachel. 2002. *Croire plutôt que voir? Voyages en Russie soviétique (1919–1939)*. Paris: Odile Jacob.

McDougall, Bonnie S. 1977. "The Impact of Western Literary Trends." In Goldman (ed.), *Modern Chinese Literature*, pp. 37–61.

McGregor, Richard. 2010. *The Party. The Secret World of China's Communist Rulers*. New York: HarperCollins.

Medvedev, Roy. 1975. *Qui a écrit le "Don paisible"?* Paris: Christian Bourgois.

Meisner, Maurice. 1982. *Marxism, Maoism and Utopianism. Eight Essays*. Madison: University of Wisconsin Press.

Michael, Franz. 1962. "The Role of Law in Traditional, Nationalist and Communist China." *The China Quarterly*, 9, January–March: pp. 124–148.

Milosz, Czeslaw. 1953. *La pensée captive. Essai sur les logocraties populaires*. Paris: Gallimard, "Folio essais."

Moine, Nathalie. 2005. "'Mesurer le niveau de vie': administration statistique et politique des données en URSS, de la reconstruction au dégel." *Sociétes contemporaines*, 57, no. 1: pp. 41–62.

Montefiore, Simon Sebag. 2005. *Staline, la cour du Tsar rouge*. Translated by A. Roubichou-Stretz and F. Labruyère. Geneva: Éd. des Syrtes.

Moussa, Pierre. 1959. *Les nations prolétaires*. Paris: Presses Universitaires de France.

Mu, Fu-sheng. 1962. *The Wilting of the Hundred Flowers. The Chinese Intelligentsia under Mao*. New York: Praeger.

Mühlhahn, Klaus. 2009. *Criminal Justice in China. A History*. Cambridge, Mass.: Harvard University Press.

Naimark, Norman M. 2010. *Stalin's Genocides*. Princeton, N.J.: Princeton University Press.

Nien, Cheng. 1987. *Vie et mort à Shanghai*. Paris: Albin Michel.

Nove, Alec. 1992. *An Economic History of the USSR 1917–1991*. London: Penguin.

———. 1993. "Stalin and Stalinism—Some Introductory Thoughts." In Alec Nove (ed.), *The Stalin Phenomenon*, pp. 1–38. London: Weidenfeld & Nicolson.

O'Brien, Kevin. 2002. "Collective Action in the Chinese Countryside." *The China Journal*, no. 48: pp. 139–154.

Ohayon, Isabelle. 2006. *La sédentarisation des Kazakhs dans l'URSS de Staline. Collectivisation et changement social (1928–1945)*. Preface by N. Werth. Paris: Maisonneuve et Larose.

Oi, Jean C. 1989. *State and Peasant in Contemporary China. The Political Economy of Village Government*. Berkeley: University of California Press.

Oksenberg, Michel. 1968. "The Institutionalisation of the Chinese Communist Revolution. The Ladder of Success on the Eve of the Cultural Revolution." *The China Quarterly*, no. 36: pp. 61–92.

"'Opérations de masse' de la 'Grande Terreur' en URSS, 1937–1938 (Les)." 2006–2007. *Bulletin de l'IHTP*, no. 86.

Osburg, John. 2013. *Anxious Wealth: Money and Morality among China's New Rich*. Stanford, Calif.: Stanford University Press.

Ostrovski, Nicolas. 2012. *Et l'acier fut trempé*. Translated by V. Feldman and P. Kolodkine. Pantin: Le Temps des cerises.

Pan, Philip P. 2008. *Out of Mao's Shadow: The Struggle for the Soul of a New China*. New York: Simon & Schuster.

Pantsov, Alexander V., with Steven Levine. 2007/2012. *Mao: The Real Story*. New York: Simon & Schuster.

Papaioannou, Kostas. 1965. *Les Marxistes*. Paris: J'ai lu.

———. 1972. *Marx et les marxistes*. Paris: Flammarion.

———. 1983. *De Marx et du marxisme*. Preface by R. Aron. Paris: Gallimard.

Pasqualini, Jean. 1975. *Prisonnier de Mao. Sept ans dans un camp de travail en Chine*. Translated by A. Delahaye. Paris: Gallimard.

Pasternak, Boris. 1958/2009. *Le docteur Jivago*. Paris: Editions Gallimard, Folio.

Penner, D'Ann R. 1998. "Stalin and the *Ital'ianka* of 1932–1933 in the Don Region." *Cahiers du monde russe*, 39, nos. 1–2: pp. 27–68.

Pepper, Suzanne. 1987. "Education for the New Order." In MacFarquhar and Fairbank (eds.), *CHOC*, vol. 14: pp. 185–217.

———. 1991. "Education." In MacFarquhar and Fairbank (eds.), *CHOC*, vol. 15: pp. 540–593.

Pianciola, Niccolo. 2004. "Famine in the Steppe: The Collectivisation of Agriculture and the Kazakh Herdsmen, 1928–1934." *Cahiers du monde russe*, 45, nos. 1–2: pp. 137–191.

Pipes, Richard. 1990. *The Russian Revolution*. New York: Vintage.

Pisier-Kouchner, Évelyne (ed.). 1983. *Les interprétations du stalinisme*. Paris: PUF, "recherches politiques."

Pollock, Ethan. 2009. "From Partiinost' to Nauchnost' and Not Quite Back Again. Revisiting the Lessons of the Lysenko Affair." *Slavic Review*, 68, no. 1: pp. 95–115.

Pomian, Krzysztof. 1995. "Totalitarisme." *Vingtième Siècle*, no. 47: pp. 4–25.

Popper, Karl. 1993. *La leçon de ce siècle. Entretien avec Giancarlo Bosetti*. Translated by J. Henry and Cl. Orsoni, Anatolia. Paris: "Bibliothèques 10/18."

Pu, Ning [see also Wu, Ming-shih]. 1985. *The Scourge of the Sea. A True Account of My Experiences in the Hsia-sa Village Concentration Camp*. Taipei: Compilation Department, Kuang Lu Publishing Service.

———. 1994. *Red in Tooth and Claw. Twenty-Six Years in Communist Chinese Prisons*. New York: Grove Press.

Pye, Lucian W. 1976. *Mao Tse-tung. The Man in the Leader*. New York: Basic Books. Quoted from French edition, *Mao Tse-toung. Un portrait*. Translated by C. Yelnick. Paris: Hachette.

———. 1996. "Rethinking the Man in the Leader." *The China Journal*, no. 35: pp. 107–112.

———. 2000. "The Thin Line between Loyalty and Treachery in Mao's China." *The China Journal*, no. 44: pp. 145–152.

Qian, Zhongshu. 1987a. *Cinq essais de poétique*, translated and introduced by N. Chapuis. Paris: Christian Bourgois.

———. 1987b. *La forteresse assiégée*. Translated by S. Servan-Schreiber and Wang L. Paris: Christian Bourgois.

Qiu, Shipian. 2013. "Dang'an zhong de Wang Shiwei si yin" (What caused Wang Shiwei's death: The evidence from the archives). *Yanhuang chunqiu*, no. 6: pp. 8–10.

Razgon, Lev. 1991. *La vie sans lendemain*. Translated by Anne Coldefy-Faucard and Luba Jurgenson. Paris: Horay.

Rickett, Allyn, and Adele Rickett. 1957/1973. *Prisoners of Liberation. Four Years in a Chinese Communist Prison*. New York: Anchor Press.

Rissov, Constantin. 1986. *Le dragon enchaîné, de Chiang Kai-shek à Mao Zedong, trente-cinq ans d'intimité avec la Chine*. Paris: Robert Laffont.

Rittenberg, Sidney, and Amanda Bennett. 1993. *The Man Who Stayed Behind*. New York: Simon & Schuster.

Rittersporn, Gabor Tamas. 1980–1981. "Du Goulag de la littérature à l'histoire de la politique pénale en Union soviétique, 1933–1953." *Critique politique*, nos. 7–8: pp. 3–68.

Rocca, Jean-Louis. 1991. L'*Empire et son milieu. La criminalité en Chine populaire*. Paris: Plon.

Rohlf, Gregory. 2010. "The Soviet Model and China's State Farms." In Bernstein and Li (eds.), *China Learns*, pp. 197–228.

Rossi, Jacques. 1997. *Le manuel du Goulag*. Paris: Le Cherche Midi.

Roux, Alain. 2009. *Le singe et le tigre. Mao, un destin chinois*. Paris: Larousse.

Roziner, Félix. 1990. "La musique russe sous Staline (1930–début des années 1950)." In Etkind et al., *Histoire de la littérature russe*, vol. 3: pp. 267–289.

Rozman, Gilbert. 2010. "Concluding Assessment. The Soviet Impact on Chinese Society." In Bernstein and Li (eds.), *China Learns*, pp. 517–525.

Rubin, Kyna. 1981. "Interview with Mr. Wang Ruowang." *The China Quarterly*, no. 87, September: pp. 501–517.

Rupnik, Jacques. 1984. "Le totalitarisme vu de l'Est." In Hermet, Hassner, and Rupnik (eds.), *Totalitarismes*, pp. 43–71.

Saich, Tony. 1996. *The Rise to Power of the Chinese Communist Party*. Armonk, N.Y.: M.E. Sharpe.

———, and Hans van de Ven eds. 1995. *New Perspectives on the Chinese Communist Revolution*. Armonk, N.Y.: M.E. Sharpe.

Saraskina, Lioudmila. 2010. *Alexandre Soljenitsyne*. Paris: Fayard.

Scalapino, Robert A. (ed.). 1972. *Elites in the People's Republic of China*. Seattle: University of Washington Press.

Schapiro, Leonard. 1967. *De Lénine à Staline. Histoire du Parti communiste de l'Union soviétique*. Translated by Aanda Golem. Paris: Gallimard, "La suite des temps."

Schneider, Laurence. 2003. B*iology and Revolution in Twentieth Century China*. Lanham, Md.: Rowman & Littlefield.

———. 2010. "Lysenkoism and the Suppression of Genetics in the PRC, 1949–1956." In Bernstein and Li (eds.), *China Learns,* pp. 327–358.

Schram, Stuart R. (ed.). 1974. *Mao Tse-tung Unrehearsed. Talks and Letters: 1956–71.* London: Penguin.

———. 1986. "Mao Tse-tung's Thought to 1949." In Fairbank and Feuerwerker (eds.), *CHOC*, vol. 13: pp. 789–870.

———. 1991. "Mao Tse-tung's Thought from 1949 to 1976." In MacFarquhar and Fairbank (eds.), *CHOC*, vol. 15: pp. 1–104.

Schurmann, Franz. 1968. *Ideology and Organization in Communist China.* 2nd ed. Berkeley: University of California Press.

Schwartz, Benjamin. 1964. *In Search of Wealth and Power: Yen Fu and the West.* Cambridge, Mass.: Belknap.

———. 1968/1970. *Communism and China. Ideology in Flux.* Cambridge, Mass.: Harvard University Press.

Scott, James C. 1985. *Weapons of the Weak. Everyday Forms of Peasant Resistance.* New Haven, Conn.: Yale University Press.

———. 1989. "Everyday Forms of Resistance." In F. D. Colburn (ed.), *Everyday Forms of Resistance*, pp. 3–32. Armonk, N.Y.: Sharpe.

Service, Robert. 2005. *Stalin. A Biography.* Cambridge, Mass.: Belknap.

———. 2012. *Lénine.* Translated by M. Devillers-Argouarc'h. Paris: Perrin.

Seybolt, Peter J. 1986. "Terror and Conformity. Counterespionage Campaigns, Rectification, and Mass Movements, 1942–1943." *Modern China*, 12, no. 1: pp. 39–74.

Seymour, James D., and Richard Anderson. 1998. *New Ghosts, Old Ghosts. Prisons and Labor Reform Camps in China.* Armonk, N.Y.: Sharpe.

Shanin, Teodor (ed.). 1971. *Peasants and Peasant Societies.* London: Penguin.

Short, Philip. 1999/2005. *Mao Tsé-toung.* Translated by C. Lahary-Gautié. Paris: Fayard.

Smedley, Agnes. 1944. *Battle Hymn of China.* London: Victor Gollancz.

Smith, Mark B. 2010. *Property of Communists. The Urban Housing Program from Stalin to Khrushchev.* DeKalb: Northern Illinois University Press.

Smith, S. A. 1983. *Red Petrograd. Revolution in the Factories, 1917–1918.* Cambridge: Cambridge University Press.

———. 2000. *A Road Is Made. Communism in Shanghai, 1920–1927.* Honolulu: University of Hawaii Press.

———. 2002. *Like Cattle and Horses. Nationalism and Labor in Shanghai, 1895–1927.* Durham, N.C.: Duke University Press.

———. 2008. *Revolution and the People in Russia and China. A Comparative History.* Cambridge: Cambridge University Press.

Snyder, Timothy. 2010/2012. *Bloodlands. Europe between Hitler and Stalin.* New York: Basic Books. French edition *Terres de sang. L'Europe entre Hitler et Staline.* Translated by P.-E. Dauzat. Paris: Gallimard.

Sokoloff, Georges. 2000. *1933, l'année noire. Témoignages sur la famine en Ukraine.* Paris: Albin Michel.

Soljenitsyne, Alexandre. 1968. *Le pavillon des cancéreux.* Paris: Julliard, Le Livre de poche.

———. 1974. *L'archipel du Goulag.* 3 vols. Paris: Éd. du Seuil.

———. 1975. *Le chêne et le veau. Esquisses de la vie littéraire.* Translated by R. Marichal. Paris: Éd. du Seuil.

———. 1976/2010. *Une journée d'Ivan Denissovitch.* Translated by J. and L. Cathala. Paris: Robert Laffont.

Souyri, Pierre. 1970. *Le marxisme après Marx.* Paris: Flammarion, "Questions d'histoire."

Strada, Vittorio. 1990. "Le réalisme socialiste." In Etkind et al., *Histoire de la littérature russe,* vol. 3: pp. 11–35.

Su, Wei. 2000. "The School and the Hospital. On the Logics of Socialist Realism." In Chi and Wang (eds.), *Chinese Literature,* pp. 65–75.

Su, Yang. 2006. "Mass Killings in the Cultural Revolution: A Study of Three Provinces." In J. W. Esherick, P. G. Pickowicz, and A. G. Walder (eds.), *The Chinese Cultural Revolution as History,* pp. 96–123. Stanford, Calif.: Stanford University Press.

———. 2011. *Collective Killings in Rural China during the Cultural Revolution.* Cambridge: Cambridge University Press.

Sukhanov, Nicolas N. 1965. *La Révolution russe de 1917.* Paris: Stock.

Sumpf, Alexandre. 2013. *De Lénine à Gagarine.* Paris: Gallimard, Folio Histoire.

Sun, Yat-sen. 1927. *San Min Chu I: The Three Principles of People.* Translated by Frank W. Price, edited by L. T. Chen. Shanghai: China Committee, Institute of Pacific Relations.

Suny, Ronald Gregory. 2006. *The Cambridge History of Russia,* vol. 3, *The Twentieth Century.* Cambridge: Cambridge University Press.

Svirski, Grigori. 1981. *Écrivains de la liberté. La résistance littéraire en Union soviétique depuis la guerre.* Translated by D. Olivier. Paris: Gallimard, "bibliothèque des idées."

———. 1990. "La littérature pendant la Seconde Guerre mondiale." In Etkind et al., *Histoire de la littérature russe*: pp. 328–354.

Swedberg, Richard. 2005. *The Max Weber Dictionary. Key Words and Central Concepts.* Stanford, Calif.: Stanford University Press.

Taubman, William. 2003. *Khrushchev, the Man and His Era.* New York: Norton.

Tchistiakov, Ivan. 2012. *Journal d'un gardien du goulag,* translated, prefaced, and annotated by L. Jurgenson, introduction by Irina Shcherbakova. Paris: Denoël.

Tchoukovskaïa, Lydia. 1980. *Entretiens avec Anna Akhmatova.* Paris: Albin Michel.

Teiwes, Frederick C. 1993. *Politics and Purges in China. Rectification and the Decline of Party Norms, 1950–1965.* 2nd ed. Armonk, N.Y.: Sharpe.

———. 1995. "From a Leninist to a Charismatic Party: The CCP's Changing Leadership, 1937–1945." In Tony Saich and Hans van de Ven (eds.), *New Perspectives on the Chinese Communist Revolution*, pp. 339–387. Armonk, N.Y.: M.E. Sharpe.

———. 2010. "Mao and His Followers." In Cheek (ed.), *Critical Introduction to Mao*, pp. 129–157.

Teiwes, Frederick C., and Warren Sun. 1993. *The Politics of Agricultural Cooperativization in China. Mao, Deng Zihui, and the "High Tide" of 1955.* Armonk, N.Y.: Sharpe.

———. 1996. *The Tragedy of Lin Biao. Riding the Tiger during the Cultural Revolution.* Honolulu: University of Hawaii Press.

———. 1999. *China's Road to Disaster: Mao, Central Politicians, and Provincial Leaders in the Unfolding of the Great Leap Forward, 1955–1959.* Armonk, N.Y.: Sharpe.

Thaxton, Ralph A. 2008. *Catastrophe and Contention in Rural China. Mao's Great Leap Forward Famine and the Origins of Righteous Resistance in Da Fo Village.* New York: Cambridge University Press.

———. 2011. "How the Great Leap Forward Famine Ended in Rural China. Administrative Intervention versus Peasant Resistance." In Manning and Wemheuer (eds.), *Eating Bitterness*, pp. 251–271.

Thurston, Anne, F. 1996. "The Politics of Survival. Li Zhisui and the Inner Court." *The China Journal*, no. 35: pp. 97–105.

Todorov, Tzvetan. 1994. *Face à l'extrême*. Paris: Éd. du Seuil, "Points Seuils."

Townsend, James R. 1969. *Political Participation in Communist China.* Berkeley: University of California Press.

Tucker, Robert C. 1963. *The Soviet Political Mind. Studies in Stalinism and Post-Stalin Change.* New York: Praeger.

———. 1973. *Stalin as Revolutionary, 1879–1929: A Study in History and Personality.* New York: Norton.

———. [1977] 2008, "Stalinism as Revolution from Above." In Robert Tucker (ed.), *Stalinism, Essays in Historical Interpretation*, pp. 77–108. New Brunswick (U.S.A.) and London: Transaction Publishers.

Tung, Chi-ping, and Humphrey Evans. 1967. *The Thought Revolution.* London: Leslie Frewin.

Union Research Institute. 1968. *The Case of Peng Teh-Huai, 1959–1968.* Hong Kong: Union Press.

Vaissié, Cécile. 2008. *Les Ingénieurs des âmes en chef. Littérature et politique en URSS (1944–1986).* Preface by C. Lefort. Paris: Belin.

Veg, Sebastian. 2014. "La création d'un espace littéraire pour débattre de l'ère maoïste, La fictionalisation du Grand Bond en avant dans Les Quatre Livres de Yan Lianke." *Perspectives chinoises*: pp. 7–16.

Vichnevski, Anatoli. 2000. *La faucille et le rouble. La modernisation conservatrice en URSS.* Translated by M. Vichnevskaïa. Paris: Gallimard.

Vidal, Christine. 2006. "À l'épreuve du politique. Les intellectuels non-communistes chinois et l'émergence du pouvoir maoïste dans la première moitié du xxᵉ siècle." 2 vols. Ph.D. diss. Paris: EHESS.

Viola, Lynne. 1996. *Peasant Rebels under Stalin. Collectivization and the Culture of Peasant Resistance.* Oxford: Oxford University Press.

———. 2005. "La famine de 1932–1933 en Union soviétique." *Vingtième Siècle*, no. 88: pp. 5–22.

———. 2007. *The Unknown Gulag. The Lost World of Stalin's Special Settlements.* Oxford: Oxford University Press.

Viola, Lynne, Viktor Petrovich Danilov, N. A. Ivnitskii, and Denis Kozlov (eds.). 2005. *The War Against the Peasantry, 1927–1930. The Tragedy of the Soviet Countryside.* New Haven, Conn.: Yale University Press.

Vogel, Ezra F. 1965. "From Friendship to Comradeship. The Change in Personal Relations in Communist China." *The China Quarterly*, no. 21: pp. 46–60.

———. 1967a. "From Revolutionary to Semi-bureaucrat. The 'Regularisation' of Cadres." *The China Quarterly*, no. 29: pp. 36–60.

———. 1967b. "Voluntarism and Social Control." In D. W. Treadgold (ed.), *Soviet and Chinese Communism. Similarities and Differences*, pp. 168–184. Seattle: University of Washington Press.

———. 1969. *Canton under Communism. Programs and Politics in a Provincial Capital, 1940–1968.* Cambridge, Mass.: Harvard University Press.

———. 2011. *Deng Xiaoping and the Transformation of China.* Cambridge, Mass.: Belknap.

Voslensky, Michael. 1980. *La nomenklatura. Les privilégiés en URSS.* Paris: Belfond.

Wakeman, Frederic, Jr. 2003. *Spymaster. Dai Li and the Chinese Secret Service.* Berkeley: University of California Press.

Walder, Andrew G. 1991. "Cultural Revolution radicalism. Variations on a Stalinist Theme." In Joseph, Wong, and Zweig (eds.), *New Perspectives on the Cultural Revolution*, pp. 41–61.

———. 2015. *China under Mao: A Revolution Derailed.* Cambridge, Mass.: Harvard University Press.

Wang, David Der-wei. 1992. *Fictional Realism in Twentieth-Century China. Mao Dun, Lao She, Shen Congwen.* New York: Columbia University Press.

———. 2000. "Reinventing National History: Communist and Anti-Communist Fiction of the Mid-Twentieth Century." In Chi and Wang (eds.), *Chinese Literature*, pp. 39–64.

———. 2004. *The Monster That Is History. History, Violence, and Fictional Writing in Twentieth-Century China.* Berkeley: University of California Press.

Wang, Fan-hsi (Fanxi). 1980. *Chinese Revolutionary: Memoirs (1919–1949).* Translated and introduced by Gregor Benton. Oxford: Oxford University Press.

Wang, Feng, Yong Cai, and Baochang Gu. 2013. "Population, Policy, and Politics: How Will History Judge China's One-Child Policy?" *Population and Development Review* 38, suppl. 1: pp. 115–129.

Wang, Xiaojue. 2011. "From Asylum to Museum. The Discourse of Insanity and Schizophrenia in Shen Congwen's 1949 Transition." *Modern Chinese Literature and Culture,* 23, no. 1: pp. 133–168.

Wang, Youqin. 2007. "Trouver une place pour les victimes: la difficile écriture de l'histoire de la Révolution culturelle." *Perspectives chinoises,* no. 4: pp. 67–77.

Wedeman, Andrew. 2012. *Double Paradox: Rapid Growth and Rising Corruption in China.* Ithaca, N.Y.: Cornell University Press.

Wei, Jingsheng. 1997. *Lettres de prison, 1981–1993.* Translated by M. Holzman. Paris: Plon.

Wemheuer, Felix. 2011. "'The Grain Problem Is an Ideological Problem': Discourses of Hunger in the 1957 Socialist Education Campaign." In Manning and Wemheuer (eds.), *Eating Bitterness,* pp. 107–129.

———. 2014. *Famine Politics in Maoist China and the Soviet Union.* New Haven, Conn.: Yale University Press.

Werth, Nicolas. 1984. *La vie quotidienne des paysans russes de la révolution à la collectivisation (1917–1939).* Paris: Hachette Littérature.

———. 1990/2004. *Histoire de l'Union soviétique.* 5th ed. Paris: PUF.

———. 1995/1998. *Histoire de l'Union soviétique de Lénine à Staline, 1917–1953.* Paris: PUF, "Que sais-je?"

———. 1997. "Un État contre son peuple." In Courtois et al. (eds.), *Le livre noir du communisme,* pp. 43–295.

———. 2003. "Le pouvoir soviétique et la paysannerie dans les rapports de la police politique (1930–1934)." *Bulletin de L'IHTP,* nos. 81–82.

———. 2006. *L'île aux cannibales. 1933, une déportation-abandon en Sibérie.* Paris: Perrin.

———. 2007. *La terreur et le désarroi. Staline et son système.* Paris: Perrin.

———. 2009. *L'ivrogne et la marchande de fleurs. Autopsie d'un meurtre de masse, 1937–1938.* Paris: Tallandier.

———. 2010a. "Famines soviétiques, famine ukrainienne." *Le débat,* no. 162: pp. 142–151.

———. 2010b. "Retour sur la violence du stalinisme." *Le débat,* no. 162: pp. 132–141.

———. 2011a. "The Great Ukrainian Famine of 1932–33." In *Online Encyclopedia of Mass Violence,* 26 September. http://www.massviolence.org/The-1932-1933-great-famine-in-ukraine.

———. 2011b. "Dekulakisation as Mass Violence." In *Online Encyclopedia of Mass Violence,* 2 October. www.massviolence.org/Dekulakisation-as-mass-violence-nicolas-werth.

———. 2012. *La route de la Kolyma. Voyage sur les traces du goulag.* Paris: Belin.

Werth, Nicolas, and Alexis Berelowitch. 2011. *L'État soviétique contre les paysans. Rapports secrets de la police politique (Tcheka, GPU, NKVD), 1918–1939.* Paris: Tallandier.

Werth, Nicolas, and Gaël Moullec. 1994. *Rapports secrets soviétiques. La société russe dans les documents confidentiels, 1921–1991.* Paris: Gallimard, "La Suite des temps."

Westad, Odd Arne. 2003. *The Chinese Civil War, 1946–1950. Decisive Encounters.* Stanford, Calif.: Stanford University Press.

Wheatcroft, Stephen G. 1996. "The Scale and Nature of German and Soviet Repression and Mass Killings." *Europe-Asia Studies* 48, no. 8: pp. 1319–1353.

———. 2008. "Famines in Russia and China in Historical Perspective." Report to the Hunger, Nutrition, and Systems of Rationing under State Socialism (1917–2006) seminar, Wien University.

Whyte, Martin King. 1973. "Corrective Labor Camps in China." *Asian Survey,* 13, no. 3: pp. 253–269.

———. 1975. *Small Groups and Political Rituals in China.* Berkeley: University of California Press.

Williams, Philip F., and Yenna Wu. 2004. *The Great Wall of Confinement. The Chinese Prison Camp through Contemporary Fiction and Reportage.* Berkeley: University of California Press.

——— (eds.). 2006. *Remolding and Resistance among Writers of the Chinese prison camp.* London: Routledge.

Wood, Tony. 2012/2013. "Russia Vanishes." *London Review of Books,* 34, no. 23: 6 December. Translated by A. Boutang: "Le laboratoire russe." *Books,* no. 49: pp. 32–38.

Wou, King-tseu. 1976. *Chronique indiscrète des mandarins.* Translated by Tchang Fou-jouei. Paris: Gallimard, "Connaissance de l'orient."

Wu, Hongda (Harry). 1992. *Laogai. The Chinese Gulag. Boulder,* Colo.: Westview.

———. 1995. *Vents amers.* Translated by B. Laroche. Paris: Bleu de Chine.

Wu, Jingzi: see Wou, King-tseu.

Wu, Ming-shih (Anonymous), for Bu Naifu, alias Bu Ning (see Pu, Ning). 1985. *The Scourge of the Sea. A True Account of My Experiences in the Hsia-sa Village Concentration Camp.* Taipei: Kuang Lu.

Wu, Yenna. 2006. "Expressing the 'Inexpressible.' Pain and Suffering in Wumingshi's Hongsha (Red Sharks)." In Williams and Wu (eds.), *Remolding and Resistance,* pp. 123–156.

Wylie, Raymond F. 1980. *The Emergence of Maoism. Mao Tse-tung, Ch'en Po-ta and the Search for Chinese Theory, 1935–1945.* Stanford, Calif.: Stanford University Press.

Xian, Yanzhong. 2010. "Recent Mao Zedong Scholarship in China." In Cheek (ed.), *Critical Introduction to Mao,* pp. 273–287.

Xiao-Planès, Xiaohong. 2013a. "Famine et commune populaire: Deng Zihui en 1958–1962." Communication to the study session INALCO-EHESS (Paris: 18 October): "Famines soviétique et chinoise."

———. 2013b. "Les descendants des cadres supérieurs et les premiers gardes rouges pendant la révolution culturelle." Communication to the study session INALCO (Paris: 8 July): "Les formes de politisation dans la Chine des xxe et xxie siècles."

Xin, Yi. 2011. "On the Distribution System of Large-Scale People's Communes." In Manning and Wemheuer (eds.), *Eating Bitterness*, pp. 130–147.

Yan, Lianke. 2010. *Les quatre livres*. Translated by Sylvie Gentil. Paris: Editions Philippe Picquier. 2012; first edition: Sishu. Hong Kong: Mingpao.

Yang, Dali L. 1996. *Calamity and Reform in China. State, Rural Society, and Institutional Change Since the Great Leap Famine*. Stanford, Calif.: Stanford University Press.

Yang, Jiang. 1983. *Six récits de l'école des cadres*, I. Landry and Zhi S. (trans.). Paris: Christian Bourgois.

Yang, Jisheng. 2008/2012. *Mubei. Zhongguo liushi niandai dajihuang jishi*. Hong Kong: Tiandi tushu youxian gongsi. French edition: *Stèles. La grande famine en Chine, 1958–1961*. Translated by L. Vincenolles and S. Gentil. Paris: Éd. du Seuil. English Edition: *Tombstone. The Great Chinese Famine, 1958–1962*. Translated by Stacy Mosher and Guo Jian. Edited by Edward Friedman, Guo Jian, and Stacy Mosher. Introduction by Edward Friedman and Rodrick MacFarquhar. New York: Farrar, Straus and Giroux.

Yang, Xianhui. 2010. *Le chant des martyrs dans les camps de la mort de la Chine de Mao*. Translated by P. Barbe-Girault. Paris: Balland.

Yang, Xiaobin. 2000. "Answering the Question: What Is Chinese Postmodernism/Post-Mao-Dengism?" In Chi and Wang (eds.), *Chinese Literature*, pp. 193–215.

Zamiatine, Eugène. 1971. *Nous autres*. Translated by B. Cauvet-Duhamel. Paris: Gallimard.

Zhang, Xianliang. 1986a. *Half of Man Is Woman*. Translated by M. Avery. New York: Ballantine.

———. 1986b. *Mimosa et Xor Bulak, l'histoire d'un routier*. Translated by Pan A. and A. Curien. Beijing: Littérature chinoise, "Panda."

———. 1994. *Grass Soup*. Translated by M. Avery. London: Minerva.

———. 1996. *My Bodhi Tree*. Translated by M. Avery. London: Secker & Warburg.

Zhang, Yihe. 2013. *Madame Liu. Translated by F. Sastourné*. Paris: Hachette Livre, "Ming Books."

Zhang, Yinde. 2003. *Le Monde romanesque chinois au xxe siècle. Modernités et identités*. Paris: Honoré Champion.

Zhou, Xun (ed.). 2012. *The Great Famine in China, 1958–1962. A Documentary History*. New Haven, Conn.: Yale University Press.

Zweig, David. 1989. *Agrarian Radicalism in China, 1968–1981*. Cambridge, Mass.: Harvard University Press.